KB267557

# 법사회학,
# 사회를 읽는 법

# Sociology of Law
## Visions of a Scholarly Tradition

# Sociology of Law
Visions of a Scholarly Tradition

# 법사회학,
# 사회를 읽는 법

매튜 디플렘 지음
김대근 옮김

Sociology of Law: Visions of Scholarly Tradition

| 법사회학,
| 사회를 읽는 법

**발행일**  2026년 01월 26일

**지은이**  매튜 디플렘
**옮긴이**  김대근

**펴낸이**  오성준
**편집**  김재관, 권용주
**마케팅**  홍세영
**본문 디자인**  BookMaster **K**
**표지 디자인**  아작 디자인팀

**펴낸곳**  카오스북
**등록번호**  제395-251002012000111호(2012년 10월 22일)
**주소**  경기도 고양시 덕양구 청초로 19 덕은아이에스비즈타워센트럴 A-706
**전화**  02-3144-8755, 8756
**팩스**  02-3144-8757
**e-mail**  info@chaosbook.co.kr

**ISBN**  979-11-87486-65-7  93330
**정가**  27,000원

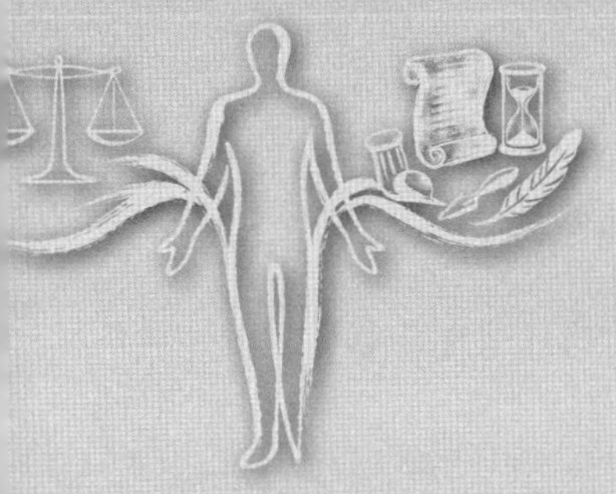

# 옮긴이 서문

## 법이란 무엇인가?
## 그리고, 무엇이 법인가?

우리는 종종 "법이란 무엇인가?"라는 질문을 떠올리곤 한다. 이 질문은 법의 '개념'과 '목적', 그리고 '이념'과 같은, 법이 추구해야 할 본질적인 것 특히 법의 이상과 당위를 찾을 때 소환된다. 요컨대 '정의justice'와 같은 규제적 이념을 추구하는 질문인 것이다. 이 질문에 천착하는 학문이 '법철학 philosophy of law, legal philosophy'이다. 기실 법철학은 법과 법학의 자기 이해,[1] 다시 말해 '법의 자아 지향적 접근'이라고 할 수 있다. 이제 질문을 바꿔 보자. "무엇이 법인가?" 이 질문은 우리가 살아가는 사회 속에서 법의 '역할'과 '기능', 그리고 '존재 형식'을 물을 때 제기될 수 있다. "사회적 상호작용이 어떻게 규제되어야 하는지, 사회가 어떻게 조직되어야 하는지에 대한 규정"(이 책 27쪽)으로서 법의 역할과 기능에 대한 물음, 그리고 다원주의와 전 지구화를 배경으로 법적 규제와 비법적 규제의 실천성, 법다원주의의 가능성 등 법의 존재 형식에 대한 물음이 그렇다. 요컨대 사회적 실재로서 법과

---

1 이상돈 교수는 '학문의 자기 이해'의 의미를 '방법론'의 일반 개념으로 이해한다. "먼저 법학의 자기 이해를 수행하는 이론으로 법학 방법론을 바라본다. 우리 학계에서 법학 방법론은 그 말의 어원을 이룬 독일의 경우와 달리 매우 넓은 의미로 사용된다. 이를테면 법철학, 법이론, 법사회학, 법인류학, 법문학, 법사학, 법상징학 등 기초법학 분야의 모든 연구 성과를 배후로 하여 '법과 법학의 자기 이해를 표현하는 일반 개념'으로 사용된다고 할 수 있다." 이상돈, 기초법학[제2판], 법문사, 2010, 678쪽.

법 현상에 대한 질문인 것이다. 거칠게 이해한다면[2] '법사회학*sociology of law*'
은 바로 이 질문에 대한 탐구다. 법철학과의 대조 속에서 법사회학은 '법의
타자 지향적 접근'이라고 할 수 있겠다.

## 사회를 읽는 법으로서 법사회학

매튜 디플렘**Mathieu Deflem**의 원제 *Sociology of Law: Visions of a Scholarly Tradition*을 직역하면 "법사회학: 학문적 전통의 비전"이 되겠지만, 한국어 판을 『법사회학, 사회를 읽는 법』이라는 제목으로 펴 내기로 했다. 독자들에게 보다 친근하게 다가갈 수 있으리라는 기대와 함께 법사회학이라는 학문 자체가 법과 법학을 통해 사회를 바라보고 해석하며 설명할 수 있는 이론적 틀을 제시한다는 판단에서다. 나아가 이러한 이론적 틀을 통해 복잡하고 변화하는 우리 사회를 진단하고 성찰하는 방법에 대한 논의 장을 마련할 수 있으리라는 기대도 담았다. 사회를 읽는 '법'은 말 그대로 사회를 읽는 '법*law*'과 '방법*method*'을 제시한다는 점에서 중의적이다.

『법사회학, 사회를 읽는 법』은 '법의 규범적 목표'와 '도덕적 자기 이해'와 다른 차원으로서 '법을 사회의 사실적 존재 요소'(사회적 사실로서의 법)로 보는 관점을 제시한다.[3] 즉 베버의 방식을 빌어 분류하면 법에 대한 접근은

---

2  우리나라에서 학문으로서 법사회학에 대해서는 "어떤 단일한 견해가 지속해서 관철됐다기보다 여러 경합하는 견해들이 공존해 왔던 것"이라는 지적이 가능하다. 박천웅, "법(학)과 사회(과)학 사이: 법사회학 연구와 교육의 한계 그리고 가능성", 『법과사회』 제72권, 2023, 84쪽. 그러나 이러한 사정은 외국도 크게 다르지 않을 것이다.

3  법사회학적 접근의 고유 정체성과 장점에도 불구하고, 법학자가 법과 법 현상을 분석할 때는 이 모든 요소를 종합적으로 고려할 수밖에 없는 경우가 빈번하다. 예컨대 "출국 금지의 법은 국민의 (입)출국이라는 사회의 사실 내지 현상적 요소(사회적 사실로서의 법)에 접근하면서, 법의 규범적 목표와 도덕적 자기 이해를 동시적으로 고려해야 한다. 때문에 본 논의는 출국 금지 현황을 통계 등을 통해 확인하고, 「출입국관리법」과 관련 판례 및 실무상의 문제점을 검토하며 구체적인 입법적 대안을 모색한다." 김대근, "출국금지 제도의 법사회학적 고찰: 최근 10년간 통계 자료로 보는 운용 실태와 개선 방안", 『법과사회』 제80권, 2025, 146-147쪽.

① 법의 내부적 일관성을 지향하는 법 내부적 관점, ② 규범적 기준에 따른 평가를 지향하는 도덕적·철학적 관점, 그리고 ③ 이론에 기반한 경험적 분석을 지향하는 외부적 관점으로 나눌 수 있으며, 법사회학은 이 중 '분석 지향적' 외부 관점의 접근을 취하는 것이다. 이러한 접근을 통해 법을 단순한 규칙의 집합이 아닌, '규칙'과 그에 수반되는 '사회적 실천'의 이중 개념으로 파악할 수 있다. 그리고 이러한 점에서 법은 "사회의 다른 모든 측면들과 마찬가지로…사실적 차원을 지닌 규범적 사안"이다('법의 이중성', 27쪽).

'학문적 전통의 비전<sup>Visions of a Scholarly Tradition</sup>'이라는 원제의 야심찬 부제에서 볼 수 있듯, 이 책은 법사회학의 고유한 정체성을 확립하고 그 학문적 위상을 회복하려는 시도라 할 수 있다. 이를 위해 저자는 법사회학의 고전 이론부터 현대적 쟁점까지를 아우르는 통시적<sup>diachronic</sup>' 서술을 날줄로, 이론과 주제적 논의를 아우르는 공시적<sup>synchronic</sup>' 서술을 씨줄로 엮어 조망한다. 이러한 방식은 법사회학이라는 학문이 이론과 현실이 분리되지 않고 어떻게 상호작용하는지를 보여 주는 장점이 있다.

다만 저자는 법을 경제, 정치, 문화와 마찬가지로 사회 내부에 존재하는 하나의 제도로 본다. 그러한 점에서 이른바 '법과 사회<sup>law and society</sup>'라는 표현은 법을 사회의 일부가 아닌 마치 외부의 독립된 실체로 오해를 불러일으킬 수 있다.[4] 법은 사회로부터 분리된 대상이 아니라, 그 자체로 학문적/이론적 설명이 요구되는 사회적 실재라는 점에서 저자는 '사회 속의 법<sup>law-in-society</sup>'이라는 개념을 선호한다.[5]

---

4   다만 '법과~(the law ands~)같은 명칭의 학제적 법학의 발전으로 '기초법학'이라는 커다란 법학 분야가 울타리를 만들 수 있었다고 평가하는, 이상돈, 『법미학』, 법문사, 2008, 머리말 참조. "'법철학'은 기초법학의 대부 격으로 새롭게 신장한 이 분과들과 교류하지 않을 수 없다."

5   저자가 론 풀러의 인용 즉, "'법과 사회'를 말하면서 우리는, 법이 그 자체로 이미 사회의 한 부분임을 망각할 수 있다"는 문장을 소개한 이유기도 하다. Fuller, Lon L. "Some Unexplored Social Dimensions of the Law." pp. 57–70 in The Path of the Law, Harvard University Press, 1967.

## 법사회학의 지적 흐름과 학문적 위상

크게 네 개의 파트로 나누어진 이 책은 다음과 같은 구조를 갖는다. 먼저 제1부(법사회학의 기초 이론)는 계몽주의 사상가들부터 마르크스, 베버, 뒤르켐의 이론과 주요 개념을 소개하면서 법사회학의 지성사적 뿌리를 탐색하고, 이 학문 분야를 정초한 고전 이론가들의 사상을 검토한다. 몽테스키외, 베카리아, 벤담 등 사회학 이전의 사상가들은 법을 자연의 불변 원리가 아닌, 특정 사회의 문화 및 역사적 조건의 산물로 분석하기 시작하면서 사회적 분석의 대상으로 삼았다. 이후 '역사적 유물론'의 관점에서, 경제적 하부 구조의 이해관계를 반영하는 상부 구조의 일부로서 법을 바라보는 마르크스 및 법의 진화와 사회 유형에 따른 법의 변화를 탐구한 초기 사회학자들 스펜서, 섬너, 짐멜, 퇴니스는 법사회학의 지적 토대를 마련했다(1장, 법과 사회과학의 부상). 스스로가 법률가이자 '이해사회학'과 '이념형'이라는 방법론을 통해 법을 분석한 베버는 근대 서구 사회에서 나타난 '법의 형식적 합리화' 과정을 분석한다. 그는 법적 결정이 윤리적·정치적 가치(실질적 합리성)가 아닌, 보편적으로 적용되는 규칙과 절차(형식적 합리성)에 기반하게 되는 과정을 추적하면서, 형식 합리적 법체계가 근대 자본주의 발전에 필수적인 예측 가능성을 제공하기에 양자 간에 '선택적 친화성'이 존재한다고 본다(2장, 법의 합리화에 관한 막스 베버). 또 한 명의 걸출한 학자인 뒤르켐은 법을 단순히 규범의 집합이 아닌, 사회적 사실의 차원과 규범적 차원을 모두 포함하는 핵심적인 '사회적 쟁점'으로 다루면서 오늘날까지 통용되는 법사회학의 이론적 관점을 제공한다(3장, 뒤르켐: 법과 사회적 연대).

이러한 고전적 토대 위에서 제2부(법사회학의 발전과 변형)에서는 법사회학이 20세기에 유럽과 미국을 중심으로 어떻게 독자적인 학문 분과로 제도화되고 이론적으로 분화되었는지를 다룬다. 먼저 레온 페트라지츠키와 그의 제자들, 그리고 오이겐 에를리히, 테오도르 가이거 같은, 주로 유럽 대륙에서 활동했던 초기 법사회학자들의 지적 흐름을 살피면서 법사회학의 고유한 학문적 계보를 추적한다(4장, 법사회학 연구를 향한 이론적 동향). 올리버 웬델 홈스에서 영감을 받은 미국의 법사회학은 유럽과는 달랐다. 로스코 파운드의 '사회학적 법학'[6]과 칼 르웰린의 '법현실주의' 같이 법학 내부에서 시작된 지적 흐름이, 이후 탤컷 파슨스의 구조기능주의 사회학과 만나면서 학문 분과로서 '법사회학'으로 전환되고 정립되는 모습은 드라마틱하다(5장, 사회학적 법학에서 법사회학으로). 이후 법사회학은 구조기능주의에 맞선 갈등 이론, 규범적 접근(셀즈닉)과 (순수)과학적 접근(블랙)의 대립, 그리고 거시 이론과 미시 이론(상징적 상호작용론 등) 간 차이를 중심으로 이론적 국면을 맞이하면서 주요 학파들을 형성한다(6장, 법사회학과 근대 사상의 대립들).

제3부(법의 사회학적 차원)에서는 앞서의 이론적·역사적 논의를 넘어 법이 현실 사회에서 다른 핵심 제도들(경제, 정치, 법률 전문직, 문화)과 어떻게 상호작용하는지를 분석하며 법의 구체적·경험적 측면을 다룬다. 먼저 법이 경제 활동을 어떻게 형성하고 또한 경제적 변화에 의해 어떻게 영향을 받는지를 분석하면서 시장 규제, 기업과 노동 등 조직의 신제도주의, 법제화 모델 등을 중심으로 법과 경제의 상호의존성을 검토한다(7장, 법과 경제). 또한

---

6 　법사회학(sociology of law)과 사회학적 법학(sociological jurisprudence)의 관계에 대한 설명으로는 이철우, "사회과학으로서의 법학인가, 법에 대한 사회과학적 분석인가", 『법철학연구』 제9권 제1호, 2006, 67-69쪽 참조. 다만 이철우 교수는 '법사회학'이라는 용어보다는 '법에 대한 사회과학적 연구'라는 용어를 강조한다. '법에 대한 사회과학적 연구'는 "현실을 살아가는 사람들이 그런 개념에 어떤 의미를 부여하고 있는가를 현상학적, 해석학적으로 탐구하든지, 그에 대한 사람들의 믿음이 어떤 사회적 동력에 의해 실현되거나 저지되는가를 관찰하든지, 또는 그런 개념들이 법체계와 기타 사회 체계들 속에서 어떻게 자리잡고 있는지를 분석하는 등등을 수행해야지, 그런 이상을 성취하겠다는 연구자의 실천적 의지를 명시적으로 선언하는 것이 되어서는 안 된다."(94쪽). 한편 '법에 대한 사회과학적 연구' 개념이 법사회학 개념을 완전히 대체하기보다는 법사회학의 지평을 확장하고자 하는 의도라는 분석도 있다. 김정오, "한국 법사회학의 과거, 현재, 미래", 『법과사회』 제62권, 2019, 85쪽 각주 5) 참조.

오늘날 민주주의 사회에서 법과 정치가 맺는 긴밀한 관계를 조망할 필요가 있다. 법과 민주주의의 관계를 절차적 관점에서 분석하는 위르겐 하버마스의 담론 이론과 일반화된 행위 기대를 형성·재생산하는 자기 준거적이고 자기 생산적인 체계로 법을 보는 니클라스 루만의 체계 이론은 법과 민주주의의 관계에 대한 상이한 관점을 보여 준다(8장, 법과 정치). 법의 사회 통합과 규제 기능이라는 측면에서 법 전문가인 법률 전문직의 역할은 핵심이다. 이에 법률 전문가의 직업화 과정과 그 내부의 변화를 탐구하고, 특히 법률 전문직과 법의 자율성을 탈신비화하려는 '비판법학 운동<sup>Critical Legal Studies</sup>'의 성과를 살펴볼 필요가 있다(9장, 법과 통합). 한편 오늘날 사회에서 가치의 다양성이 증가하면서 가치와 규범의 분리가 심화된다. 이에 해체주의를 비롯한 포스트모던 시각을 검토하고, 현대 문화의 핵심 특징인 개인주의가 의료, 동성혼, 낙태 등 구체적인 법적 쟁점과 어떻게 관련되는지를 분석하면서 법과 문화의 상호작용을 고찰할 필요가 있다(10장, 법과 문화).

결론에 해당하는 제4부(법의 특수한 문제들)는 현대 법사회학이 당면한 두 가지 중요한 특수 주제, 즉 법 집행(사회 통제)과 법의 전 지구화를 심층적으로 탐구한다. 이를 통해 법사회학의 이론과 분석이 현대 사회의 복잡한 문제들을 조명하는 데 필수적임을 알 수 있다. 특히 입법이나 해석(판결)을 넘어 법이 실제로 집행되는 과정, 즉 사회 통제 메커니즘에 주목한다면 치안, 감시, 처벌과 같은 영역을 분석할 때 미셸 푸코의 권력 이론과 규율 및 통치성 개념은 매우 유용하다. 푸코에 기반한 사회학적 관점은 통제의 구체적 실천과 기술에 초점을 맞추면서, 법 집행이 단순한 규칙 적용을 넘어 어떻게 사회를 규율하는지를 보여 준다(11장, 사회 통제). 이제 법 현상은 국가의 경계를 넘어 관할권 개념의 변화를 요구한다. 여성 할례, 파산, 국제형사재판소 같은 법의 국가적·지역적 현상을 비교법과 국제법 형태로서의 이해를 넘어 전 지구적·국경 초월 구조 간의 상호 연계적 이해가 필요하기 때문이다(12장, 법의 전 지구화). 그리고 저자는 이 모든 이론적, 경험적 논의들을 종합하여 법사회학이 사회학 내에서, 그리고 다른 법 관련 학문들 사이에서 지니는 고유한 가치를 강조하며 마무리 짓는다(13장, 결론).

## 법사회학 논의의 새로운 지평을 위하여

앞서 소개한 것처럼 이 책은 법사회학이라는 학문 분과를 통해 학문 이론과 사회 현실이 괴리되지 않고 긴밀하게 상호작용하는 모습을 입체적으로 보여 준다, 이 점은 이 책의 두드러진 장점이다. 그러나 한계도 있다. 저자가 '지은이 서문'을 통해 밝히는 것처럼, "논의는 불가피하게도 선택적이며 저자의 지적 배경과 그 밖의 관련 요인들에 영향받는다"(14쪽). 즉, 이 책의 내용은 저자의 학문적 관점과 판단에 따라 선별된 것이기에 법사회학의 모든 이론과 주제를 망라하는 백과사전이 될 수 없다. 이러한 고백은 모든 학술 저작이 가질 수밖에 없는 내재적이면서 보편적인 한계지만, 저자는 이를 명시적으로 언급함으로써 독자들이 이 책의 내용을 비판적으로 수용하고 추가적인 탐구의 필요성을 인지하도록 안내하는 정직한 학문적 태도를 보여 주기에 오히려 또 다른 미덕일 수도 있다.

또한 저자는 사회학자답게, 이 책을 통해 법사회학의 학문적 영토를 재확립하고, 사회학 고유의 이론적 틀에 기반한 독립적 분과로서 법사회학의 위상을 확립하고자 한다. 그러다 보니 "법사회학은 언제나, 그리고 필연적으로 사회학이다"(23쪽)라는 주장은 다소 과격한 느낌도 든다. 예컨대, "법사회학은 단지 사회학의 부속 분야고, 따라서 그 학문 분야의 특정 주제에 대한 이해를 목적으로 한다"[7]는 윌킨슨이나 "학문으로서 법사회학은 법학보다는 사회학에 더 가깝다"[8]고 하는 지게르트도 저자와 같은 입장이다. 물론 법을 연구 대상으로 하기에 법학의 한 분야로 볼 수 있고, 법의 규범적 측면이 아니라 사실로서의 측면에 초점을 두고 사회 현상의 하나로 파악하는 관점에서는 사회학의 한 분야로 볼 수도 있다는 절충적 관점도 있다.[9] 그러나 오늘날 법사회학은 이러한 차원을 넘어 법과 사회의 상호 관계를 탐구하는 객관적 인식 학문으로 자리잡은 지 오래다.[10] 나아가 이 학문 분과의 대상이 결국 법과 법 현상이라는 점, 그리고 저자가 설명한 것처럼 "법이 사회적으로 타당성을 갖기 위해서는 법적 주체들의 공동체 속에서 받아들여져야 하고(정당성legitimacy), 특정한 방식으로 제정되고 집행되어야(합법성legality)"(287쪽)하기에 합법성과 정당성의 문제를 내재한다. 이러한 점에서 법사회학 연구는 "여타 기초법 연구들과 중첩될 뿐 아니라, 실정법 분야의 경계도 넘나드는 성격을 가지고 있다."[11] 또한 그러한 이유로 현대 법사회학 이론 또한 "사회학 이론 일반과 마찬가지로 매우 세분화된 형태로 발전하고 있는 일반적 경향"이 있는 점을 강조하지 않을 수 없다.[12] 요컨대, 법사회학은 법학, 특히 기초법학의 한 분과일 수 밖에 없으며, 사실적 차원을 지닌 규범적 사안을 대상으로 한다는 점에서, 결국 규범과 사실의 상호 구속으로 귀결되는 한 편의 대서사시인 것이다.

---

7  로저 코터렐(김광수 외 옮김), 『법사회학 입문』, 터, 1992, 21쪽.

8  Ziegert, "A Sociologist't View", in Kamenka & Tay (ed.), The Sociology of Law, p.21.

9  양건, 『법사회학』(제2판), 아르케, 2004, 16쪽.

10  니콜라스 루만(강희원 옮김), 『법사회학』, 한길사, 42쪽.

11  양현아, "『서울대학교 법학(法學)』 반세기: 분야별 연구 성과와 경향: 『서울대학교 법학(法學)』 50년의 성과와 전망: 법사회학 분야", 『서울대학교법학』 제50권 제2호, 2009, 119쪽

12  김정오·이계일, "한국법사회학 문헌 조사 연구: 1945부터 2020까지", 『법과사회』 제65호, 2020, 72쪽

# 지은이 서문

이 책은 고전 사회학자들에 의해 처음 정립된 이후, 근대 및 현대 사회학의 발전 속에서 전개되어 온 사회학의 한 분과인 법사회학<sup>sociology of law</sup>의 주요 성과들에 대한 논의를 토대로 법사회학의 이론 주도적이고 연구 지향적인 전망을 제시한다. 여기서는 베버<sup>Max Weber</sup>와 뒤르켐<sup>Émile Durkheim</sup>의 고전적 기여 이후 사회학의 역사에서 성숙해 온 사회학적 핵심 이론 문제들을 토대로 법사회학에서 하나의 모델을 제시한다. 이 논의는 또한 법에 관한 사회학 연구에서 생산적으로 다루어져 온 여러 경험적 주제들을 검토함으로써 법이 사회 속에서 차지하는 위상과 역할에 대한 우리의 이해에 기여하는 데 목적이 있다.

법사회학의 기원부터 현재에 이르기까지 그 역사와 체계를 검토하는 이 책의 범위가 다소 과감해 보일 수 있다. 그럼에도 이 작업의 목적은 분명하다. 그것은 사회학자들이 법과 법 관련 현상의 구조와 과정을 연구하는 방식의 가치를 드러내는 일이다. 책에 제시된 자료들은 이론적 논의와 주제적 논의를 모두 포함하며, 여기에는 법사회학의 고전적 기여, 근대 및 현대의 이론적 관점, 경제·정치·문화·사회 구조 등 다른 중요한 사회 제도와 관련된 법의 위상과 역할, 그리고 법 집행과 그것의 전 지구화와 관련하여 엄선된 문제들을 다룬다. 이 책을 사회학적으로도 의미 있고 지적으로도 흥미롭게 만들고자, 이론을 다룬 각 장에서는 법과 관련된 주제적 측면을 포함하고 주제를 다룬 각 장에서는 이론적으로 조명되는 방식으로 접근한다. 이론이 구체적인 사회·역사적 맥락 속에서 적용되어야 한다는 요구는 연구 결과와 실질적 쟁점들이 이론적으로 의미 있는 모델을 토대로 구성되어야 한다는 요구만큼이나 자명하다. 따라서 이 책의 목적은 법사회학에 관한 정보를 제공하는 동시에 다양한 사회·역사적 조건 속에서 사회적으로 중요한 의미를 지니는 법의 양상과 역동성을 드러내는 것이다.

나는 처음부터 이 책의 목적을 분명히 하고자 한다. 무엇보다도 이 책은 법사회학 분야의 학생들과 학자들을 대상으로 하며, 그들의 전문 분야에서 이루어진 주요 성과들에 대한 사려 깊은 검토와 논의의 요구를 충족시키는 것이다. 법사회학은 성장 중이고 점점 더 대중적 분야로서 일반적으로는 학부 고학년 수준과 석·박사 학위를 준비하는 대학원 세미나에서 강의되고 있다. 이 책은 특정 사회학 연구 분야를 학생들에게 직접적으로 가르치려는 교재로 기획되지는 않았지만 대학에서 법사회학을 가르치는 데 특히 유용하기를 바란다. 구체적으로는 교재 자체에 의존하기보다 이 책을 활용하여 학생들의 학습 경험을 적극적으로 자극하는 법사회학 교원들에게 사용될 수 있다. 시간과 관심이 허락하면, 이러한 교육적 목표는 이 책을 포괄적으로 혹은 더 선별적으로 사용하는 방식으로 실현될 수 있을 것이다.

오늘날 법사회학은 다양한 이론적 관점과 수많은 실질적 주제들에 관한 연구 노력들을 포괄하는 상당한 양의 귀중한 성과를 축적할 만큼 성숙했다. 이 책은 법사회학의 전개 과정에 이루어진 이러한 성숙의 수준을 포착하려고 하지만, 논의는 불가피하게도 선택적이며 저자의 지적 배경과 그 밖의 관련 요인들에 영향받는다. 그럼에도 이 책의 범위는 법사회학의 중요한 변이와 현상들을 소개하고 위치 지을 수 있을 만큼 충분히 넓어야 하며, 그 가운데 선택된 일부 요소들은 학문적 문헌의 추가 독서를 통해 더 자세히 탐구될 수 있을 것이다. 내가 이 작업에서 달성하고자 한 학문적 수준 역시 이러한 목표들을 촉진해야 한다. 만약 지적으로 충실한 방식으로 우리 학문이 제공할 수 있는 최상의 것들을 학생들에게 제시하지 못한다면 심각한 해악이 될 수 있으리라. 물론, 내가 이 작업에서 이러한 목표들을 성취했는지 여부는 독자들의 판단에 맡길 수밖에 없다.

이 책의 최초 집필 제안서 작성 이래로 지난 3년간 나는 지적 측면이나 기타 여러 면에서 많은 빚을 지게 되었다. 무엇보다 사우스캐롤라이나대학교 대학원 조교들에게 감사를 표하고 싶다. 그들은 이 작업을 완성하는 과정에서 단순한 도구적 차원을 넘어 다양한 방식으로 나를 도왔다. 어윈<sup>Kyle Irwin</sup>은 설득력 있는 집필 제안서를 준비해야 하는 이 프로젝트 초기 단계의 훌륭한 조력자였다. 딜크스<sup>Lisa Dilks</sup>는 이후 책의 집필 과정 전반에 걸쳐 나와 함께 작업하며 관련 문헌을 찾고 피드백과 지원을 제공하는 데 특히 큰 도움을 주었다. 맥도너<sup>Shannon McDonough</sup>는 다양한 초고를 읽고, 추가 문헌을 추적하거나 원고의 다양한 부분을 반복 검토해 달라는 끝도 없는 내 성가신 요청을 견뎌 주었다. 그들의 열정과 헌신에 나는 깊이 감사한다.

연구 조교를 둘 수 있는 여건을 마련해 주었을 뿐 아니라, 남부 특유의 따뜻함과 편안한 제도적 환경을 제공해 준 사우스캐롤라이나대학교에 감사드린다. 직접적으로 체험하지는 못했지만, 넓은 사무실 창을 통해 바라볼 수 있었던 아름다운 날씨는 내가 연구를 하면서 더없이 유용한 동기가 되었다. 또한 이 책을 집필하고 연구를 평온하게 할 수 있도록 간섭하지 않고 배려해 준 사우스캐롤라이나대학교 사회학과 동료들에게 감사를 표한다. 내 학문적 성과에 대한 가장 구체적 평가는 매년 의무적으로 치러지는 교수 평가 과정에서 그들이 익명으로 제공한 피드백이었는데, 나는 그 평가들을 가장 강력하게 동기를 부여하는 동료애적 정신에서 나온 중요한 격려로 받아들였다. 특히 학과 내에서 나눈 많은 대화 속에서 보여 준 놀란Patrick Nolan과 히긴스Paul Higgins의 인내심과 경청의 자세에 깊이 감사한다.

이 책의 출판을 책임지고 끝까지 완수해 준 치크Carrie Cheek, 해슬럼John Haslam, 라이더Timothy Ryder, 그리고 케임브리지대학 출판부의 모든 훌륭한 분에게 감사드린다. 대부분의 책이 그러하듯 이 책을 집필하겠다는 발상은 저자 혼자만의 것이 아니었다. 이 작업의 초기 동인은 당시 케임브리지대학 출판부의 시니어 기획 편집자였던 캐로Sarah Caro와의 대화에서 비롯했다. 법사회학에 관한 책을 구상할 기회를 내게 제공해 주었을 뿐 아니라, 내가 또 다른 법사회학 관련 저서를 제안할 수 있도록 허락해 준 세라에게 감사하다. 내가 최종적으로 완성한 이 책이 그녀의 마음에 들기를 바란다.

초고 원고에 대해 때로는 비판적이면서도 항상 유익한 의견을 준 헌트Alan Hunt, 자벨스베르크Joachim Savelsberg, 슈워츠Richard Schwartz에게 감사하다. 또한 이 책의 몇몇 장에 대해 논평을 해 주고, 이 작업의 발전에 기여한 여러 유익한 피드백을 준 블랙Donald Black, 베르날Andrés Botero Bernal, 보일Elizabeth Heger Boyle, 번스Stacy Burns, 케인Maureen Cain, 클라크David S. Clark, 도브April Dove, 그랜Brian Gran, 그리피스John Griffiths, 할리데이Terence Halliday, 하우프트만Samantha Hauptman, 허쉬펠트Alexander Hirschfeld, 혼Christine Horne, 케이Fiona Kay, 코크Pam Koch, 콜버그Naomi Kolberg, 랜드John Lande, 레비Ron Levi, 마르크스Gary T. Marx, 매튜스Marecus Matthews, 메이Carmen Maye, 맥킨토시Wayne McIntosh, 응Kwai Ng, 페티트Carlos Petit, 실버맨Matthew Silberman, 스크렌트니John Skrentny, 스미스Philip Smith, 스테이플스William Staples, 타루포Michele Taruffo, 티리야키언Edward Tiryakian, 웰치Michael Welch, 와이즈Justine Wise에게도 깊은 고마움을 전한다.

나는 또한 법사회학 전문 분야의 활동에 참여하면서, 법사회학을 더 나은 학문 분야로 만들기 위해 애쓰는 많은 훌륭한 사람들을 알게 되었고, 그 과정에서 법사회학에 대해 많은 것을 배웠다. 그들의 모든 지원이 감사하다. 이 작업을 바탕으로 2007년 뉴욕에서 열린 미국사회학회 연례 학술대회에서 논문을 발표했다. 한편 『블랙웰 사회학 백과사전』, 『법과 사회 백과사전』, 『전 지구화 백과사전』에 법과 그 사회학 연구의 여러 측면에 관한 짧은 글을 기고해 달라는 요청은 이 책을 집필하면서 사고를 발전시키는 데 도움을 주었다(Deflem 2007a, 2007b, 2007c). 제5장의 축약판은 보테로 Andrés Botero의 친절한 초청과 훌륭한 번역 덕분에 콜롬비아 학술지 『오피니온 후리디카 *Opinión Jurídica*』에 스페인어로 실렸다(Deflem 2006b).

또한 2006년 가을과 2007년 봄에 사우스캐롤라이나대학교에서 내가 진행한 법사회학 대학원 및 학부 수업에서 이 책의 초고에 대해 건설적 피드백을 제공한 훌륭한 참여자들에게 감사를 표한다. 더 넓게는 지난 10여 년간 법사회학 교육에 몸담으며 만날 수 있었던 수많은 학생들에게 진심 어린 고마움을 전한다. 나는 학생들로부터 내가 그들에게 가르친 것보다 더 많은 것을 배웠을지도 모른다는 점에서 이 경험이 대단히 보람찼다. 우리의 신뢰와 희망이 가르침과 배움 간의 대화인 교육에 계속 머물 수 있기를 제안한다. 마지막으로, 지난 몇 년 동안 의도했건 아니건 나를 지지해 준 모든 이들에게 감사하다. 우리가 늘 여명에 눈뜨게 하소서.

# 차례



**법사회학, 사회를 읽는 법**

# 차례

# 0

## 서론:
## 사회학, 사회, 법

'법', '법질서', 또는 '법 명제'를 이야기할 때, 우리는 법적 관점과 사회학적 관점을 구분하는 데 특별한 주의를 기울여야 한다. _막스 베버(1922c: 1)

'법과 사회'를 말하면서, 우리는 법이 그 자체로 이미 사회의 한 부분임을 망각할 수 있다. _론 L. 풀러(1968: 57)

## 법사회학의 회복

법사회학의 전개는 단순히 고전 사회학 이후의 발전 과정으로만 설명될 수 없다. 왜냐하면 이 전문 학문 분과의 경우, 사회학의 가장 초기 토대로부터 직접적으로 비롯된 역사라는 것이 존재하지 않아서다. 고전 사회학자들이 각자의 이론적 관점에 근거하여 법을 상세하게 다루었음에도, 그들의 작업은 오늘날 우리가 아는 법사회학의 출발점이 되지는 못했다. 20세기 전반, 특히 유럽에서 법에 대한 명확한 사회학적 접근을 발전시키고자 했던 학자들이 없지는 않았으나, 제2차 세계대전 이후 특히 미국에서 나타난 이른바 '법의 사회학적 운동'은 주로 법학 내에서 비교적 실천 지향성이 덜한 연구자들에 의해 이루어진 산물이었다. 이 학자들은 법이 사회에 미치는 영향, 그리고 반대로 사회적 사건이 법의 실체적·절차적 측면에 미치는 영향을 탐구하고자 사회과학의 통찰을 반영한 사회학적 법학sociological jurisprudence과 기타 법 연구적 관점을 형성하려 했다. 이러한 법적 사유 방식의 기여는 법학 교육의 기술적 한계를 넘어 법의 사회적 맥락에 대한 학문적 주의를 환기시켰지만, 사회학이나 다른 사회과학에 기반한 체계적 토대는 아직 뚜렷하지 않았다. 고전 사회학자들이 발전시킨 바와 같이 법의 사회학 연구로 (다시)돌아간 후속 세대 사회학자들이 등장하면서 사회학적 법학과 그와 관련된 법 연구의 흐름들이 물러나고, 사회학 내에서 법 연구를 전문적으로 다루는 하나의 분과가 발전할 길이 열렸다. 특히 1960년대에 사회학자들은 자신들만의 학문적 관점에서 법 연구를 다시 본격적으로 수용하고 심화시켰다. 근대 법사회학은 다양한 사회적 맥락에서 법의 패턴과 메커니즘을 해명하고자 사회학적 지식을 적용하는 데 기여했을 뿐 아니라 다른 사회과학들도 각각 법 연구에 대한 고유한 접근을 발전시키도록 이끌었고, 이러한 여러 사회과학적 관점들을 '법과 사회' 전통이라는 이름 아래 결집시키는 데 기여했다. 이 전통은 세계 여러 지역에서 꾸준히 인기를 얻어 왔다.

최근 수십 년 간 '법과 사회' 운동이 학문적·제도적 성취를 거두었음에도, 그 성공은 예기치 못한 결과로 이어지기도 했다. 가장 두드러진 것은 다른 사회과학자들이 법 연구에서 각자의 지분을 주장하기 시작하면서 때때로 법의 사회학 연구, 곧 법사회학에 부여되는 독자성의 결여다. 이러한 전개는 법사회학을 (동등한 위상에 있는 것으로 여겨지는)여러 사회과학적 법 연구 관점 가운데 하나로 만들었을 뿐 아니라, 더욱이 사회학 분과에 조직적으로나 지적으로 속하지 않은 분야들에서 법사회학을 '차용'하는 현상까지 초래했다. 나아가 '법과 사회' 운동의 성공과 그 과정에서 법사회학의 흡수는 이 전문 분야가 자기 고유의 학문적 장場에서 주변화되거나 배제되는 결과를 낳았는데, 이는 다른 전문 분야에서도 관찰되어 온 학문 분과의 '발칸화Balkanization'(소국 분할화)를 시사한다(Horowitz 1993). 그 결과, 일부 예외에도 불구하고 법사회학은 '법과 사회' 연구뿐 아니라 사회학 내부에서도 독자적 지위를 상실하게 되었다. 그러나 법사회학의 학문 내 그리고 학제 간 위상을 회복시키기 위해 법사회학의 고유한 속성을 부각시키면서도 법사회학이 보다 넓은 '법과 사회' 영역을 구성하는 다른 사회과학들보다 우월하다거나 사회학 내부의 다른 전문 분야들보다 우월하다는 입장을 옹호하지는 않는다. 내가 이 책에서 옹호하려는 주장은 오히려 법 연구에 대해 사회학적으로 고유한 기여가 존재하고, 그러한 이유로 법사회학은 사회학의 다른 전문 분야들 가운데서도, 또한 '사회(학)적-법socio-legal 연구'의 다른 학문적 관점들 가운데서도 정당한 위치를 차지할 자격이 있다는 점이다.[1]

법사회학을 학문적 전문 분과로 자리매김하고 또한 학제 간 '법과 사회' 연구 영역에서 그 위치를 확보하기 위해, 법사회학은 무엇보다도 사회학적 토대에 기초한 기준에 따라 평가되어야 한다. 법사회학은 언제나, 그리고 필연적으로 사회학이다. 이 기본적 통찰에서 출발하여 이 책은 법사회학의 이론적 지향과 실질적 적용을 논의함으로써 그 학문적 초점을 탐구하고자 한다. 이론적 다원주의와 주제적 논의는 법사회학이 사회학의 여러 전문 분과 중 하나로서, 그리고 법 연구에 대한 다른 사회과학적 접근들과의 관계 속에서 지니는 고유성을 드러내는 길잡이가 된다. 이러한 목표는

---

1 법사회학을 하나의 전문 분야로 이해하는 데 이견이 아예 없는 것은 아니며, 이 책 전체에서 드러나듯 법사회학의 역사적·지적 전개 속에서도 논쟁적이었다. 법사회학과 (사회학적)법 연구의 실제 및 바람직한 관계에 대한 상반된 입장들은 Banakar & Travers(2002), Comack(2006), Cotterrell(1983, 1986, 1992), Dingwall(2007), Evan(1992), Ferrari(1989), Griffiths(2006), Guibentif(2002), Kazimirchuk(1980), MacDonald(2002b), Posner(1995), Rottleuthner(1994), Scheppele(1994), Schwartz(1978), Simon and Lynch(1989), Travers(1993)을 참조.

결코 사소하지 않은데, 여기에는 적어도 두 가지 이유가 있기 때문이다.

첫째, 사회학 내부에서 법사회학은 여전히 여러 면에서 미발달된 전문 분야로 남아 있다. 이는 기여의 질적 수준 탓이 아니라, 그에 대한 수용과 위상 측면에서 그렇다. 사회학에서 법에 대한 관심이 상대적으로 부족하다는 점은 예컨대 미국사회학회*American Sociological Association*에서 법사회학 분과*Sociology of Law section*가 1993년에야 비로소 설립되었다는 사실에서도 확인할 수 있다. 물론 국제적으로는 사례가 다르다. 예를 들어, 폴란드 법사회학 분과는 1962년에 설립되었는데, 이는 국제사회학회*International Sociological Association, ISA* 내 법사회학 연구위원회가 창립된 바로 그해였다.[2] 그러나 분명한 것은 법사회학자들이 여전히 동료 학자들에게 자신들의 전문 분야 역시 사회학 전체의 일부임을 적극적으로 주장해야 한다는 점이다.

둘째, 법사회학이 사회학 내부에서 물러나 '법과 사회' 연구 영역으로 흡수된 것은 법 분석과 관련하여 사회학이 성취할 수 있는 바와 (사회학적) 법 연구*socio-legal scholarship*와 법에 대한 사회학적 관점 사이의 관계가 무엇이며 어떠해야 하는가에 대한 올바른 이해를 저해해 왔다(Savelsberg 2002 참조). 법사회학의 적절한 위치와 역할에 관한 오해는 불행하게도 다른 연구 분야의 사회학자들이 이를 인식하는 방식에도 영향을 미쳤다. 이처럼 전개된 이유는 분명 다양하고, 일부 법사회학자들이 '법과 사회' 운동이 끌어당기는 매력에 저항할 능력이나 의지가 상대적으로 부족했던 것과도 관련 있다. 이 운동은 적어도 부분적으로는 학문적 고려 때문이 아니라 로스쿨에서의 고용이 상대적으로 매력적이었기 때문에 촉발되었다. 이러한 현실을 고려할 때 본 연구의 포부는 더할 나위 없이 대담하다. 왜냐하면 이 책은 법에 대한 다른 학문적 관점들과 비교할 때 법사회학이 독자적으로 유용한

---

2  법사회학의 국가별 전개 경로는 결론 부분에서 더 다룬다.

접근으로 자신의 위치를 최종적으로 되찾아야 한다는 목표를 향해 나아가기 때문이다. 법사회학의 가장 중요한 성과들을 이론·경험적 측면에서 분석하는 작업은 이러한 목적을 달성하는 데 기여할 수 있을 것이다.

## 법사회학: 예비적 분류

법사회학의 주요 이론적·실질적 성과들의 분석에 앞서 이 학문적 전문 분야를 지적·제도적 맥락에서 규정할 필요가 있다. 이에 대한 유용한 예비적 규정은 베버**Max Weber**의 작업에 기초할 수 있다. 그는 독일 사회학 사상의 전통 속에서 사회학의 다른 학문들 사이에서의 역할을 분명히 하고 이에 상응하여 법에 관한 다른 지식 체계들 속에서 법사회학의 위치를 규정한다. 구체적으로 크론만**Anthony Kronman**(1983: 8-14)이 해설한 베버(1907)의 연구를 바탕으로 한 유형학에 따르면 법 연구의 세 가지 접근을 구별할 수 있다. 첫째, 법 내부적 관점은 법을 그 자체의 용어로, 곧 법 자체의 작동 일부로서 연구하고 법에 대한 지적 토대를 제공하며 법학 교육을 수행함으로써 법의 내부적 일관성에 기여한다. 법 연구*legal scholarship* 또는 법학*jurisprudence*의 발전은 이러한 효율성 지향적 지식 체계에 해당한다.[3]

둘째, 법적 관점을 넘어서는 차원에서 법에 대한 도덕적 또는 철학적 관점은 도덕 원리에 기초하여 법의 궁극적 정당화를 탐구하고, 기존의 법질서가 이러한 규범적 기준을 얼마나 충족하는지를 비판하는 규범 지향적

---

3 '법학(jurisprudence)'이라는 용어는 법에 대한 내부적 연구 또는 법 연구(legal scholarship)분 아니라, 법원에서의 법적 판결 활동 및 그러한 판결을 기초로 성립된 법체계까지를 의미한다. 특별히 달리 규정되지 않는한, 이 책에서 이 용어는 법학적 혹은 법 내부적 연구라는 의미로 사용된다(역주: 이 책에서도 jurisprudence를 '법학'으로 legal scholarship을 '법 연구'로 번역한다).

탐구에 참여한다. 법철학*philosophy of law*은 이러한 평가 지향적 법 사유의 모델을 제공한다. 셋째, 법에 대한 외부적 관점은 기존 법체계들(그 성립과 발전, 원인과 결과, 그리고 법 제도와 법적 실천의 기능과 목적)의 특성을 검토하기 위해 이론적으로 주도되는 경험 연구에 관여한다. 법의 특성을 탐구하려는 그들의 의도에서 외부적 관점은 분석 지향성을 공유한다. 이러한 분석은 제기될 수 있는 질문의 성격을 구체화하기 위해 반드시 특정 학문 활동의 윤곽 안에서 틀 지어져야 한다. 따라서 법을 연구하는 다양한 사회과학들은 그것이 역사적, 문화적, 정치적, 경제적, 혹은 사회적 차원이든 간에 관련된 각각의 차원에서 구별할 수 있다.

법 연구에서 내부적 관점(효율성 지향), 도덕적 관점(평가 지향), 외부적 관점(분석 지향)을 이념(적) 유형으로 구분한다고 해서 이들 사이에 관계가 전혀 없다는 뜻은 아니다. 예를 들어, 분석 지향적 법 관점은 도덕 관점이 법을 성찰하는 데 활용할 수 있는 정보를 제공하고 실제로 그렇게 활용되기도 한다. 물론 사회과학자들이 기대하는 만큼 자주 이루어지지는 않는다. 또한 법의 내부적 관점도 분석 대상이 될 수 있는 정보를 제공하는 데 유용할 수 있으나, 법에 관한 기술적 지식이 분석을 대체할 수는 없다. 나아가 법을 외부적으로 다루는 여러 학문 분야들 사이에서도 사회·행동과학과 인문학의 다양한 관점들이 상호적으로 풍요롭게 하는 관계가 발전해 왔다. 외부적 차원에 위치하고 있기에 사회학적 접근은 사회학적 이론화의 다원주의적 본질의 관점에서 더욱 명료해져야 한다.

법사회학의 연구 대상을 살펴보자. 법에 대해 말할 때 우리는 과연 무엇을 말하는가? 법에 대한 정의*definition*는 사회학 내의 다양한 이론 전통들 사이에서 논쟁의 토대가 되지만, 최소한의 전략으로 법을 사회학적으로 이해하는 방안은 그것을 특정 규칙들의 범주와 그에 수반되는 사회적 실천으로 파악하는 일이다. 사회학 공동체 내에서 법의 정의는 특정 이론적 관점의 윤곽 안에서 법을 더 정확히 이해함에 따라 축소되거나 확장될 수 있지만, 규칙과 실천에 대한 초점은 언제나 존재하거나 최소한 함축되어 있다. 이와 같은 법의 이중 개념은 물질적 조건과 비물질적(이념적 또는 문화적) 조건을 모두 포함하는 사회적 사실에 관한 에밀 뒤르켐(1895)의 관점을 반영하며, 이는 분석을 제한하기보다 확장하고 가변적 요소들이 어떻게 관련되는지에 대한 보다 정밀한 명제를 가능케 한다. 뒤르켐의 작업은 또한 그의 규범적 통합 이론(1893a, 1893b)을 바탕으로 법의 규칙과 실천의 지위를 유용하게 규정하는 데 기여한다. 규칙으로서의 법은 사회적 상호 작용을 규제하고 사회를 통합하기 위한 규범들의 제도화된 복합체를 가리킨다. 법적 실천은 그 규범들과 다양한 방식으로 연관되는 역할, 지위, 상호 작용, 조직 전체를 지칭한다.

법의 본질 규범적 차원을 도덕적 평가와 혼동해서는 안 된다. 사회적 상호 작용이 어떻게 규제되어야 하는지, 사회가 어떻게 조직되어야 하는지에 대한 규정으로서 규범은 항상 이상적 상태를 지향한다. 그러나 제도화된 규범으로서의 법 규칙은 어떤 이상을 넘어서는 사실적 존재를 가진다. 법 규범은 사회 역사적 맥락이라는 구체적 환경 속에서 존재하며 결코 단순한 추상이 아니다. 마찬가지로, 법적 실천 역시 규범 요소를 포함한다. 예컨대 위반 행위를 통해 법의 정당성을 규정하거나 법 규정을 집행함으로써 법을 정당화하는 경우가 그렇다. 분석적 관점에서 볼 때 법을 (이념적·문화적)규칙과 (물적)실천으로 연구하는 일은 언제나 법의 사실적 차원을 탐구하는 데 지향된다. 법의 이중성은 사회의 다른 모든 측면들과 마찬가지로 법이 사실적 차원을 지닌 규범적 사안임을 의미한다. 바로 이 법의 이중성에 기인해 법의 조직과 기능은 베버가 제시한 다양한 관점에서 연구될 수 있다. 뒤르켐에게 있어 법을 사회의 사실적 존재 요소(사회적 사실로서의 법)로 접근하는 능력은 법의 규범적 목표와 도덕적 자기 이해와 무관하게 곧, 법사회학과 동의어였다.

사회학이 규범에 주목한다는 점에 대해서는 오해 방지를 위해 추가의 설명이 필요하다. 비판 법학자 아벨**Richard Abel**(1995: 1)은 자신의 사회(학)적-법 연구가 "규칙만 빼고 법에 관한 모든 것을 다룬다"라고 농담 삼아 말한 바 있다. 아벨의 발언은 법을 내부적으로 이해하는 관점에 도발적일 수 있지만, 사회학적 분석에 유용한 법 개념을 정립하는 데에는 도움이 되지 않는다. 왜냐하면 법은 실천뿐 아니라 규칙도 포함하기 때문이다. 그러나 규칙이나 법 규범의 지위는 그 내부적 지향만으로 온전히 설명될 수 없다. 법 규범은 명시적으로 행위를 규제하고 사회를 통합하기 위해 형성되지만, 이러한 법의 1차적 기능이 법의 실제 결과와 반드시 일치하지는 않는다. 규범 일반과 마찬가지로, 법 규범 전체를 그것이 실제로 행위를 규제하고 사회를 통합하는 능력으로 정의할 수 없고, 오직 규제 또는 통합이라는 명시적 기능으로만 정의할 수 있다. 따라서 사회학적 법 개념은 규칙 연구를 배제하지 않고, 법 규범의 선포된 목적과 법의 실제 작동 및 결과를 구분한다. 이러한 사회학적 지향은 도덕적이거나 내부적 법 이해와 단절하고, 법을 다양한 관련 차원에서 사회학적으로 분석할 수 있게 만든다.

그렇다면 사회학의 정식 연구 대상은 무엇일까? 사회학자들은 전공 분야가 무엇이든 항상 사회 연구에 종사한다. 사회학이라는 학문만이 사회의 지식을 특정 제도 차원에 한정하지 않고 사회 전체에 대한 초점을 유지한다(하버마스 1981a, 1981b). 따라서 법사회학자들은 언제나 법을 사회 맥락 안에서 파악한다. 이런 점에서 '법과 사회'라는 표현은 법이 사회의 일부가 아니라는 것을 전제하므로 사회학적으로는 난해하다. 그래서 법사회학자들은 법 이론가 풀러<sup>Lon Fuller</sup>(1968)의 견해에 동의하여 '사회 속의 법<sup>law-in-society</sup>'이라 부르고, 법을 다른 사회 제도와 사회적 실천처럼 사회학적 설명이 요구되는 사회적 실재상으로 접근하는 것이 더 적절하다고 본다.

법의 1차적 기능(사회 통합)에 관한 개념을 확장하여 법은 경제, 정치, 문화 등 다른 사회 제도들과의 관계 속에서 위치 지을 수 있다. 법사회학을 미리 규정하기 위해 어떤 사회 제도들이 분화의 원리에 기초하여 사회학적으로 분화될 수 있는지가 뚜렷이 중요한 건 아니다. 경제, 정치, 문화와 나란히 사회 통합 제도로서 법에 대한 구분은 분명 파슨스<sup>Talcott Parsons</sup>의 4기능 체계 이론(제5장에서 다룸)에 빚지고 있다. 그러나 여기서 이 모델은 특정한 기능주의적 의미로 사용되는 것이 아니라 법을 사회 속에 위치시키고 다른 사회 제도들과의 관계를 규정할 수 있는 지침적 지향으로 활용된다. 이러한 분석 목적(즉, 다양한 이론적 관점을 논의할 수 있도록 하는 목적)에 한해서만 이 모델은 이 책 제3부에서 법의 실질적 주제를 다루는 장들의 구성을 형성한다. 이와 관련하여 이 책은 또한 법(과 사회)에 대한 체계 개념을 엄격한 분석 목적에 따라 활용하여, 법을 다른 사회 제도 및 기능들과 구별하고, 아울러 법의 다양한 구성 요소들을 구분한다. 이러한 관점에서 법은 그 구성 요소들과 그들 간의 상호 관계라는 측면에서 분석될 수 있다. 또한 이 관점은 정적 요소와 동적 요소 모두를 포함하여 법과 다른 사회 제도들 사이의 구조와 과정을 구분한다. 구조로서의 법은 그것의 구성 요소들의 결합 및 상호 연결 방식 측면에서 분석될 수 있고, 과정으로서의 법은 내부적으로 구성 요소들 사이에서 그리고 외부적으로 법과 다른 제도들 사이에서 영향을 미치는 변화와 지속의 과정 측면으로 분석될 수 있다.

## 주제와 구조: 개요

법사회학의 역사와 체계를 다루면서 이 책은 총 4부 12개의 장으로 구성되어 있다. 앞의 두 부분은 이론적 성격을 지니고, 뒤의 두 부분은 주제 중심의 논의를 주로 제공한다. 이론적으로 이 책은 막스 베버와 에밀 뒤르켐의 저작 속에서 법에 관한 사회학적 사유의 중심성을 출발점으로 삼는다. 이들 고전이 19세기에 통용되던 다른 사회과학 및 사회학 이전의 법적 관점들에 의존했던 만큼 사회학 제도화 이전의 법 이론 전개에서 가장 중요한 특징들 또한 함께 탐구할 것이다. 또한 사회학 고전들, 그 선행자와 후계자들의 기여를 토대로 사회 속에서 법의 위치에 관한 가장 근본적인 주제적 측면들이 밝혀질 수 있다.

첫 번째 장에서는 계몽주의에서 비롯해 사회과학의 발전에 기여한 법에 관한 지적 전통을 다룬다. 여기서는 법 연구에 자신의 작업을 헌신했거나 이후 법 연구에 큰 영향을 끼친 사회학 이전 사상가들, 몽테스키외**Baron de Montesquieu**, 베카리아**Cesare Beccaria**, 벤담**Jeremy Bentham**, 토크빌**Alexis de Tocqueville**, 메인**Henry Maine**, 그리고 마르크스**Karl Marx**를 주목할 것이다. 또한 이 장에서는 법 영역에서의 저작이 언제나 제대로 기억되거나 후대 법사회학 연구에 큰 영향을 미치지는 못했던 초기 사회학자들, 스펜서**Herbert Spencer**, 섬너**William Graham Sumner**, 짐멜**Georg Simmel**, 퇴니스**Ferdinand Tönnies**도 다룬다.

일부 초기 사회학 사상가들은 명확히 고전으로 받아들여지지 않더라도, 베버**Max Weber**와 뒤르켐**Emile Durkheim**의 사회학이 법사회학을 포함한 근대 사회학의 토대를 이룬다는 점은 의심의 여지가 없다. 따라서 이 책의 다음 두 장은 사회학적 사고에 관한 두 거장의 주요 저작과 영향에 전적으로 할애된다. 베버가 법에 관해 잘 알려져 있을 뿐 아니라 방대한 논의를 펼쳤고,

그의 작업이 널리 수용된 점을 고려하면 법사회학에서 베버의 중심성은 분명하다. 오늘날 법사회학자들에게는 상대적으로 덜 논의되지만 뒤르켐의 작업 역시 베버 못지않게 중요하다. 이 책에서는 사실 차원과 규범 차원을 모두 포함하는 사회적 쟁점으로서의 법이라는 핵심 주제를 중심으로 법의 사회학 연구를 위치 지우는 데 다시 검토할 것이다. 최근에는 베버와 뒤르켐의 법사회학적 가치와 효력에 관한 논의도 이러한 장들에 포함된다.

근대 법사회학의 이론적 전개로 넘어가면, 제4장은 주로 유럽에서 법사회학적 성향을 지닌 법학자들과 법사회학자들 사이에서 이루어진 지적 흐름에 초점을 맞춘다. 특히 페트라지츠키<sup>Leon Petrazycki</sup>와 그의 가르침에서 비롯된 학자들, 티마셰프<sup>Nicholas Timasheff</sup>, 귀르비치<sup>Georges Gurvitch</sup>, 소로킨<sup>Pitirim Sorokin</sup>뿐 아니라 에를리히<sup>Eugen Ehrlich</sup>, 가이거<sup>Theodor Geiger</sup> 같은 초기 유럽 법사회학자들을 다룬다. 이 학자들은 유럽 대륙 출신이었지만, 몇몇은 학문 경력 중에 유럽의 다른 지역이나 대서양을 건너 미국으로 이동하기도 했다. 그러나 이 학자들의 이주에도 불구하고, 법사회학 발전에 미친 그들의 영향은 상대적으로 크지 않았다.

제5장에서 논의하듯 미국에서는 근대 법사회학으로 발전한 또 다른 지적 계보가 전개되었는데, 이는 사회학보다는 법 연구적 전통에 더 뿌리를 두고 있었다. 특히 미국의 저명한 법학자 홈스<sup>Oliver Wendell Holmes</sup>의 연구는 법을 주변 사회적 조건의 반영으로 이해함으로써 사회학적 지향의 법학파들이 형성되는 길을 열었다. 파운드<sup>Roscoe Pound</sup>의 연구는 이러한 전통에서 나와 사회학적 법학<sup>sociological jurisprudence</sup>의 새로운 운동으로 이어졌다. 마찬가지로 르웰린<sup>Karl Llewellyn</sup>의 법현실주의<sup>legal realism</sup> 역시 점차 과학적인 법 분석을 지향하는 이러한 흐름 속에서 이해될 수 있다. 그러나 미국에서 법사회학으로의 전환에서 결정적 순간은 법학 내부에서 비롯한 것이 아니라 전적으

로 사회학, 특히 파슨스Talcott Parsons의 구조 기능주의structural functionalism에 있었
다. 근대 사회학의 주요 이론가였던 파슨스의 노력은 유럽 고전들을 정전
으로 정립하는 데 기여했을 뿐 아니라 법 연구 자체에 대한 독자적인 관심
을 포함한다. 파슨스로부터 정통의 법사회학 학파가 형성되었고, 이는 법
학, 특히 풀러Lon Fuller의 작업과 협업으로 진행한 것이었다.

　　제6장은 근대 법사회학의 주요 이론 학파들을 세 가지 중심 분기선을
따라 탐구한다. 첫째, 구조 기능주의의 합의적 사고에 대한 반대 속에서 사
회학의 갈등 이론적 관점이 형성되었고, 이는 법사회학의 전문 분야에도
영향을 미쳤다. 둘째, 근대 법사회학 이론들은 법과 도덕의 특수한 관계로
인해 규범적 법사회학을 지향할 것인지 아니면 엄밀한 과학적 접근을 취할
것인가를 두고 분화되었다. 이 논쟁은 셀즈닉Philip Selznick과 노네Philippe Nonet
의 법학적 사회학과 블랙Donald Black이 발전시킨 순수 법사회학 사이의 대립
에서 뚜렷이 드러난다. 그리고 셋째로 구조 기능주의의 거시 이론적 초점
에 맞서 사회적 상호 작용 수준에서 분석을 전개한 다양한 관점들이 존재
한다. 이들 관점에는 행위 이해를 지향하는 (예컨대 상징적 상호작용론 같은)주
관주의적 사회학들과 사회적 교환 및 합리적 선택 이론을 포함하여 행위를
설명하려는 객관주의적 접근을 모두 포함한다. 이 세 가지 분기선을 중심
으로 오늘날 법사회학의 최근 발전 또한 응결되어 있으며, 이는 나머지 장
들의 다양한 지점에서 논의될 것이다.

　　이 책의 제3부와 제4부는 실질적 주제를 중심으로 전개되고, 이런 점에
서 더 경험적 성격을 띠며 법사회학 연구를 다룬 논의를 포함한다. 그러나
각 장은 선별된 실질적 쟁점을 사회학적으로 의미 있게 논의하고, 따라서
이론적 자료도 함께 포함한다. 제1부와 제2부의 논의 내용은 이미 제시된
이론적 지향의 측면에서 다시 등장할 뿐 아니라 근대 법사회학의 최근 이

론적 전개와 관련하여 재검토될 것이다.

제3부의 장들은 사회학자들이 법을 다른 사회 제도들 특히 경제, 정치, 문화와 관련하여 그리고 사회 통합(혹은 법 자체와의 관계)이라는 측면에서 어떻게 연구해 왔는지를 다룬다. 법과 경제의 관계와 관련해서는 특히 시장 사회 맥락에서 법적·경제적 삶의 상호 의존성에 관한 사회학 연구에 주목할 것이다. 이러한 상호 관계를 다룬 새로운 이론적 관점들 가운데 조직의 신제도주의적<sup>neoinstitutionalist</sup> 관점이 법적 규제에 대한 조직 적응 연구를 통해 논의된다. 이 신제도주의와 이론적으로 대비되는 것은 복지 국가의 발전에 적용될 법제화<sup>juridification</sup> 모델이다.

법과 정치는 입법 기능 탓에 근대 사회에서 밀접히 연결되어 있다. 제8장은 이 관계를 특히 법과 민주주의에 대한 상이한 이론적 관점의 맥락에서, 그리고 과학적 법사회학의 가능성에 대한 함의를 중심으로 논의한다. 이 과정에서 하버마스<sup>Jürgen Habermas</sup>와 루만<sup>Niklas Luhmann</sup> 같은 오늘날 사회 사상 거장들의 이론을 대조하면서 민주주의와 법의 관계에 대한 경험 연구, 예컨대 유권자 권리 박탈, 입법적 범죄화가 초래하는 민주적 결핍, 분쟁 해결에서의 절차적 정의를 개관하는 데 지침을 제공한다.

법률 전문가<sup>legal profession</sup>에 관한 별도의 장은 법의 통합 기능의 중요한 측면을 다루는 사회학 연구를 설명하는 역할을 한다. 법률 전문가의 사회학은 특히 법의 자율성 주장이라는 관점에서 논의할 것이다. 직업화<sup>professionalization</sup>에 대한 사회학적 시각을 제시한 후 (직업의 다변화 같은)법률 전문가의 가장 중요한 변화들이 검토된다. 법률 전문가 내부의 다양성이 증대하면서 이른바 비판법학<sup>Critical Legal Studies</sup> 운동이 법 연구에서 등장할 수 있었다. 그러나 이는 사회학적<sup>sociological</sup> 혹은 사회(학)-법적<sup>socio-legal</sup> 접근이라기보다 법의 직업화가 낳은 산물임이 드러날 것이다. 반대로 법의 불평등, 특히 법 조직 내 젠더 불평등에 관한 법사회학 연구는 분명히 사회학적 접근의 타당성을 보여 줄 것이다.

제3부의 마지막 장, 법과 문화의 관계는 가치와 규범의 관계에 관한 사회학적 논의를 이끄는 중심 매개로 기능할 것이다. 먼저 뒤르켐 이후의 사회학에서 규범과 가치가 다루어진 방식을 개괄한 후 급진적 대안의 관점으로서 등장한 포스트모던 시각과 해체 이론에 특별히 주목한다. 이러한 이론적 논의는 계급, 젠더, 인종 및 민족성과 관련한 법사회학의 최근 연구들을 검토하는 틀로 사용될 것이다. 이어 근대 사회에서 문화 가치의 다양성이 증가하고 있다는 연구 개관을 거쳐, 그 뿌리에 있는 현대 문화의 개인주의로 논의를 전환한다. 이 맥락에서 법과 의료, 동성혼의 규제, 낙태 합법화에 관한 사회학 연구를 주목한다.

이 책의 마지막 두 장은 법과 관련된 구체적인 특수 문제들, 즉 법 집행과 법의 전 지구화를 다룬다. 특정 법 이론 모델에 이끌린 것은 아니지만 이 두 가지 주제에 집중하는 선택은 자의적인 것이 아니다. 사회 통제에 관한 연구를 검토하면서 법 집행 연구가 입법과 법원의 법 집행을 넘어서는 이론적으로 중요한 요소를 법 분석에 추가한다는 점이 드러날 것이다. 제11장은 법체계에 수반되는 사회 통제 메커니즘에 사회학적 관심을 확장한다. 사회 통제에 대한 초점은 치안, 감시, 양형, 처벌 영역에서 푸코**Michel Foucault**의 사유와 그것이 법사회학에 갖는 관련성을 논의할 수 있게 해 줄 것이다.

사회 통제의 구조와 과정이 법사회학 틀 안에서 논리적 필연성에 의해 다루어져야 하는 반면, 법의 전 지구화는 그 경험적 중요성 때문에 오늘날 법 연구에 도전 과제를 제기한다. 12장은 법과 전 지구화에 관한 사회학 연구를, 그것의 가장 중요한 오늘날의 현상들과 그로 인한 법사회학적 이해에 따른 파급 효과의 관점에서 논의할 것이다. 특히 관할권 개념과 관련된 법과 전 지구화의 이론적 관점들을 검토하고, 입법과 행정으로부터 법의 집행에 걸친 다양한 사안들에서 중요한 경험 연구를 살펴본다.

마지막으로, 이 책의 결론에서는 각 장에서 다룬 쟁점과 주제들이 법사회학의 성과에 대한 검토를 바탕으로 그 가치를 드러내려는 이 책의 중심 목표라는 관점에서 다시 강조된다. 또한 결론에서는 이 책에서의 논의들을 전 세계 다양한 국가 문화 속에서 존재하는 법사회학 전통의 맥락에서 위치 지울 것이다.

## 목표

이 책은 법사회학의 가장 중요한 이론적·경험적 전개들을 검토함으로써 법사회학에 대한 하나의 비전을 제시하려고 한다.[4] 현재 이용 가능한 법사회학 관련 서적의 대부분은 교과서, 이론적 개론서 또는 자료집이다.[5] 다른 저작들은 엄밀히 말해 사회학적이지 않더라도 법과 사회 연구라는 학제 간 영역에 기여한다.[6] 다른 전문 분야들과 비교했을 때, 법사회학은 이론적 전개와 실질적 연구 영역을 체계적으로 개관한 소수의 저작들만 배출해 왔

---

4   법사회학의 비전을 정립한다는 발상은 도널드 레빈(Donald Levine)이 『사회학 전통의 비전*Visions of the Sociological Tradition*』(1995)에서 제시한 사회학 이론 전개에 관한 종합적 연구에 영감을 받은 것이다.

5   예를 들어, Galligan(2007), Hunt(1978), Milovanovic(2003), Rich(1978), Roach Anleu(2000), Sutton(2001), Treviño(1996), Turkel(1996) 등의 교재와 이론 개관서, 그리고 Aubert(1969), Brantingham & Kress(1979), Brickey & Comack(1986), Carlen(1976), Evan(1962a, 1980), Freeman(2006), Johnson(1978), Larsen & Burtch(1999), MacDonald(2002a), Mertz(2008), Podgórecki & Whelan(1981), Reasons & Rich(1978), Sawer(1961), Schwartz & Skolnick(1970), Seron(2006), Silbey(2008), Simon(1968), Treviño(2007)의 편저 등이 있다.

6   예로 Bankowski & Mungham(1980), Cotterrell(1994, 2006), Friedman(1976), Friedrichs(2001), Grana, Ollenburger & Nicholas(2002), Kidder(1983), Lyman(2004), Rokumoto(1994), Sarat(2004), Vago(2005), Weinberg & Weinberg(1980) 등이 있다.

다. 이러한 책들 대부분은 주제별로 구조화되거나 전적으로 이론적 관점의 개요에만 기반한다.[7] 이 책은 이러한 한계를 넘어 중요한 이론 문제들과 실질 쟁점들을 포괄적으로 다루고, 이를 통해 법사회학을 독립적이며 명확히 사회학적인 전문 분야로 그 윤곽을 그리는 데 기여하고자 한다.

법사회학의 지적 전개와 제도적 역사를 탐구함으로써 이 책은 지난 한 세기 이상 이어져 온 학문적 전통에 대한 의미 있는 분석을 제공하려고 한다. 따라서 이 책의 여러 장들은 단순히 법사회학의 이론과 주제를 나열하는 데 그치지 않고, 학문이 성립된 이래 사회학자들이 걸어 온 보다 생산적이거나 덜 생산적인 경로들을 고려하여 법사회학의 모델을 재구성하려는 통합적 논의를 제시한다. 이 책은 법사회학자들 사이에 존재하는 이론적 갈등이나 그들이 불러일으킨 주제적 선택들 가운데 어느 한쪽 편을 들지 않고, 이러한 쟁점과 딜레마들이 오늘날 우리가 아는 법사회학의 발전에 어떻게 기여해 왔는지를 보이고자 한다. 예컨대, 베버나 뒤르켐의 법 이론이 특정 국면에서 옳은가 그른가를 논하지 않고 이들과 다른 이론적 관점들이 법사회학의 형성과 발전에 어떻게 기여했는지, 과거 전개에서 어떤 경로들이 선택 가능했으며, 실제로는 어떤 길이 채택되었고 어떤 길은 그렇지 않았는지를 밝힘으로써 각 이론적 흐름과 경험적 주제가 법에 관한 사회학적 학문 틀 안에서 어떤 자리를 차지하는지 드러낸다. 이 책을 통해 독자들이 도달하길 바라는 가장 중요한 결론은 법사회학이 사회학의 다양한 전문 분야들 가운데, 그리고 법에 대한 다른 사회과학적 관점들과 나란히 고유하고도 가치 있는 무언가를 제공한다는 점이다. 법사회학의 이론적

---

7  법사회학의 보다 체계적 논의를 담은 저작으로 Aubert(1983), Banakar(2003), Cotterrell(1992), Grace & Wilkinson(1978), Henry(1983), Irwin(1986), McDonald(1976), McIntyre(1994), Tomasic(1985) 등이 있다. 특히 비영어권 유럽 문헌은 학문적 전문 분야로서 법사회학의 전개와 현황에 대한 체계적 저작들을 잘 제공해 왔다. 예로 Arnaud(1981), Gephart(1993), Lévy-Bruhl(1967), Rehbinder(2003), Röhl(1987), Schuyt(1971)가 있다.

전개와 실질적 주제들의 다양성은 단순히 상충하는 접근법들로만 과도하게 이해되어서는 안 된다. 중요한 논쟁들에 대해서는 일정한 입장을 취해야 하고, "이 책이 하나의 관점을 대신하더라도 머튼*Robert Merton*(1976: 169)이 '규율된 절충주의*disciplined eclecticism*'라고 부른 지침 원리에 입각해 법사회학의 이론적 및 다른 관련 전개들이 지닌 상호 보완적 성격을 인식할 수 있어야 한다. 특정한 이론적 이견이나 연구상의 실질적 차이를 넘어 이 책은 법사회학이라는 하나의 학문적 전문 분과의 정당성을 옹호하는 데 그 목적이 있다.

# 1부

## 법사회학의 기초 이론

# 1

## 법과 사회과학의 부상

**법**에 대한 사유는 법 그 자체만큼 오래되었다. 왜냐하면 법적 담론은 언제나 법의 일부기 때문이다. 그러나 법의 경계를 넘어가면, 법에 관한 담론의 명확한 기원을 설정하기란 쉽지 않다. 법의 사회적 역할에 대한 사유 역시 이러한 담론의 일부지만 사회와 관련된 모든 사유가 사회학적이지는 않다. 동시에 사회학은 철학, 인문학의 진화와 다른 사회과학들의 발전을 향한 움직임 속에서 발생했다. 따라서 계몽주의에서 비롯되어 19세기에 전개된 법에 관한 지적 학파들을 검토하는 일은 단순한 지적 호기심 이상의 의미를 갖는다. 그것은 점차 다양한 사회과학들의 제도화와 사회학의 성립을 위한 길을 놓아 주었다. 불가피하게 선택적인 이 검토는 먼저 법에 특별한 관심을 기울였던 사회학 이전의 사상가들, 그리고 반드시 겹치지는 않더라도 근대 법사회학 발전에 영향을 끼친 사상가들의 범주를 다룰 것이다. 후자의 대표적 인물은 칼 마르크스의 사회철학이며, 전자에는 몽테스키외, 체자레 베카리아, 제레미 벤담, 알렉시 드 토

크빌, 헨리 메인 같은 고전적 사상가들의 저작을 포함한다. 또한 이 장에서
는 법을 다룬 논의가 이후 이 분야의 제도화 과정에 비교적 제한적 영향만
을 미친 초기 사회학자들의 작업도 검토한다. 이처럼 상대적으로 소홀히
다루어진 고전적 기여들로는 허버트 스펜서, 윌리엄 그레이엄 섬너, 게오
르크 짐멜, 페르디난트 퇴니스의 저작이 포함된다.

## 사회과학의 여명

법 연구와 법 교육의 범주 밖에서도 사회에서 법의 역할을 논의해 온 학
자들은 이루 헤아릴 수 없을 만큼 많다. 비록 19세기 사회학의 기원에 앞
선 선구자들로 범위를 제한하더라도, 그 검토는 사회학 이전 시기 법에 관
한 사회사상의 단편에 대한 개괄일 수밖에 없다. 법에 관한 초기 사회사상
의 기원을 파악하는 유용한 진입점은 가장 초보적인 사회적·사회학적 사
고마저도 정면으로 부정하는 자연법 개념에 대한 비판에서 비롯한다. 자연
법**natural law**이란, 법이 사회의 실제 작동과 무관하고 존재의 근거가 될 만큼
심오하고 보편적인 진리와 정의의 관념을 반영한다는 생각을 뜻한다. 이런
의미에서 자연법 이론은 법을 하나의 사회적 실재로서 그 기원·조건·효과
를 사회적으로 사유하는 작업 자체를 원천적으로 배제한다. 자연법론은 고
대 그리스의 아리스토텔레스적 법 개념으로 거슬러 올라가며, 토마스 아퀴
나스의 철학과 같은 중세 사상을 거쳐 서구 사회로 이식되어 오랫동안 유
럽의 법사상을 지배했다. 자연법에 구현되어 있다고 여겨진 정의와 질서의
원리에 대한 분석과 비판에 기반해서만 비로소 법에 대한 사회적 사유가
전개될 수 있었다.

18세기 이후 계몽주의 도래는 법을 비판적·분석적 사유의 대상 영역으로 열어젖혔다. 계몽주의**enlightenment**란 (유럽)철학에서 윤리뿐 아니라 예술과 지식을 포함하여, 인간의 사고와 비판 능력을 지적 삶의 중심에 둔 시기와 사조를 가리킨다. 18세기 독일 철학자 칸트**Immanuel Kant**의 말로 가장 잘 요약되듯, 계몽주의는 "사유 능력에 기초한 이성의 공적 사용"(1784)으로 정의된다. 계몽주의 사유는 정치와 법과 같은 기존 사회 제도들의 사회적·역사적으로 우연적인 조건들을 드러내는 데 핵심적 의미가 있다. 법을 자연의 불변 조건을 반영한 것으로 가정하는 대신, 특정 시대와 사회에서의 사회적 구성이라는 관점에서 연구 대상이 될 수 있게 된 것이다. 따라서 계몽주의 사유는 법의 안정성에 대한 가정만을 걷어내지 않고, 해당 사회적 맥락에서 법이 그 목적을 더 잘 수행하도록 어떻게 조직될 수 있는지에 대한 제안으로 이어질 수 있었다. 자연법으로부터의 첫 번째 중요한 단절은 프랑스 정치철학자 몽테스키외**1689~1755**의 저작에서 제시된다.[1] 몽테스키외는 법이 한 사회의 문화와 관련되어 있으며, 사회적·자연적 조건 및 역사적 선행 요인들을 포함한 다양한 외부적 상황에 의해 규정된다고 주장했다. 법은 절대적으로 선하거나 악한 것이 아니라, 정의와 도덕성의 상대적 정도에 따라 평가될 수 있었다. 이 관점에서 한 걸음 더 나아간 몽테스키외는 프랑스 절대군주제를 비판하고 법의 민주적 헌정을 주장한 최초의 철학자들 중 한 사람이 되었다. 법이 인민의 의지를 반영할 수 있도록 그는 특히 두 가지 중요한 원칙이 보장되어야 한다고 강조했다. 첫째, 권력 분립 원리에 따르면, 권력의 소재가 과도하게 중앙 집중되어서는 안 되고, 군주와 의회·자발적 단체·교회와 같은 중간 대표 기구들 사이에 분산되어야 한다. 둘째, 삼권 분립 원리에 따라 권력의 행사는 기능적으로 세 부문으로 분

---

1  몽테스키외의 법에 관한 가장 중요한 저작은 『법의 정신』(1748)이다. 법사회학의 관점에서의 논의로는 Ehrlich(1916)를 보라.

리되어야 했는데, ① 입법부는 법을 제정하고, ② 행정부는 법을 집행·관리하며, ③ 사법부는 법을 해석·적용한다. 몽테스키외의 철학은 역사적으로 다양한 형태의 민주 정부에 큰 영향을 미쳤고, 또한 법의 내부 작동과 법률 전문가의 지위를 이끄는 법의 자율성 원리의 기초가 되었다(9장에서 다룸). 그러나 이 역사적 개관의 맥락에서 더 중요하게 강조되어야 할 점은 그의 사상이 법의 사회적 차원에 대한 자유로운 사유의 가능성을 열어 주었고, 궁극적으로는 법을 하나의 사회 제도로서 과학적 방법으로 실질적으로 분석할 수 있는 길을 닦아 주었다는 것이다.

마찬가지로 절대주의 통치가 초래한 월권에 반대하면서, 고전학파 특히 형법 고전학파의 사상이 이 맥락에서 중요하게 논의되는데, 권리와 법의 정당화 근거가 군주제와 귀족제의 중앙 권력으로부터 점차 강력해지는 부르주아 계급으로 이동했음을 보여 주기 때문이다.[2] 사회 사상의 전개가 그것이 주의를 기울인 사회의 조건들 자체에 의해 어떻게 영향받았는지를 보여 주듯, 고전학파는 자본주의의 부상과 더불어 출현했다. 자본주의의 영향은 인간 행위가 예상되는 행위 대안들의 비용과 편익을 저울질한 결과로 이해되는 경제적 합리성의 원리로 지배된다고 보는 고전학파의 근본 개념에서 가장 잘 드러난다. 이러한 개념에 동반된 것은 인간은 자유로우며, 따라서 스스로의 행위에 대해 책임을 져야 한다는 관념이었다. 그러한 조건하에 법은 유죄 또는 무죄를 입증하기 위한 적법 절차 요건을 강조하고 국가 개입은 최소화하며 처벌은 주된 억제 기능을 수행해야 한다.

고전학파의 주요 사상가들로는 체사레 베카리아Cesare Beccaria, 1738~1794와 제러미 벤담Jeremy Bentham, 1748~1832이 있다. 오늘날 이들은 범죄와 형사사법에 관한 이론으로 주로 범죄학자들 사이에 알려져 있지만, 두 사상가는 진

---

2 범죄학 사상의 역사와 고전학파의 관련성에 대해서는 Pasquino(1991), Becker & Wetzell(2006)의 기여를 보라.

정한 의미의 법의 사회과학 발전을 향한 과정 일부를 이루는 보다 포괄적인 법 이론을 전개했다. 이탈리아의 정치철학자 베카리아는 1764년 소논문 「범죄와 형벌*Dei Delitti e delle Pene*」로 가장 잘 알려져 있는데, 그는 이 저술에서 사형을 강력히 비판한다.[3] 베카리아는 국가가 생명을 빼앗을 권리를 정당하게 주장할 수 없으며, 사형은 필요하지도 유용하지도 않다는 이유로 사형 제도를 반대했다. 그의 주장은 사형이 다른 잠재적·현실적 범법자들에게 억제 효과를 발휘하지 못한다는 논리에 따른 것이었고, 억제력을 결정하는 것은 처벌의 가혹성이 아니라 확실성이라고 보았다.

베카리아가 제안한 다른 법적 개혁 방안들, 예컨대 범죄에 비례하는 형벌의 적정성이나 공적 재판 절차 역시 본질적으로 인간 행위가 자기 이익 추구에 뿌리박고 있다는 점을 고려한 공리주의적 지향에서 비롯한 것이지 인도주의적 이상 그 자체에서 나온 것은 아니었다. 따라서 전면적 폭력 상태를 피하기 위해 시민들은 평화로운 공존을 확보할 목적으로 일정 부분 자유를 포기하는 상호 계약에 참여한다. 사회 질서를 계약으로 파악한 이러한 사상에 영향받아 베카리아는 국가의 주요 기능은 자기 이익의 무제한적 추구를 제한하는 법 집행에 있다는 생각을 옹호했다. 그러한 법이 효력을 갖기 위해서는 널리 알려질 수 있도록 공개되어야 하고, 신속하고 확실한 처벌이 따라야 한다. 이는 법 위반을 사회 계약 조건을 위반하는 행위로 간주하여, 위반에 따르는 상대적 비용을 증가시키는 방식이었다.

보다 체계적인 공리주의 틀을 제시한 사람은 영국 철학자 제러미 벤담이다. 그는 인간 행위가 쾌락 추구와 고통 회피라는 경제적 합리성 원리로 인도된다고 보고 정치·법 철학을 전개했다.[4] 벤담은 원래 변호사로 훈련받

---

3 베카리아의 저작은 *On Crimes and Punishments*(1764)로 영역되어 있다(한국어판은 『체사레 벡카리아의 범죄와 형벌』, 한인섭 역, 박영사, 2010). 또한 Beirne(1991)을 보라.

4 벤담의 주요 저작 가운데 법을 다룬 것으로는 『도덕과 입법의 원리에 관한 서설(*An Introduction to the*

아 변호사 자격을 얻었지만 곧 기존 영국 법체계의 선도적 비판자가 되었고, 공리주의 철학에 기초해 법 개혁을 추구했다. 자신의 연구에서 벤담은 법체계가 '최대 다수의 최대 행복'을 제공하는 원리에 기초해야 한다고 주장했다. 인간 행위를 개인 차원에서의 효용 극대화를 위한 쾌락·고통 계산으로 설명하는 것과 나란히 사회 차원에서도 집합적 효용을 극대화하는 사회적 계산 이론이 제시되었다. 평등 사회를 보장하려면 법은 모두에게 공정하고 평등하게 적용되어야 하고, 개인의 유무죄 판단 이전에 적법 절차가 준수되어야 하며 증거도 철저히 조사되어야 했다. 나아가 법관의 재량은 유무죄 판단에만 한정되어야 하고, 형벌은 범법 행위와 관련된 쾌락·고통·정상 참작 사정 등을 계산하여 결정되어야 했다. 벤담의 연구는 법의 효과, 사회에서 법이 실제로 수행해 온 역할과 수행할 수 있는 기능, 그리고 법을 정책의 한 요소이자 사회공학적 도구로 바라본다는 점에서 법을 사회과학적으로 탐구하는 방향, 곧 벤담이 1792년에 '존재하는 그대로의 법[law as it is]'이라 부른 방향으로의 전환을 보여 준다.

유럽의 절대주의 정치 체제에 대한 비판은 19세기 내내 철학자들과 사상가들에 의해 지속적으로 제기되었다. 이러한 저작들은 대부분 뚜렷한 규범적 성향을 띠었지만 동시에 더 많은 경험적·이론적 방향도 내포하고 있었다. 따라서 이들 저작은 한편으로는 정치철학의 발전을, 다른 한편으로는 근대적 정부 제도의 형성과 사회과학의 정교화에 기여하는 길을 열었다. 이 맥락에서 토크빌과 헨리 메인의 저작은 고전 사상과 근대 사상 사이를 잇는 가교 역할을 했을 뿐 아니라 법의 역할에 대해 명시적으로 주의를 기울였다는 점에서 중요하다.

프랑스 정치사가 토크빌[Alexis de Tocqueville, 1805~1859]은 법학을 공부하고 판

Principles of Morals and Legislation)』(1789)이 있다. 관련 논의로는 Lyons(1991)을 보라.

사 대리를 지낸 뒤 국회의원으로 선출되어 잠시 프랑스 외무장관을 역임한 바 있다.[5] 1831년에 그는 프랑스 정부를 대표해 미국의 교도소 제도를 연구하고자 미국을 방문했다. 9개월 간 여정에서 남긴 방대한 노트를 토대로 오늘날 잘 알려진 저작 『미국의 민주주의』(1835/1840)를 집필한다. 토크빌의 민주주의에 대한 찬탄은 오직 민주주의만이 자유와 평등 사이의 균형을 제공할 수 있다는 생각에 뿌리내려 있는데, 이는 사회 계약 원리에 가까운 개념이었다. 그는 특히 미국 민주주의 체제에서 법의 역할, 특히 법관의 지위에 특별한 관심을 기울였다. 미국의 사법권을 면밀히 살펴본 토크빌은 위헌이라고 판단한 법률 적용을 법관이 거부할 수 있는 권한을 갖는다는 점에 주목했다. 이로써 법관들은 입법 과정의 실질적 함의에 영향을 미치는 정치적 권한을 지니게 되었다. 또한 (비교적 제한된)선거 제도와 배심 제도에서 참여를 통해 입법 및 사법 체제에 일정 정도 대중적 참여가 보장되었다. 토크빌은 특히 배심 제도가 법에 대한 교육 효과를 제공하고 사회와 정부에 기여하는 시민적 책임감을 형성하는 점을 높이 평가했다.

미국 민주주의 체제에 관한 토크빌의 연구는 주로 프랑스 정치 체제 개혁을 위한 규범적 지침을 목적으로 했다. 그런데 그 비교적 성격 탓에 또한 사회 속의 법을 연구하는 중요한 토대를 제공했다. 한편, 비교사적 관점에서 법 연구의 학문적 공로 면에서 더욱 두드러진 인물은 메인**Henry Maine, 1822~1888**이다.[6] 메인은 본래 변호사로 훈련받고 영국 법체계에서 실무와 교육을 병행했다. 그는 자신의 강의를 바탕으로 『고대법**Ancient Law**』(1861)을 집필하여 로마 법학과 영국 법체계 사이의 연관성을 추적한다. 이 역사적 연

---

5　법과 권력에 관한 토크빌의 가장 중요 저작은 2권으로 된 『미국의 민주주의』(1835/1840)다. Goldberg(2001) 참조.

6　메인의 법에 관한 핵심 사상은 그의 획기적인 저작 『고대법』(1861)에 담겨 있다. 또한 Cocks(1988), Hunt(2002) 참조.

구에서 그는 인도에서의 수년간 체류 경험을 토대로 중요한 비교적 통찰을 덧붙였고, 이를 통해 마침내 옥스퍼드대학에서 역사·비교 법학을 가르칠 수 있었다. 메인의 역사적·비교적 연구의 목표는 영국 법체계에 대한 통찰을 얻는 것이었지만, 그 함의는 보다 체계적인 법 연구의 길을 열어 주었다. 법이 사회 변동의 도구로서 지니는 잠재적 개혁 가능성을 드러내기 위해 메인은 법률 전문가들이 실제로 어떻게 법을 집행하고 평민들이 어떻게 법을 경험하는지 연구했다.

자신의 역사 연구에서 메인은 서로 다른 역사적 시대의 사회들이 다른 사회적 조건을 공유하면 그들의 법체계 역시 유사한 특징을 공유한다고 주장했다. 예컨대, 로마 봉건제와 훨씬 뒤의 영국 봉건제는 그 법체계에서 기본적 특징을 공유했다. 메인에 따르면 사회를 초월하여 법의 진화에 따른 일정한 패턴이 관찰되는데, 이는 구체적으로 원시 사회에서 봉건 사회를 거쳐 근대 사회로 발전하는 세 단계의 형태였다. 원시 사회에서는 법이 제도화되지 않아 전적으로 부계적 친족 구조에 기초했고, 이는 신적 영감과 권리에 의해 정당화되었다. 발전의 두 번째 단계에서는 가부장적 지도자의 전제적 권리가 다른 지도자들의 요구를 반영해 사회의 지배적 관습에 기초해야 했다. 세 번째 법 발전 단계는 문해력과 문자 사용의 확산 영향 아래에서 법이 보다 영구적인 성문법으로 구현되면서 열렸다. 법전의 성문화로 법적 판결들이 상대적으로 비교 가능해지고 상대적으로 적용된 법전과 비교 가능해졌으며, 효과적인 법 정책을 수립할 때 일관된 법률집을 통해 합리적으로 구조화될 수 있었다.

법 형식의 변화에 따라 메인은 그 내용 또한 변한다고 보았다. 역사 진행 과정에서 가족에 대한 의존이 점차 줄어들고, 대신 개인의 책임·권리·책무가 강화되었다. 이는 계약 관행의 중요성이 증가하고 신분에 의한 사회 규제의 쇠퇴에서 잘 드러난다. 신분이란 가족과의 연계에 의해 부여되고 출생 시부터 안정적으로 결정되는 반면, 계약은 자유롭고 독립적인 개인들이 자신이 성취한 지위와 자질에 기초해 협상을 거쳐 맺는 합의의 결과를 보여 준다. 따라서 메인이 사용하는 의미에서 계약은 특정 문서에 당사자들 간 책무가 명시된 것만을 뜻하지 않고, 사회라는 맥락 안에서 자유로운 개인들이 다양한 사회 관계에 참여하는 보다 일반화된 합의 개념을 가리킨다.

공리주의자들과 역사·비교학파 법학자들이 공유한 것은 주로 개혁이라는 실용적 목적을 위해 법을 연구한다는 점이었다. 그러나 그 연구는 또한 보다 엄밀하게 분석적이고 과학적인 관점에서 법에 대한 체계적 연구의 기원과 발전을 촉발하는 방식으로 수행되었다. 따라서 공리주의와 역사학파가 강한 규범적 성격을 가진 정치·법 철학을 제시했더라도 여기에는 또한 실제 법의 작동에 대한 경험적 관찰, 나아가 서로 다른 사회와 시대를 비교·역사적으로 검토한 관찰을 포함한다. 이러한 인류학적·역사적 성찰의 초기 씨앗들은 훗날 보다 전문화된 학문 분야로 성숙하게 되었다. 초기 사회학 역시 19세기 사회과학의 뿌리로부터 혜택을 누렸으며 특히 선구자들로부터 진화적 관점을 계승했다. 이러한 특징들은 아마도 칼 마르크스의 저술에서 가장 잘 드러나는데, 그의 연구는 규범적 지향과 체계적·분석적 지향이 결합된 절정의 순간으로 평가할 수 있다. 역사적으로도 근대 사회학의 발전은 마르크스의 작업에 별도의 주의를 기울이지 않을 수 없도록 이끌었지만, 그의 작업이 사회학에 기여한 가치에 대해서는 여전히 격렬한 논쟁이 있다. 다음 절에서 분명해지겠지만 법 연구에서 마르크스가 실제로 남긴 기여는 극히 미미하다. 그러나 마르크스 작업의 포괄적 성격과 오늘날 사회사상에 미친 영향은 별도의 장(절)에서 다뤄질 가치가 있다.

## 역사적 유물론의 관점

독일 출신 철학자 칼 마르크스*Karl Marx 1818~1883*는 매우 방대하고 복잡한 지적 유산을 남겼다. 이 책의 목적을 위해서는 마르크스의 법사상을 역사적 유물론의 관점이라는 틀 속에서 소개하는 것이 유용할 것이다.[7]

마르크스 사상의 전개 과정은 상당한 지적 논란의 대상이지만, 여기서는 이를 다루지 않고 사회와 법에 관한 마르크스의 일반 이론적 관점을 설명하는 데 집중하고자 한다. 가장 일반적인 수준에서 역사적 유물론은 역사를 대립하는 세력의 산물로 보는 관점으로 사회를 연구하는 것을 뜻한다. 그러므로 마르크스는 문화적, 경제적 혹은 그 밖의 사회적 변수를 토대로 점진적 진보를 포괄하는 것이라는, 역사에 대한 보다 관례적인 선형적 관념과 단절하여 그들이 대립하고 있다는 바로 그 이유 때문에 서로를 추동하는 사회적 힘 관점에서 역사를 바라보는, 보다 갈등적인 관념을 따른다. 마르크스는 이와 같은 이른바 변증법적 역사 개념을 독일 철학자 게오르크 빌헬름 프리드리히 헤겔에게서 빌려 왔으나, 헤겔의 관념론적 관점과는 달리 이를 사회에 대한 유물론적 이론에 적용했다. 따라서 사회의 정치·문화·사회사적 조건은 경제적 성격을 지닌 대립 세력(정·반·합)의 산물(종합)로 설명된다. 역사적으로 사회의 물질적 조건을 설명하는 데 그치지 않고, 마르크스는 변증법적 분석에 기초해 현존하는 모든 것을 비판하여 사회 속의 부정의를 폭로하고 사회 개선에 기여해야 한다고 주장했다. 철학은 실천적 의도를 가져야 하고, 명시적으로 정치적 동기에 의해 이끌려야 한다. 이론과 실천은 세계를 설명할 뿐 아니라 변혁하기 위해 결합되어야 한다.

---

7  마르크스의 핵심 저작에는 『1844년 경제학·철학 수고』(Marx 1844), 『독일 이데올로기』(Marx 1846), 『자본론』(Marx 1867) 등이 있으며, 이들 모두는 마르크스·엥겔스 인터넷 아카이브(www.marxists.org/archive/marx/index.htm)에서 온라인으로 확인할 수 있다.

마르크스는 역사적 유물론의 관점을 자신의 시대, 즉 자본주의 확장에 따라 급격한 변화를 겪던 19세기 산업 사회를 탐구하고 비판하는 데 적용했다. 그는 근대 사회의 본질이 봉건제에서 자본주의로의 경제적 변혁에 있다고 주장했다. 봉건 사회는 주로 농업 중심이었고 지주가 농노를 지배하는 권력을 기반으로 했던 반면, 자본주의는 기술적으로 발전한 공장에서 생산 수단이 점차 집중되면서 발전했다. 이러한 생산 수단의 소유자는 수적으로는 극히 적었지만 다수의 노동자를 통제하고 임금을 결정할 수 있는 막강한 힘을 지녔다. 따라서 마르크스는 소유 계급이 엄청난 부를 창출할 수 있으며, 이는 무력하고 소외된 대다수 노동 계급과 반드시 공유될 필요가 없다고 보았다. 자본주의하에서 노동 소외는 최소한 네 가지 형태로 나타난다. ① 노동 산물이 노동자에게 속하지 않음으로써 생기는 소외, ② 노동이 분업 체계 속에서 생산 과정의 단편으로 전락함으로써 생기는 소외, ③ 사회적 관계가 시장 조건으로만 평가됨으로써 생기는 소외, ④ 인간의 전 존재가 자본주의의 요구에 의해 지배됨으로써 생기는 자기 소외가 그것이다.

마르크스 이론을 단순히 경제 이론으로 이해해서는 안 된다. 그의 자본주의 분석은 곧 사회 분석의 기초를 제공하기 위한 것이었다. 사회의 경제적 조직은 정치·문화·법 등 모든 다른 사회 발전을 설명할 수 있는 물질적 핵심이다. 이는 "사회적 하부 구조가 상부 구조를 결정한다"는 마르크스의 유명한 격언으로 요약된다. 따라서 소유자와 비소유자라는 경제 계급의 구분은 사회적 차원에서 소수지만 강력한 부르주아지와 다수지만 무력한 프롤레타리아 사이의 계급 대립으로 나타난다. 부르주아지는 정부, 법체계, 예술, 과학, 교육 등 사회의 모든 중요한 제도를 장악하기에 정치·문화·법적 차원에서도 자신의 경제 권력을 드러낼 수 있다. 따라서 부르주아지의 경제적 이해관계는 사회 전체에 적용되는 지배적 이해관계로 사회적 차원에서 구현된다. 마르크스는 사회의 기본적 갈등은 언제나 경제적이라 보고, 따라서 노동자가 생산 수단을 집단적으로 소유하고 통제하는 공산주의적 생산 양식으로의 전환만이 보다 정의로운 사회 질서를 갖는 사회로 성공적으로 혁명시킬 수 있다고 주장했다.

법에 대한 포괄적 관점을 전개하지 않았던 마르크스의 법사상은 특히 초기 저작들 속에 산발적으로 나타난다. 마르크스의 국가 이론은 법에 대한 그의 관점을 이해하는 가장 유용한 출발점이다.[8] 물질주의적 관점에 부합하게 마르크스는 사회의 경제적 조건이 어떤 유형의 국가가 형성될지를 결정한다고 보았다. 자본주의 사회에서 국가는 부르주아지의 통제 아래 놓이며, 이는 국가가 경제적 권리 보장과 계급 갈등 조정 도구로 기능함을 의미한다. 마르크스(1848: 475)는 "근대 국가의 행정부는 전체 부르주아지의 공동 사무를 관리하는 위원회에 불과하다"고 썼다. 따라서 자본주의 국가는 지배적 경제 계급의 권력을 대표하고 보장하며, 이 계급은 곧 정치적으로도 지배 계급이 된다. 흥미롭게도 마르크스는 중앙 집권적 전제 정치 체제에 비해 민주 공화국이 더 평등한 형태의 정부가 아니라 오히려 자본주의 국가의 가장 발전된 형태라고 주장했다. 왜냐하면 민주 공화국은 자본주의하에서 발생한 재산의 구별을 전적으로 무시하기 때문이다.

마르크스의 국가관과 마찬가지로 법에 대한 그의 관점은 도구주의적이다. 즉, 법체계를 부르주아지 이익을 위한 통제 수단으로 본다. 법이 모두에게 평등하고 공정하게 적용되는 것이 정의라는 '법의 지배'에 따르기보다

---

8  마르크스의 법에 관한 이론적 사상은 그의 주요 저작들(각주 7 참조)뿐 아니라 『라인신문』에 실린 글(1842), 『상속권에 관한 보고』(1869), 『독일 이데올로기』(1846) 등에서도 찾아볼 수 있다. 마르크스의 법 관련 핵심 저작 발췌문은 Cain & Hunt의 편집본(1979)에 실려 있다. 마르크스의 법 이론에 대한 논의는 Cain(1974), Easton(2008), Fine(2002), Hirst(1972), Kelsen(1955), Pashukanis(1924), Phillips(1980), Stone(1985), Young(1979) 등을 참조하라.

는 자본주의 법은 오히려 자본주의 사회를 특징짓는 불평등 조건을 강화한다고 마르크스는 주장했다. 구체적으로 그는 자본주의 법체계가 자본주의 경제 조건의 결과로 존재하는 불평등을 정당화하고 재생산한다고 보았다. 법적 실천에서 드러나는 것은 자본주의 법이 개인화된 자유권을 확립하고 적용하는데, 이는 재산을 가진 자에게는 유리하지만 재산이 없는 자에게는 불리하게 작용한다. 계약 관계에 있는 여러 당사자들이나 국가와의 관계에서 형식적 평등을 부여하는 것은 법적 주체들 사이의 경제적 불평등을 유지·발전시키는 데 기여한다. 또한 법 독트린은 보편적으로 타당하다고 주장되는 정의 개념을 근거로 자본주의 법적 실천을 정당화하지만 실제로는 지배적 경제 계급의 이익에만 봉사한다. 따라서 법은 부르주아 이데올로기의 형태를 취하게 된다. 나아가 자본주의 법 이데올로기는 경제적으로 불이익을 당하며 그에 따라 추가적으로 법체계가 야기하는 불평등에 예속되는 사회의 성원들에게조차 넓게 수용되면서 궁극적으로 승리한다.

역사적 유물론의 본질은 마르크스가 법을 자본주의 사회의 상부 구조 요소 중 하나로서 따로 많은 주의를 기울이지 않았음을 의미한다. 그는 『독일 이데올로기』(1846)에서 "정치·법·과학 등에는 그 자체의 역사가 없다"고 썼다. 그러나 몇몇 경우에 마르크스는 법의 측면을 다루었는데, 이는 매우 짧고 분명히 경제적 조건을 중시하는 유물론적 틀 안에서였다. 예를 들어, 마르크스는 수년간 편집을 맡았던 『라인신문』에 게재한 일련의 글에서 1842년 프로이센에서 제정된 목재 절도법을 비판했다. 이 법은 라인 지역 숲에서 나무 줍는 행위를 금지했는데, 당시 농민들이 땅에 떨어진 나무를 주워 자신의 필요에 사용하는 것은 오랜 관습이었다. 이 법의 공식적 취지는 숲을 보호하고 자연 재생을 허용하기 위함이다. 그러나 마르크스는 이를 반박하며 목재가 조선업·철도 개발·기계 제작 등 자본주의 발전에서 중

요한 상품이기에 숲의 목재 생산을 통제하고 나무 줍기를 불법화할 필요성
이 생겼다고 분석했다. 또한 이 법은 직접적으로도 부르주아 계급에 이익
이 되었는데, 숲 소유주들이 법을 위반한 사람들에게서 전담 산림 경찰이
징수한 벌금을 받았기 때문이다.

마르크스는 『상속권에 관한 보고』(1869)라는 짧은 글에서 역시 경제 조
건 분석을 통해 상속법 개정안을 비판했다. 상속법 개정안은 재산이 한 세
대에서 다음 세대로 이전될 수 있도록 허용하는 것인데, 일부 사회주의 개
혁가들은 이 권리를 폐지해야 부의 집중을 막을 수 있다고 제안했다. 그러
나 마르크스는 이러한 제안은 현존하는 경제 조건을 바꿀 수 없기 때문에
공상적이라고 보았다. 대신 그는 자본주의 사회 맥락에서 진정으로 혁명적
인 제안은 반드시 경제 조건의 변화에서 출발해야 한다고 주장했다. 그는
이렇게 쓴다. "우리가 다루어야 할 것은 결과가 아니라 원인, 법의 상부 구
조가 아니라 경제적 토대다."(Marx 1869)


## 초기 사회학자들

마르크스의 연구는 법사회학 발전에 즉각적으로 영향을 끼치지는 않았다.
그의 사상에서 이후의 사회학 학파로 이어지는 직접적인 역사적 경로가 존
재하지 않은 탓이다. 그러나 마르크스의 저작은 제2차 세계대전 이후의 주
류 사회학이 합의 중심적 사고를 특징으로 한다고 본 비판 사회학자들에
의해 나중에 수용되었다(6장에서 자세히 다룰 것이다). 사회학의 역사에는 더
욱 모호한 측면이 있는데, 초기 사상가들에 대한 선택적 수용은 때때로 명
백히 사회학적 관점을 발전시키고 이를 법 연구에 적용했던 일부 초기 사

회과학자들이 근대와 현대의 사회학, 특히 법사회학에서 거의 잊혀지는 결과를 낳기도 했다. 따라서 지적 호기심으로 사회학과 법사회학에 대한 그들의 기여를 주목하기 위해서라도 이와 같은 몇몇 잊혀진 사회학의 고전들에 대한 검토가 필요하다.

역사적 사고, 특히 진화론적 성격을 띤 사고는 19세기 사회학과 사회철학 전반에서 유행했다. 이 점은 아마도 영국 사회학자 허버트 스펜서 **Herbert Spencer 1820~1903**의 작업에서 가장 잘 드러난다.[9] 흔히 '사회 진화론 **social Darwinism**'으로 불리지만, 스펜서의 진화론적 사상은 사실상 그의 친구 찰스 다윈보다 상당히 독립적으로 그리고 더 이른 시기에 전개되었다. 또한 "적자생존"이라는 표현을 만들어 사회 진화에 적용한 것도 스펜서였다. 그는 자연선택과 적자생존의 원리가 인간 사회가 상대적 단순성과 동질성에서 점증하는 복잡성과 이질성으로 발전하는 과정을 설명할 수 있다고 주장했다. 즉, 전쟁과 신분이 주요 규제 메커니즘이었던 원시적·군국적 사회에서 근대적·산업적 사회는 자유 시민들이 자발적으로 동의한 평화적 협상과 계약 책무에 의해 주로 이끌어진다고 보았다. 따라서 인간 사회 진화의 근대 단계에서 법적 규제는 사람들의 계급적 신분 차이에 의존하는 것이 아니라 개별 주체들 사이의 계약적 책무에 기초해야 한다.

진화론적 공리주의자로서 스펜서는 기아, 빈곤, 질병과 같은 사회 문제를 완화하려는 정부 개입과 공적 프로그램에 반대했다. 그는 최소한의 정부 규제를 지지했고, 그 속에서 정책과 법은 주권자의 자유를 보장하고 그들이 맺는 형식적 관계를 집행하는 데 주로 쓰여야 한다고 보았다. 개인의 자유에 대한 유일한 자연적 제한은 타인의 자유에 대한 인정 **recognition**이다.

---

9 스펜서의 사회학 주요 저작으로는 *The Study of Sociology*(Spencer 1873)와 3권본 *The Principles of Sociology*(Spencer 1876/1882/1896)가 있으며, 이 가운데 두 번째 권에는 "Laws"(513–537쪽) 절이 포함되어 있다. 또한 입법을 비판한 Spencer(1853, 1884)의 에세이들도 참조하라.

이러한 자유주의적 개인주의 입장에 기초해 스펜서는 근대 사회에서 정부 활동과 법은 무엇보다도 인간의 자유를 보호해야 한다고 주장했다. 그는 원시 사회에서 근대 사회로 이행하는 법의 진화 이론에 근거해 이러한 관점을 정립했다. 가장 본질적으로 법은 사람들 간 신분 불평등을 규제하는 데서 시민들이 자발적으로 협력하는 관계에서의 평등한 대우로 전환된다. 따라서 근대 사회에서 스펜서는 극단적인 자유방임적 자유주의 정책을 옹호하고, 법이란 개인적 이해관계의 합의 표현이자 개인의 자유를 증진·보존하는 수단이 아닌 한 모두 배척되어야 한다고 보았다. 스펜서는 가난한 자와 약자의 처지를 개선하려는 입법 시도를 반대하는 동시에 자유 무역에 대한 어떠한 법적 간섭도 비판했다. 그가 보기에 유일하게 정당한 법의 목적은 개인의 권리를 감시·보호하는 정의의 집행이다. 이러한 점에서 스펜서의 사상은 사회 공학으로서 법**law as social engineering**이라는 개념을 선호했던 18세기 공리주의자들의 입장과 대조된다.

　스펜서의 자유주의적 진화론 사고는 일부 초기 미국 사회학자들에게 영향을 미쳤으며, 그중 특히 윌리엄 그레이엄 섬너**William Graham Sumner 1840~1910**에게서 두드러졌다.[10] 섬너는 원래 역사와 신학을 공부했고 몇 년간 성공회 사제로 봉직했다. 그는 스펜서의 한 에세이를 읽은 뒤 사회학에 매료되었고, 이를 계기로 인간 역사를 진화론적 관점에서 이해하는 사회학적 사상을 발전시켜 나갔다. 1872년 그는 예일대학교에서 정치·사회과학 교수로 임용되어 1875년부터 사회학 과목을 가르치기 시작했다. 저술에서 섬너는 스펜서와 마찬가지로 국가의 정당한 역할을 개인들이 상호 자유롭게 맺은 계약을 집행하는 것으로 한정하는 진화론적 사회관을 옹호했다. 그는 자본주의의 확고한 옹호자로서 이를 '자유무역적 자유주의**free-trade**

---

10　섬너의 가장 중요한 저작은 *Folkways*(1906)다. 또한 Ball & Simpson & Ikeda(1962)를 참조하라.

*liberalism*'라 불렀다. 섬너는 정부 활동이나 법 정책을 통해 사회적 평등을 증진하려는 모든 시도를 반대했는데, 이는 사회 진화의 조건, 즉 사회에서 가장 강한 요소만이 살아남는다는 원리와 모순된다고 보았기 때문이다. 중요한 점은 섬너의 사상은 철학적 사변에 기초한 것이 아니라 인간 역사와 사회 발전의 근본적 패턴과 원인을 밝히려는 과학적 지향에 기초했다는 점이다. 따라서 섬너는 사회 법칙을 발견하기 위해 비교사적 연구에 주력했다.

섬너는 계획했던 사회학 체계서를 끝내 완성하지 못한 채 사망했지만 그의 저서 *Folkways*(1906)에 법 이론에 관한 중요한 통찰을 담았다. 섬너는 'folkways**습속**'라는 용어를 개인의 습관과 사회의 풍속, 즉 일정한 필요를 충족하기 위한 노력에서 생겨나는 것이라고 정의했다. 사회의 보다 중요한 기능과 제도와 관계가 있는 풍속이 보다 더 강제적인 성격을 갖게 되고 제재가 부여될 때, 습속은 모레스**mores**로 전환된다[역주: 베버의 경우, 풍습**Sitte/custom**과 용례**Brauch/ussage**를 구별한다. 풍습은 관습**Konvention/convention** 및 법과 구별되는 것으로, 어떤 외적인 제제가 부재한 규칙들을 말한다. 풍습을 따르는 행위는 그 양상이 무엇이든 행위자의 자유 의지와 일치하는 형식을 갖게 되면서 풍습 자체의 타당성 여부는 문제 삼지 않는다. 곧 풍습에는 외적 강제나 물리적 제제가 부재한 것이다. 하지만 관습은 규범과 도덕적 의무와의 일치로서 정당성을 지향한다. 베버의 용법과 섬너의 경우가 일치하지는 않지만, 이런 점을 고려하면 '모레스'는 외적 강제가 부과된다는 의미에서 '풍습**custom**'이 아니라 '관습**convention**'의 성격을 갖는다고 볼 수 있을 것이다. 나아가 도덕적 의무와의 일치로서 정당성을 지향하는 '관습'의 성격을 갖고 있다고도 할 수 있다]. 모레스 안에는 정의의 윤리적 개념으로서 권리가 내포되어 있다. 법 역시 모레스에서 발전하지만 결코 권리를 완전히 표현하지는 못한다. 사회가 변화함에 따라 법의 본질도 변화한다. 전근대 사회에서 사회 생활의 규제는 공식적으로 제정된 법에 의해 이루어지지 않았다. 따라서 전근대의 법은 관습적이며 대체로 성문화되지 않았다. 반대로 근대 사회에서는 법이 정부에 의해 공식적으로 제정되고 문서화된다. 섬너에 따르면 사회 발전 단계와 무관하게 법은 인간 행위를 효과적으로 규제하기 위해 반드시 그 사회의 모레스를 반영해야 한다. 사회 변화를 이끄는 수단으로서의 법은 적용되는 사회 혹은 하위 집단의 모레스와 부합할 때만 올바른 역할을 수행할 수 있다.

독일에서 가장 초기의 사회학자들을 살펴보면 학문이 성립하던 시기의 법 연구에 관한 추가적인 특징을 확인할 수 있다. 게오르크 짐멜**Georg Simmel, 1858~1918**의 사회학은 사회에 대한 형식 연구와 근대 문화 발전에 대한 관찰로 잘 알려져 있다.[11] 짐멜은 이러한 형식 사회학의 일부로서 법의 역할을 주목했다. 특히 그는 집단 생활의 양적 측면, 즉 상호 연관된 개인들의 수가 사회적 삶의 형태에 미치는 영향에 관한 연구에서 법을 관습과 도덕의 관계 속에서 개념화했다. 관습은 더 구체적인 규칙·종교적 원칙·관습들을 포함하는 분화되지 않은 규범 질서로 이해된다. 도덕과 법은 모두 관습에서 분화된다. 도덕은 개인이 스스로를 규범 원칙과 대면할 수 있는 능력을 의미한다. 즉, 개인이 자신의 행위를 사회의 관습 규범과 비교하여 사적으로 대면하는 것이다. 반면 법은 집단이나 사회 차원에서 전문화된 기관에 의해 공식적으로 제정되고, 그 내용이 확정되며 집행이 감독된다. 법은 단순히 사적 문제가 아니라 사회 전체의 기능에 필수적이라고 간주되는 사안에 적용된다. 법은 그것이 적용되는 사회 전체에 대해 강제력을 가지는 반면, 도덕은 개인에게만 적용된다. 관습은 도덕과 법 사이, 즉 자유로운 개별성에서 사회적 강제에 이르는 연속선상의 중간에 위치한다. 짐멜은 관습·법·

---

11 짐멜의 주요 사회학 저작으로는 *Soziologie*(1908a)와 *Grundfragen der Soziologie*(1917)가 있다. 그의 여러 편의 논문들은 생전에 *American Journal of Sociology*에 영어로 게재되었다. 또한 Kurt Wolff의 편집 본(1964)에는 짐멜의 핵심 사상들이 수록되어 있고, 여기에는 *Soziologie*(Simmel 1908b)에서 나온 법에 관한 가장 중요한 논의들을 포함한다.

도덕 사이의 이동은 집단의 양적 측면과 관련이 있다고 보았다. 작은 사회나 더 큰 사회 안의 소집단은 주로 관습에 지배되는 반면, 더 통합된 사회가 확대됨에 따라 관습에서 법으로의 전환이 촉진된다.

짐멜은 사회 속의 법에 관한 구체적·경험적 차원을 연구하지 않았지만, 법의 개념화를 제시한 외에도 다른 이론적 탐구 속에서 법의 역할을 간헐적으로 언급했다. 예컨대 종속과 지배의 사회적 형태에 관한 연구에서 그는 개인, 다수, 원칙에 의한 종속 등 다양한 종속 유형을 논의한다. 그중 원칙에 의한 종속은 근대 사회에서 가장 지배적인 형태로, 특히 법에 대한 종속에서 잘 드러난다고 그는 주장했다. 근대 사회에서 사람들은 지도자나 다수가 아니라 객관화된 법에 종속되는데, 이는 탈인격화된 종속의 한 형태다. 또한 법에 대한 복종은 개인의 의식 속에도 반영되지만 그 책무의 힘은 법이 이제 객관적 대상으로서 갖는 초인격적 효력에서 비롯된다.

짐멜과 같은 국가 출신인 페르디난트 퇴니스_Ferdinand Tönnies 1855~1936_의 연구는 상대적으로 간과된 고전들을 검토하는 데 특별히 언급할 가치가 있다. 단순히 역사적 이유 때문만이 아니라 퇴니스의 사회학적 이론적·경험적 저술은 매우 방대하고 체계적이며, 포괄적인 사회학적 비전을 구성하는 일부다. 그는 또한 법을 중심 역할로 포함하는 독자적 진화 이론을 발전시켰다.[12] 퇴니스의 사회관은 본질적으로 게마인샤프트_Gemeinschaft_(공동 사회)와 게젤샤프트_Gesellschaft_(이익 사회)라는 두 사회 유형의 개념화를 중심에 둔다. 중요한 점은 게마인샤프트와 게젤샤프트는 엄격히 분석적 성격을 지닌 이념형 개념이라는 것이다. 퇴니스에 따르면 모든 사회는 인간 의지에서 비롯되며, 그것은 기질과 성격에 기초한 본질적 의지일 수도 있고, 특정 목

---

12 퇴니스의 첫 저작 _Gemeinschaft und Gesellschaft_(1887)은 이후 그의 저작들(1887, 1935a, 1935b)의 기초 틀을 제공했고, 여기에는 그의 사회학, 규범과 법 이론(1922, 1931)도 포함되어 있다. 법·형법·범죄학 분야에서 퇴니스의 사상과 연구에 대한 개관은 뒤플렘(1999)을 참조하라.

표 달성을 위해 수단을 구별할 수 있는 자의적 의지일 수도 있다. 게마인샤프트 사회는 본질적 의지의 표현으로서 가족, 마을, 소도시를 중심으로 유기적으로 조직되는 반면, 게젤샤프트 사회는 자의적 의지에 기반한 기계적으로 구조화된 지향을 바탕으로 대도시와 국가에서 조직된다. 농업에서 산업으로의 전환, 자유 무역, 근대 국가 과학의 등장은 게마인샤프트에서 게젤샤프트로의 점진적 변화를 특징짓는 요소로 보았다. 그러나 그는 사회의 역사 발전을 단선적 진화, 즉 게마인샤프트에서 게젤샤프트로의 일방향적 이행으로 보지는 않았다. 오히려 모든 사회적 형성은 다만 그 정도의 차이는 있더라도 항상 두 유형 모두의 특성을 반영한다고 주장했다.

퇴니스의 법사회학은 그의 이론적 관점의 핵심 요소이자(범죄에 관한 그의 정교한 이론적·경험 연구로 이어지는 다리 역할도 했다) 보다 일반적인 사회 규범 이론에 기초해 발전되었다. 그는 사회 규범을 사회 구성원 개인들에게 유효한 명령과 금지로 정의하고 이를 세 가지 범주로 구분했다. ① 질서: 사회생활에 통일성을 제공하는 가장 일반적인 규범 전체, ② 법: 공식 법원이 선포하고 집행하는 규칙 전체, ③ 도덕: 고상하고 아름다운 삶의 이상에서 비롯되는 더 높은 차원의 금지와 명령이 그것이다.

이 질서, 법, 도덕은 게마인샤프트와 게젤샤프트 조건에서 다르게 표현된다. 게마인샤프트에서는 사회 규범이 ① 조화에 대한 공통 이해, ② 관습의 강제적·명령 규범, ③ 종교의 초자연 질서로 나타난다. 반대로 게젤샤프트에서는 사회 규범이 ① 상업·계급·무역·개인주의를 규제하는 관습 규범, ② 국가에 의해 선포된 성문법적 입법, ③ 사람들의 감정을 표현하는 여론으로 나타난다. 퇴니스의 개념 도식이 이념형적 성격을 갖는다는 점에서 질서, 법, 도덕의 범주는 각각 조화와 관습, 관습과 입법, 종교와 여론에 기초하지만 항상 그 정도는 다르게 나타난다.

퇴니스는 『게마인샤프트와 게젤샤프트』에서 법에 상당한 부분을 할애하여 자연법이 관습법에서 계약법 혹은 성문법으로 전환되는 과정을 제시했다. 그는 법의 진화가 모든 법이 본질적으로는 자연적이면서 동시에 인위적이라는 사실을 드러내며, 역사적 과정 속에서 법의 인위적 요소가 지배적이 되어 관습법에서 성문법으로 점진적으로 진화했다고 주장했다. 관습법의 가장 중요한 요소는 그것이 자유로운 교역과 인간관계 형성을 가능하게 했다는 점이다. 이후 법은 점차 정교화, 보편화, 체계화, 성문화되었고, 이는 효율성과 자유화 측면에서 법학의 합리화, 그리고 가족 조직과 습관의 쇠퇴와 맞물려 이루어진 것이다. 관습법*Gewohnheitsrecht*이 관습의 기능이었다면 근대의 성문법*Gesetzesrecht*은 전통 바깥에서, 심지어 전통에 반하는 목적에 의해 정당화되었다. 퇴니스에 따르면 근대 게젤샤프트 유형 사회에서의 법적 진화 상태는 단순히 국가가 선포하고 집행하는 전체 법의 형태를 취하지 않는다. 그는 입법이 국가에 의해 독점되었다는 사실을 강조하는 동시에 법이 여전히 다른 유형의 (관습적)법이나 정치·경제와 같은 사회제도와의 관계 속에서 상대적 자율성을 가진다고 주장했다. 그리고 퇴니스는 '게마인샤프트' 법이라는 다른 유형과 비교할 때, 한 사회의 법적 짜임새 안에서의 '게젤샤프트'적인 국가 입법의 상대적 부분은 경험적인 문제로 다루었다.

## 결론

사회학 이전의 법사상사를 돌아보면, 고전학파와 공리주의자들에서 역사법학을 거쳐 마르크스의 역사적 유물론으로 이어지는 전개 과정을 확인할 수 있다. 이는 사회적·지적 중요성을 지닌 유사한 문제들을 둘러싼 투쟁을 보여 주며, 규범적 열망과 학문적 의도가 다양한 방식으로 결합한 것이었다. 공리주의자들이 인간 행위 조건의 분석이 아니라 효용이라는 이론적 전제에 기초해 정치와 법 정책을 개혁하려는 사회 공학적 관점에 치중했던 반면, 역사적 지향은 보다 뚜렷하게 분석적이었고, 사회 정책적 권고 또한 구체적 조사에 기초한 실천적 성격을 띠었다. 이러한 관점에서, 후기 근대 사회학 발전에서 사회사상에 규범적 지향을 다시 도입한 마르크스의 연구가 이 중 가장 영향력이 컸다는 점은 다소 기이하다. 이론적 측면에서 마르크스의 연구는 사회학의 열망과 명백히 연결되지 않았지만, 역사적으로 그의 저작은 오늘날까지도 상당한 사회학 저술에 영향을 끼쳤다.

사회학의 역사, 특히 법사회학의 역사에서 특이한 점은 막스 베버와 에밀 뒤르켐을 제외한 19세기의 보다 뚜렷한 사회학 저자들이 후대 사회학 발전에 적당한 영향을 미쳤을 뿐, 오늘날 사회학자들에게 거의 잊혀졌다는 사실이다. 그럼에도 그들은 종합적인 관점을 발전시켰고, 법을 포함한 사회 조건과 제도에 대한 실질적 분석을 수행했다. 따라서 스펜서, 섬너, 짐멜, 퇴니스 같은 저자들의 작업은 분명히 사회학적이었고, (비록 그들만큼 탁월하지 않았을지라도)베버와 뒤르켐 못지않게 이론적 토대와 경험적 지향을 갖추었지만, 근대 발전의 구성 요소로서 사회학의 역사가 아니라 단지 과거의 일부로 자리매김했다. 초기 사회학적 법 연구가 공통적으로, 또 사회학 이전의 역사주의적 사상가들과 공유하는 특징은 전근대에서 근대로의 법의 변화를 탐구했다는 점이다(이는 다양하게 개념화되었으나 대체로 진화론적 틀 안에서 다루어졌다). 그리고 법을 한편으로는 국가에 의해 공식적으로 제정된 규칙 전체로 보는 관점과 다른 한편으로는 그러한 규칙과 연관된 사회적 실천까지 포함하는 더 포괄적 법 개념 사이의 관계를 개념적으로  문제 삼는 공통 관심을 갖는다(Vandekerckhove 1996). 법에 관한 이러한 사유 방식은 (긍정적이건 부정적이건)어떠한 형태로든 오늘날 우리가 알고 있는 근대 사회학의 본질적 토대를 이룬다.

법사회학의 초기 발전은 사회학의 역사와 체계가 오직 분석적으로만 구분될 수 있음을 잘 보여 준다(Alexander 1987). 이는 법사회학으로의 사회학 이전 단계의 움직임에도, 그리고 이후의 전개에도 모두 해당한다. 법사회학의 철학적 선구자들은 진정한 법사회학을 위한 필요조건이지만 충분조건은 아니다. 사회 속에서의 법의 실존을 숙고하거나 법의 사회적 구성을 따져 묻는다고 해서 그것이 곧 체계적인 사회학적 법 연구와 동일시될 수 없다. 또한 이 장의 검토에서 보여 주듯, 보다 명시적으로 사회학적 방식으로 기여한 일부 저자들이 어떤 관점에서든 법 연구(특히 법의 사회학 연구)에 주의를 덜 기울였던 학자들보다도 법사회학 발전에 역사적으로 더 적은 영향을 미치기도 했다. 후자의 경우 가장 전형적인 예가 마르크스의 연구다. 물론 마르크스는 법이 사회적 불평등에 기여하고 이를 정당화한다는 도구주의적 법 이론을 제시함으로써 사회과학에 기여했다. 그러나 마르크스만 있었던 것은 아니다. 보다 강한 사회학적 지향을 지닌 다른 학자들도 법을 더 밀도 있게 연구했지만, 집단적 기억 속에서는 좋은 대접을 받지 못한다. 예컨대 페르디난트 퇴니스의 법사회학은 오늘날 사실상 알려져 있지 않지만 그의 더 넓은 사회학적 지향과 일관된, 정교하고 체계적인 사유 구성을 제시한다.

다음 장들에서는 막스 베버와 에밀 뒤르켐의 기여를 다룬다. 오늘날 근대 사회학의 중심으로 여겨지는 세 고전 가운데 마르크스가 법에 충분히 지적 만족을 줄 정도로 집중하지 않았음은 분명하다. 반면, 베버와 뒤르켐의 사회학적 기여는 법사회학에 대해 영향력이 있을 뿐 아니라 기초적이

다. 베버가 법에 대해 장황한 논의를 펼쳤고 그의 작업이 널리 수용되었다
는 점에서 법사회학 발전에서 베버의 중심성은 굳이 논증할 필요가 없다.
뒤르켐의 연구는 오늘날 법사회학자들 사이에서 상대적으로 덜 논의되지
만 그 역시 베버만큼 중요하다. 특히 법사회학을 사실적 차원과 규범적 차
원 모두를 포함하는 사회 문제의 핵심 국면에 맞추는 지향에서 그렇다.

# 2

## 법의 합리화에 관한 막스 베버

사회학 고전 가운데 막스 베버는 근대 법사회학의 탁월한 창시자로 널리 간주된다. 베버는 근대 사회의 생활이 점차 목적 합리적으로 합리화되어 간다고 관찰했을 때, 경제·국가·관료제의 중심적 역할뿐 아니라 근대 정치 권위의 기초로서의 법의 역할도 함께 논의했다. 그는 절차의 적용을 주요 지침으로 하는 형식적으로 합리화된 법체계의 특징을 구체적으로 제시했다. 그러나 베버의 작업은 근대 법의 고유한 특성을 자세히 제시하는 데 그치지 않는다. 그의 법 분석은 사회학 연구의 관점, 그리고 근대 사회 조건에 관한 이론적 명제라는 두 측면에서 그의 사회학에서 내재적 부분을 이룬다.

베버는 법에 대한 관점을 보다 일반적인 사회학의 일부로 발전시켰고, 그의 법 이론을 온전히 이해하려면 우선 이 일반 사회학의 윤곽을 설명해야 한다. 기여의 체계성과 포괄적 범위에서, 베버의 분석은 에밀 뒤르켐의 작업과 비교될 수 있는데, 뒤르켐의 법사회학 역시 보다 근본적인 사회학적 관점과 사회 이론의 일부를 구성하기 때문이다. 따라서 이 장에서는 베버의 법사회학을 그의 사회학적 접근과 사회 이론의 맥락 속에 위치시켜, 법 연구에 대한 베버의 기여를 온전히 이해할 뿐 아니라 다음 장에서 뒤르켐의 사상과 유익하게 대비할 수 있도록 할 것이다.

## 이해사회학

권위적인 아버지와 독실한 칼뱅주의자 어머니 사이에서 태어난 막스 베버 **Max Weber 1864~1920**는 다독가로서, 하이델베르크대학에 다녔고 군 복무를 마친 뒤 베를린대학교에서 수학했다. 법학, 경제학, 그리고 기타 사회과학 과목들을 마친 후, 잠시 변호사로 활동하다 곧 강의를 시작했다. 잠시 법학을 가르친 뒤 1894년에는 프라이부르크대학에서 경제학을 가르치기 시작했고, 3년 뒤 하이델베르크대학으로 옮겼다. 신경성 질환 탓에 점차 강의 활동을 줄이던 베버는 1899년에는 완전히 중단했다. 몇 년간의 요양과 여행 이후 그는 저술과 정치·사회 활동에 적극적으로 참여했다. 1918년 빈과 뮌헨에서 다시 교수직을 맡았고 1920년 58세의 나이로 세상을 떠났다.

고도로 체계적이고 포괄적 성격을 지닌 사회학적 지향은 무엇보다 사회의 본질적 성격에 관한 기초적인 존재론적 이해 위에 서 있다. 베버 사회학은 근본적으로 사회를 사회적 관계 혹은 인간 상호 작용으로 구성된 것으로 보는 관점에 기초한다.[1] 상호 작용은 둘 이상의 행위자들 사이에서 이루어지며, 그들의 동기와 의도에 의해 이끌린다. 의미 없는 인과적 결정으

---

1  베버의 가장 중요한 이론적 저작은 사후에 출판된 *Wirtschaft und Gesellschaft*(베버 1922a, 영어 번역 1922b)에 수록되어 있다.

로만 규정되는 행동<sup>behavior</sup>과 달리, 인간의 (상호)행위<sup>action</sup>는 본질적으로 (상호)주관적이고 의미를 지닌다. 사회적 관계가 둘 이상의 개인 간의 상호 작용을 포함하므로 모든 행위자들의 의미가 동일하거나 조화롭게 연결되지 않더라도 모든 상호 작용은 동기에 의해 이끌린다. 베버에 따르면 사회학의 과제는 인간 행위를 그것이 의미를 지니는 한에서 이해하는 일이다. 행위의 동기를 밝혀 내는 절차를 이해<sup>Verstehen</sup>라고 부른다.

인간 행위의 이해를 강조하면서도 베버는 또한 사회적 행위의 일반 원리를 정식화하는 데 관심을 가졌다. 주관적 이해가 설명을 배제하지는 않는다. 베버는 인간 행위를 이해함으로써 사회학이 그 행위의 경과와 결과를 설명할 수 있다고 보았다. 이해 방법은 주관적이지 않다. 그것은 관련된 여러 행위자들의 동기와 의도와 관계되기 때문이다. 동기와 의미의 이해는 공감적 태도에서 출발해야 하지만 의미를 파악하는 사회학적 기법은 확립된 방법론적 기준에 따라 반복 가능하고 검증 가능해야 한다. 이러한 기법에는 감정적 행위의 직접 관찰과, 의미와 행위 사이의 동기적 연관을 확인함으로써 이해하는 것을 포함한다. 인간 상호 작용의 동기를 밝히는 데 지향된 사회학적 관점을 이해사회학<sup>interpretive sociology</sup>이라 한다.

베버가 이해사회학의 객관적 성격을 강조한 것은 그의 유명한 가치 자유<sup>value-freedom, Wertfreiheit</sup> 원칙과 관련 있다. 주체(행위)와 객체(행동)의 구분, 그리고 그에 상응하는 사회과학과 자연과학의 구분이 존재하더라도 상호 주관 현상을 다루는 사회과학이 그 분석에서 객관적일 수 없다는 뜻은 아니다. 사회과학은 인간 행위의 이상이나 규범 원리를 확립하려고 해서는 안 되지만, 행위의 수단과 목적의 구별을 토대로 주어진 목적에 비추어 수단의 합리성에 대해 과학적 판단을 내릴 수 있다. 따라서 사회학자들은 특정 태도와 행위가 어떤 원리에 기초하는지 규명할 수 있다. 그러므로 사회학은 가치로부터 자유로울 수 있다. 물론 사회학이 주관적 상호 작용과도 관련되는 인간 활동이기에 사회학은 가치*Wertbeziehung*와 특별한 연관을 가진다. 베버는 모든 과학 활동이 (이를테면 현실에서 관련 사실들을 선별하는 일처럼) 과학적으로 정당화될 수 없는 일정한 이상이나 관점 위에 서 있다고 주장했다. 사건들을 흐름에서 골라내고 그 원인과 결과를 식별하는 일은 필연적으로 일정한 가정에 의존한다. 그러나 이러한 식별은 선택적이면서도 타인에 의해 검증 가능해야 하고, 따라서 체계적 방법에 기초해 수행되어야 한다. 가치 자유*Wertfreiheit*의 이상을 구현하며, 베버는 사회학자가 연구 수행 과정에서 도달한 발견과 판단에 개인적 가치를 개입시켜서는 안 된다고 주장했다. 비록 연구 주제의 최초 선택은 개인적 가치에 의해 이끌릴 수 있더라도 말이다.

## 이념형과 선택적 친화성

이해에 도달하려는 사회학이 심리학적 환원주의에 빠져 끝없는 개별 수준의 발견이라는 무질서에 불과해지는 것을 막기 위해 베버는 '이념형*ideal-type*'이라는 관점을 발전시켰다. 이해사회학은 단순한 주관적 해석과 달리 특정한 행위 동기를 더 넓은 규범적 틀 속에서 식별하며 구별된다. 즉, 어떤 인간 행위가 사회학적으로 해석되려면, 그 행위가 해당 사회(또는 그 일부)의 고유한 문화·구조·규범·기대 속에서 행위자에게 의미 있게 받아들여지는 동기가 있음을 보여야 한다는 뜻이다. 예컨대, 개인적 비극의 순간에 한 사람이 기도를 올리는 것은 그 사람의 심리 때문이 아니라 그가 속한 특정 종교적 배경에서 기도에 결부된 윤리 때문이다. 따라서 기도는 사회학적으로 종교 행위로 설명할 수 있고, 과학이나 법과 같이 다른 규범 질서에 기초한 행위들과 구별할 수 있다.

이념형은 현실로부터 제한된 요소들을 추상화하고 결합함으로써 경험적 사건들의 혼돈을 기술하고 이해할 수 있도록 구성된다. 이념형의 목적은 전적으로 분석적이며, 그것이 유용한지는 오직 적용을 통해서만 확인된다. 가장 기본적인 수준에서 이념형은 법·문화·사회와 같은 관찰 가능한 현상의 정의를 가리킨다. 더 높은 분석 수준에서는 이념형이 현상의 구체적 특성으로부터 구성되어 사회의 상태와 발전을 규정하는 역사적·동시대적 조건들을 설명한다.

이념형 방법론의 예로 베버는 인간 상호 작용을 ① 전통적 행위: 관습이나 습관의 영향 아래 수행되는 행위, ② 정서적 행위: 감정에 의해 이끌리는 행위, ③ 가치 합리적 행위: 결과와 무관하게 특정 행위 양식의 내재적 가치를 믿고 수행되는 행위, ④ 목적 합리적 행위: 주어진 목적을 위해 수단을 의식적으로 계산하는 행위 등 네 가지 유형으로 구분한다. 베버는 이러한 이념형 구성을 통해 각각의 행위 유형이 지닌 합리성을 보여 주려 했고, 어느 하나가 다른 것보다 우월하다고 전제하지 않았다. 베버의 사회 이론 발전에서 중요한 것은 이념형적 행위 구성이 근대 사회가 점점 더 목적 합리적 행위에 의해 영향을 받고 전통적 행위의 비중은 줄어든다는 그의 관찰에서 토대가 되었다는 사실이다. 베버는 정치·경제·문화 등 근대 사회의 점점 더 많은 영역에서 특정 목표를 달성하기 위해 계산 가능한 고려에 주로 의존한다고 보았다.

베버는 사회 제도 전반에서 목적 합리적 사고가 점점 더 우세해지는 현상이 사회 조건들 사이에 존재하는 선택적 친화성을 지시한다는 점에서 유물론적·관념론적 설명 모델을 넘어설 이론적 필요성을 보여 준다고 주장했다. 따라서 그의 계층화 이론은 경제적 소유를 기준으로 한 계급만이 아니라 계급·신분·정당을 구분한다. 계급은 재산과 소득에 기초한 공유된 이해관계를 통해 (경제적으로)규정되고, 신분 집단은 사회적으로 승인된 명예와 위신의 평가에 의해 (문화적으로)규정되며, 정당은 권력과 지배의 차원에서 (정치적으로)결속된다. 그러므로 베버는 경제적 조건이 다른 사회적 힘보다 더 근본적이라고 본 마르크스의 견해에도, 가치가 물질적 힘을 결정한다는 문화적 관념론에도 동의하지 않았다. 그는 다양한 사회적 과정과 조건들이 특정한 특성과 전개를 공유하며 상호 영향을 주고 강화할 수 있음을 인정했다. 따라서 베버의 이론은 다차원적이라고 할 수 있으며, 그의 사회 이론 전개에서 그 관점의 의미와 가치가 더 분명히 드러나게 된다.

## 사회의 합리화: 경제, 정치, 그리고 관료제

베버에 따르면 근대 사회의 본질적 특징은 고도의 목적 합리화[purposive rationalization]다. 목적적 유형의 합리화는 수단의 층위에서 수행[conduct]의 양식이나 형식이 행위의 내용이나 목표보다 더 중요하다는 점에서 형식적 합리화[formal rationalization]라고도 불린다. 달리 말해, 무엇을 하느냐보다 어떻게 하느냐가 더 중요해지는 것이다. 사회생활의 점점 더 많은 영역에서 특정한 목적을 달성하기 위한 효율적 계산이 이루어진다. 베버의 이론은 과학, 정치, 문화, 법 등 많은 중요한 사회 제도에 적용되지만, 그의 사상을 확장하는 데에는 자유 시장 자본주의에 대한 언급이 유용하다. 베버는 이를 프로테스탄트 윤리에 관한 자신의 저명한 연구에서 발전시켰다(1920). 베버에 따르면, 칼뱅주의의 윤리와 부를 축적하기 위해 가장 효율적인 수단을 사용하는 자본주의적 행위 양식 사이에는 선택적 친화성이 존재한다. 칼뱅주의 신앙에서는 오직 유한한 수의 사람들만이 신의 은총을 받도록 선택되거나 예정되어 있다고 믿는다. 따라서 자신과 타인이 '선택된 자'에 속하도록 확신하기 위해, 가능한 한 많은 재화의 축적을 추구하되 향락을 회피해야 한다. 이 교리에 따라 세속 노동은 최고의 긍정적 윤리 태도로 격상된다. 그러나 자본주의가 역사적으로 확립된 이후, 종교적 핵심은 더 이상 관련성을 갖지 못하고 경제적 합리성에 따른 생활 방식이 독자적 힘을 획득한다. 칼뱅주의의 소명 개념은 자본주의를 지탱해 주었지만 결국에는 더 이상 필수적이지 않게 된다. 베버는 종교가 자본주의에 미친 영향을 이렇게 보인 뒤, 자본주의의 전개와 결과를 더 완전하게 설명하려면 "금욕적 개신교가 특히 경제적 요인을 포함한 사회적 조건들의 총체에 의해 그 발전과 성격에서 어떻게 영향을 받았는지"(Weber 1920: 183)도 함께 탐구해야 한다고 주장한다.

서구 근대 사회라는 맥락에서 베버는 합리화 모델을 사회의 여러 차원으로 확장했다. 특히 여기서 정치의 합리화에 관한 논의는 그의 법사회학으로 이어지는 다리 역할을 하므로 주목할 만하다. 베버는 정당성의 유형에 따른 정치 권력을 이념형에 따라 ① 전통적 권위: 전통적 권력 원천에 대한 믿음에 근거, ② 카리스마적 권위: 지도자의 비범한 자질에 대한 믿음에 근거, ③ 합리적·법적 지배: 법체계에 근거하며 근대 국가에서 전형적인 정당성의 형태 등 세 가지로 구분한다. 베버에 따르면 국가란 특정 영토 내에서 정당한 물리적 강제력의 독점을 성공적으로 주장하는 정치 공동체다. 이 정의는 국가를 어떤 목표가 아니라 그것이 사용하는 수단으로 규정하는 도구적 정의다. 국가의 지배 수단으로서 정당한 물리력의 독점 외에도 국가는 (군대를 통한)외부 공격으로부터의 방어, 권리의 보전(정의의 집행), 문화적 관심의 육성(행정), 법의 제정(입법), 개인 안전과 공공질서의 유지(경찰) 등을 통해 영토 내에서 정치적 권위를 행사한다.

베버는 다시금 목적 합리화의 중요성을 강조하면서 이러한 국가 기능의 집행이 특화된 제도, 즉 관료제에 위임된다고 본다. 관료제는 효율성 관점에서 세계가 얼마나 계산 가능해졌는지, 그리고 전통적 윤리 생활에 깃들어 있던 세계의 신비가 얼마나 탈주술화되어 합리적 계산으로 대체되었는지를 보여 주는 합리화된 근대 사회의 가장 중요한 특징 중 하나다. 관료제는 국가(그리고 동일하게 관료적으로 운영되는 시장 경제)의 효율적 기능을 보장하기 위해 행정 업무를 수행한다. 관료제 조직의 목적 합리적 논리는 그 주요 특징에서 드러난다. ① 관료제는 고정된 관할 영역의 원칙에 따라 운영된다. ② 직위의 위계 질서가 엄격히 유지된다. ③ 관료제 업무는 문서와 기록에 근거한다. ④ 공적 사무실은 가정과 분리된다. ⑤ 관료적 직위는 전문적 훈련을 필요로 한다. ⑥ 관료 활동은 전임 직무다. ⑦ 사무 관리에는 학습 가능한 일반 규칙이 적용된다. 베버에 따르면 이러한 특정한 형태의 관료제는 오직 근대 자본주의 사회의 맥락에서만 나타난다. 왜냐하면 사회에서 노동분업 영향 아래 관료제는 높은 수준의 전문화와 더불어 효율성을 집중적으로 고려하는 것으로 특징지워지기 때문이다.

관료제의 보다 발전된 형태에서, 베버는 관료제가 전형적으로 안정적이며, 오직 '형식적 몰개성formalistic impersonality'과 일관되게 합리화된 명령 집행의 방법적 규율methodical discipline에 기초해 운영된다고 보았다(Weber 1922a: 128). 관료화가 심화되는 상황에서는 전문 관료들이 정치 의제의 집행뿐 아니라 정치 의제의 방향까지 장악할 수 있다. 이 경우, 정치 지도자는 '전문가 앞에 선 아마추어'의 처지에 놓일 수 있다고 베버는 지적했다(Weber 1922a: 572).

## 근대법의 합리성

베버의 국가 이론은 근대 국가에서 지배가 합법성에 의해 정당화되므로 그의 법사회학과 긴밀히 연결되어 있다. 나아가 정치와 법은 합리적 지배의 합법성이 형식적 절차와 법의 체계에 의해 통치되는 관료제에서 가장 순수하게 표현된다는 점에서 서로 관련 있다. 그럼에도 베버의 법사회학은 그 체계성과 근대 사회학의 후속 전개에 미친 영향 때문에 독립적인 연구 분야로 다루어져야 한다. 베버가 법에 특별한 관심을 가졌다는 사실 또한 놀라운 일이 아니다. 그는 법학을 공부했고, 중세와 로마법의 일부 측면에 관한 박사 논문과 하빌리타치온 논문(대학의 교원 자격을 얻기 위해 작성하는 두 번째 논문)을 썼고 잠시 변호사로 일하기도 했다. 법에 관한 베버의 저술 범위가 넓다는 점을 감안해 여기서는 특히 현대 사회학에서의 수용을 배경으로 베버의 법사회학이 지닌 기본 윤곽을 개략적으로 제시한다.[2]

짐멜과 퇴니스 같은 다른 독일 고전 학자들과 마찬가지로 베버의 법에 대한 관점은 기본 개념 유형론에 기초한다. 베버는 법을 관습과 관례로부터 구별한다. 관습<sup>custom</sup>은 실용적 편의 때문에 타당한 것으로 간주되는 관행이고, 관례<sup>convention</sup>의 효력은 외부적 보장을 통해 획득되지만 이는 대중적 비난이라는 비공식적 수단에 불과하다. 반면 법의 효력은 법규 준수와 위반 제재를 전담하는 전문화된 인원에 의해 외부적으로 보장된다. 베버는 이렇게 쓴다. "어떤 질서가 법으로 불릴 것이냐 하는 문제에 대하여, 사

---

2 베버의 법에 관한 주요 사상은 『경제와 사회(*Wirtschaft und Gesellschaft*)』(1922a, 영어판 1922b) 중 법사회학(*Rechtssoziologie*) 장에 제시되어 있다. 법 관련 장과 『경제와 사회』의 다른 관련 부분은 영어로 별도 단행본(1922c)으로도 출판되었다. 이 주제와 관련해 특히 유용한 참고문헌은 Anthony Kronman(1983)으로 베버 법사회학의 철학적 기초와 함의를 다룬 책 분량의 저술이다. 그 밖에 다음과 같은 연구들을 참고할 수 있다. Andreski(1981), Boucock(2000), Feldman(1991), Kettler(1984), Quensel(1997), Rehbinder(1963), Sahni(2006), Schluchter(1981: 82–138), Stangl(1992), Stoljar(1961), Swedberg(2006), Trubek(1972, 1985).

회적 합치를 이끌어내거나 위반을 응징하기 위해 물리적 또는 심리적 강제가 그 목적을 위해 특별히 준비된 전담 인원에 의해 가해질 개연성으로 외부적 보장을 받는다면, 그 질서를 법이라 부를 것이다"(Weber 1922c: 5). 따라서 베버의 법 정의는 법의 내재적 효력에 관한 규범적 법학적 논쟁에 개입하지 않고 사회 속에서의 법의 실제 조건을 명시한다는 점에서 분명히 사회학적이다. 베버에 따르면 사회학자가 관심을 두는 법의 유일한 효력은 공동체 구성원들의 주관적 고려에서 파생되는 것이다. 그러나 법 규칙의 효력에 대한 믿음은 모든 사회 구성원이나 다수 구성원들에 의해 공유될 필요는 없다. 오히려 법이 존재하려면, 집행을 전담하는 전문적 기구에 의해 법적 강제의 외부적 보장이 있어야 한다.

근대 사회에서 합리화된 법의 형태를 설명하기 위해 베버는 법에 영향을 미칠 수 있는 여러 유형의 합리화를 구분한다. 구체적으로 그는 실질적 합리화와 형식적 합리화를 구별했다. 일반적으로 실질적 합리화는 특정한 가치와 정의 개념에 기초하는 반면 형식적 합리화는 일반 규칙과 절차에 기초한다. 예를 들어 정치 영역에서 실질적 합리화는 군주의 신적 의지에 기반하는 전제정과 인민의 의지에 기반하는 민주정을 구분한다. 형식적 합리화 수준에서는 전제정과 민주정이 각각 카리스마와 합법성에 기초하는 것으로 구별된다.

베버는 법의 두 중심 영역인 법 창출<sup>lawmaking</sup>(입법)과 법 적용<sup>lawfinding</sup>(판결)에서 형식적·실질적 합리성의 이념형을 구체화했다[역주: 베버 역시 '법 발견<sup>Rechtsfindung</sup>'과 '법 창조<sup>Rechtsschöpfung</sup>'를 구별한다. Max Weber, *Wirtschaft und Gesellschaft*, Mohr Siebeck, Tübingen, 1976, S.394.]. 실질적 관점에서 입법과 재판은 법 원리와 그 자체의 논리적 일반화를 넘어서는 윤리적 명령, 이데올로기적·종교적 신념, 정치적 격률(자연법<sup>natural law</sup>) 같은 일반 규범을 반영할 때 합리적이다. 반면 법적 결정이 사건의 구체적 요소에 의해, 일반 규칙이 아니라 윤리적·감정적·정치적 고려를 바탕으로 내려질 때(전통법**traditional law**) 법은 실질적으로 비합리적이다. 베버는 전통 중국법을 예로 들어 언급한다. 여기서 법관들은 성스러운 전통에 의존할 뿐, 사건마다 자유롭게 판단할 수 있었다. 마찬가지로 베버는 무슬림 법정의 판사 이름에서 유래한 이른바 '카디 정의**khadi justice**'를 실질적으로 비합리적인 법의 사례로 보았다. 왜냐하면 그 판례법은 일반 규칙을 전혀 고려하지 않고 각 개별 사건의 특수한 법적·비법적 상황에만 근거하기 때문이다. 형식적 합리성과 관련해 베버는 법적 결정이 (예컨대, 신탁**oracles**, 신판**ordeals**과 같이)지적으로 통제할 수 없는 수단에 기반할 때 법이 비합리적이라고 주장했다. 신탁에서는 보통 고위 사제와 같은 권위 있는 출처 때문에 법적 선포가 신성시된다. 신판에서는 피고가 고통스러운 시험을 받아 그 수행 여부에 따라 유·무죄가 결정된다. 이러한 경우 법적 결정의 일반 기준이 없으므로 형식적으로 비합리적인 법은 예측 불가능하다(카리스마적 법**charismatic law**). 반대로, 법이 오직 사건의 사실과 관련된 일반적 특성에만 근거할 때 그것은 형식 합리적 법**formally rational law**, 즉 실정법**positive law**이다.

베버에 따르면 서구 사회에서 근대법의 합리화는 특정 형태의 형식적 합리화로 나타난다. 합리화된 법은 형식적이고 추상적이며 근대 세계의 탈주술화를 보여 준다. 가장 일반적인 수준에서 사회가 성장하고 복잡해짐에 따라 법의 양이 증가한다. 더 익명적이고 다양한 사회에서는 구체적 법규가 필요하기 때문이다. 대규모 사회의 구성원들은 무엇이 합법이고 무엇이 불법인지 쉽게 알지 못하므로 법은 그 안에 포함되는 규칙과 그 규칙들의 해설 정도에서 증가해야 한다.

법의 양적 증가와 더불어 법의 형식적 속성 또한 증가한다. 법의 형식적 합리화는 법이 성문화되고 불편부당하며 비인격적임을 의미한다. 성문화란 법이 문서로 기록된다는 사실을 뜻한다. 근대법의 불편부당성은 법이 모든 사람에게 동등하고 공정하게 적용되려는 열망에서 드러난다. 근대법은 적용 대상자의 개인적 특성과 무관하게 적용됨으로써 비인격적이다. 사건의 사실과 관련된 명확한 일반적 특성만이 고려된다.

법의 형식적 합리화를 보여 주는 예로 베버는 신분 계약에서 목적 계약으로의 역사적 이동을 논한다. 신분 계약은 당사자의 지위 변화를 허용한다. 예컨대 친족이 되거나 노예를 얻는 경우인데, 대개는 주술적 혹은 신적 힘을 호출함으로써 이루어진다. 반면 목적 계약은 당사자의 지위를 변화시키지 않고 단지 특정 결과나 성과 달성을 목적으로 한다. 예컨대 재화를 화폐와 교환하는 일이 그것이다. 베버에 따르면, 목적 계약에서의 형식적 합리화는 사람들이 자신의 행위의 법적 결과를 예측하기 위해 계산을 가능하게 하므로 자유를 증가시킨다. 그러나 형식 합리적 법이 부여하는 자유는 어디까지나 형식적이다. 예컨대 경제적 지위나 정치적 권리 측면에서 존재하는 불평등은 고려되지 않기 때문이다. 따라서 모든 사람에게 법적으로 보장된 형식적 자유는 실제로 많은 사람들의 가치와 필요를 충족시킬 가능성을 제약한다.

베버는 형식 합리적 법이 자본주의 사회의 전형이라고 보았다. 그러나 그는 근대법과 자본주의의 관계가 복잡하다고 주장했다. 형식 합리적 법과 자본주의는 보통 함께 작동하지만 그 관계는 일방향적이지 않다. 선택적 친화성의 관점을 보여 주듯, 베버는 법의 형식적 합리화가 경제적·문화적·정치적·법적 조건의 혼합적 영향 속에서 이루어졌다고 본다. 경제적으로는 자본주의의 확산이 법의 형식적 합리화 발전에 기여했다. 예컨대 사법에서 계약법이 점점 중심적 위치를 차지하게 된 것은 자본주의의 성숙에 따른 일이었다. 동시에 베버는 근대법이 경제적 행위에도 영향을 미쳤다고 주장한다. 예컨대 엄격한 재판 제도는 경제 시장의 발전에 이롭다. 그러나 근대 자본주의는 덜 형식적으로 합리화된 법체계 안에서도 번성할 수 있다. 문화적 차원에서 법의 세속화는 법에서 실질적 비합리성과 종교적 카리스마 및 신비를 제거했다. 정치적으로는 명료성과 질서를 추구하는 관료제 확대가 법의 형식적 합리화를 촉진했다. 무엇보다 베버는 법의 형식적 합리화가 가속화된 것은 법정에서 비전문 일반인이 점점 더 중요한 역할을 하게 되었기 때문이라고 보았다. 그는 이러한 발전에서 전문화의 중심성을 강조했는데, 전문 법률가의 훈련이 법의 형식적 합리화에 가장 중요한 요인이라고 판단했기 때문이다. 특히 유럽 대륙의 학문적 법학 전통에서 법을 하나의 학문으로 다루어 추상 규범의 논리적·합리 체계를 구축하고 연구하는 법학 교육의 발전은 형식적 합리화를 크게 촉진했다. 따라서 법을 더 큰 형식화의 방향으로 움직이는 주요 동인은 본질적으로 법 내부적 요인이라는 것이다.

법의 형식적 합리화로의 이동은 시간에 따라 일정하지도 않고, 근대 사회 전반에 걸쳐 균등하게 달성된 것도 아니다. 비교 관점에서 베버는 유럽의 법체계는 주로 성문법에 기초하므로 법의 형식적 합리화가 보다 완전히 달성되었다고 지적한다. 반대로, 영미법체계는 법원의 판결과 판례에 더 의존하고 이로 인해 법관들은 여전히 일정한 카리스마적 요소를 지니게 된다(제9장 참조). 역사적으로 베버는 법적 형식주의가 정의와 인간 존엄 같은 감정적으로 색채가 가미된 윤리적 명제를 바탕으로 하는 사회법의 때때로 나타나는 부흥에 의해 도전을 받았다고 보았다. 따라서 형식적 합리화와 실질적 합리화 사이에는 긴장이 따른다. 기술적으로 합리적인 근대법의 기계machine는 형식적 정의가 실질적 정의의 이상을 침해하므로 근대 법의 실질적 비합리성을 증가시킨다. 그러나 베버에 따르면 이러한 가치-비합리주의의 부흥은 객관적 법적 기준을 재확립하고 법을 기술적 도구로 파악하려는 시도들에 의해 똑같이 저항을 받아 왔다.

## 베버의 유산

근대 사회학에서 베버의 작업이 지니는 의의와 영향은 뚜렷하게 경계 지어 측정할 수 없다. 왜냐하면 적어도 베버 이론에 기대지 않는 근대 사회학은 존재하지 않고, 대부분의 연구는 많은 부분에서 베버의 주요 사상에 영향을 받기 때문이다. 보다 구체적으로 법사회학에서 베버의 저술은 이론적 토대이자 분석의 모범적 모델, 혹은 최소한 비판의 원천으로서 항상적인 현실로 자리한다.[3] 베버 사상 가운데 지속적인 영향을 남긴 요소로는 선택적 친화성과 이념형 그리고 권위, 경제, 문화, 법에 대한 관련 개념화, 법 연구에서의 사회학적·법학적 관점의 분리와 사회학적 탐구에서의 가치 자유에 관한 입장(및 이에 대한 논쟁), 그리고 근대 합리화 형태와 그 결과에 대한 관심 등을 들 수 있다. 법사회학에서 베버 연구 유산의 성격과 범위를 더 선명하게 이해하기 위해서는 이론적·경험적 차원에서 베버의 법 접근의 장점과 한계를 명시적으로 다룬 2차 문헌을 살펴볼 필요가 있다.

경험 연구의 관점에서, 서구 근대법의 형식적 합리화에 관한 베버의 논제와 형식적·실질적 (비)합리성의 관계에 대한 개념이 가장 많은 주목을 받아 왔다. 이러한 상호 연관된 질문들은 서구 합리화와 근대성의 고유성을 밝히고 설명하려는 베버적 탐구에서 경험적 효력의 핵심을 건드린다. 이

3  여러 나라에서 법사회학에 대한 베버의 영향에 관해서는 Lascoumes(1995)에 실린 논문들을 보라. 또한 각주 2에서 언급된 해석학적 저작들과 이 절에서 인용된 글들을 참고하라.

와 관련된 베버 이론은 동시에 비교적·역사적 요소를 지니며, 서구 법을 다른 법체계와 비교해 위치 짓고 근대 법체계로의 역사 발전 과정을 추적한다. 법사회학의 비교적 차원과 관련하여, 비서구 법체계에 대한 베버의 해석은 많은 주목을 받아 왔다. 예컨대 마시**Robert Marsh**(2000)는 베버가 청조淸朝, **1644~1912**의 전통 중국 법체계를 사건마다 자유롭게 달라지는 법적 결정을 포함하는 실질적인 비합리적 체계로 분류한 것에 대해 비판적으로 접근했다. 마시에 따르면 중국 법관들의 의사결정 권한은 사실상 훨씬 더 제한적이었는데, 이는 전통 종교의 영향 때문이 아니라 성스럽게 정초된 중국 법의 성문 규정에 더해 세속적으로 제정된 부칙까지 포함하여 성문법에 따를 법적 책무가 있었기 때문이다. 판결 선고와 같은 사법 결정은 반드시 청조 법전의 관련 (하위)조문을 인용해야 했다. 더 나아가 이 법전은 법 외적 이데올로기 체계, 특히 사회적 연대와 위계를 강조하는 유교적 가치와 규칙 준수를 강조하는 법가적 관념에 기초해 있었다. 마시는 따라서 청조의 법체계는 법 자체가 아닌 다른 이데올로기 체계에 의해 인도된 실질적 합리성 유형의 법으로 분류되어야 한다고 결론짓는다.

중국 법 해석에 대한 논의와 더불어 베버의 이슬람법 혹은 카디 정의의 분석을 둘러싼 논의가 이어졌다. 마시**Marsh**(2000)는 카디 정의가 이슬람의 포괄적 종교 원리에 기초하고 있다는 점에서 실질적 합리성으로 해석되어야 한다고 주장했다. 그러나 터너**Turner**(1974)는 꾸란 자체가 카디법의 기초로 기능하지 않았고, 오히려 법률 전문가들이 독립적인 판단과 추론을 통해 이슬람의 윤리적 가르침과 예언자의 말과 행위를 해석했다고 주장했다. 카디법 체계는 법이 시행된 가부장적 맥락 때문에 불안정하고 유동적이었다. 정의의 집행에서 이슬람법은 특히 상업에 종사하는 계층을 우대했는데, 이는 노예를 제외한 모든 사람을 동등한 법적 주체로 간주했기 때문이었다. 동시에 이슬람법은 종교적 전통에 구속되었다. 이에 따라 크론<sup>Patricia</sup> <sup>Crone</sup>(1999)은 핵심 이론적 요소가 합리화가 아니라 사회적 목표와 그에 대응하는 제도들의 분화일 수 있다고 주장한다. 여기에는 정치 질서(국가), 종교 세계(교회), 생산과 소비의 질서(경제), 지식 조직(과학)의 분리가 포함된다. 유럽에서는 국가가 발전하면서 입법 기능을 장악함에 따라 법체계가 발전했다. 유럽의 특수한 법 발전 형태에서 국가가 중심 동력으로 작용하는 것과 달리, 이슬람법은 국가의 통제로부터 벗어나 오히려 이슬람의 종교적 가치를 구현한다.

법의 형식적 합리화로 향하는 역사적 추세와 관련하여, 베버 연구의 타당성과 가치에 관한 논의는 특히 형사법 영역에서의 합리화 과정에 집중되어 왔다. 예컨대 자벨스베르크[Joachim Savelsberg](1992)는 20세기 특히 미국에서의 근대 형사법 개혁의 역사적 추세가 사회 개혁, 치료, 재사회화 관련 가치들에 대한 헌신을 의미하는 실질화 과정을 포함했음을 보여 준다. 이처럼 정의와 관련된 비법적 원칙들은 형사사법 영역에서 사회법을 향한 경향을 낳았다. 그러나 최근에는 이러한 실질화 과정이 양형 결과의 불평등과 적법 절차의 결여 탓에 반발을 불러일으켰고, 양형 지침의 형태로 형식 합리적 법의 원칙을 재도입하려는 시도가 이루어진다(제11장 참조). 베버는 사회법을 요구하는 목소리가 법의 형식 합리성에 반한다고 인식했지만, 동시에 법을 하나의 기술로 보는 요구가 궁극적으로 우세할 것이라 가정했다. 자벨스베르크는 후자가 항상 가능한 것은 아님을 보여 주는데, 그 이유는 법의 실질화를 초래한 사회 구조적 조건들이 여전히 존재하여 과거의 형식적 합리화 시대로의 복귀를 가로막기 때문이다.

다른 학자들은 나아가 베버의 견해를 수정하며, 형사법 영역은 본질적으로 비합리화로 특징지어진다고 주장했다(Anspach & Monsen 1989, Stangl

1992). 독일과 미국 등 근대 형사법 체계는 상당한 정도의 재량을 허용하며, 베버의 용어로는 사건마다 자유로운 의사결정이 가능하다. 검사와 법관들은 법의 환경 속에서 활동하지만, 특정인에게 어떤 범죄 혐의를 적용할지 그리고 가능한 형벌 중 어떤 것을 선택할지에 있어 상당한 재량을 가진다. 이 차이는 근대 형사법 체계를 특징짓는 기저 원칙들의 충돌에서 비롯한다. 즉, 한편으로는 고전적 억제 강조, 다른 한편으로는 개입주의적 재사회화 개념이 그것이다.

베버 이론의 경험적 기초와 관련된 문제를 지적한 또 다른 사례는 샤미르 **Ronen Shamir**(1993a)의 주장이다. 그는 베버가 형식적 합리성으로의 진화를 독일법(20세기 초)의 사례에 의존해 지나치게 협소하게 개념화했다고 본다. 샤미르는 법전을 기초로 한 형식적 합리화에 관한 베버의 이론을 보완하며, 미국의 경우에는 판례와 법적 결정이 성문법에 반대되는 합리화의 기반으로 간주되었음을 지적한다. 성문법은 실질 합리적 법의 구현으로 여겨졌기 때문이다. 예컨대 1800년대 초 미국의 법관과 변호사들은 법체계를 엄격히 성문화하려는 시도에 반대했는데, 이는 법이 적절한 형태를 체계적으로 결정할 자율 능력을 약화시킨다고 보았기 때문이다. 그러다 1930년대 뉴딜 시대에 들어 사회 개혁이 연방 차원의 새로운 입법 노력을 이끌면서, 이후 형사법의 실질화 과정과 다시 형식적 합리화를 향한 새로운 시도가 이어졌다. 이러한 패턴은 형식적 합리화와 실질적 합리화의 순환적 관점이 갖는 가치를 보여 준다.

앞서 다룬 일부 경험적 주제와 관련하여 법사회학자들은 베버의 주요 사상 몇 가지에도 이론적으로 개입해 왔다. 이러한 이론적 논의들은 법의 사회학 연구에서 베버 연구의 가치를 해석하고 논평하고, 그 자체로 고전 이래 법사회학 전개 과정에서 드러난 이론적 균열들을 예견하는 것이다(제

2부 참조). 가장 많이 논의된 주제 중 하나는 형식적으로 합리화된 법과 자본주의 발전 사이의 관계에 대한 베버적 개념이다. 일반적으로 베버는 법을 자본주의의 도구로 이해하는 마르크스주의적 해석에 반대했지만, 단순한 관념론적 반[反]마르크스주의 이론을 옹호하기보다는 그의 다차원적 선택적 친화성 접근에 따라, 법의 형식적 합리화가 계산 가능성에 의존하는 까닭에 자본주의의 부상에 기여한 요소라고 보았다. 그러나 문제를 더욱 복잡하게 하는 것은 역사적 증거에 비추어 볼 때 법의 형식적 합리화와 자본주의 사이의 관계가 항상 존재하지는 않는다는 점을 베버가 인정해야 했다는 사실이다. 특히 영국의 법적·경제적 발전의 경우, 자본주의 발전은 높은 수준의 법의 형식적 합리화 없이도 진행되었다고 베버는 관찰했다.

소위 베버 작업에서의 '잉글랜드 문제**England Problem**'에 대해 이론적 문헌들은 여러 방식으로 답변을 제시해 왔다. 트루벡**David Trubek**(1972)은 베버 자신이 세 가지 상충되는 주장을 한다고 지적했다. 첫째, 영국 법은 형식적 합리성이 결여되어 있음에도 자본주의 발전을 촉진했다는 점, 둘째, 영국 법은 비성문적 성격에도 일정 정도의 예측 가능성을 지녔다는 점, 셋째, 영국의 사례는 규칙의 예외라는 점이다. 크론만**Kronman**(1983) 역시 베버 사상에 모순이 존재한다고 보면서도 영국 자본주의 발전이 영국법의 성격 덕택에 가능했다는 양면적 주장을 내포한다고 해석한다.

다른 학자들은 베버 이론을 단순 기각하기보다는 영국 사례를 더 정밀하게 분석하고자 했다. 예컨대 유잉**Sally Ewing**(1987)은 베버가 경제적 합리화와 (법이 무엇인가라는)법사상의 형식 합리적 개념을 연결하지 않았고, 오히려 (법이 어떻게 적용되는가 하는)정의의 집행에서 형식 합리적 방식과 연결했다고 주장한다. 따라서 형식적 합리성은 독일과 같은 대륙법 국가들을 특징짓는 논리적이고 흠결 없는 규칙 체계에도 적용될 수 있고, 영국과 같은 영미법 국가들을 특징짓는 법적으로 보장되고 집행 가능한 권리 보장에도 적용될 수 있다. 리호브스키**Assaf Likhovski**(1999)도 유사한 주장을 펼치며, 17세기 영국 법에 대한 개신교적 영향이 법적 합리화 요구와 법의 예측 가능성 증대로 이어졌다는 점에서 애초에 잉글랜드 문제는 존재하지 않는다고 본다. 반면 크론**Crone**(1999)은 자본주의와 법의 관계를 달리 해석하면서, 영국 법은 부유층에게는 형식주의적**formalistic**이었지만 빈곤층에게는 실질적으로 비합리적이었던 탓에 비록 형식 합리적이지는 않았어도 자본주의 발전을 장려했다고 본다.

베버의 작업에서 대부분의 법 발전은 법 내부적 조건에 의해 발생한 것으로 설명된다. 반면 다른 조건들 특히 경제적·정치적 요인들의 영향은 대체로 간접적이거나 경험적으로 가변적인 것으로 간주된다. 따라서 베버의 접근은 경제, 정치, 문화, 법적 힘들 사이에 존재하는 "인과적 요인들의 복잡한 그물망"(Feldman 1991: 222), "요인들의 수렴"(Walton 1976: 7), "지속적 상호 관계"(Brand 1982: 96) 속에서 하나의 "인과적 불가지론"(Kronman 1983: 119)을 보여 준다(또한 Treiber 1985 참조). 이렇게 인과적으로 불확정적인 베버의 사고방식은 그의 다차원성(선택적 친화성) 개념을 보여 주지만, 동시에 그의 연구가 이론적 우유부단성과 개념적 모호성에 대한 비판에 노출되게 한다(Sterling and Moore 1987). 어쨌건 베버의 관점은 법에서의 형식적 합리성과 실질적 합리성 사이의 긴장을 확인하고, 관련하여 법적 합리성과 경제적 합리성 사이의 잠재적으로 상충하는 관계 또한 자본주의가 진전됨에 따라 심화될 수 있음을 보여 준다(Turkel 1981). 따라서 법과 경제 사이의 복잡한 관계의 중요한 차원을 정밀하게 밝히기 위해 사회학적 탐구가 필요하다(제7장 참조).

베버의 잉글랜드 문제에 대한 논의는 단순히 역사적 의미를 넘어 경제·

정치·법 및 사회의 다른 분화된 구성 요소들 간의 설명력과 상호관계에 관한 중요한 이론적 고려들과 연결된다. 베버의 다차원성 관점은 사회학 이론 전개 과정에서 다양하게 해석되어 왔다. 크론만(1983) 같은 학자들은 베버 연구가 밀도와 겉보기의 비동질성에도 불구하고 근본적인 주제적 통일성을 지닌다고 주장했으나(Andrini, 2004), 법에 관한 베버의 저술이 사후에 편집된 단편들의 집합이라는 점, 그리고 그의 법사회학과 다른 연구들(특히 정치사회학, Spencer 1970) 간 관계가 항상 명확하게 정식화되지 않았다는 점 탓에 일관된 해석을 얻는 데 어려움이 있다. 이러한 전개가 법사회학에 지니는 함의를 예견하면서(제6장 참조) 베버의 법과 사회에 관한 인과관계 연구는 매우 다양하게 수용되어 왔다. 즉, 마르크스와 보완적 관계에 놓인 갈등 이론적 해석(Albrow 1975, Zeitlin 1985)부터, 마르크스주의적 비판(Walton 1976), 그리고 법의 상대적 자율성 개념의 가치를 강조하는 반(反)마르크스주의적 해석(Turner 1974)까지 폭넓게 이어졌다.

베버의 인과관계 사상의 수용과 밀접히 관련된 것은 그의 연구에서의 가치 자유 요구에 관한 논의다. 베버가 옹호한 사회학적 관점은 중립적 지향을 갖는 반면, 법학은 정의상 법률 전문가의 실천적 관심과 관련된 법적 도그마에 의해 이끌린다(Kronman 1983). 사회학자는 학문 탐구에 본래적으로 내재한 가치들을 제외하면 가치에 의해 인도되지 않지만, 동시에 가치가 사회적 행위와 사회 제도에 관련될 때에는 이를 진지하게 다룬다. 이러한 관점에서의 긴장은 방법론적 어려움을 낳는다고 주장되어 왔다(Andreski 1981, Trubek 1986). 구체적으로 베버는 명시적으로 이해의 해석학적 관점을 옹호했지만, 그의 연구 대부분은 특히 역사적·비교적 연구 전략을 포함한다. 또한 일부 학자들은 베버의 연구 속에 실제로 강력한 철학적 원리들이 존재한다고 지적했다(Beirne 1979, Brand 1982, Cain 1980,

Campbell 1986, Vandenberghe 2005). 베버는 근대법의 합리화가 계산 가능성 증가를 의미하는 동시에 탈주술화 증가를 수반한다는 양가적 함의를 인식했지만, 정치와 법의 기술적 영역에서는 강력한 지도력과 명료성을 옹호했다.

## 결론

막스 베버의 사회학은 사회사상의 위대한 성취들 가운데 하나며 근대 사회학의 토대를 이룬다. 베버의 방법론적 지향은 이해사회학의 다양한 방향 전개를 이끌었고, 그의 다차원적 사회관은 여러 세대의 사회학자들에게 영감을 주었다. 사회학의 여러 전문 영역들 특히 정치사회학과 경제사회학에서 베버의 영향은 헤아릴 수 없을 정도다. 근대 사회학에서 베버의 법 연구가 그의 근대성 연구의 다른 기여들에 비해 다소 덜 주목받는 것은 베버 저작 전체에서 법의 위치가 미미해서가 아니라, 사회학자들이 일반적으로 법에 상대적으로 무관심했고 관련하여 법사회학이 학문적 전문 분야로 발전하는 속도가 더뎠기 때문이다. 베버 사상의 전개 과정에서나 근대성에 관한 종합 이론의 구성에서나 법은 경제와 정치 연구와 동등한 중심 역할을 차지한다.

법사회학에서 베버의 연구는 필수불가결하다. 그의 법 합리화 이론과 절차에 의한 규제로서의 법 기능 이론은 법사회학이 무엇을 연구 대상으로 삼아야 하는가에 관한 중요한 주제적 지향을 제공했다. 특히 지속적인 의의를 지니는 것은 일반 원칙에 기초한 입법과 재판에서 표준화된 절차와 의사결정을 통한 합리화 형태로서 상호 작용을 규제하는 데 주목한 점이다. (법을 사회학적으로 어떻게 연구할 것인가 하는)연구 방법 차원에서 베버의 연구가 두드러지게 보여 주는 것은 다차원적 사회관 속에서 역사적 시간의 중요성이다. 베버는 또한 이러한 발전의 다양한 양상이 사회마다 다르게 나타나는 점에도 주목했는데, 예컨대 미국의 판례법 전통과 유럽 대륙의 성문법 중심 전통 간의 차이에 관한 논의에서 이를 보여 준다. 따라서 베버는 근대 시대에 법의 이중성을 중심으로 하는 비교-역사적 법사회학의 기초를 제공했다. 비록 베버의 법사회학이 개념적으로 법 연구에 빚진 바 있었음이 지적되지만(Turner and Factor 1994), 그의 연구가 일생에 걸쳐 법적 사고에서 사회학적 사고로의 전환을 보여 주었다는 점은 주목할 만한 성취다. 이 제도적 전환이 완결되기까지 수십 년이 걸렸음에도 불구하고 말이다(제4장과 제5장 참조).

근대 합리화된 법의 부상을 베버는 경제적·정치적 요인들과 연결했다. 합리화된 법은 국가의 관료제 장치 속에서 집행되지만 동시에 자유 시장 경제에도 봉사한다. 경제 영역에서 법적으로 보장된 계약 자유는 역설적으로 법적 제약 없는 자원의 자유로운 사용으로 이어졌다. 따라서 시장을 무역과 산업의 자유 영역으로 규제하는 법은 금지 규범과 함께 수반되는 강제를 상대적으로 줄이는 효과를 지닌다. 근대법과 자본주의 경제 질서 간의 특수하지만 경제-결정론적이지 않은 관계의 조건이라는 이 주제는, 뒤르켐의 작업에서도 베버와는 다르지만 마찬가지로 독특하게 사회학적으로 다루어진다.

# 3 | 뒤르켐: 법과 사회적 연대

에밀 뒤르켐의 가장 두드러진 성취는 사회학을 학문 분과로 제도화하는 데 일관되고 성공적으로 노력했다는 점이다. 사회학의 물질적·형식적 연구 대상을 날카롭게 정식화한 점, 방법론의 혁신성, 사회학적 학파를 구축한 능력에서 뒤르켐은 비할 데 없는 위치를 차지한다. 법사회학은 뒤르켐의 일반 사회학 프로젝트뿐 아니라 특히 법의 사회학 연구에 대한 그의 기여에 의존할 수 있다는 점에서 큰 행운을 지닌다.

뒤르켐이 노동분업의 도덕적 기초<sup>moral foundations</sup>에 관한 사회학 연구에서 보여 준 법 분석은 사회학자들 사이에 잘 알려져 있다. 그는 사회가 기계적 유형에서 유기적 유형으로 변모하는 과정을 경험적으로 검증하기 위해 사회의 도덕적 기초 변화의 지표로서 법의 진화를 탐구했다. 근대 사회가 개인주의를 보존하는 연대로 특징지어진다는 점을 보여 주는 것이 뒤르켐의 핵심 관심사였고, 이는 오늘날에도 여전히 가치가 있다. 이 접근의 가치는 법이 억압적 법<sup>repressive law</sup>에서 회복적 법<sup>restitutive law</sup>으로 진화한다는 뒤르켐 논제의 경험적 적합성만으로 해소되지 않는다. 사회 속 법의 경험적 모델을 제시하는 것 외에도 뒤르켐의 법사회학은 법 연구에 대한 혁신적 접근을 포괄한다. 이 접근은 사회의 규범적 차원이 평가적 관점과 학문적 관점을 동시에 가능하게 한다는 인식에 중심을 둔다. 사회를 철저히 분석적으로 사고하는 것이 사회학의 근본 과제며 법은 언제나 사회 규범과 도덕적 이해와 밀접히 연결되어 있기에, 법과 사회 통합 기능의 연결만큼 법사회학에서 더 중심적인 통찰은 거의 없다. 뒤르켐의 법사회학적 기여를 검토하면서 이 장은 베버를 다룬 장과 마찬가지로 뒤르켐의 사회학적 접근과 그의 사회 이론의 핵심 요소들을 소개하고, 아울러 법에 대한 뒤르켐적 관점의 가치와 효력에 대한 평가도 포함할 것이다.


## 사회과학

랍비의 아들인 에밀 뒤르켐*Emile Durkheim 1858~1917*은 탁월한 학생으로, 프랑스의 명문 그랑제콜인 에콜 노르말 쉬페리외르*Ecole Normale Supérieure*를 거쳐 1882년에 철학을 가르치기 시작했다. 5년 뒤 그는 보르도에서 교육학과 사회과학 교수로 임용되어 1902년까지 재직했고, 파리 소르본에서 교육학과 사회학 교수직을 맡았다. 뒤르켐은 사회학을 학문 분과로 발전·제도화하는 데 핵심 역할을 했을 뿐 아니라 당대 사회의 정치적·사회적 조건에도 천착했다. 1898년에는 프랑스 최초의 사회학 학술지인 『사회학 연보*Année Sociologique*』를 창간했다. 건강 악화와 과로 그리고 무엇보다 제1차 세계대전 중 아들의 전사라는 비극을 겪은 뒤르켐은 향년 59세로 생을 마쳤다.

콩트*Auguste Comte*가 1830년대에 '사회에 대한 실증 과학'을 가리키기 위해 사회학이라는 용어를 처음 만들었고, 독일의 '도덕 통계'(국가의 특성을 기술적으로 연구하던 초기 사회과학) 전통의 영향을 받아, 뒤르켐은 사회학을 사회적 사실의 과학적 연구로 규정했다.[1] 사회적 사실은 개인을 초월해 그 위에 강제력을 행사하는 사회적 존재 방식으로 정의되며, 문화와 법 같은 관념적 표상과 인구·경제 조건 같은 물적 상황과 행위를 모두 포함한다. 사회적 사실이 개인에 대해 강제력을 갖는 것은 그 조건을 위반하면 불이익이 따르기 때문이다. 관념적 표상*ideal representations*의 경우 법을 어긴 이에게 처벌을 가하거나 규범 위반에 대해 공적 비난이 표출되는 것과 같이 관찰 가능한 제재가 사회적 사실의 강제력을 드러내는 지표가 된다. 물적 조건의 경우에도 사회적 사실은 비교적 기계론적 강제력을 가지는데, 이는 개인이 어떤 활동에 참여할 수 있는 가능성 자체를 좌우하기 때문이다. 예컨대 열악한 경제 여건은 개별 사례에서 취업 가능성에 영향을 미친다.

뒤르켐에 따르면, 사회적 사실의 강제력은 그것들을 식별하고 연구할 수 있게 한다. 특히 사회 규범과 같은 관념적 표상의 경우, 관찰 가능한 제재가 사회적 사실의 지표로 기능하기 때문이다. 사회적 사실은 개인에 외재하는 것이므로 언제나 부분적으로 사회적이고, 부분적으로 개인에게 독특한 방식으로 나타나는 개인적 발현으로 환원될 수 없다. 또한 사회적 사실은 사회 구성원 모두가 동일한 정도로 공유하는 것도 아니다. 따라서 뒤르켐은 사회적 사실은 오직 사회 전체만을 그 기초로 가질 수 있으며, 독자적 실재*sui generis*로서의 사회가 사회학의 연구 대상이라고 주장한다. 사회는 개인 수준의 행위 방식으로 환원될 수 없으므로 사회학은 심리학으로 환원될 수 없다.

---

1  뒤르켐의 사회학적 접근은 『사회학적 방법의 규칙*The Rules of Sociological Method*』(Durkheim, 1895)에서 명확히 제시되며, 노동분업 연구(1893a, 영어판 1893b), 『자살(Suicide)』(1897), 『종교생활의 원초적 형태들*The Elementary Forms of Religious Life*』(1912)에서 적용된다. 뒤르켐의 주요 저서와 핵심 논문 상당수는 프랑스어 원문으로 "Les Classiques des Sciences Sociales" 웹사이트에서 열람할 수 있다.

방법론적으로 볼 때, 뒤르켐의 사회학은 사회적 사실을 사물로 간주해야 한다는 명제에 기초한다. 이 기본 원칙은 사회학자가 사회에 관한 모든 선입견을 버려야 함을 뜻한다. 사회철학의 규범적 지향과 구별되게 사회학은 사회를 도덕 질서로서 객관적으로 연구하기 위해 가치 중립적 틀 속에서 수행되어야 한다. 또한 사회학자는 연구 대상을 공통된 외적 특성에 따라 정의해야 하고 관련된 어떤 현상도 배제하지 말아야 한다. 이 규칙은 가족, 종교, 법과 같이 사회학의 많은 연구 대상이 개인적·사회적 차원의 다른 종류의 지식(예컨대 도덕, 종교, 정치)의 일부를 이루며, 일상 언어에서의 용어 사용이 사회학적으로 적절하지 않을 수 있으므로 중요하다. 사회적 사실의 사회학적 정의는 연구 중인 현상의 관찰 가능한 차원에 기초해 도출된다. 예컨대 범죄는 처벌을 받는 행위로 분류된다. 마지막으로, 사회학자는 사회적 사실을 개인적 발현으로부터 분리해야 하고, 이를 통해 개별 사례 간 과도한 변동 없이 객관적으로 연구할 수 있다.

뒤르켐의 모델에서 사회적 사실에 대한 경험 연구는 사회 유형을 복잡성의 정도에 따라 기술하는 데서 출발하여 그것들을 원인과 기능의 측면에서 설명하는 데까지 이른다. 사회적 사실의 기능은 그것이 수행하는 목적을 가리키는 반면, 사회적 사실의 원인은 역사적으로 선행 요인 속에서 찾아야 한다.

사회학적 기능과 원인은 언제나 사회적이고, 개인의 심리 속에서 발견될 수 없다. 원인과 기능이 규명되면 비교에 의한 증명이라는 사회학적 방법을 수행할 수 있다. 비교 방법에서는 두 사회적 사실이 동시에 결여되거나 동시에 존재하는 사례들을 비교함으로써, 이러한 조합에서 드러나는 변화를 통해 어떤 사실(원인)이 다른 사실(결과)로 이어졌음을 입증할 근거를 발견한다. 이 방법은 하나의 원인이 하나의 결과로 이어진다는 기본 규칙에 의해 안내된다. 뒤르켐은 이러한 방법이 실제로 인과관계를 입증할 수 없음을 인식했지만, 그것이 반증에 이를 수는 있다고 보았다. 또한 다수 사례에서 발견된 결과의 안정성은 인과적 연관성과 기능적 패턴에 대한 추론의 신뢰성을 높인다.

## 사회적 노동분업

뒤르켐은 자살, 종교, 사회 분업과 같은 중요한 사회적 사실들을 연구하는 데 자신의 사회학적 방법론을 적용했다. 노동분업<sup>division of labor</sup>에 대한 그의 연구는 1893년에 처음 출간되었다. 이는 본래 박사 학위 논문으로 작성된 것으로, 사회의 진화와 본질에 관한 기본 이론을 담고 법의 변화를 포함한다. 뒤르켐 작업의 중심 목적은 사회를 도덕 질서로서의 과학으로 구축하고, 노동분업으로 인해 증대된 개인의 자율성에도 불구하고 근대 사회에서 사회적 연대가 어떻게 유지되는지를 경험적으로 규명하는 데 있었다. 뒤르켐에게 노동분업은 단지 경제 현실일 뿐 아니라, 오히려 훨씬 더 포괄적인 사회적 실재상이다. 따라서 그는 경제적 노동분업이 아니라 사회적 노동분업을 말한다[역주: 뒤르켐이 국가와 개인 사이의 중간 집단에 주목하는 점을 착안하면, 그가 과거의 신분제적인 질서/기계적 연대가 해체된 이후의 사회적 조건을 직업/노동의 분업으로 본다고 할 수 있다].

뒤르켐은 노동분업이 기계적 사회<sup>mechanical societies</sup>에서 유기적 사회<sup>organic societies</sup>로의 더 포괄적 진화의 결과라고 주장했다. 기계적 사회는 가족, 집단, 씨족같이 유사하게 복제된 부분들로 이루어져 있다. 이러한 사회 속에서 집합 의식*conscience collective, collective consciousness* [2]은 "한 사회의 평균적 구성원들에게 공통된 신념과 감정의 총체"(뒤르켐, 1893b: 38-39)로 정의되고, 유사성을 통해 달성되는 일종의 연대를 반영한다. 기계적 사회의 집단적 실천과 신념은 모든 구성원이 공유하므로 공통의 신념 체계가 강하고 개인적 차별성이 사실상 존재하지 않는다. 따라서 집합 의식을 침해하는 어떠한 행위도, 그것이 단 한 사람에게만 관련된 것이라도 사회 전체 질서에 대한 위협으로 인식된다.

역사적으로 뒤르켐은 기계적 사회가 점차 기능적으로 분화된 기관들로 이루어진 유기적 사회로 진화했다고 주장한다. 유기적 사회에서 각 기관은 특수화된 역할을 수행한다. 전통과 가족의 유대가 느슨해지면서 개인은 권리와 책임의 측면에서 특별한 지위를 획득한다. 유기적 사회의 집합 의식은 개인을 지배하는 방식이 그들의 개인적 역할과 기여에 기초한다. 다시 말해, 사회적 연대는 분화를 통해 달성된다. 유기적 사회는 다양한 가치와 신념 체계의 다원성을 특징으로 한다. 따라서 집합 의식의 침해는 개인에 대한 개인의 범죄로 취급된다. 뒤르켐은 오늘날의 연대가 과거와는 다르지만 결코 덜 사회적이거나 덜 강력한 것이 아님을 보여 준다.

노동분업의 본질을 어떻게 이해할 것인가에 관한 그의 관점과 마찬가지로, 기계적 사회에서 유기적 사회로의 진화 원인에 대한 뒤르켐의 이론은 역사적 유물론에 대한 근본적 대안을 제시한다. 그는 기계적 사회에서 유기적 사회로의 전환이 가능하려면 두 가지 조건을 충족해야 한다고 본다. 첫째, 인구학적 차원에서 일정한 물적 발전이 있어야 한다. 개인들이 서로 밀집하고, 그들 사이의 교류가 증가해야 한다. 뒤르켐은 이를 사회의 '동

---

2  뒤르켐의 용어 conscience collective는 영어로 'collective consciousness'와 'collective conscience' 두 가지로 번역되어 왔다. 두 표현 모두 오해의 소지가 있으며, 어떠한 경우에도 집단적 정신(group mind)에 대한 심리주의적 해석으로 이해되어서는 안 된다. 이러한 주의를 전제로, 이 책에서는 가장 일반적으로 사용되는 용어인 'collective consciousness'를 따르기로 한다.

적 또는 도덕적 밀도'의 증가라고 불렀다. 또한 사회의 전체 인구<sup>social volume</sup>도 증가해야 한다. 더 밀집되고 인구가 많은 사회에서는 생존 투쟁이 치열해지므로 노동분업이 필연적이다. 사람들이 밀집되면서 경쟁 수준이 높아지고, 이는 이주로 이어진다. 그러나 일정한 한계에 도달하면 더 이상 이주할 수 없게 되고, 사회는 내부적으로 분화하여 구성원들이 상호 의존하게 된다. 이러한 물질 발전은 필요조건이지만 충분조건은 아니다. 둘째, 이상적 조건들이 충족되어야 하는데, 여기에는 전통의 영향력이 약화되고 신념 체계에서의 개인주의 증대가 포함된다. 근대 사회에서 전통의 영향력이 약화되는 이유는 사람들이 더 이상 출신지에 얽매이지 않고 비교적 넓은 지역에 걸쳐 확산될 수 있기 때문이다. 개인이 집단에 대해 더 큰 독립성을 가지게 된다는 것은 집합 의식이 점점 불확정적이고 추상적으로 변한다는 사실에서 드러난다.

노동분업과 더불어 개인적 다양성과 사회적 연대를 보장하는 방식으로 사회적 삶을 규제하는 일반적인 경향이 생겨난다. 뒤르켐은 노동분업이 유기적 연대로 이어지지 않는 경우는 오직 예외적 상황에서만 발생한다고 주장한다. 즉, 사회 관계를 규제하는 규칙이 결여된 상태(아노미)에서 이루어지거나 경제적·물질적 불평등 조건하에 강제적으로 이루어지는 경우다. 오직 이러한 예외적 상황에서만 비정상적으로 높은 자살률과 같은 병리적 결과를 예상할 수 있다. 뒤르켐은 경제생활 그 자체가 정상적이거나 병리적이라고 주장하는 대신, 그 결과를 결정하는 것은 경제생활에 대한 규제나 그런 규제의 결핍이라고 주장한다.

## 법과 사회의 진화

뒤르켐이 노동분업 연구와 이후 여러 저작에서 발전시킨 법에 관한 명시적 통찰에 의존할 수 있다는 점은 법사회학자들에게 큰 행운이다.[3] 이러한 특별한 관심의 이유는 뒤르켐이 법을 집합 의식과 그 변형의 가장 중요한 가시적 표현으로 보았기 때문이다. 집합 의식은 "전적으로 도덕 현상이고, 그 자체로는 정확한 관찰이나 특히 측정에 적합하지 않다"(뒤르켐 1893b: 24). 따라서 뒤르켐은 법을 사회적 연대의 가시적 상징으로 연구했다. 그는 법을 법률적*juridical* 개념(예컨대 사법과 공법의 구별)에 따라 분류하지 않고 법 규칙 위반에 적용되는 제재의 유형에 따라 사회학적으로 분류했다. 따라서 뒤르켐이 법에 기울인 관심은 주로 방법론적 성격을 띠었는데, 법은 사회적 연대의 지표이자 특히 기계적 연대에서 유기적 연대로의 발전이 법의 진화, 즉 억압적 법에서 회복적 법으로의 이행에서 관찰될 수 있음을 보여 준다.

기계적 사회에서 억압적 법의 본질적 특징은 씨족이나 집단 같은 단순하면서도 강력하게 응집된 단위 구성원들 사이의 강한 통합을 표현한다는 점이다. 억압적 법은 전형적으로 종교적 성격을 띤다. 억압적 법과 처벌이 근거하는 도덕적 신념과 정당화는 사회 구성원들에게 널리 알려져 있기에 명시적으로 규정되지 않는 경우가 많다. 억압적 법체계의 규칙을 위반하면 사회 전체의 존립을 위협하므로 즉각적이고 엄격한 처벌을 받는다. 추방이나 사형은 기계적 사회에서 전형적인 처벌 방식이다.

---

3  뒤르켐의 노동분업 연구(1893a, 영어판 1893b) 외에 그의 법 관련 주요 저작에는 정치와 권리에 관한 강의집(1900a, 영어판 1900b)과 형벌 진화에 관한 연구(1901a, 영어판 1901b)가 포함된다. 2차 문헌 가운데 특히 유용한 것은 Roger Cotterrell(1999)의 뒤르켐의 법·도덕·정치사회학에 관한 단행본 연구다. 그 밖에 Chazel(1991), Clarke(1976), Cotterrell(1977), Lukes & Scull(1983), Tiryakian(1964), Vogt(1993)의 개관도 참고할 만하다.

유기적 사회에서는 회복적 법과 억압적 법이 구분된다. 개인들이 점점 더 서로 분화되므로 법 규정은 보다 추상적이고 일반화되어 모든 개인에게 보편적으로 적용되지만 개인들 간 존재하는 차이를 없애지는 않는다. 예컨대 계약법의 발전은 개인들 간의 관계를 구체적으로 규정하며, 국가는 단지 상호 책무를 감독하는 역할만 한다. 유기적 사회에서 법은 세속화되고 고도로 성문화된다. 회복적 법 위반에 적용되는 제재는 개인들 간의 사회적 관계를 회복시키는 데 초점이 맞춰지는데, 이는 금전적 보상이나 혹은 (출소를 전제로 하는 징역형처럼)개인과 사회 간 관계 회복 사례에서 볼 수 있다. 유기적 사회에서 형법은 여전히 억압적 기능을 수행하지만 민법의 성장은 회복적 법의 부상을 가장 분명하게 보여 준다. 뒤르켐에 따르면 노동분업 발전과 함께 증가하는 회복적 법 형태의 연관성은 경제생활과 그 밖의 영역에서 분업이 정상적 조건하에서는 사회 문제나 혼란을 초래하지 않도록 보장한다. 마르크스와 달리, 뒤르켐은 노동분업의 본질적 기능이 사회 통합 그 자체라고 본다. 그러나 유기적 사회에서 사회적 연대가 성공적으로 달성되려면 노동분업이 다양한 전문적 기능과 역할 간 협력을 규제하는 일정한 규칙을 수반해야 한다. 뒤르켐은 특히 직업 집단과 같은 중간 기관이 국가와 개인 사이에 위치함으로써 이 기능을 수행할 수 있다고 주장했다.

## 법과 권리

뒤르켐은 19세기 말과 그 이후 여러 차례 행한 도덕과 법에 관한 일련의 강의(1900a, 1900b)에서 권리 창출에 있어 국가의 역할에 특별한 관심을 쏟았다. 이 연구는 주로 정치사회학적 저작으로 직업 윤리(특히 전문가군의 역할), 국가의 기능과 형태(특히 민주 국가), 그리고 국가가 보장하는 다양한 규칙과 권리에 관한 논의를 포함한다. 마지막 부분에 뒤르켐의 법에 관한 추가적인 통찰이 담겨 있다.

『사회 분업론*De la Division du Travail Social*』(1893a)에서처럼 뒤르켐은 도덕과 권리의 관찰 가능한 표현으로서 도덕적·법적 사실의 연구로 향한다. 그는 살인과 절도를 최상급의 비도덕적 행위로 보는데, 이는 직업적·시민적 도덕 위반보다 더 중대한 것으로, 인격과 재산에 대한 범죄를 규제하는 규칙이 특정 사회의 경계를 넘어서는 보편성을 지니기 때문이다. 역사적으로 항상 그랬던 것은 아니며, 종교 범죄와 같은 집단 전체에 대한 범죄가 전통적으로 더 엄하게 처벌되기도 했다. 그러나 오늘날 (유기적)사회에서는 인격과 개인 재산에 대한 범죄가 가장 큰 분노를 불러일으키고 가장 가혹한 제재를 받는데, 이는 이러한 범죄가 개인의 속성을 최우선시하는 도덕을 침해하기 때문이다.

살인에 대한 짧은 논의에서 뒤르켐은 주로 살인율에 관한 범죄학적 분석을 전개하지만, 재산권의 본질에 관한 논의는 계약과 법사회학적 이론의 기초를 이룬다. 뒤르켐에 따르면 재산의 본질은 그것에 부속된 권리들과 함께 역사적으로 변화해 왔다. 법적으로 재산에 대한 권리는 사용권*ius utendi*, 수익권*ius fruendi*, 처분권*ius abutendi*의 세 가지로 나뉜다. 사용권은 임대 주택에 거주할 권리나 공원에서 산책할 권리처럼 사물을 이용할 권리를 뜻하고, 수익권은 주택 임대료나 대출 이자와 같이 재산에서 발생하는 산물에 대한 권리를 의미한다. 두 권리는 모두 재산 자체를 변형할 권리를 포함하지 않는다. 그러나 처분권의 경우 소유된 재산을 일정 조건하에 변형하거나 심지어 파괴할 수도 있다. 뒤르켐은 이러한 법적 유형론이 재산의 본질을 규정할 수 없다고 주장했는데, 사유재산의 특수성은 그것에 부속된 권한이 아무리 광범위하거나 제한적이더라도 항상 소유자에게만 배타적으로 속한다는 점에 있기 때문이다. 사유재산은 최소한 다른 개인에 대해서는 배타적인 점유권이고 일부 상황에서는 국가가 일정 권리를 여전히 주장할 수 있다.

뒤르켐에 따를 때, 사유재산권의 근거는 무엇일까? 사유재산이 존재하려면 그것이 존중되어야 한다. 종교 진화에 관한 그의 이론을 반영하듯, 뒤르켐은 소유된 물건 자체나 그것이 받은 신성하거나 신적 축복이 아니라 사회 그 자체가 재산에 배타적 권리를 부여한다고 주장한다. 이는 상속을 제외하고 재산이 양도될 수 있는 주요 수단으로 계약을 연구함으로써 관찰될 수 있다. 법적 혁신은 계약이 이른바 실물 계약 즉, 실제로 어떤 것이 양도되어야 계약이 성립하는 형태에서 신에게 맹세나 기원을 수반하는 합의 계약으로 발전하는 과정에서 요구되었다. 장엄한 의식을 통한 합의 계약에서 단순 의사 표시만으로도 계약의 구속력이 충분히 성립하는 순수한 합의 계약으로 진화한 것이다. 이때 양도력은 전적으로 정신적이다. 즉, "합의적 consensual이라는 바로 그 사실 때문에 계약은 제재를 수반한다"(Durkheim 1900b: 203). 합의에 부과된 유일한 조건은 그것이 자유롭게 주어져야 한다는 점이다. 마지막 발전 단계에서 계약은 계약의 객관적 결과 측면에서 정의로워야 한다. 정의롭기 위해 계약은 객관적으로 형평에 부합해야 한다.

## 법과 형벌

뒤르켐은 노동분업과 도덕 및 법에 관한 강의 외에도 학술지 『사회학 연보』에 법과 범죄 분야의 다수 소논문과 서평을 기고했다. 이들 가운데에는 원시 사회에서 근대 사회로의 전환 과정에서 벌어진 형벌의 양적·질적 변화에 관한 연구를 포함하는데(뒤르켐 1901a, 1901b), 그는 이를 통해 두 가지 형벌 진화 명제를 제시한다. 첫 번째 명제는 중앙 권력이 절대주의적이지 않은 보다 발전된 사회일수록 형벌이 덜 가혹하다는 것이다. 기계적 사회의 억압적 법은 사회 관계를 일방적으로 규제해 모든 권력과 권리를 한쪽에만 부여한다. 전형적인 예가 주인-노예 관계다. 이러한 법의 정당화는 전형적으로 종교적 성격을 띠며, 규제는 초자연적 근거로 제재된다. 형벌은 매우 가혹했고, 노예를 태형하는 것과 같은 신체적 처벌이나 절도 시 손을 자르는 것처럼 범죄를 상징하는 처벌이 뒤따랐다. 사형은 공개 고문 형태로 집행되었고, 범죄자의 죽음은 최종적이지만 거의 부차적인 결과였다.

근대 사회로 시선을 돌리면서 뒤르켐은 노동분업 연구에서는 사용하지 않았던 한 가지 보정을 도입한다. 그는 근대 사회가 경제 영역 등 다른 측면에서는 근대화되면서도 여전히 절대주의적일 수 있다고 보았다. 즉, 전제 군주제나 독재 체제가 그러한 경우다. 이러한 오늘날 절대주의 사회에서는 형벌이 여전히 가혹할 수 있고, 공개 처형과 같은 방법을 포함할 수 있다. 그러나 뒤르켐은 근대의 절대주의 사회를 기계적 사회에서 유기적 사회로의 전환 이론에 대한 역설로 보지 않았다. 왜냐하면 그의 관점에서 근대의 절대주의 체제는 정상적이 아니라 병리적 발달이기 때문이다. 따라서 이들 사회에서 형벌이 높은 억압성을 띠는 것은 사회의 본질적 성격이 아니라 특정 역사적 상황의 산물이다. 정상적 사회사의 발전 조건하에서 근대 사회는 민주적이며 형벌은 덜 가혹하다. 민주적 유기적 사회의 법은 모든 당사자가 법 앞에 평등한 둘 이상의 개인 간 계약으로서 사회 관계를 규제한다. 이러한 법체계의 규칙은 또한 세속적이며 내세적이 아니라 현세적 관계에 따라 제재된다. 따라서 범죄는 다른 인간에 대한 범죄일 뿐이고 종교법 위반에서와 같은 분노를 불러일으키지 않는다.

두 번째 명제에서 뒤르켐은 다시 기계적 사회와 유기적 사회의 구별을 바탕으로 근대 사회의 형벌이 전형적으로 자유 박탈형으로 발전한다고 주장한다. 다시 말해, 유기적 사회에서 교도소 제도가 지배적 형벌 형태가 된다는 것이다[역주: 원어의 prison을 '교도소矯導所'로 번역했다. 유사한 번역어로 '감옥監獄'은 범죄자를 가두어 두는 곳을 총칭하는 일상어지만 법률 용어가 아니고, '형무소'는 일본어의 잔재이자 오늘날에도 일본의 교도소를 일컫는다. 실상 '교도소'라는 용어에는 '교화'와 '재사회화'를 위한 장소라는 의미를 내포한다는 점도 참조할 만하다]. 교도소는 개별화된 처벌을 제공할 뿐 아니라 개인을 사회로 재통합시키고 사회 관계를 회복시키는 목적을 지니기 때문이다. 반대로 기계적 사회에서는 법 위반이 사회 전체의 존립을 위협하는 것으로 간주되므로 어떤 형태의 재통합도 용납될 수 없어 구금형은 필요를 충족할 수 없었다.


## 뒤르켐의 유산

막스 베버의 경우와 마찬가지로 근대 사회학에서 뒤르켐 저작의 영향은 너무도 심대하여 그의 기여 없이는 사회학을 상상할 수 없다. 심리적 상태로 환원될 수 없는 실재로서 사회를 체계적으로 연구해야 한다는 뒤르켐의 주장은 그의 가장 중요한 방법론적 통찰 가운데 하나로 꼽힌다. 사회 이론 측면에서 그의 작업은 집합 의식의 통합적 힘을 중심으로 한 도덕 질서라는 비물질주의적 관점에서 사회생활의 사회적 구성을 탐구하는 뚜렷한 사회학적 관점의 발전에 기여했다. 사회가 기계적 사회에서 유기적 사회로 이행하는 가운데 나타나는 통합 능력을 연구하면서 뒤르켐은 도덕성의 가시적 지표로서 법을 탐구했다. 이러한 방법론적 선택은 법사회학에 크나큰 행운이었다. 이는 법에 대한 사회학 연구를 위한 새로운 접근과 더불어 법 진화에 관한 이론을 제공했기 때문이다. 더 나아가 뒤르켐은 여러 후기 저작에서 국가, 권리, 형벌의 역사적 변형도 연구했다.

뒤르켐의 법사회학의 장점과 한계를 명시적으로 다룬 2차 문헌에 한정하면, 경험적·이론적 비판이 모두 제기된다. 경험적 측면에서는 뒤르켐이 억압적 법에서 회복적 법으로의 단선 발전과 그에 따른 형벌의 변화를 그렸다는 점에 회의가 제기된다(Lukes & Scull 1983). 노동분업론에서 드러난 그의 작업의 경험적 약점은 머튼**Robert Merton**(1934)이 처음 제기했다. 머튼은 뒤르켐이 불충분한 민속지적 자료에 의존했으며, 법 유형과 사회적 연대 간의 연관성에 대한 근거를 제시하지 못했다고 주장했다. 머튼은 수많은 현지 조사 연구가 노동분업의 정도가 낮은 원시 사회에서도 뒤르켐이 유기적 사회에 한정했던 회복적 법을 가지고 있음을 보였고, 반대로 발전된 사회 또한 강한 공동체적 관심 요소들을 드러낸다고 지적한다.

머튼의 비판에 발맞추어, 슈워츠**Richard Schwartz**와 밀러**James Miller**(1964)는 뒤르켐의 법사회학 일부 측면에 중요한 함의를 갖는 법 진화에 관한 체계적 연구를 수행한다. 이들은 51개 사회의 자료를 바탕으로 법 발달의 세 가지 측면 즉, ① 분쟁 해결에서 비친족 대리인의 사용**counsel**, ② 분쟁 해결에 개입하는 비친족 제3자의 조정**mediation**, ③ 법 집행을 위해 조직된 전문 무장 집단으로서의 경찰**police**에 초점을 맞추었다. 연구 결과, 경찰 기능은 사회 발전과 연관되어 있음을 보이는데, 이는 뒤르켐 이론과 상반된다. 슈워츠와 밀러는 그 이유가 뒤르켐이 형벌적·비형벌적 법체계를 측정하는 데 서로 다른 기준을 사용한 탓이라 지적한다. 즉, 억압적 법은 비교적 작은 조직에만 필요하다고 본 반면, 회복적 법은 법관, 변호사, 법원 등의 정교한 제도가 발전한 경우에만 존재한다고 본 것이다. 따라서 슈워츠와 밀러는 뒤르켐이 사실에 기초하지 않고 개념적 모호성의 결과로 자신의 이론을 입증했다고 주장하며, 억압적 법에서 회복적 법으로의 진화는 노동분업과 연관되어 있지 않은 것으로 보인다고 결론짓는다.

물론 비교 자료에 근거하여 역사적 결론을 도출하는 데는 방법론적 우려가 제기될 수 있다(Schwartz 1965, Turkel 1979, Udy 1965). 그러나 슈워츠와 밀러의 연구와 유사한 비교 연구를 통해 뒤르켐 이론이 갖는 함의는 여러 학자들에 의해 다루어졌다. 예컨대 윔벌리**Howard Wimberley**(1973)는 법 발달에 관한 비교 연구를 수행하면서, 뒤르켐이 노동분업론에서 고려하지 않았던 정치적 변수인 사회 권위 체계의 강도가 중요한 영향을 미친다는 사실을 보여 주었다. 이러한 연구 결과들을 고려하여 박시**Upendra Baxi**(1974)는 뒤르켐의 작업이 정교화될 수 있다고 제안한다. 예를 들어, 슈워츠와 밀러 연구에서 정의되고 측정된 '경찰'의 부재가 실제로는 해당 사회들에서 다른 집행 체계가 존재함을 의미할 수도 있다. 즉, 의사결정 과정의 창출, 적용, 권위적 성격 자체가 집행 기능을 수행할 수 있다는 것이다. 단순 사회에서의 회복적 법의 존재와 관련해서도 박시는 뒤르켐이 낮은 정도의 노동분업이 된 사회에서 회복적 법이 존재하지 않는다고 주장한 것이 아니라, 그 법이 더 낮은 지위를 가진다고 주장했을 뿐이라고 해석한다.

박시의 문제 제기에 대해 슈워츠(1974)는 자신의 법 진화 연구가 본래 뒤르켐을 입증하거나 반박하기 위한 것이 아니라고 답한다. 뒤르켐을 제대로 검증하기 위해서는 그의 이론을 명확히 가설로 정식화하여 노동분업 정도가 다른 여러 사회에서 억압적·회복적 제재의 상대적 정도를 비교하는 작업이 필요하다는 것이다. 그러나 박시의 비판에 따라 경찰과 집행의 개념화를 다시 분석한 결과, 슈워츠는 뒤르켐 이론과 상반되는 결과를 얻었다. 또 다른 학자들, 특히 셀레프**Sheleff**(1975)는 실제 법 발달이 뒤르켐 이론의 정반대라고 주장한다. 인류학적 연구는 원시 사회도 종교법과 세속법을 구별하고 상호적 책무를 포함하는 법체계를 지니고 있음을 보여 준다. 마찬가지로 비교 및 역사 분석은 근대 법체계가 전통적인 형법 영역뿐 아니라 개인적 행위와 종교적 윤리와 관련된 영역에서도 억압적 논리가 침투한 많은 측면이 포함됨을 드러낸다.

뒤르켐의 형벌 진화 이론 역시 검증의 대상이다. 스피처**Steven Spitzer**(1975)는 48개 사회를 대상으로 한 체계적 연구에서 뒤르켐의 이론과 달리 형벌 강도는 사회 복잡성과 반비례함을 발견한다. 다만 정치적 절대주의는 뒤르켐이 제시한 방향대로 형벌과 함께 변동하는 것으로 나타났다. 일탈에 대한 집합적 정의는 사회가 복잡해지더라도 사라지지 않으며, 오히려 뒤르켐의 견해를 확인하듯 집합적 대상에 대한 범죄는 더욱 가혹하게 처벌되었다. 그러나 이러한 연관성은 기계적 사회와 유기적 사회 모두에 적용된다. 또한 뒤르켐과 달리, 단순 사회는 개인적 범죄를 더 가혹하게 처벌하는 경향이 있는 반면, 유기적 사회는 집합체에 대한 범죄에 가혹한 형벌을 남겨 두는 경향이 있었다. 마지막으로, 근대 사회에서 교도소가 가장 널리 적용되는 형벌 형태가 되었다는 뒤르켐의 올바른 지적에도 추방 같은 교도소 이외의 다른 배제 형태가 원시 사회에서 흔히 나타난다는 점을 간과했다.

이러한 이론적 함의를 볼 때, 법과 형벌 진화에 관한 경험 연구들은 뒤르켐이 법과 형벌을 사회적 가치 체계의 반영 및 규범적 통합의 기능적 필요로만 지나치게 한정해서 본 반면, 정치 권력이 지배 체제의 도구적 장치로서 법 규칙을 부과하는 조직적 차원을 간과했다고 비판한다(Cartwright & Schwartz 1973, Spitzer 1975). 따라서 법체계의 창출과 운영에 내재하는 권력 역학에 대한 연구가 중요해진다(Calavita et al. 1991). 관련하여 형벌이 사회적 연대를 표현하고 강화하는 기능에 대한 뒤르켐적 강조는 형벌의 다양한 형태에 내재된 역사적으로 규정된 원인, 객관적 결과 및 기능에 대한 보다 면밀한 분석으로 보완될 필요가 있다(제11장 참조).

뒤르켐의 논증 일부를 비판하는 법과 형벌의 이론적 모델들 또한 법과 형벌을 단순한 사상의 추상적 역사로가 아니라 사회의 구조적 특성과 밀접하게 연관지어 분석할 수 있는 뒤르켐적 접근의 가치를 여전히 인정한다. 반면 보다 급진적인 해석들은 뒤르켐의 진화론적 구도가 그의 작업 전반에 '도미노 효과'를 미친다고 주장하며(Sheleff 1975: 19), 뒤르켐 사회학을 폐기하거나 그의 작업을 극단적으로 재해석하는 정당화 근거로 삼기도 한다(Pearce 1989). 뒤르켐의 형벌 이론에 대한 비판적 수용 속에서 갈런드**David Garland**(1983)는 중요한 통찰을 제시한다. 즉, 뒤르켐의 저작에서 파생된 가설들(이들 중 일부는 반드시 뒤르켐과 명확히 관련되어 있지 않음. 예, Lanza-Kaduce 외 1979)을 경험적으로만 검토하는 비판은 뒤르켐 사회학의 평가에서 그 이론적 함의를 겸허하게 제한해야 한다는 것이다. 왜냐하면 뒤르켐이 사용한 개념과 경험 연구에서 사용하는 지표 사이에 차이가 존재할 수 있고(Baxi 1974, Cotterrell 1977), 또한 경험적 적합성 기준을 충족하기 위해 구성된 명제적 모델들에 서로 다른 이론적 전제가 내재할 수 있기 때문이다(Gibbs 2003). 따라서 뒤르켐이 제시한 특정 명제들에 대한 비판과 무관하게 그의 사회학적 접근의 요소들은 오늘날 연구에서도 여전히 적용될 수 있고, 예컨대 형벌의 문화 사회학 발전에 기여한다(Garland 1991b, 2006, Smith 2003, 제11장 참조).

이론을 하나의 접근으로 강조하는 흐름과 맞물려 뒤르켐 법사회학에 대해서는 다양한 해석이 제시되어 왔고, 이는 베버 저작의 수용 과정과 마찬가지로 근대 법사회학의 발전과 함께 나타난 이론적 분화를 선취하는 것이었다. 특히 베버의 경우보다 더 자주 뒤르켐의 작업은 그의 노동분업론에만 집중하는 선택적 검토에 그쳤고, 법·권리·형벌에 관한 그의 후기 저작들(특히 영어 번역이 최근까지 널리 이용 불가능했던 작품들)은 반영되지 않았다. 또한 『사회학 연보』와 연관된 법학자·법학 교수들의 기여, 그리고 뒤르켐과 그들 간 상호 영향 역시 간과되었다(Chazel 1991, Cochez 2004, Cotterrell 2005, Vogt 1983). 이러한 전제를 고려할 때, 뒤르켐의 법 연구에는 몇 가지 이론적 수수께끼가 확인된다.

뒤르켐 법사회학에서 가장 많이 논의된 이론적 요소 가운데 하나는 법과 국가를 집합 의식의 성찰적 지표로서, 곧 사회 가치 체계의 측정 가능한 표현으로 개념화한 점이다. 뒤르켐은 국가(입법 기능을 통해)와 법체계(사법 집행을 통해)가 집합 의식을 형성하는 데 기여한다는 점도 인정한다. 그러나 이러한 국가와 (사회적 가치에 대한 성찰적이면서 동시에 창조적인 역할로서의)법 개념은 그의 연구 속에서 여전히 불분명한 긴장 상태로 남아 있다(Clarke 1976, Clifford-Vaughan & Scotford-Morton 1967). 이에 대해 코트렐 **Roger Cotterrell**(1977)은 법의 성찰적 성격은 기계적 사회의 강한 집합적 성격을 표현할 수 있는 억압적 법 유형에만 적용될 뿐이고, 유기적 사회에 특유한 회복적 법 유형에는 적용될 수 없다고 지적했다. 그러나 이러한 해석은 뒤르켐의 법의 성찰적 속성**the reflective natue of law** 개념이 집합 의식의 내용이 아니라 그 구조에 적용된다는 점을 간과한다. 즉, 기계적 사회에서 법은 통일성**unity**을 표현하고 유기적 사회에서 법은 다양성**diversity**을 표현한다. 또한 유기적 사회의 조건하에 법은 더욱 조직화될 뿐 아니라 정당성을 유지하기 위해 더 많은 정당화가 요구된다(Gould 1993).

뒤르켐 작업의 개념적 긴장은 두 가지 문제적 성격을 보이는데 법사회학이 전개됨에 따라 점점 더 중요하게 부각된다. 첫째, 뒤르켐은 가치[value]와 규범[norm]을 충분히 구분하지 않았고, 대체로 가치 체계가 별다른 문제 없이 고유한 규범적 패턴을 산출한다고 가정했다. 이러한 비차별적 도덕 개념과 관련하여 그는 법을 주로 법원이 담당하는 사법 집행을 통한 높은 수준의 조직화라는 관점에서만 이해했다. 둘째, 뒤르켐은 국가와 법을 사회의 가치 체계 혹은 집합 의식의 반영으로 개념화하면서 국가와 법체계 간의 연계성을 충분히 구분하고 구체적으로 설명하지 않았다. 바로 이러한 비판과 관련하여, 일부 학자들은 뒤르켐이 특히 강력한 국가가 발전한 사회에서 법체계 창출 과정에 내재한 권력 차원을 간과했다고 주장한다(Lukes & Scull 1983, Spitzer 1985). 그러나 다른 학자들은 이러한 부정적 평가가 뒤르켐 자신의 이론이 아니라, 6장에서 다룰 마르크스로 거슬러 올라가는 갈등 이론 전통에서 비롯된 것이라고 반박한다.

따라서 뒤르켐 법사회학의 재평가가 필요하며 특히 직업 집단의 규제 기능에 대한 그의 견해를 토대로 할 필요가 있다(Cotterrell 1999, Didry 2000). 노동분업에 대한 뒤르켐의 기본 의도는 법사회학 구축이 아니라 보다 포괄적인 통합 이론을 정립하는 데 있다. 이는 마르크스와 달리 사회의 응집 정도를 결정하는 것은 경제 질서 그 자체가 아니라 경제 발전에 수반되는 집합 의식이라는 점을 의미한다. 유기적 사회의 경우, 뒤르켐은 통합이 항상 달성되는 것이 아니고, 규제가 약하거나 불충분한 아노미적 조건 때문에 이루어지지 않는다고 주장했다. 따라서 중간 제도, 특히 전문가 집단을 국가와 개인 사이에 두어 적절한 규제를 보장해야 했다. 그는 국가가 비효율적인 규제자가 될 수 있고, 국가가 제정한 법이 항상 사회적 연대를 유지하는 데 기여하지 않는다는 점을 잘 알고 있었기에 필요한 규제 기능을 직업 집단으로 이양할 것을 제안했던 것이다.

법을 정치 체계와 밀접하게 연관지어 봐야 하는지의 문제는 본질적으로 경험보다는 이론의 문제고, 이는 법사회학이 전개되는 동안 다양한 학파들이 발전하는 과정에서 지속적으로 논의되어 온 주제다. 뒤르켐의 연구를 그 자체의 맥락에서 살펴보면, 그의 법사회학의 주요 의도는 사회의 구조가 법의 형식과 내용에 영향을 미친다는 점을 보이는 것이었다. 그의 법 연구는 본래 법의 시간적 변화에 대한 진화론적 관점을 구축하는 것이 아니라, 법의 경험적 특성을 사회에 관한 이론적 관점 속에 조직하려는 것이었다(Cotterrell 1977, 1991). 뒤르켐 연구의 이론적 목표는 법의 경험 현상을 질서화하는 데 있었다. 이런 점에서 그의 이론적 목표는 주로 당시 (유기적) 사회에서 일어나고 있던 사회 조건과 변화와 관련되었다고 할 수 있다. 따라서 그의 이론은 모든 사회를 포괄하는 법 발전 이론으로 이해될 수 없다(Turkel 1979). 그 결과, 기계적·유기적 사회 개념과 억압적·회복적 법의 개념을 사회와 법의 유형론적 범주로 보기보다는 역사적 전개와 비교 분석을 구조화하는 이념형으로 이해하는 것이 더 적절하다(Merton 1934).

마지막으로, 뒤르켐 법사회학의 일부 기여에 매우 비판적인 학자들조차도 그의 연구가 법을 사회적 사실로서 사회 조직의 법 외적 차원과 연결하는 분석적 잠재력에서 중요한 가치를 지닌다는 점을 인정한다. 법을 사회 속에 분석적으로 위치시키는 것은 어떤 법사회학에서도 가장 근본적인 요소다. 분석적 관점을 채택함으로써 뒤르켐의 연구는 법의 자기 이해와 법의 본질에 대한 상식적 통념에 비추어 볼 때도 직관에 반하는 그러나 여전히 유효한 여러 발견을 낳았다. 물론 뒤르켐이 법을 도덕 구조의 표현으로 보고 권력의 도구로서 법의 정치화 가능성을 대체로 간과한 것은 분명하다(Cotterrell 1999). 그러나 그가 권력과 갈등에 전혀 주목하지 않았다고 단정하는 것은 지나치게 일면적인 독해일 수 있다. 특히 주목할 만한 것은 그의 아노미 개념과 직업 집단의 역할에 관한 관점으로, 이는 그의 사회 통합 및 법 연구와 긴밀하게 연결되어 있다.

## 결론

에밀 뒤르켐의 사회학은 막스 베버의 연구에 견줄 만큼 사회학의 토대가 된다. 뒤르켐의 방법론적 지향은 인과적·기능적 분석에 관여하는 구조사회학의 발전을 가능하게 했고, 사회학 연구를 다른 학문적 작업으로 환원될 수 없는 독자적 활동으로 구획하는 데 기여했다. 마찬가지로, 사회를 통합적 기능을 지닌 도덕적 사회 질서로 파악한 그의 관점은 근대 사회학자들에게 중요한 영감(및 비판)의 원천이 되어 왔다. 법 연구는 뒤르켐의 연구에서 베버만큼 중심적이었음에도(Schluchter 2003), 근대 법사회학에서는 그의 연구가 베버보다 다소 덜 두드러지게 평가된다. 이러한 차이는 베버가 법학적 전문 배경을 바탕으로 법 연구에 더 일관되고 능숙하게 관여한 반면, 뒤르켐에게는 사회학 연구의 올바른 윤곽이 더 중요했기 때문이다. 또한 법의 통합 능력에 대한 뒤르켐의 강조는 법사회학이 제도화된 시기에 특히, 베버의 다차원적 합리화 관점만큼 호의적으로 수용되지 못했다(제6장 참조). 그러나 주목할 점은 뒤르켐의 이론적 프로그램이 베버의 작업보다 더 많은 경험 연구를 자극하고 영향을 주었다는 사실이다.

　앞으로의 장들에서 보게 되듯, 뒤르켐과 베버는 다양한 학파에 걸쳐 가장 기초적인 영향을 미친 두 거장이다. 이론적 난제를 예견하고 그 실질적 함의를 드러내기 위해, 이 절을 마무리하면서 두 학자의 기여를 간단히 비교해 보는 것이 유익할 것이다. 방법론적 차원에서 베버는 사회 행위를 추동하는 동기를 해명하는 이해사회학을 옹호한 반면, 뒤르켐은 사회적 사실을 인과적·기능적 분석의 차원에서 구조적으로 다루는 분석을 옹호했다. 사회의 기본 구조와 과정을 분석하면서 베버는 정치적·경제적·문화적·기타 사회적 요인들이 상호 작용하는 다차원적 이론을 발전시킨 반면, 뒤르켐은 문화적 영향에 우위를 두고 물질적 조건을 필요하지만 불충분한 요인으로 보면서 독자적인 사회학 이론을 옹호했다. 이러한 상이한 사회학적 모델은 베버가 효율성 기준에 따른 합리화 과정을 강조하게 만들었고, 뒤르켐은 점점 개인주의적 성격을 띠어 가는 집합 의식에 가치를 두게 만들었다. 그 결과, 베버는 법을 절차에 대한 의존성이 증가하는 근대 법의 합리화 과정으로 이해했으며, 뒤르켐은 사회 가치 체계의 변화 속에서 법의 통합 능력에 주된 관심을 두었다. 앞으로의 장들이 보여 주듯, 사회학적 탐구의 목표와 방법을 규정함으로써 베버와 뒤르켐은 오늘날까지 사회학, 특히 법사회학에서 여전히 중요한 가장 기초적인 이론적·방법론적·실질적 통찰을 제공한다. 그러나 고전으로부터 근대 법사회학으로 이어지는 지적 계보는 직접적이지 않고, 법 내부에서 전개된 발전을 경유한다는 사실은 주목할 필요가 있다.

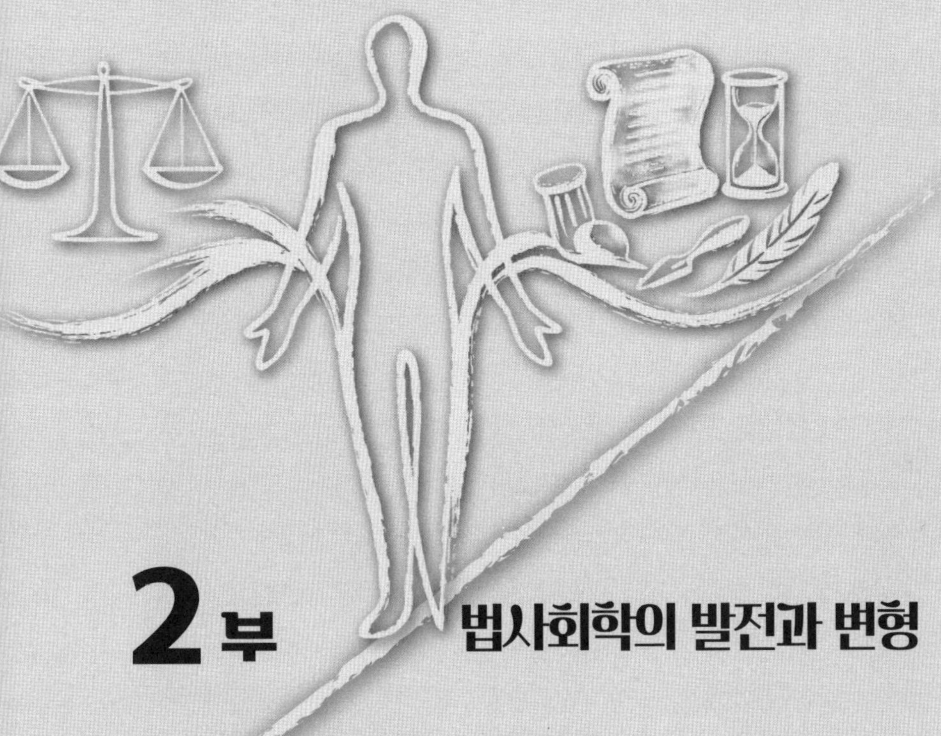

# 2<sub>부</sub> 법사회학의 발전과 변형

# 4 | 법사회학 연구를 향한 이론적 동향

사회학 고전들은 오늘날까지도 유용한 분석 도구들을 우리 학문에 제공한다. 그러나 독립적인 법사회학 발전에 있어 사회학의 창시자들이 차지하는 역할은 양가적이다. 역설적이게도 이러한 평가가 가장 덜 적용되는 인물은 마르크스다. 그의 연구가 법 연구에서는 거의 간과되었음에도 법사회학에서 뚜렷한 영향을 미쳤던 탓이다. 베버의 경우는 더 복잡하다. 법에 관한 베버의 탐구는 기술적 관점에서 너무도 상세하고 풍부하여 오히려 후대 사회학자들이 법을 사회학적으로 올바르게 이해하고 수용하는 데 장애가 되었을 수도 있다. 뒤르켐의 경우, 법은 그의 초기 연구에서 중심에 있었지만 주로 방법론적 관심사였고, 후기 저작들에서는 간헐적으로만 다시 등장한다. 법의 형태(합리화가 심화되는 조건에서의 법의 형태)와 개인주의 심화 속에서의 법의 통합 능력과 같은 법의 핵심적인 사회학 문제들은 베버와 뒤르켐의 작업에 항상 존재했고, 그래서 종종 법이 독립된 전문 영역으로 뚜렷이 구분되지 않은 채 다뤄지기도 했다. 게다가 사회학 내 세부 분야의 전문화는 근대 사회학에 특유한 발전이다.

근대 사회학이 점진적으로 법 연구에 독자적 관심을 갖게 된 이유가 고전 사상에서는 법이 늘 명확하게 구획되지 않았던 탓이었다. 그러나 더 중요한 이유는 법사회학이 하나의 학문 분과로 발전하는 과정이 법학 내 법 연구의 독점 및 전문 영역 내에서 사회학과 독립적으로 발전한 법학적 사유 탓에 지체되었다는 데 있다. 오늘날까지도 법사회학이 독립적이고 타당한 연구 분야로 법학자들과 법률 전문가들에게 수용되는 것은 다소 어려운 과제기도 하다. 이러한 오해를 상징하는 것은 법을 법 규범 전체와 그 체계적 일관성 연구로만 한정하고, 결과적으로 법을 사회학적으로 탐구해야 할 사회 문제로 인정하지 않는 태도다. 아이러니하게도 법사회학의 발전이 그 연구 대상 내부에서 비롯된 완강한 저항에 의해 방해받아 왔다는 사실이 중요하다.

한편으로는 사회학 사상의 발전, 다른 한편으로는 법률 전문가 집단에 의한 법사상의 독점은 법사회학이 제도화된 전문 영역으로 성숙해 가는 과정을 분석적으로 규정하는 데 활용될 수 있는 핵심 동력이다. 법사회학이 20세기 후반 제도화 과정에서 직면했던 여러 어려움을 고려하면, 제2차 세계대전 전후 시기의 법사회학의 전망이 결코 불리하지 않았다는 사실은 주목할 만하다. 실제로 20세기 전반기는 법사회학 발전의 생산적 시기였다. 특히 주목할 만한 것은 페트라지츠키**Leon Petrazycki, 1867~1931**와 그의 가르침에서 나온 티마셰프**Nicholas Timasheff**, 구르비치**Georges Gurvitch**, 소로킨**Pitirim Sorokin** 같은 학자들, 그리고 에를리히**Eugen Ehrlich**와 가이거**Theodor Geiger** 같은 다른 유럽 학자들의 저작이다. 이들의 학문적·사회학적 법 연구 지향은 고전적 법사회학과 근대 법사회학을 연결하는 중요한 지적 가교 역할을 담당했다.

## 과학적 법학에서 법사회학으로: 동유럽 전통

근대 법사회학의 유럽 선구자들 가운데 법학자 페트라지츠키는 그의 사상에 내재한 과학적 야망과 체계적 성격, 그리고 그의 작업이 후대 법사회학학자들에게 끼친 기초적 영향 탓에 특히 두드러진다.[1] 폴란드 혈통의 부유한 가정에서 태어난 페트라지츠키는 폴란드로부터 할양된 러시아 지역에서 성장했다. 그는 러시아 키예프 법과대학을 졸업한 후 독일 베를린에서 장학금을 받고 몇 년을 공부하면서 이미 이후 법 이론의 정교한 발전에 기초를 마련했다. 1898년 러시아 상트페테르부르크에서 법철학 교수로 임용된 그는 러시아가 잠시 민주주의 시기를 거칠 때 입법부와 대법원 구성원으로도 활동했다. 볼셰비키 혁명 이후 그는 러시아를 떠나 바르샤바로 가최초의 사회학 교수직을 맡았다.

페트라지츠키는 오늘날 어떤 유럽 학자와도 달리 법의 과학적, 더 구체적으로는 심리학적-현실주의적 이론의 체계화를 시도했다. 그는 특히 제자들의 연구를 통해 법사회학적 전통을 보다 뚜렷하게 발전하는 데 기여했다. 그의 이론은 법 이론이 규범적 관점이나 현실적 관점 가운데 하나에 기초해야 한다는 기본 전제에서 출발한다. 페트라지츠키(1905-1907, 1955: 9)에 따르면, 규범에 대한 규범 이론*normative theory of norms*은 언제나 '환상*phantasms*' 혹은 '환영*phantoms*'에 관한 이상 이론이고, 따라서 과학적일 수

---

1　페트라지츠키는 독일어, 러시아어, 폴란드어로 저술을 남겼다. 영어 번역본으로 이용 가능한 그의 가장 중요한 저작은 『법과 도덕(*Law and Morality*)』(1905-1907)으로, 1955년에 출간되었고, 1905년과 1907년에 러시아어로 처음 발표된 두 권의 저작에서 발췌와 요약을 담고 있다. 또한 Petrazycki(1933) 참조. 베를린 유학 시절에 집필된 독일어 초기 저작 두 권 가운데, 『소득론(*Die Lehre vom Einkommen*)』(1893/1895, 전 2권)에는 그의 일부 이론적 사상을 이미 포함한 부록이 수록되어 있다. 페트라지츠키의 후기 저작 상당수는 미간행 상태로, 초고와 제자들의 강의 노트에 근거해 접근할 수 있다(Lande, 1975). 그의 작업에 대한 개관으로는 Banakar(2002), Baum(1967), Clifford-Vaughan & Scotford-Morton(1967), Denzin(1975), Gorecki(1975a, 1975b), Kojder(2006), Lande(1975), Motyka(2006), Skapska(1987), Sorokin(1956), Timasheff(1947, 1955) 등을 참조하라.

없다. 현실주의적 관점을 채택하면서 그는 법의 실재를 인간의 법 경험이라는 사실 속에서 찾았다. 그렇게 이해된 법 현상은 곧 '심리적 과정'이다(1955: 8). 심리적·정신적 과정에는 능동적 의지, 수동적 인지, 수동적 감정, 그리고 쌍방적 충동의 범주가 포함된다. 충동이 쌍방적이라는 것은 어떤 욕구가 능동적으로 반응하는 대상에 대한 수동적 경험을 뜻하기 때문이다. 충동은 특히 강할 때 행위를 유발한다. 일상에서 대부분의 충동은 비교적 약하고 무의식적이지만 충동의 저지와 자극 같은 조건은 이를 강화한다.

배고픔이나 두려움 같은 일부 충동은 특정 유형의 행동을 일으키는 반면, 명령과 같은 다른 충동은 내용에 따라 다양한 행동을 산출할 수 있다. 후자의 유형 가운데 '의무의 충동'은 페트라지츠키의 법 이론에서 특히 중요한 의미를 지닌다. 의무의 충동impulsion of duty은 규범적 의미로 평가된 행위의 관념에 대한 반응으로 발생한다. 그 관념이 잘못된 것으로 판단되면 어떤 일을 하지 말아야 한다는 의무의 경험으로 이어지고 올바른 것으로 판단되면 그에 따라 행동해야 한다는 의무를 낳는다. 이른바 윤리적 충동ethical impulsion으로 불리는 후자의 범주는 법의 실재를 구성하는 본질을 이룬다. 윤리적 충동은 경험된 의무가 타인의 권리에 대응하는지 여부에 따라 두 가지 유형으로 나뉜다. 도덕은 타인의 권리에 대응하지 않는 윤리적 충동을 가리키고 법은 누군가의 의무가 타인의 권리에 대응하는 모든 윤리적 충동으로 정의된다. 타인의 권리가 개입되므로 법적 충동legal impulsion은 도덕적 충동moral impulsion보다 강력하다. 법적 충동이 효과를 가지려면 명확히 규정되고 일관되게 해석되어야 한다. 법적 충동의 기능은 국가 수준의 입법부, 법적 관습, 판례, 또는 부모·교사·친구들이 내리는 소집단 규칙 결정 등 사회 내 입법 기관의 역할에 해당한다. 법 해석은 법학자와 사법부의 주요 기능이다.

　법적 충동의 명시화는 법률 제정이나 법원 판결 같은 입법적 행위를 통해 매우 분명히 공식화될 수 있다. 페트라지츠키는 이러한 법 제정 사실의 이미지에 기초한 모든 법적 충동을 국가 수준이건 사회의 다른 하위 단위건 간에 실정법*positive law*이라 불렀다. 이에 반해 직관법*intuitive law*은 어떤 입법 사실의 이미지가 없어도 구속력을 가진 것으로 인식되는 충동을 뜻한다. 실정법의 범주 안에서 페트라지츠키는 국가 관료에 의해 공식적으로 보호되고 집행되는 법 제정 이미지를 포함한 충동에 특별한 주의를 기울였다. 공식 실정법이라 불리는 이 범주는 사회 전반에서 더 일관적이다. 반면 개인이나 사회 하위 집단의 직관법은 서로 크게 다를 수 있으며, 나아가 공식 실정법과도 차이가 있을 수 있다. 직관법과 공식 실정법 사이의 불일치는 사회에서 법과 관련된 핵심 문제 가운데 하나다. 사람들이 자신이 경험하는 직관법이 공식적으로 제재되는 실정법과 매우 다르다고 느낄 때, 그들은 법적·사회적 질서를 부정의한 것으로 경험한다. 사회 내부 집단은 직관법에 대한 자신의 감각에 부합하도록 실정법의 변화를 시도할 수 있다. 그러나 다른 강력한 집단이 실정법의 변화를 거부할 때, 소외된 집단 쪽에서의 직관법의 힘은 혁명 발발 가능한 지점까지 자랄지도 모른다.

　페트라지츠키에 따르면 법적 충동은 사회에서 중요한 결과를 낳고 중요한 기능을 수행한다. 법적 충동은 사회에서 권력의 조직과 부의 분배를 가져오며 이에 상응하는 행위 조정을 이끈다. 특히 충동이 획일화될 때, 정치적·경제적 행위의 조정된 체계가 형성된다. 이 과정은 한편으로는 최고 권력의 충동 집중에 기초한 지배적 정치 구조로서 국가의 등장, 다른 한편으로는 구속력 있는 계약에 기초한 지배적 경제 형태로서 시장의 등장을 설명한다. 실정법이 초래하는 권력 조직과 부의 분배의 심리적 기초는 페트라지츠키 이론에서 중심 위치를 차지한다.

  법적 충동은 또한 사회 변동의 중요한 원천이다. 일반적으로 페트라지츠키는 점점 복잡성이 심화되는 진화론적 틀을 채택했다. 직관법은 단순 사회에서 집단에 해롭거나 유익한 행위에 대한 심리적 반응으로 처음 발전한다. 이들 충동들 간의 통일성을 강화할 필요성 탓에 직관법은 점점 더 입법 사실에 기초하게 되어 실정법을 형성한다. 실정법의 확립은 다시 새로운 법적 충동을 낳고, 이는 직관적 수준에서 변형될 수 있다. 입법자는 충동을 의도적으로 이끌어 사회 변화를 일으키는 데 특별히 중요한 역할을 한다. 이러한 사회 공학 혹은 법 정책의 기능은 태도의 변화를 가져오는 심리학적 의미에서 이해되어야 하며, 트라지츠키는 이것을 법에서 필수적으로 보았다. 법 정책의 궁극적 목표는 인간들의 평화로운 공존이고, 트라지츠키는 이를 '적극적 합리적 사랑active rational love'이라 불렀다. 범죄 예방이나 경제 성장 같은 다른 목표들은 부차적 목표에 불과하다. 이러한 목표를 달성하기 위해 입법자는 자신의 입법 활동이 인간 정신에 미칠 영향을 과학적 증거를 통해 파악해야 한다. 입법자는 이러한 영향을 판단하기 위해 과학자들의 통찰에 의존해야 하고, 전문가들 간에 이견이 있을 경우 실험적 검증을 실시할 수 있다. 법을 통해 사람들의 태도를 변화하는 법정책은 궁극적으로 중요한 교육적 목적을 지닌다.

  트라지츠키의 연구는 법사회학 연구로의 이론 발전에 즉각적인 영향을 미쳤다. 특히 그의 초기 상트테르부르크 대학 강의의 결과로 이른바 '트라지츠키 학파'가 형성되는데, 여기에는 티마셰프Nicholas Timasheff, 구르비치Georges Gurvitch, 소로킨Pitirim Sorokin이 포함되었다. 이 법사회학으로의 움직임이 특이한 것은 트라지츠키의 제자들이 법에 대해 명시적으로 주의를 기울였으면서도 동시에 그의 심리학적 이론에서 벗어나 보다 뚜렷하게 사회학적인 접근으로 나아갔다는 점이다. 그러나 이러한 사회학으로의 전환은 대가를 치러야 해서, 특히 소로킨의 저작에서 법 연구 자체로부터 또는 최소한 체계적으로 법사회학을 발전시키려는 노력으로부터 멀어지는 결과를 초래했다. 게다가 트라지츠키 학파는 지리적·제도적 차원 모두에서 해체되어 지속적인 전통을 구축하는 데 필요한 응집력을 결여했다. 트라지츠키 학파의 주요 사상을 검토하는 일은 법사회학에 대한 그들의 기여의 본질적인 측면을 드러내 줄 것이다.

티마셰프Nicholas Timasheff, 1886~1970는 스승 트라지츠키의 길을 따라 볼셰비키 혁명 직후인 1921년 고향 러시아를 떠났다.[2] 그는 이후 독일, 체코슬로바키아, 프랑스에서 활동하다 1936년 미국으로 이주하여 하버드대학에서 몇 년간 강의한 뒤 뉴욕의 포드햄대학으로 옮겼다. 상트테르부르크대학에서의 스승과 마찬가지로 티마셰프는 주로 법의 현실적 이론을 발전하는 데 관심을 가졌고, 특히 법의 사회적 차원에 뚜렷하게 주목했다. 그는 법사회학을 법학과의 관계 속에서 정의하며, 법학jurisprudence이 법 규범의 연구라면 법사회학sociology of law은 법 규범에 의해 영향을 받고 동시에 법 규범에 영향을 미치는 사회 속 인간 행위의 연구라고 규정했다. 법사회학은 규범과 규범 행위 간 이중적 관계에 관한 인과성 법칙의 발견에 초점을 둔 법칙정립적nomographic 학문인 반면, 법학은 법규범들의 논리적 상호연관성에 초점을 둔 개별기술적ideographic학문이다. 따라서 법사회학과 법학은 상호 보완적이지만 별개의 학문이다. 한편, 법철학은 법의 궁극적 목적에 관한 평가적 연구로 파악되지만, 티마셰프에 따르면 이는 과학이 될 수 없으므로 법학과 법사회학 옆에 위치한 제3의 학문 분과로 볼 수 없다.

티마셰프는 법을 사회적 실재상으로 파악했는데, 이는 사회 구성원들

---

2  티마셰프의 가장 중요한 저작은 『법사회학 입문*An Introduction to the Sociology of Law*』(Timasheff 1939)이다. 또한 Timasheff(1938, 1957)도 참조. 티마셰프의 생애와 저작에 대해서는 Hunt(1979), Schiff(1981)를 보라.

의 인정을 받거나 혹은 그들에게 강제되는 안정된 행위 양식의 결과로서 사회 조정 이론theory of social coordination에 기초한다. 그는 네 가지 조정 형태를 구분했다. 윤리적 조정과 비윤리적 조정은 각각 사회 구성원들에 의해 승인된 규범과 거부된 규범에 기초한다. 명령적 조정과 비명령적 조정은 각각 중앙 권위에 의해 강제되는 규범과, 그렇지 않고 사회 구성원들의 상호 영향에서 비롯되는 규범에 기초한다. 이러한 분류에 기초하여 티마셰프는 조정 유형의 유형론을 ① 비윤리적·비명령적 조정, ② 윤리적·비명령적 조정, ③ 비윤리적·명령적 조정, ④ 윤리적·명령적 조정으로 구성한다. 첫 번째 유형은 순수한 이론적 구성으로 실제 사회에서는 발견되지 않는다. 두 번째 유형, 즉 순수하게 윤리적인 유형은 관습과 도덕에 의해 형성된다. 세 번째 유형, 즉 순수하게 명령적인 조정은 집단적 확신의 제재 없이 포고되는 규제나 법령을 통해 전제 정부가 만들어 낸다. 네 번째 유형이 가장 중요한데, 윤리적·명령적 조정은 집단적 확신과 중앙 권력 활동을 결합하는 법에 의해 형성된다. 따라서 티마셰프에게 법은 윤리와 권력이 겹치는 지점에서 형성되는 문화 현상이다.

티마셰프의 법사회학적 관점은 법을 분석하기 전에 먼저 윤리와 권력을 두 가지 핵심적인 행위 조정 유형으로 다룬다. 그는 윤리와 권력을 법과 마찬가지로 사회 질서에 기여하는 사회적 힘으로 파악했다. 세 제도적 영역 모두는 사회 수준에서 행위의 사회적 획일성을 창출하는 방식에 따라 고려된다. 트라지츠키의 심리학적 이론에서 벗어나 티마셰프는 윤리, 권력, 법에 해당하는 표준화된 행동 경향 또는 습관이라는 사회적 수준에 초점을 맞췄다. 법의 경우, 그는 법 규범이 사회 구성원들에 의해 인정되고 준수되며 동시에 중앙 권력의 지배자들에 의해 인정되고 지지될 때 사회 질서의 균형에 기여한다고 보았다. 법적 기대에 부합하지 않는 행위는 사회 질서

바깥에 속한다. 정의상 조정된 행위란 곧 정상적 행위다. 국가에 의해 승인되지 않은 규범은 법이 아니며 관습과 도덕의 일부를 이룬다. 따라서 법을 통해 집단의 신념과 권력 중심의 활동이 결합하여 안정된 행위 양식의 실현을 보장한다.

티마셰프에 따르면, 법의 기본 기능이자 관찰 가능한 결과는 사회에서 평화, 안전, 조직을 달성하기 위해 단일하고 순응적인 사회적 행위를 산출함으로써 균형을 보장하는 것이다. 그에게 있어 법의 기능과 실제 결과는 원칙적으로 겹치며 "법의 승리는 규칙이다"(Timasheff 1937: 226). 따라서 "법의 힘은 무엇인가?"라는 물음이 티마셰프의 법사회학에서 중심 질문이 되고, 그 답은 중앙 권력과 사회 구성원들 사이에 법의 효력에 따른 동시적 집행에 있다(1937: 226). 티마셰프에 따르면, 법 속에서 윤리와 권력의 결합은 전제나 가정의 문제가 아니라 삶의 관찰 가능한 사실이다. 원시 사회에는 오직 윤리라는 사회 규범에만 지배되었으므로 법이 없었다. 원시적 조정에서 근대적 조정 형태로의 점진적 변형, 즉 법의 발전은 주로 변별 요인으로서 권력의 활동 변화에 의해 좌우되었다. 활발한 권력 중심은 사회 규범을 둘러싼 분쟁 해결에 개입하기 시작했고, 점차 이러한 집행 역할은 권력의 영구적 기능이 되었다. 이 단계에서 최초로 법이 창출되었고, 이후 새로운 법 규범이 입법을 통해 명시적으로 선포되면서 추가적인 법 유형들이 분화되었다. 사회 구성원들 사이에서 단순히 윤리 규범에 대한 인식만 있을 경우, 국가는 그것을 승인하여 관습법customary law을 형성할 수 있다. 국가가 국가 이외의 권력 구조에 의해 명시적으로 창출된 법을 승인할 경우, 이느 자율법autonomous law이다. 마지막으로, 국가는 집행과 다른 법 유형들에 더하여 입법을 통해서도 법을 창출할 수 있는데, 이것이 국가법state law이다. 티마셰프에 따르면, 관습법에서 자율법과 국가법으로 이어지는 역사적 경향이 관찰되지만 근대 사회에서는 세 가지 법 유형 모두가 여전히 공존한다. 더욱이 근대 사회 전반에서 법질서는 영향을 미치는 조건들의 유사성과 더불어 하나의 법체계가 다른 법체계의 모델로 사용되는 모방 과정의 결과라는 차원에서 서로 매우 유사한 경향을 보인다.

구르비치**Georges Gurvitch, 1894~1965**는 러시아 태생의 학자로 상트테르부르크대학에서 교육을 받았으며, 정신적 스승인 트라지츠키처럼 볼셰비키의 공산주의 장악 이후 고국을 떠났다.[3] 1920년 그는 프라하로 이주해 5년간 머문 뒤 프랑스에 정착했고, 제2차 세계대전 기간에는 미국의 뉴스쿨**New School for Social Research**에서 강의했다. 티마셰프와 마찬가지로 구르비치는 트라지츠키의 법 개념을 개인 심리학의 수준에서 사회의 사회학으로 전환하여 계승했다.

특히 구르비치는 법에 대한 변증법적 관점을 발전시켜 사회적 실재의 다양한 수준과 그에 대응하는 사회학적 분석 유형에 따라 여러 법 유형을 복잡하게 분류한다. 그는 법을 객관주의적 관점에서 특정 사회적 맥락에 사실적으로 구현된 모든 법 규범으로 정의한다. 더 구체적으로, 법 규범은 권리와 의무 간 확정적 연관에 기초한 다방향적 명령-귀속 규제를 통해 정의의 특정한 관념을 실현하려는 규범적 사실이다(Gurvitch 1942: 59). 법사회학은 규칙 속에 구현된 법의 상징, 법과 연관된 가치, 그리고 이 가치들과 관련된 집합적 신념과 직관을 포함하는 법의 사회적 실재 전체를 연구하는 학문으로 정의된다.

구르비치의 법의 사회적 차원에 대한 관점은 사회적 실재를 다양한 층위 혹은 심층 수준의 분석으로 구성된 것으로 파악하는 그의 개념과 연관

---

3 구르비치의 법사회학에 관한 가장 체계적인 저작은 1940년 프랑스어로 처음 출판되었고, 2년 뒤 영어로 번역되었다. Gurvitch(1940, 1942), 또한 Gurvitch(1941a, 1941b) 참조. 구르비치의 생애와 작업에 관한 정보로는 Banakar(2001), Belley(1986), Hunt(1979, 2001), McDonald(1979)를 보라.

된다. 사회 조직의 가장 높은 수준은 사물과 제도의 물리적 특성을 다루는 형태학적 수준이다. 사회적 실재의 가장 심층적인 수준, 즉 구르비치가 가장 주목한 것은 사회의 집합적 심성 혹은 인간 정신이다. 구르비치의 관점에서 마지막으로 고려되는 분석적 요소는 법사회학의 세 가지 문제에 관한 유형론이다. 첫째, 체계사회학*systematic sociology* 혹은 미시 사회학적 차원에서 법은 사회성의 형식 및 실재의 수준에 대한 기능으로 연구된다. 둘째, 분화 사회학*differential sociology* 또는 유형론사회학 *typological sociology*에서는 특정 집단과 사회의 법적 유형을 연구한다. 마지막으로 발생사회학*genetic sociology* 혹은 거시 사회학적 관점에서 법은 사회에서의 변화와 발전 양식을 중심으로 연구된다.

구르비치는 『법사회학*Sociology of Law*』에서 법사회학의 역사적 선구들을 장황하게 개관한 후 체계·유형·발생 사회학의 세 관점에서 점점 더 복잡해지는 법의 분류와 차별화를 제시한다. 여기서는 그 관점의 가장 기본적인 요소만 개략적으로 제시되는데, 미시 사회학적 분석은 사회성의 다양한 형태와 각 사회성 형태의 다양한 심층 수준에 따른 여러 법 유형을 연구한다. 사회성의 형태는 자발적일 수도 있고 조직적일 수도 있다. 자발적 유형 안에서 사회성은 ① 나와 타자 간의 단순한 상호 의존, 또는 ② 우리로의 상호 침투나 융합으로 나타날 수 있다. 후자의 융합은 약하거나 강하거나 혹은 완전할 수 있고 각각 대중, 공동체, 교류로 구분된다. 단순 상호 의존에 기초한 사회성 유형은 다시 화해*rapprochement*, 분리, 혹은 양자의 결합 정도의 강도에 따라 세분된다.

이러한 상호 의존적 사회성과 상호 침투적 사회성의 대조를 바탕으로 구르비치는 법 유형의 첫 분류에 도달한다. We-유형의 사회성에서는 사회법이 신뢰에 기초하고, 대중에서 공동체를 거쳐 교류로 갈수록 법은 그 효력이 증가하고 집행에서의 폭력 수준은 감소한다. 반면 I-타자형 사회성 **I-Other sociality**에서는 개인적 혹은 개인 간 법이 불신에 기초하며, 특히 계약법처럼 분리와 화해가 결합된 형태로 가장 전형적으로 드러난다. 구르비치의 분류 작업은 여기서 멈추지 않는다. 그는 또한 조직화 정도에 따라 각 법의 유형을 다양한 층위 수준에서 검토하며, 그 결과 궁극적으로 162가지 법 유형에 관한 이상적 구성에 이른다.

체계사회학 관점은 미시 사회학적 관점과 유사한 방식으로 구성된다. 구르비치는 먼저 집단의 범주나 포괄성, 지속 기간, 기능, 분열성 및 조직화 정도, 제약의 형태, 통일성의 정도 등 여러 분류 기준에 근거하여 집단 또는 집합 단위의 유형들을 구분한다. 이어서 여러 층위 수준에서 다양한 종류의 법을 다시 구별하는데, 그 과정에서 예컨대 단일 국가형·연방형·국가연합형 법체계 사이의 유형론적 대비, 국내법과 국제법, 그리고 자생적 사회법부터 민주주의 국가법 속에 대표·반영되는 사회법에 이르기까지의 여러 사회법 유형들이 도입된다. 마지막으로 법의 발생사회학이라는 관점에서 구르비치는 단순한 진화론적 관점과 결별하고, 법 변화가 종종 모순적인 경향들에 의해 특징지어진다고 주장한다.

소로킨**Pitirim Sorokin, 1889~1970**은 이 장에서 논의할 가치가 있는 페트라지츠키 학파의 세 번째 주요 인물이다.[4] 그는 젊은 시절부터 정치적으로 활동적이었고, 제정 러시아와 공산 정권 모두에서 정치적 저항으로 투옥된 바 있다. 소로킨은 페트라지츠키 밑에서 형법을 전공하고, 이후 미국에서 근대 사회학 제도화를 이끈 핵심 인물로 가장 큰 영향을 발휘했다. 1919년 그는 상트페테르부르크대학에서 최초의 사회학과를 설립했고, 1923년 소련 정

---

4　소로킨의 주요 저작은 4권으로 된 *Social and Cultural Dynamics*이며, 축약판도 나와 있다. Sorokin(1937–1941, 1957), 또한 Sorokin(1928: 700–706, 1947, 1963) 참조. 소로킨의 생애와 업적에 관해서는 Johnston(1989)과 Timasheff(1963)를 보라.

권에 대한 비판으로 러시아를 떠나 1년간 프라하에 머문 뒤 미국으로 갔다. 그는 미네소타대학에서 6년을 보낸 후 하버드대학으로 옮겨 사회학과를 창설했다. 소로킨의 법에 대한 사회학적 관점은 동료 페트라지츠키 제자들에 비해 덜 두드러지는데 이는 관심 부족 때문이 아니라 그의 연구가 농촌 사회학, 지식 사회학, 사회 이동, 전쟁과 혁명, 이타주의, 사회·문화 변동, 사회학 이론 등 수많은 전문 영역을 포괄하기 때문이다.

법사회학적 관점에서 다행스러운 점은 소로킨의 대작인 4권짜리 『사회 및 문화 동학*Social and Cultural Dynamics*』이 문화의 중요한 구성 요소 가운데 하나로 법을 다루고 있다는 점이다(Sorokin 1937-1941, 1957). 그의 연구는 방대하여 예술, 과학, 윤리, 법, 사회 관계 영역에서 약 2,500년의 문화사를 다룬다. 일반적으로 그의 이론은 역사가 이른바 관념적 문화 체계와 감각적 문화 체계 사이의 반복적 변동 양식을 거친다고 본다. 관념적 시기는 영적 지향으로 특징지어지는 반면, 감각적 시기는 물질주의적·쾌락주의적·냉소적 가치들에 의해 주도된다. 어느 형태도 순수한 상태로 존재한 적은 없으며, 문화 체계는 한쪽 유형에 더 가깝게 나타나거나 양자의 특징을 혼합한 이념적 유형을 지니기도 한다. 한 체계에서 다른 체계로의 장기적 전환은 높은 수준의 폭력과 전쟁으로 특징지어지는 위기와 과도기를 낳는다. 이러한 변동은 내재적 결정론에 의해, 즉 체계가 그 자체의 잠재력과 한계의 원리에 따라 변화한다는 점에서 추진된다. 이는 한 방향으로의 성장은 오래 지속될 수 없음을 의미한다.

문화의 윤리적-법적 차원으로 시선을 돌리며 소로킨은 자신의 일반적 문화 변동의 파동 모델에 기초해 다양한 윤리 유형을 구분한다. 관념적 윤리 체계는 최고 존재로부터 발현되는 원리에 기초해 통일을 추구하는 절대주의 체계다. 반면, 감각적 윤리 체계는 행복 증진을 지향하며, 사회 구성원들이 제정한 규칙에 따라 변화하는 사회 조건에 상대주의적으로 대응한다. 소로킨에 따르면, 법은 윤리의 최선의 원천이자 '사회적 거울'로 기능한다 (Sorokin 1957: 430). 그는 귀속성을 가지지 않는 모든 명령적 확신을 의미하는 도덕과 나란히 놓이는 윤리의 한 요소로서 법을 사회 구성원들의 모든 명령-귀속적 확신*imperative-attributive convictions*으로 정의하였다. 법의 귀속적 성격은 법 규범이 한쪽 당사자에게는 권리를, 다른 쪽 당사자에게는 의무를 부여하는 양면성을 지님을 뜻한다. 법의 기능 가운데 핵심은 상호 작용하는 개인들 사이에 권리와 의무를 분배하고, 집행 체계를 조직함으로써 조직적 상호 작용을 규제하는 일이다.

소로킨은 또한 공식 법, 즉 사회 모든 구성원에게 의무화되고 정부의 권위적 권력에 의해 보호·집행되는 법 규범과, 비공식 법, 즉 정치적으로 감독되지 않고 다른 집단에 제한될 수 있는 법 규범 사이에 괴리가 존재할 수 있다고 지적한다. 이 괴리가 확대될 때, 공식 법은 수정되거나 새로운 공식 법전으로 대체된다. 형사법 영역을 관념적 문화와 감각적 문화 사이의 역사적 변동 사례로 들며, 소로킨은 관념적 문화 체계에서는 종교적 가치를 포함하는 형법이 나타나는 경향이 있다고 본다. 따라서 범죄에는 종교적이고 절대적인 도덕 원칙에 대한 위반을 포함하고, 이러한 범죄의 처벌은 가혹한 편이다. 반대로 감각적 문화에서는 종교에 대한 범죄가 형법 조항에서 제거되고, 사회·정치 질서에 대한 범죄를 다루는 공리주의적 고려가 강조된다. 이 유형에서는 재산 및 신체의 완전성에 대한 범죄 규정이 두드러진다. 감각적 문화에서의 처벌은 다소 덜 가혹한 경향이 있지만, 처벌의 엄격성은 문화 유형 자체보다는 그 유형이 얼마나 공고히 정착되었는지에 보다 크게 좌우된다. 과도기 순간에는 감각적 유형이나 관념적 유형이 어느 쪽이든 충분히 자리 잡았을 때보다 처벌이 더 가혹하다. 따라서 처벌 가능한 행위의 범위와 엄격성은 순환적 파동의 양상을 따른다.

## 법의 사회학적 운동: 유럽적 관점

제2차 세계대전 이전 법사회학의 성립에 기여한 유럽 학자들에 페트라지츠키와 그의 이름을 딴 학파의 구성원들만 있는 것은 아니다. 법철학, 법학, 법사회학 분야의 다른 유럽 학자들 또한 법의 사회학 연구 발전에 역사적·이론적으로 도움이 되는 지적 작업에 참여했다.[5] 여기서 더 포괄적인 개관을 시도하지는 않겠지만 독일어권 학자인 에를리히와 가이거의 작업을 논의하는 것이 타당하다. 왜냐하면 이들의 저술 주제들은 동유럽 선구자들의 통찰과 놀라울 정도로 유사성을 보이기 때문이다.

에를리히*Eugen Ehrlich, 1862~1922*는 오스트리아-헝가리 제국의 법학자로 빈대학교에서 법학 교육을 받았다.[6] 에를리히는 빈에서 수년간 강의한 뒤, 남은 직업 생애 대부분을 (지금은 우크라이나의 일부가 되었으나 한때 루마니아와 소련에 속했던)체르노비츠대학교에서 보냈다. 에를리히가 살았던 사회는 다양한 민족이 모여 언어적·문화적 다양성이 매우 큰 곳이었다. 에를리히의 생애 당시 오스트리아-헝가리의 획일적 법체계는 일상에서 저마다의 문화

---

5   여기서 다루지 않은 일부 법사회학 및 사회학적 성향의 법 이론에 대한 개관으로는 예컨대 스웨덴의 법실증주의자 Axel Hägerström을 중심으로 한 이른바 웁살라 학파에 관해서는 Timasheff(1957: 433–445)와 Passmore(1961)를, Ignatz Kornfeld에 관해서는 Kelsen(1912)을, Antonio Gramsci에 관해서는 Benney(1983)를, Marcel Mauss에 관해서는 Cefaï & Mahe(1998)를, Helmut Schelsky에 관해서는 Heidegren(1997)을, 그리고 Hans Kelsen, Franz Jerusalem, Barna Horváth에 관해서는 Pound(1945)를 참조하라.

6   에를리히의 법사회학 분야의 주요 저작은 1913년 출간된 『법사회학의 기초(*Grundlegung der Soziologie des Rechts*)』이며, 1936년에 『법사회학의 기본원리(*Fundamental Principles of the Sociology of Law*)』로 번역되었다. Ehrlich(1913a, 1913b), 또한 Ehrlich(1922) 참조. 유용한 2차 해설로는 Banakar(2002), Kelsen(1915), Partridge(1961), Timasheff(1957: 437–439), Treviño(1998)을 보라.

적·법 규범에 의존하던 다양한 문화들을 충분히 규제하기 어려웠다. 또한 에를리히가 경력의 대부분을 보낸 체르노비츠는 정치적 불안정이 두드러진 도시였다. 체르노비츠는 1867년부터 1918년까지 오스트리아-헝가리 제국에 속했고 이후 루마니아를 거쳐 소련의 일부가 되었다. 이러한 문화적 다양성과 정치적 불안정의 경험은 에를리히의 작업, 특히 살아 있는 법<sup>living law</sup> 개념의 전개에 크게 영향을 미쳤다.

에를리히는 오늘날의 지배적 법 이론과 대비되는 방식으로 자신의 이론을 전개한다. 그는 법실천학<sup>practical science of law, *Rechtslehre*</sup>과 법이론학<sup>theoretical science of law, *Rechtswissenschaft*</sup>을 구분했다. 실천학은 대상에 더 큰 논리를 부여하는 등 일정한 목적 달성을 지향하는 반면, 이론학은 그 자체의 목적으로서 법 현실을 탐구한다. 에를리히에 따르면 기존의 법학은 거의 모두 실천 지향적이다. 법에 관한 독립적 사상체를 세우기 위해 그는 법 현실에 대한 연구(더 구체적으로는 법의 사회적 실재에 초점을 맞춘 법사회학)에 기초한 이론학을 발전시키려 했다.

에를리히의 법사회학 관점은 사회적 결사 이론에 기초한다. 사회적 결사는 사람들이 어떤 규칙을 구속력 있는 것으로 인정하고 그 규칙에 따라 행위를 조절하는 사회적 관계를 뜻한다. 이러한 관계는 대면 집단처럼 단순할 수도 있고, 국가처럼 복잡할 수도 있다. 에를리히에 따르면 결사는 네 가지 주요한 이른바 법적 사실<sup>facts of the law</sup>을 바탕으로 질서화된다. 법적 사실은 분쟁을 규제하기 위한 결정 규범의 발전을 이끄는 행위 규범을 형성한다는 점에서 '전<sup>前</sup>법적'이다. 이 사실에는 관습, 지배, 점유, 처분이 포함된다. 첫째, 관습은 사회생활에서 관찰되는 행위의 획일성 그 자체고 그것이 스스로 규범의 원천이 된다. 둘째, 지배는 권위와 종속의 관계처럼 한 의지가 다른 의지 위에 군림하는 것을 가리킨다. 셋째, 점유는 사물에 대한 사실상의 지배를 뜻하며, 이것이 타인들에 의해 존중됨으로써 재산 규범의 기초를 형성한다. 넷째, 처분은 예컨대 상속이나 유언에 의해 재산을 처분할 수 있는 인간의 능력을 뜻한다. 따라서 에를리히에 따르면, 법적 사실은 언제나 그 사실들에 기반하고 있는 모든 법 명제들에 우선한다. 예컨대 혼인과 가족에 관한 법 명제는 혼인과 가족이 결사로서 존재한다는 사실을 전제한다. 마찬가지로 재산을 규제하는 법이 존재하려면 먼저 점유가 존재해야 한다.

에를리히는 사회생활이 단지 법 규범이나 성문 규정에 의해 지배되는 것은 아니며, 본질적으로 행위 규범에 이끌린다고 보았다. 그의 용어로 말하면, 사회에 존재하는 법적 관계와 법 제도는 법원이 적용하는 결정 규범이나 법 명제보다 우선한다. 그는 사회생활을 지배하는 전체 법을 그것이 법 명제로 제시되지 않았더라도 살아 있는 법*living law*이라 불렀다. 이에 반해 모든 법 명제의 전체를 법률적 법*juristic law*이라 칭했다. 살아 있는 법의 중요성은 일상생활의 다양한 측면에서, 그것이 법적으로 인정되든 그렇지 않든 간에 관찰될 수 있다. 살아 있는 법의 관련성을 밝힘으로써, 에를리히가 제안한 법사회학은 방법론적으로 구체성을 지닌다.

살아 있는 법이 사회생활에서 기본이므로 에를리히는 그것이 법률적 법의 발전에 중심이라고 보았다. 그러나 사회적 관계와 문화적 조건이 법률적 법의 발전에 영향을 미치는 반면, 후자는 살아 있는 법에 미치는 영향이 훨씬 적다. 사회의 많은 관계가 법률적 법의 범위를 벗어나며, 많은 분쟁이 법 명제에 의존하지 않고 해결된다. 살아 있는 법은 법원에서 사용되고 법률가들이 의존하는 결정 규범과 매우 다를 수 있다. 또한 살아 있는 법의 목표는 주로 분쟁이나 소송이 아니라 평화와 협력이다.

자신의 이론적 지향에서 실천적 귀결을 드러내며, 에를리히는 법 명제가 효과적이려면 살아 있는 법의 규범과 일치해야 한다고 주장한다. 따라서 그는 법관과 변호사가 살아 있는 법의 요소를 도입할 수 있는 영국 판례법을, 고도로 성문화되고 경직된 유럽 대륙계 성문법보다 선호했다. 에를리히에 따르면, 사법 결정은 어떤 제약으로부터도 해방되어야 하고, 법이 적용될 사람들의 관습을 고려하여 최선의 판단을 도출해야 한다. 그러한 자유로운 법 발견을 적절히 수행하려면 법관들은 창의적이고 큰 식견을 갖추어 살아 있는 법의 관련 측면을 충분히 파악할 수 있어야 한다. 일반적인 행위 규범을 법의 본질적 부분으로 간주함으로써, 에를리히는 협소한 법률적*juridical* 관념을 넘어선다. 따라서 그는 법이 주로 국가의 권위에서 비롯되어 법전에 구속된다고 보는 당대의 지배적 견해에 반대했다.

가이거*Theodor Geiger, 1891~1952*는 독일 뮌헨에서 태어나 법학을 공부한 뒤, 무역 통계 관련 정부 부서에서 직업으로서의 경력을 시작했다.[7] 1924년에 학계에 진출한 그는 처음에는 강사, 이후에는 사회학 교수가 되었다. 나치가 집권하자 그는 덴마크로 망명해 그 나라 최초의 사회학 교수직을 맡았다. 가이거는 법사회학자일 뿐 아니라 도시 사회학, 지식 사회학, 사회 조사 방법론 등 여러 전문 분야에도 관여했다.

그는 특히 과학적, 특히 양적 연구 방법에 대한 확고한 헌신에서 영감을 받아, 사회를 다차원적으로 바라보았다. 사회는 직업, 교육, 성장 배경, 생활 수준, 권력, 종교와 문화, 인종, 정치적 의견 등 다양한 속성에 따라 차별화된 수많은 사회적 수준으로 이루어진다고 보았다. 가이거의 관심은 사회 질서를 구성하는 가변적 원천들, 즉 집단 구성원들의 행위 조정에 집중되었다. 법은 이러한 사회 질서의 특정한 원천 가운데 하나로 특정 규범을 중

---

7  가이거의 저작 다수는 독일어와 덴마크어로 출간되었다. 그의 법사회학 분야 주요 저술로는 서자로 태어난 아동에 관한 비교법 초기 저작(Geiger 1920), 그리고 이후의 두 저작 『법과 도덕에 관한 이론』(Geiger 1946)과 『법과 사회 구조에 대한 연구』(Geiger 1947)가 있다. 이 중 후자의 책 일부는 가이거 저작 모음집의 영어 번역본에서 확인할 수 있다(Geiger 1969: 39-122). 또한 Mayntz(1969)를 보라.

심으로 형성되고, 법사회학은 이를 사회적 수준에서 연구한다. 규범의 사회적 실재는 특정 조건하에 특정 행위를 유발하는 구속력에서 추론될 수 있다. 규범의 힘은 집단 전체, 집단 일부, 개인 구성원, 혹은 전문화된 제도에 의해 발생할 수 있다.

가이거는 처음에 자신의 접근을, 법을 사회 질서와 사회 구조와의 관계에서 연구하는 형식적 법사회학으로 구상했다. 그러나 나중에는 법 규범의 내용과 법의 내적 구조에 초점을 맞춘 실질적 법사회학을 발전시켰다. 그의 견해에 따르면 규범은 일탈이 제재될 가능성에 기초한 구속성으로 정의되어야 한다. 규범이 법 규범이 되려면 사회가 중앙 권력을 가진 국가로 구조화되어야 한다. 비록 사회 질서의 유일한 원천은 아니지만 국가에서 법은 권력의 중심 산물 가운데 하나로 나타난다.

권력이 법으로 전환됨에 따라 법 규범의 집행은 조직화되고 규제되며, 전문화된 기관에 이양되고 독점된다. 이러한 조건하에 법 규범에 대한 복종의 가능성이 높아지고, 전문 기관에 의해 제정된 법 규범은 사회 구성원들의 행위를 효과적으로 형성할 가능성이 크며, 규범을 일탈하는 행위는 제재될 가능성이 한층 높다.


## 심리학에서 법사회학으로

유럽의 사회사상 전통에서, 고전 이외의 초기 법에 관한 사회학적 사유는 본질적으로 법사회학을 하나의 특수 분야로 발전시키려는 이론적 움직임으로 특징지어진다. 이는 법학 내에서 과학적 성향을 띤 흐름 속에서 나타났다. 일부 유럽 전통, 특히 가이거의 작업에서 법사회학은 여전히 더 나은 법을 제공하려는 법학의 실천적 야망을 충족시키기 위한 노력으로 이해되었다. 가이거의 주요 기여는 이론적이라기보다 방법론적이었고, 그는 엄격한 자료 수집과 분석 기준을 준수하는 체계적인 법 연구를 촉구했다. 보다 이론적으로 정교한 법사회학의 이해는 에를리히에 의해 제시된다. 그는 실천적 야망을 지닌 법학과 법사회학처럼 순수 학문적 열망을 가진 법 사유 체를 구분했다. 그러나 에를리히는 이 두 가지 법사상 개념 사이에 관계가 있음을 주장하며, '미래의 법학'은 단순히 법 규정 원리에 기반한 추상적 사유에 머무르지 않고, 성문법으로 인정되건 아니건 사회 전체 속에서 자유롭게 발견된 모든 법에 기초한, 사회학적으로 정립된 법 연구가 되어야 한다고 주장했다(Ehrlich 1913b: 340). 따라서 에를리히는 기존 법학이 궁극적으로 법사회학의 통찰을 받아들여, 켈젠Kelsen(1915: 839)이 부른 바 '사회학적 법학sociological legal science'의 새로운 질서를 구축하길 희망했다.

유럽에서 독립적인 법사회학의 발전이라는 맥락에서 페트라지츠키의 작업은 중심 위치를 차지한다. 이는 그의 이론이 심리학적 성향을 지녀서가 아니라, 법을 학문적·이론적 열망을 가진 활동으로서 법사회학 연구로 나아가기 위한 필수 단계로서 철저히 과학적으로 다루었기 때문이다. 비록 심리주의적 성격을 띠고 있지만, 페트라지츠키의 이론은 법 규범을 추상적으로 이해하는 것에서 벗어나 법이 효력을 갖기 위해 법 주체들이 반드시 갖추어야 하는 능동적 동기와 지향성의 중요성을 부각시켰다. 따라서 그의 작업은 비심리학적 의미에서 법사회학에 결정적으로 중요한 문제, 즉 합법성의 정당성 문제를 제기한다. 그는 추상 규범을 연구 대상으로 삼기를 거부하는 대신 구체적인 인간 경험에 주목함으로써 뒤르켐의 사회학적 접근(법을 사회적 연대의 관찰 가능한 지표로 연구하는 방식)과 형식적으로 유사한 전략을 취했다. 다만 뒤르켐과 달리 페트라지츠키는 규범의 실재를 사회적 수준에서 파악하지는 못했다.

페트라지츠키 학파의 세 구성원 곧 티마셰프, 구르비치, 소로킨은 스승의 법에 대한 심리학적 이해를 거부하고 법을 하나의 사회 제도로서 보다 단호하게 사회학적으로 파악하는 개념을 발전시킴으로써 법사회학의 발전을 크게 이끌었다. 티마셰프는 법이 행위 조정을 제공하는 기능적 역할을 강조했다. 구르비치는 변증법적 분석을 통해 개인의 의식 수준에서 벗어나 고유한 실재*sui generis*로서 집단 수준에 주목하는 명백히 사회학적 접근을 제시했다. 소로킨은 법의 기능에 관한 페트라지츠키의 관점을 수용하면서도 사회 변동 속에서 법을 역사적으로 분석했다. 이처럼 페트라지츠키의 작업은 이론적으로는 소극적 모델로 기능했으나, 제도적 측면에서는 법사회학 발전에 중요한 의미를 지닌다.[8]

지적 성과(및 한계)와 무관하게 페트라지츠키 학파가 또 가져온 것은 학파 구성원들이 동유럽 경계를 넘어 이주함으로써 법사회학의 제도 발전을 촉진했다는 점이다. 그러나 이러한 이주 결과는 본질적으로 양면적이었다. 미국에서 티마셰프의 작업은 사회학 내 법 연구의 잘 발달된 전통에 의존할 수 없었기에 그의 작업은 주로 법학에서 수용되고 논의되었다. 나아가 법의 기능과 결과를 분석할 수 있도록 엄격히 구별하는 사회학의 관점에서는 법의 기능과 결과 사이에 제시된 중첩이 왜 발생하는지에 대한 원인 및 그 사이에 존재할 수 있는 불일치를 면밀히 검토하지 않는다는 점에서 그의 연구는 유용성이 떨어진다. 법 규범에 부합하는 행위는 사회학적 관점에서 그것이 바로 그 법 규범 때문이라고 단순히 가정될 수 없다. 구르비치는 생애를 통해 보다 분명히 사회학의 영역에 자리 잡았지만 그의 작업 역

---

8　근대 법사회학에서 페트라지츠키가 이론적 영향력을 거의 미치지 못했다는 점의 한 가지 예외는 폴란드 사회학자 아담 포드고레츠키(Adam Podgórecki)의 작업이다. 그는 페트라지츠키의 작업을 토대로 인문주의적 열망을 지닌 경험주의적 미시 법사회학을 발전시켰다. Podgórecki(1974, 1982, 1999), 또한 Ziegert(1977) 참조.

시 법사회학에 끼친 영향은 상대적으로 적었다. 그는 법사회학에서 지배적인 많은 이론 문제들을 다루었지만, 그의 저작은 극도로 난해하고 명료성이 부족하여 수용에 도움이 되지 못했다. 소로킨의 법 연구는 개념적으로는 페트라지츠키와 동일한 법 관점을 취했지만, 사회 동학의 연구에서 경험적으로 다룸으로써 독창성을 얻었다. 그러나 이러한 경험적 틀 안에서 법 연구는 훨씬 더 복합적인 사회 동학 연구의 작은 요소에 불과했다. 역설적으로 바로 그 뚜렷한 사회학적 성격 탓에 소로킨의 법 연구는 법사회학이 하나의 전문 분야로 발전하는 데 사실상 거의 아무런 영향을 미치지 못했다.

## 결론

사회학의 고전적 저작들 외에도 초기 유럽의 사회사상은 법사회학으로 나아가는 길을 닦은 다른 중요한 발전을 낳았다. 그 가운데 특히 주목되는 것은 레온 페트라지츠키와 그의 제자들인 니콜라스 티마셰프, 조르주 구르비치, 피티림 소로킨의 작업이고, 또한 오이겐 에를리히와 테오도어 가이거 같은 다른 학자들의 작업이다. 페트라지츠키와 그의 제자들의 저술이 지속적인 이론적 영향력을 남기지 못했다는 사실이 보다 성숙한 법사회학을 향한 이론 발전에서 그들의 역사적 역할을 부정하지는 않는다. 초기 유럽 법사회학자들의 작업에서 가장 뚜렷하고 사회학적으로 유용한 공통 주제는 살아 있는 법*living law*과 실정법*positive law*의 구분 및 상호 작용에 대한 초점이었다(Treviño 1998). 이들 학자의 작업이 낳은 핵심 진전은 법 연구에 대한 사회학적 지향이었는데, 이는 법 이론의 형식주의에서 벗어나 법과 연관된 사회적 관계, 사회 속에서 법의 기능적 통제, 법의 준[準]법적 차원에 관심을 집중함으로써 가능했다. 법사회학에서 적합한 분석 수준과 관련하여 심리적 차원에서 사회적 차원으로의 전환을 통해 필수적인 변형이 이루어졌다.

유럽에서 법사회학의 전개는 주로 법에 대한 적합한 분석을 심리적 수준에서 사회적 수준으로 전환하고 법을 사회 제도이자 실천으로 명확히 규정하는 일이었다. 그러나 초기 유럽의 여러 학자들은 법에서 도덕과 정의를 증진하는 데 사회학적 분석이 역할을 할 수 있고 또 해야 한다는 관념을 여전히 붙들고 있었다. 그렇지만 법사회학이 하나의 학문 분야로 제도화되려면 법사회학 연구는 법학적 사유의 경계를 벗어나야 했다. 더 발달한 법학 전통의 완강한 저항 탓에 독립된 법사회학이 성숙에 이르기까지는 상당한 시간이 필요했다. 사실 다음 장에서 살펴보겠지만 미국에서 법사회학의 발전은 유럽보다도 더 많은 복잡성을 겪는다. 대서양 양안에서 법사회학이 상이하게 발전한 것은 법학 교육의 구조와 목표, 그리고 그로부터 법학적·사회학적 관점에서의 법 연구에 미친 함의들과 밀접하게 관련되어 있다.

# 5

# 사회학적 법학에서
# 법사회학으로

법사회학의 발전은 사회학의 역사로만 한정될 수 없고, 특히 사회학적 통찰을 담고 있다고 주장한 법 연구의 역사적 요소들도 고려해야 한다. 이 조건은 특히 미국의 경우에 적용된다. 왜냐하면 유럽 사회학에서 법사회학의 틈새를 개척하려는 최초의 시도가 있었을 당시 미국 사회학에는 이에 상응하는 발전이 전혀 없었고, 법 연구가 사회학적 학문 속에서 거의 이루어지지 않았기 때문이다(예: Gillin 1929; Thomas 1931).[1] 대신, 법사회학의 초기 선구자로서 사회학적 법학sociological jurisprudence이라는 관점이 발전한다. 하버드 법대 교수 파운드Roscoe Pound, 1870~1964에 의해 정립된 사회학적 법학은 법을 한 나라의 발전을 반영하는 것으로 개념

[1] 초기 미국 사회학에서 법 연구가 상대적으로 소홀히 다루어진 것과는 달리 에드윈 서덜랜드(Edwin Sutherland), 소르스텐 셀린(Thorsten Sellin), 로버트 K. 머튼(Robert K. Merton)과 같은 저명한 사회학자들은 범죄와 일탈 행동에 주목했다. 그러나 초기 범죄 사회학의 전개는 주로 법을 중심으로 하지 않았고, 제도화된 법사회학의 발전에서 핵심 위치를 차지하지도 않았다(일부 예외는 있음, 제6장 참조). 오늘날까지도 범죄학과 법사회학의 관계는 학문적 기여라기보다는 제도화된 전문 분야로서 여전히 어렵게 남아 있다. Savelsberg(2002), Savelsberg and Sampson(2002), Silbey(2002), 제6장 및 제11장 참조.

화했던 미국의 저명한 법학자 홈스<sup>Oliver Wendell Holmes, Jr., 1841~1935</sup>의 법사상을 확장한 것이었다. 홈스와 과학적으로 정립된 법학으로의 전환에서 영감을 받은 사회학적 법학은 또한 법현실주의<sup>legal realism</sup> 학파의 길을 열었고, 이는 르웰린<sup>Karl Llewellyn</sup>의 연구에서 가장 체계화되어 그 혜택을 보았다. 미국에서 사회학적 법학과 법현실주의 전통은 유럽에서 페트라지츠키의 작업을 대신해 법사회학의 선구자 중 하나로 자리한다. 그러나 미국의 이러한 초기 학파들은 사회학적 학문이 아니라 법학적 학문에 속했으므로 법사회학이라는 하위 분야를 확립하기 위해서는 사회학 내부의 추가적인 노력이 필요했다. 이와 관련해 미국 사회학은 근대 법사회학의 정점으로서 하버드 사회학자 파슨스<sup>Talcott Parsons, 1902~1979</sup>의 연구에 의지할 수 있었다는 점에서 행운이었다. 파슨스는 자신의 체계 이론적 관점에서 비롯된 동시에 그 누구보다도 근대 사회학의 이론적 담론의 중심으로 만드는 데 기여한 고전 사회학의 위대한 전통과 일치하는 방식으로 법에 대한 사회학적 관점을 발전시켰다. 이 장은 미국의 사회학적 법학 학파에서 그 후계자인 법현실주의, 그리고 파슨스와 그의 일부 추종자들의 관련 작업으로 이어지는 근대 법사회학의 발전을 분석할 것이다.


## 법에서의 사회학적 운동: 미국적 전통

미국 법 연구에서 과학적·사회학적 접근으로의 전환의 결정적 순간은 홈스의 사상에서 발견된다.[2] 남북전쟁에 참전한 뒤 홈스는 하버드 로스쿨에

2  홈스의 가장 중요한 저작으로는 *The Common Law*(Holmes 1881)와 *Harvard Law Review*에 실린 여러 중요 논문들, Holmes(1897, 1899, 1918)이 있다. 홈스의 작업은 사회학적 법학 및 법현실주의와의 관계를 다룬 것을 포함해 매우 방대한 2차 문헌이 축적되어 있다. 예컨대 Alschuler(2000), Burton(2000), Gordon(1992), Treviño(1994) 참조.

서 법학 학위를 받았다. 그는 법조 실무에 종사한 후 하버드에서 법학 교수가 되었고 매사추세츠주 대법원 판사로 재직했다. 1902년부터는 연방 대법원US Supreme Court에서 재직하며 다수의 유명하고 영향력 있는 의견서를 작성했는데, 그중 상당수는 법원 다수 의견에 대한 반대 의견이다.

법에 대한 홈스의 중심 사상은 미국 법사상을 지배했던 법형식주의 교리를 거부하는 데 기초한다. 법형식주의 이론은 법을 그 주변 사회 제도의 다양한 형태와는 독립된, 내적으로 일관되고 논리적인 규칙 체계로 간주한다. 따라서 해석과 적용에서 법관들은 추상적 원리의 연역 체계에만 전적으로 의존하게 된다. 이에 반발하여 홈스는 법을 오로지 그 자체의 용어로만 논의할 수 없다고 주장한다. 그렇게 되면 법은 실제로 그러한지 여부와 상관없이 법이 스스로 증진하려 한다고 이해하는 도덕 및 도덕적 가치들과 혼동되기 때문이다. 법을 실무적으로 이해할 것을 옹호하면서 홈스는 법의 발전이 오직 논리에만 종속된다는 견해를 벗겨 내려 했는데, 실제로는 법적 판단이 법관들의 전제와 선입견에 의해 영향을 받는다는 것이다. "법의 생명은 논리가 아니라 경험이다"라고 홈스(1881: 5)는 썼다. 법형식주의에 반대하여 홈스는 법이 한 나라의 발전을 반영한다고 주장했다. 법이 실제로 무엇을 하는지 규명하려면 법은 법원 판결이 특정한 결과를 산출할지 여부의 예측prediction이라는 측면에서 연구되어야 한다.

법에 대한 직업적 몰두를 반영하여 홈스는 법의 사법적judical 측면을 강조하면서 법관들이 단순히 법전을 찾아 특정 사건에 적용하는 것이 아니라, 그러한 과정에서 사건의 결과를 결정하기 위해 관련 법 원칙과 판례를 선택함으로써 법 형성에 기여한다고 주장한다. 판례는 단순히 주어진 것이 아니라 옳고 그름에 대한 법관들의 관념에 따라 선택된다. 이러한 규범적 관념은 종종 명시되지 않은 채 법관들의 의견에 무의식적으로 영향을 미친다. 논리적이라고 주장되는 법적 판단은 종종 그 구체적 기원이 간과된 단순한 교조적 원리일 뿐이다. 주관적·이념적 편향을 상쇄하기 위해 홈스는 실천적 의도를 지닌 법 이론이 역사적 법 연구와 법이 인간 행동에 미치는 의미와 영향에 대한 계몽된 회의주의에 기초해야 한다고 주장한다. 법이 필요로 하는 것은, 추상적 원리에 기초하지 않고 정확히 측정된 사회적 욕구에 기초하여 구성되어야 하는 법학, 즉 체계적 법 이론이다. 법이 실현하려는 목적은 법적 판단을 내리는 사람들이 명확하게 서술해야 한다. 따라서 홈스는 법관들이 변화하는 사회의 관련 사실들, 즉 사회 구성원들의 감정과 정서, 그리고 과학적 연구에서 얻어진 통찰들을 살펴야 한다고 주장하면서 법형식주의를 반대했다.

홈스의 사법 이론은 미국의 사회학적 법학과 법현실주의 전통을 형성하는 데 커다란 역할을 했다. 사회학적 법학이라는 관점은 파운드[3]에 의해 체계적으로 발전된다. 그는 식물학을 전공했고 법학에서는 최소한의 정규 교육만을 받았지만, 결국 네브래스카대학교와 하버드대학교 법학전문대학원의 교수이자 학장으로 긴 학문적 경력을 누렸다. 파운드는 법학적 관점의 발전에서 새로운 단계를 지칭하기 위해 사회학적 법학*sociological jurisprudence*이라는 용어를 만들었다. 20세기 초에 이 학파를 제시했을 당시 그것이 의존한 사회학은 여전히 비교적 젊은 학문이었기에 파운드는 이를 아직 형성 단계에 있다고 보았다.

일반적으로 사회학적 법학은 법이 성립하고 작동하는 사회적 사실을

---

3  파운드의 가장 중요한 저서로는 *Law and Morals*(Pound 1926), *Social Control Through Law*(Pound 1942)와 5권으로 된 *Jurisprudence*(Pound 1959)가 있다. 그의 Pound(1907, 1910, 1912, 1923, 1927, 1928, 1932) 등 다수 논문은 사회학적 법학의 관점을 직접적으로 다루며, 그 관점과 법현실주의(Pound 1931) 및 법사회학(Pound 1943, 1945)과의 관련을 논의한다. 파운드의 사회학적 법학 관점과 사회학과의 관련성에 대한 유용한 논의로는 Braybooke(1961), Cossio(1952), Cowan(1968), Hoogvelt(1984), N. E. H. Hull(1997), McLean(1992), Stone(1965), White(1972), Wigdor(1974)를 보라.

고려하는 법 연구, 즉 법의 실제 작동과 그 원인·결과를 탐구하는 것을 말한다. 파운드에 따르면 사회학적 법학은 여섯 가지 프로그램적 지침으로 구체화된다. ① 법의 실제 사회적 효과를 연구한다. ② 적절한 입법을 준비하기 위해 법의 효과에 주목한다. ③ 법 집행 기능을 고려하여 법 규칙을 더욱 효과적으로 만드는 것을 추구한다. ④ 법의 사회적 효과를 역사적으로 고찰한다. ⑤ 모든 사안에서 공평한 법 적용에 기여한다. ⑥ 사회 통제의 관점에서 법의 궁극적 목적을 발전시키는 것을 목표로 한다.

따라서 사회학적 법학의 강조점은 법학 내적 이론이나 법리 자체가 아니라 법의 실제 작동에 있다. 파운드는 이러한 관점 차이를 유명한 '실제 작동하는 법*law in action*'과 '문헌으로서의 법*law in the books*'의 구분으로 표현한다. 그는 실제 작동하는 법과 문헌으로서의 법 사이의 분화가 사회 조건에 비해 법의 일반적 지체, 사회과학의 진보를 고려하지 않은 법사상의 실패, 입법의 경직성, 그리고 법 집행의 결함에서 비롯되었다고 주장했다. 사회학적 법학의 관점에서 법적 결정은 그것이 가져오는 효과와 그것이 사회·경제·정치 발전 맥락 속에서 발생하는 조건들을 탐구해야 한다. 법 원리에 기초한 폐쇄적이고 자족적인 법학을 구축하기보다 사회학적 법학은 법이 변화하는 사회적 조건에 적절히 대응하도록 어떻게 조정되어야 하는지를 연구하려고 한다. 따라서 법은 목적을 위한 수단으로 이해된다.

법의 목적과 관련하여 파운드는 법을 정치적으로 조직된 사회에서 사람들의 개인적 또는 집단적 충족을 추구하는 권리, 요구, 욕구의 실현을 기준으로 한 인간관계의 질서화로 정의되는 사회 통제의 한 형태로 주장했다. 법은 사회 통제의 유일한 수단이 아니며(파운드는 종교와 도덕도 언급한다) 20세기 초라는 근대적 맥락에서는 다른 모든 사회 통제 수단이 법에 종속된다. 파운드는 이렇게 썼다. "오늘날, 법질서는 가장 두드러지고 가장 효과적인 사회 통제의 형태다"(Pound 1923: 356). 파운드는 법의 목적을 사회 이익 이론을 통해 보다 구체적으로 파악하고, 이를 ① 신체의 안전과 국민 건강 같은 일반적 안전, ② 정치·경제·종교 영역의 제도와 같은 제도의 안전, ③ 도덕적 행동 기준, ④ 사회 자원의 보존, ⑤ 경제적·정치적 진보, ⑥개인의 삶과 권리라는 여섯 범주로 구분했다. 사회 통제의 수단으로서 법은 사회 이익에 구체적 표현을 부여하고 이해관계가 충돌할 때 화해의 방안을 제시해야 한다. 이런 의미에서 사법 결정은 사회 공학의 한 형태로서 사회 질서의 유지에 기여한다. 주목할 점은 파운드의 이해에서 개인적 권리는 법이 충족해야 하는 사회 이익 가운데 단지 하나의 요소일 뿐이라는 점이다. 따라서 이는 미국 법과 법학을 지배해 온 권리와 의무에 관한 개인주의적 개념을 넘어서는 것이다.

법을 사회 통제로 보는 파운드의 구상은 그의 시대 미국 사회학의 사조들과 연결된다. 사회학적 법학의 형성을 향한 역사적 전개와 관련하여 파운드는 콩트$^{Auguste Comte}$의 실증주의적 사회철학을 가장 본질적이라고 여겼다. 파운드가 자신의 저작에서 간헐적으로 언급한 다른 초기 사회학자들로는 스펜서, 뒤르켐, 베버가 있다. 그러나 사회학적 법학의 체계적 관점에서 그는 뚜렷하게 미국 전통에 속한 사회학자들에게 의존했는데, 특히 사회 문제와 정의$^{justice}$의 사회학 문제들에 초점을 맞춘 연구로 파운드에게 영향을 준 워드$^{Lester Ward}$, 그리고 사회 통제의 체계사회학 이론을 발전시킨 로스$^{Edward Alsworth Ross}$가 그렇다. 로스의 사회 통제 관점은 파운드의 작업에 가장 뚜렷하게 영향을 미친 사회학적 통찰 중 하나라는 점에서 주목할 가치가 있다.

로스는 20세기 초 몇 년 간 네브래스카대학교에서 파운드와 동료로 있었는데, 그의 가장 잘 알려진 업적은 일련의 학술 논문에서 발전시킨 후 저서로 출판된 『사회 통제*Social Control*』(1901)에 담긴 사회 통제 이론이다. 사회 통제는 사회가 무력을 사용하지 않고 스스로를 규제할 수 있는 능력을 뜻하는 것으로 폭넓게 개념화되었고, 개인들 사이에 존재하는 다양한 이익과 활동을 조화시키기 위한 사회의 지배·우위 형태로서 강제적 통제와 대비된다. 사회의 지속적 기능으로서 사회 통제는 교육, 예술, 신념, 여론, 종교, 관습, 법과 같은 다양한 사회 제도의 작용을 통해 확보된다. 법의 사회 통제 기능과 관련하여 로스(1896)는 주로 처벌 체계를 기반으로 한 법의 집행 능력을 다룬다. 법적 제재는 사회 전체를 향해 공개적이고 의례적인 방식으로 특정 행위에 대한 불승인을 보여 줌으로써 공동체의 모든 구성원이 법을 공동체의 의지로 받아들이도록 하는 기능을 한다. 그러나 합법성만으로는 사회 통제에 충분하지 않고, 용납할 수 없는 행위에 대한 사회 전체의 제재로서 여론이 보완되어야 한다. 로스의 개념과 조화를 이루며 파운드가 채택한 사회 통제 관점은 법의 기능을 사회 통합을 보장하는 것으로 이해하는 것이다. 다시 말해, 파운드의 표현을 빌리면 "사회 질서의 전체 체계"를 보장하는 일이다(Pound 1927: 326). 이러한 사회 통제 개념은 범죄와 일탈과 관련된 오늘날의 통상적 용례보다 훨씬 더 포괄적이며 혼동해서는 안 된다(11장 참조).

사회학적 법학의 맥락에서 미국 법현실주의의 관점은 별도로 다룰 가치가 있다. 그것은 법형식주의에 대한 또 하나의 중요한 반발의 표현일 뿐 아니라 법 연구에 관한 중요한 지적 논쟁을 촉발시켰기 때문이다. 그 논쟁의 많은 요소들은 오늘날까지도 법사상과 법사회학에 영향력을 유지한다. 사회학적 법학의 역사에서 가장 중심적이고 흥미로운 법현실주의 대표자는 르웰린**Karl Llewellyn, 1893~1962**이다.[4] 그는 예일대학교에서 법학을 전공하고

4  르웰린은 법현실주의에 관해 Llewellyn(1930, 1931, 1949) 등 여러 중요한 이론 논문을 발표했고, 그중 상당수는 사후에 출간된 *Jurisprudence*(Llewellyn 1962)에 수록되었다. 개관으로는 N. E. H. Hull(1997),

컬럼비아와 시카고에서 법학 교수로 재직했다. 섬너**William Graham Sumner**의 사회학에 영향을 받은 르웰린의 작업은 법을 사회 제도로 분석해야 한다는 전제에 기초하여 법형식주의를 비판하는 것이었다. 보다 구체적으로 르웰린은 법이 일상적 상황과 구체적 사례에서 어떻게 작동하는지를 연구하는 데 관심을 가졌다. 르웰린에 따르면 이러한 민속지적 지향은 법을 규칙, 법률 원칙, 권리라는 측면에서 추상적으로 논의하는 모든 형태의 법형식주의와의 단절을 의미한다.

르웰린은 법의 대상으로서의 이익 개념과 법이 사법 결정을 통해 인간 행위를 지배한다는 가정을 거부했다. 르웰린에게서 핵심 질문은 언제나 규정된 법과 실제 관행으로서의 법이 과연 일치하는지, 그렇다면 언제, 그리고 어느 정도까지 일치하는가의 문제다. 이 점에서 그는 기본적으로 회의적 입장을 취하는데, (인간 행위 규제자로서의)규칙에 기초한 전통적 관점이 이끌어 내는 결론보다 법의 작동과 행태에는 예측 가능성이 훨씬 적다고 보았기 때문이다. 요컨대 경험 연구 없이는 법의 효과에 대해 어떠한 일반화도 가능하지 않다는 것이 르웰린의 주장이다.

르웰린은 법의 행태적 차원에 초점을 둔 사실적·기술적 접근을 제안했다. 따라서 그는 법학 교리에서 사용되는 소위 '종이 위의 규칙과 권리**paper rules and rights**'와 행태적 측면에서 파악되는 '실제 규칙과 권리**real rules and rights**'를 구별한다. 실제 규칙은 법원이 따르는 실제 관행을 뜻하고, 실제 권리는 특정 상황에서 특정한 법원 조치가 적용될 개연성을 가리킨다. 초점은 법관들의 행위뿐 아니라 국가 공무원, 그리고 법에 연루된 모든 일반 시민들의 행위에도 놓인다. 이렇게 제한된 구체적 사례 연구에 기초할 때, 법현실

---

Twining(1985), White(1972)를 보라. 르웰린의 가장 유명한 경험 연구는 *The Cheyenne Way*(Llewellyn & Hoebel 1941)로, 샤이엔(족) 사이의 분쟁 해결을 다루며 법인류학의 발전에 기여했다. Mehrotra(2001 참조).

주의적 분석은 결국 법 개혁에도 유용하게 기여할 수 있다.

## 법사회학의 법적 기원

사회학적 법학과 법현실주의는 모두 홈스의 연구와 사회과학의 부상에 지적 빚을 지고 있지만, 두 관점의 야망과 이론적 지향은 각 대표자인 파운드와 르웰린 사이의 치열한 논쟁 주제가 되었다.[5] 파운드(1931)는 법현실주의 접근이 법에 대한 단순한 기술적 연구에 머물러 법학의 기초를 형성할 수 없다고 비판하면서 이 논쟁을 시작했다. 그는 법현실주의의 목표, 즉 법을 상상된 것이 아니라 실제 있는 그대로 연구하는 것은 유용하지만 불충분하다고 보았다. 파운드(1931: 700)는 "법원과 입법자, 법학자들이 하는 일을 충실히 묘사하는 것만이 법학의 전부는 아니다"라고 주장하면서, 법이 하는 일은 사회 통제의 도구로서 마땅히 해야 하는 일과 분리될 수 없다고 강조했다. 이런 넓은 이해가 결여되어 연구가 지나치게 제한된 결과, 법현실주의자들은 기술적 연구가 제공하는 수치에 집착하게 된다. 법현실주의는 법관 행동의 심리에만 전적으로 의존하고, 사회적 차원에서의 통일성보다는 단일한 법 사례를 분석하는 데 몰두한다는 점에서 환원주의적이다.

이에 대해 르웰린(1931)은 현실주의 운동의 원리를 명확히 했다. 그는 법현실주의가 법을 유동적인 것으로 보고, 법은 (구체적 사례에서)그것이 충족하는 목적의 측면에서 검토되어야 한다고 주장했다. 나아가 법현실주의는 법의 작동을 끊임없이 검토하며, 규칙에 대한 논의가 법이 실제로 무엇을 하는지를 기술하는 구체적 분석을 대체할 수 있다고 가정하지 않는다.

5　법현실주의에 대한 파운드(1931)의 비판과 르웰린(1931)의 응답을 보라. 또한 N. E. H. Hull(1997), Ingersoll(1981), White(1972)의 논의도 참조하라.

법현실주의 연구는 규칙에 집중하는 모든 법 이론을 불신하고, 대신 좁게 한정된 사례 집합에 기초한 법 연구 프로그램을 개발한다. 이러한 과정에서 법현실주의는 사실(of is)의 문제와 당위(of ought)의 문제를 잠정적으로 분리한다. 법현실주의는 오로지 법 참여자들의 행위라는 측면에서 존재하는 법에만 집중하고, 법이 마땅히 무엇을 해야 하는지에 대한 판단은 보류한다. 마찬가지로 연구자의 법의 당위 문제에 대한 입장은 분석에서 배제한다.

파운드와 르웰린 간의 논쟁은 오늘날까지도 법학과 법사회학을 특징지어 온 중요한 쟁점을 보여 준다. 이는 법과 그 연구에서 가치와 도덕의 역할과 관련된 문제다. 르웰린의 법현실주의는 법을 정의*justice*로 이해하는 개념과 완전히 결별하고, 대신 법을 정확히 연구하기 위한 방법론 개발에 주된 관심을 돌렸다. 이 접근에서 법현실주의는 철저히 객관주의적 태도를 취하여 법의 기능성과 도덕적 함의에 대한 선입견 없이 법 참여자들의 실제 행위를 연구했다. 또한 행동주의적 접근을 채택하여 법적 행위자들의 행위를 포함한 법의 상호 작용적 맥락을 분석하는 데 초점을 맞췄다. 이에 반해, 사회학적 법학 전통은 사회과학의 통찰을 활용하여 정의*justice*와 관련된 정책 문제를 진전시키려는 법 연구적 관점이다. 파운드의 사회학적 법학은 주로 법의 규제 체제를 개선하려는 탐구에서 비롯한다. 법의 사회 통제 기능에 대한 파운드의 강조는 단순한 학문적 관심의 표현이 아니라, 특정한 사회 조건에서 법이 어떻게 이해되어야 하는가에 대한 통찰적 관점을 발전시키려는 실용주의 법철학에서 나온다. 파운드가 보기에 당시 그의 시대에 매우 심각했던 '문헌으로서의 법*law in the books*'과 '실제 작동하는 법*law in action*'의 차이는 사회학적 법학에서 도출된 통찰을 법에 구현함으로써 극복될 수 있었다.

　　법의 규범성 문제는 뒤르켐 이래로 법사회학의 일부였고, 이후에도 계속 법사회학 연구의 한 부분으로 남아 있다. 이 문제는 법사회학이 보다 널리 받아들여진 하위 전공으로 제도화되자마자 제기된 과학적 법사회학의 가능성 논쟁에서 가장 첨예하게 드러난다(6장에서 논의). 이 문제는 또한 법의 기능성과 법을 사회 통제로 개념화하는 관점이라는 측면에서 한층 직접으로 드러난다. 이러한 관점은 구조 기능주의의 관점에서 핵심 의미를 지닌다. 이 점에서, 이 문제가 처음 발생한 미국의 사회학적 법학과 법현실주의 전통 및 그것들이 등장한 맥락을 상기할 필요가 있다. 지적으로는 제임스William James와 듀이John Dewey 같은 이들에 의해 대중화된 미국 실용주의 철학의 영향이 드러난다. 사유에서의 연역주의와 형식주의를 거부한 실용주의는 개념이 안정된 의미를 가질 수 있거나 참될 수 있다는 견해를 거부하고, 오히려 특정 맥락에서 개념의 수용이 실제 행동에서 산출하는 결과를 근거로 의미와 진리를 부여한다. 실용주의는 법의 작동 현실로 향하는 전환에서 사회학적 법학과 법현실주의 모두에 영향을 주었다.

　　그러나 법현실주의는 법의 목적에 대한 일반화된 선언에 회의주의적 관점을 취하는 반면, 사회학적 법학은 법 연구가 법의 효율성 향상에 어떻게 기여할 수 있는지를 숙고하는 도덕주의적 전환을 취한다. 후자의 지향은 또한 당시 지배적이던 미국 사회학의 형태에 지적으로 빚지고 있다. 초기 미국 사회학은 사회 병폐의 개선을 지향하는 실천적 지향에서 비롯되고, (유럽과 달리)학문적 전당에서 발전한 엄격히 지적 활동이 아니었다. 예컨대 로스가 도입한 사회 통제 개념은 도시화, 빈곤, 알콜 중독, 성매매 등 사회의 근대화가 초래한 사회 문제의 맥락에서 명시적으로 작동했다.

　　미국의 사회 통제로서의 법 개념에 뿌리박은 도덕적 헌신은 뒤르켐의 사회 통합 개념, 그리고 페트라지츠키의 사회 질서를 가져오는 수단으로서의 법에 대한 주목과 조화를 이룬다. 그럼에도 미국이 실용적이고 전문적인 열망에서 주로 성장한 것과 달리, 유럽의 사회학 및 법 연구는 훨씬 더 이론적이고 학문적 토대 위에 세워졌다. 사회학의 경우 이러한 차이는 유럽 학계와 미국의 자유주의 개혁 운동이라는 상이한 학문적 기원에서 비롯되었고, 법 연구의 경우에는 유럽과 미국의 법제도 자체의 차이, 즉 유럽의 학문적 법학 교육 전통과 미국의 직업적 법률 훈련 전통(9장에서 논의) 맥락에서 위치시킬 수 있다. 따라서 사회학적 법학이 아니라 법사회학으로의 이론 발전은 미국보다 유럽에서 훨씬 더 빨리 일어났다. 물론 유럽에서 법사회학의 제도화는 볼셰비키 혁명(그리고 페트라지츠키 학파의 해산)과 제2차 세계대전, 그리고 그로부터 이어진 국제적 균형 변화에 의해 저해되었다.

미국에서 법사회학의 발전을 가로막은 장애물은 주로 학문적 성격을 띠었다. 사회학적 법학 전통이 법 연구에서 매우 강력한 지위를 차지한 탓에, 독립적인 법사회학의 발전이 초기에 억제되었던 것이다. 유럽에서 그 무렵 이미 등장한 법사회학 역시 다른 사회학자들에 의해 논의되기보다는 사회학적 법학 학자들에 의해 대부분 흡수되었다. 그러나 사회학적 법학이 성공을 거두었더라도 법학이 사회학이 아니라는 사실은 부인할 수 없다. 비록 이 구분은 2차 문헌에서 항상 세심하게 유지되거나 인식된 것은 아니지만 말이다(Cossio 1952, Cotterrell 1975, Zeigert 1999). 사회학적 법학과 법현실주의의 아이디어가 법조인의 관점에서는 직관에 반하고 지금도 그러하더라도 그것들은 여전히 법 이론의 아이디어로 남아 있었을 뿐 사회학적으로 발전하지는 않았다.

흥미롭게도 사회학적 법학과 법사회학 사이의 학문적 차이는 파운드에 의해 명확히 인식되고 존중되었다. 파운드는 「법사회학과 사회학적 법학」(1943)이라는 흥미로운 글에서, 법사회학은 사회학 내부에서 법으로 향하는 방식으로 전개되는 반면 사회학적 법학은 법 내부에서, 특히 홈스의 연구에 기초하여 사회학의 통찰을 활용하는 법학의 한 형태라고 지적한다. 파운드는 이러한 관점의 차이가 사회학과 법학의 각기 다른 목적에서 비롯된다고 보았다. 사회학은 주로 이론적·연구 지향적인 반면, 법학은 법 문제 해결에 기여하는 실천 지향적 성격을 지닌다. 파운드는 사회학적 법학이 법학으로부터는 법의 형식 체계와 법학 교리에서 벗어났다는 이유로, 사회학으로부터는 실천적 지향과 가치 판단의 형성에 관여한다는 이유로 수용상의 어려움에 직면한다고 주장했다.

미국에서 법사회학의 발전을 가능하게 하려면 다음 두 가지 조건 가운데 하나 또는 둘 다가 필요했다. 첫째, 유럽 학파의 법사회학을 사회학 전반에서 수용하거나, 둘째, 사회학 내부에서 법을 향한 사회학 연구로의 전환이다. 다음 절과 6장에서 보이듯이 실제로는 두 번째 조건이 법사회학의 발전과 그 제도적 하위 분과로서의 제도화를 촉진했다.

## 고전 사회학의 현대화: 파슨스

미국 사회학자인 탈콧 파슨스의 기여를 간과하면 근대 사회학의 역사 현실을 부정하는 일이 될 수 있다. 파슨스의 작업은 사회학 역사에서 이론적·제도적 측면 모두에서 충분히 중요한 의미를 가지는데, 무엇보다도 제2차 세계대전 이후 수십 년 간 지배적 지위를 차지한 구조 기능주의 학파의 발전을 이끌었기 때문이다. 또한 근대 사회학의 성립에서 파슨스의 작업이 중심이었다는 점은, 그 이상은 아니라 할지라도 마찬가지로 중요하다. 오늘날의 사회학적 학문 활동이 고전 사회학자들, 특히 베버와 뒤르켐과의 관계 속에서 자기 위치를 설정하게 된 것은 주로 그의 노력 덕분이다. 나아가 파슨스와 다른 구조 기능주의 대표들의 작업 덕분에 새로운 세대의 사회학자들은 지배적 기능주의 관점의 전제와 방향으로부터, 때로는 급진적으로 벗어나는 대안적 아이디어를 형성할 수 있게 되었다. 이러한 이유로 법사회학을 포함한 근대 사회학 발전의 결정적 전환은 파슨스의 작업에서 발견된다. 이러한 발전의 의의는 단지 고전들의 수용과 사회학에서의 이론적 다원주의의 출현을 통해 간접적으로 드러나는 데 그치지 않고, 파슨스와 그의 일부 추종자들이 전개한 법사회학에 대한 직접적 기여에도 기반한다.

앰허스트 칼리지에서 학부 과정을 마친 파슨스는 애초에 의학 분야의 진로를 고려했다.[6] 그러나 대학 시절 그의 관심은 사회과학과 경제학으로 향했고, 1924년 런던정치경제대학교에서 대학원 과정을 시작하여 1년 뒤 독일 하이델베르크대학교로 옮겼다. 파슨스는 1927년 하이델베르크에서 경제학 박사 학위를 취득했고, 그 무렵 앰허스트에서 1년간 조교수로 강의했다. 이후 그는 하버드대학교에서 경제학 강사로 재직하다 1931년 소로킨이 새로 설립한 사회학과로 옮겼다. 파슨스는 처음에는 승진이 더뎠지만, 주요 이론 저작들을 발표하며 명성을 확립하면서 당대 가장 지배적인 사회학자가 되었다.

파슨스의 사회학 발전에는 크게 세 가지 노선이 있다. ① 행위 이론적 관점의 정식화, ② 사회 체계 이론의 정교화, ③ 진화론적 성격이 강한 보다 경험 지향적인 최종 단계가 그것이다. 특히 파슨스 사상의 중기가 법사회학에 가장 중요한 기여를 낳았다. 초기 작업을 잠시 살펴보면, 유럽 유학 시절 파슨스는 수많은 저명한 유럽 학자들의 영향을 받았다. 런던정치경제대

---

6 여기서 파슨스의 주요 이론적 사상 전개는 그의 주요 저작들인 『사회적 행위의 구조(*The Structure of Social Action*)』(1937), 『사회 체계(*The Social System*)』(1951), 그리고 두 권의 유용한 논문집 Parsons(1967, 1977a)에 기초한다. 파슨스 사상에 대한 유익한 해설로는 Alexander(1983)를 보라.

학교에서 활동하던 기능주의 인류학자 브로니스와프 말리노프스키, 하이델베르크에 도착하기 몇 해 전에 세상을 떠난 막스 베버, 프랑스 사회학 학파의 창시자 에밀 뒤르켐, 영향력 있는 영국 경제학자 알프레드 마셜, 그리고 사회학 발전에도 영향을 미친 이탈리아 경제학자 빌프레도 파레토 등이 그들이다. 이들 학자들은 당시 미국 사회학자들에게 완전히 생소한 인물들은 아니었지만, 번역의 한계와 앞서 언급한 것처럼 미국 사회학이 이론보다는 사회 문제 연구에 초점을 맞췄던 이유 탓에 오늘날 사회학에서 고전으로 자리매김하지는 못했다.

1937년, 파슨스는 『사회적 행위의 구조*The Structure of Social Action*』(1937)를 출간하며 사회학의 지형을 영원히 바꾸었다. 이 책은 인간 행위가 수단과 목표 사이의 의미 있는 연계라는 (베버적)전제에 기초한 자발주의적 행위 이론을 제시한다. 파슨스는 또한 그러한 자발주의적 이론의 발전이 베버, 뒤르켐, 마셜, 파레토 등 주요 사회 이론가들의 작업 속에서 관찰된다고 주장했다. 이른바 '수렴 논제*convergence thesis*'의 개요는 생략하더라도, 여기서 파슨스가 다양한 고전 학자들의 작업을 토대로 이론적 관점을 발전시키려고 했다는 점이 중요하다. 이러한 접근은 오늘날에도 광범위하게 실천되고 있으며, 더 적절하거나 덜 적절한 형태를 막론하고 사실상 사회학 이론화 작업과 동일하다. 실질적으로 파슨스의 자발주의적 행위 이론은 인간 행위가 의미를 지니며, 행위자의 동기에 입각한 비실증주의적 관점에서 접근해야 한다고 본다. 그러나 단순한 사회 심리학을 넘어, 파슨스는 사회적 차원에서 인간 행위의 목적에는 변동의 한계가 있다고 주장한다. 왜냐하면 인간 행위는 궁극적 목적 또는 가치의 공통 체계를 중심으로 조직되기 때문이다. 홉스가 말한 만인에 대한 만인의 투쟁 상태를 피하기 위해 인간 행위는 사회화 과정을 통해 공통의 가치 체계 수준에서 조직된다. 그러한 가치 체계에 대한 준수를 보장하기 위해 사회 규범이 작동하여 행위를 규제하거나 통제한다. 파슨스 사상의 발전에서, 행위에 대한 초점은 점차 규범적 통합이 어떻게 확보되는가라는 체계의 준거 틀로 확고히 이동했다.

파슨스의 체계 이론은 사회가 특히 개인주의의 성장 속에서 어떻게 통합을 확보할 수 있는지를 밝히는 분석적 관점을 제공한다. 일반적으로 파슨스는 체계 개념을 상호 관련된 부분들로 이루어진 전체로 정의하고, 이 부분들은 상호간 또는 전체의 유지와 관련하여 특정 기능을 수행한다. 그는 체계의 기능을 적응, 목표 달성, 통합, 잠재 유형으로 규정하면서, 근대 사회에서는 각각 특정 기능을 수행하기 위해 네 가지 비교적 자율적인 하위 체계 즉, 경제 체계, 정치 체계, 사회 공동체, 그리고 신뢰(가치) 체계가 분화했다고 본다. 사회 체계와 그 다양한 하위 체계는 개방 체계로 이해되며, 다양한 상징 매체를 통해 상호 교환의 이중 과정에 참여한다. 사회 체계의 경우, 경제 하위 체계에서는 화폐, 정치에서는 권력, 사회 공동체에서는 규범적 영향, 신뢰 하위 체계에서는 가치 헌신이 그 매개 역할을 한다.

이 책의 맥락에서 파슨스 사상의 많은 이론적 복잡성(및 문제점)이 반드시 논의될 필요가 없고, 법체계에 대한 그의 분석 차원에서 파슨스 이론을 보다 덜 추상적으로 설명하는 것으로 대체될 수 있다. 실제로 가족, 종교, 의료, 전문직, 정치와 같은 사회 제도에 대한 분석 외에도 파슨스는 근대 사회에서 법체계의 역할에 상당한 관심을 명시적으로 기울였다.[7] 무엇보다 파슨스는 법체계를 근대 사회 공동체의 중심 요소로서 통합 기능의 관점

7 파슨스의 법체계에 관한 견해는 네 편의 논문 Parsons(1954, 1962a, 1968, 1978)과 두 편의 관련 서평 Parsons(1962b, 1977b)에서 명확하게 제시된다. 또한 파슨스는 윈스턴 화이트(Winston White), 리온 메이휴(Leon Mayhew)와 함께, "미국 사회에서 법체계의 위치를 상당히 폭넓게 다루는"(Parsons 1962a: 56) 책을 집필하기도 했으나, 이 책은 결국 출간되지 않았다. 더구나 그 책은 파슨스가 1970년대 내내 집필을 진행했던 미국의 사회 공동체에 관한 저작(초고를 바탕으로 최근 간행됨. Parsons 2007)과도 유사성이 거의 없다. 관련 논의로는 Damm(1976), De Espinosa(1980), Deflem(1998a), Cotterrell(1992: 81–91), Rocher(1989), Wilkinson(1981)을 보라.

에서 이해했다. 그는 법을 "특정 집합체에서 특정 역할을 수행하는 사람들에게 책무를 부과하는 비교적 형식화되고 통합된 규칙의 집합체"로 정의한다(Parsons 1959: 184). 기능주의 체계 접근의 분석적 가치를 보이면서, 파슨스는 법의 주요 통합 기능과 네 가지 기능 도식 속에서 다른 분화된 하위 체계들과의 관계를 분석했다.

경제 체계와의 분화에 관해 파슨스는 법체계가 자본주의의 확장과 함께 나타나는 사적 이익에 기초하여 적절히 개념화될 수 없다고 주장했다. 마르크스주의적 해석과 달리 그는 이윤 동기가 사회의 모든 영역을 지배한다고 가정할 수 없고, 법적 과정도 단순히 이윤 극대화라는 공리주의적 용어로 분석될 수 없다고 강조했다. 오히려 법체계는 서로 균형을 이루어야 하는 다양한 이해관계들을 조정하는 수단이라는 점에서 경제 체계로부터 상대적 자율성을 유지한다.

정치 체계와의 관계에서도 법은 상대적 자율성을 유지한다. 입법 기능은 정부의 입법 활동 형태로 정치 체계에 위임되지만, 다른 법적 기능은 전적으로 법체계에 의해 심리된다. 특히 법 규범의 해석과 제재는 법원과 집행 기관에 의해 수행된다. 정치 체계는 또한 권력 분립과 자기 결정권의 보장을 법적으로 준수한다. 법의 정치화, 즉 정부의 정치적 목적으로 법을 도구화하는 것은 특히 민주적으로 조직되지 않은 사회에서는 경험적으로 가능하지만, 이론적으로 필연적이지는 않다.

파슨스는 무엇보다 법을 사회 체계의 공동체 맥락 속에서 사회 통제의 메커니즘으로 본다. 법체계는 구체적으로 다음과 같은 기능을 수행한다. ① 법원의 법 해석, ② 행정 및 사법 결정에 의한 법 적용, ③ 집행 기관에 의한 법 제재, ④ 법규가 언제 어디서 적용되는지를 결정하는 관할권 규정. 법의 통합 기능에는 두 가지 차원이 있는데, 법은 사회 구성원들 간의 상호 작용을 규제(사회적 통합*social integration*)할 뿐 아니라, 사회의 제도적 구조와 하위 체계 간의 교환도 규제한다(사회의 통합*societal integration*). 법의 통합 기능과 관련하여 파슨스는 법조계에 특별한 주의를 기울였다. 법조계의 특수한 중요성은 법률 전문가들이 입법 과정에서 설정된 조건하에 특정 사례에서 법 규범을 해석함으로써 법체계 내의 행위를 조정한다는 사실에서 비롯된다.

마지막으로 파슨스는 법을 신뢰 체계와 관련지어 사회의 가치가 '법체계의 준헌법적 층위'를 제공한다고 보았다(Parsons 1978: 48). 근대 사회에서 종교적 법률들이 권리와 의무의 제도화를 통해 참여의 평등성을 정당화하는 일반 원칙들의 형태로 정식화된 절차적 법적 요건으로 세속화되었다는 사실은 파슨스에게 특히 중요하다. 특히 미국에서 프로테스탄트 윤리와 그에 수반된 자유로운 탐구에 대한 강조는 미국의 판례법 전통을 크게 형성해 왔으며, 각 개별 재판 사례의 특수성을 중시하고 많은 법률들이 지니는 개인주의적 성격을 설명해 준다. 파슨스(1978: 49)는 "법의 발전을 경제 활동과 과학에서의 소명에 대한 헌신의 발전과 함께 다루는 것이 정당화될 만큼 청교도적 영향은 충분히 중요했다"고 썼다.


## 구조 기능주의의 유산

파슨스의 작업이 그의 시대에 광범위한 영향을 끼쳤던 만큼 법에 대한 그의 사회학적 접근은 실제로 파슨스 전통에 서 있는 법사회학자들의 학파를 형성할 수 있었다. 여기에는 브레데마이어**Harry Bredemeier**, 메이휴**Leon Mayhew**, 에반**William Evan** 등이 포함된다. 이들 학자들의 연구는 법을 사회 통제의 메커니즘이자 사회의 다른 하위 체계들과의 교환을 매개하는 기능적 과정으로 개념화하려는 이론적 시도를 담고 있다. 또한 그들의 작업은 파슨스의 연구보다 법과 관련된 문제와 긴장을 보다 명시적으로 다룬다(Bredemeier 1962, Davis 1962, Davis et al. 1962, Evan 1960, 1961, 1965, Mayhew 1968b, 1968c, 1971). 나아가 이들 사회학자들은 특정 법률의 시행과 정당성 문제(Evan 1959, 1962b, Evan & Levin 1966, Mayhew 1968a)와 같은 구체적인 법적 사례에서 구조 기능주의적 틀로부터 도출된 다양한 명제를 경험적으로 검증하기도 했다.

다만 파슨스 학파의 학자들 가운데 상당수가 법사회학 연구에 관여했음에도 그들의 영향은 이후 법사회학 발전에 상대적으로 미미했다. 이는 1960년대 이후 파슨스의 지배적 위치가 쇠퇴했을 뿐 아니라, 파슨스 학파 학자들이 법사회학의 전문 분야에서 지속적 영향을 남길 만큼 깊이 관여하지 못했던 탓이다. 법사회학 영역에서 가장 야심 차고 일관된 연구를 남긴 것은 윌리엄 에반의 작업이었지만, 그의 연구도 1990년에야 체계적으로 제시되었고, 이때는 이미 법사회학이 기능주의적 패러다임을 훨씬 넘어선 시점이기도 했다(Evan 1990).

그러나 파슨스가 법사회학에 끼친 영향은 직접적 추종자들의 기여를 넘어선다. 기능주의 법사회학자들의 연구를 넘어 파슨스의 법사회학은 사회학 학문 자체의 발전 과정에서 그의 연구가 수용되고 영향을 미치며 더욱 지속적으로 드러난다. 이 점에서 파슨스 사상이 오늘날 사회학 이론의 여러 흐름에, 때로는 기능주의적 접근의 대안으로 직접적으로 반응하며 형성된 다양한 이론 학파에 지속적·간접적으로 긍정적인 영향을 미쳤음을 주목할 필요가 있다. 이러한 파슨스의 유산은 필연적으로 법사회학에도 영향을 주었다. 이 맥락에서 법사회학에서의 상호작용주의와 갈등 이론적 관점의 발전은 파슨스에 대한 반응으로 이해될 수 있고(6장에서 논의), 법사회학에서 베버와 뒤르켐에 관한 지속적 논의 역시 파슨스에게 빚지고 있다.

파슨스는 자신의 사회학과 그 속에 통합된 고전 사회학자들의 핵심 사상을 바탕으로 법사회학을 발전시켰다. 특히 두드러진 것은 통합에 대한 뒤르켐적 관심과, 합리화된 사회에서 근대 법의 특정한 형식 및 그 역할에 대한 베버적 집착이었다. 그러나 파슨스는 또한 법 연구로부터 얻은 통찰에도 영향을 받아 법에 관한 사회학적 관점을 발전시켰다. 그는 파운드의 연구를 어느 정도 알고 있었고, 1930년대 하버드에서 파운드의 법철학 세미나를 청강하면서 그를 만난 적도 있었다. 전반적으로 파운드의 작업에 긍정적인 평가를 하면서도 파슨스(1968: 48)는 파운드의 사회학적 법학 개념을 "조금 미숙하다"라고 평가했다. 파슨스는 파운드가 사회학자 로스의 영향을 받았음을 인정했지만, 당시 그는 법 연구에서 보다 뚜렷한 사회학적 지향은 "거의 전적으로 대륙 유럽의 것"이라고 주장했다. 여기에는 에를리히, 페트라지츠키, 소로킨, 구르비치, 베버의 연구를 포함한다(Parsons 1968: 50). 파슨스는 이들 유럽 학자들이 미국에서 상대적으로 영향력이 약했던 이유를 유럽과 미국 법체계의 차이에서 찾았다 .

법 연구 내부에서 파슨스의 법사상에 더 중요한 영감을 준 인물은 그의 하버드 동료였던 풀러**Lon Fuller**였다. 풀러는 하버드 법대 교수로『법의 도덕성*The Morality of Law*』(1964)에서 법을 사회의 도덕적 가치의 반영으로 보고, 이를 행위를 인도하는 법의 기능이라는 절차적 측면에서 개념화했다. 법학자로서 풀러는 법을 어떻게 구조화해야 더 효과적일지를 규정하는 데 주된 관심을 두었으나, 법 목적에 관한 그의 기본 구상은 법을 사회 통제로 보는 기능주의적 관념과 밀접하게 맞닿아 있었다.

법에 대한 파슨스의 관심과 그의 연구에 대한 풀러의 기여로 이 두 하버드 학자들은 1960년대 후반에 "법과 사회학"이라는 주제로 일련의 대학원 세미나를 조직하게 되었다(Parsons 1968: 51). 흥미롭게도 파슨스는 이 협력을 사회학이 법으로부터 배워야 하는 필요성의 관점에서 보기보다는 오히려 사회학이 학문적 법학 교육의 발전에서 어떤 역할을 할 수 있는가라는 관점에서 이해했다. 풀러 역시 사회학을 법 속으로 끌어들이는 것이지 그 반대가 아니라는 점에서 이 견해에 동의했다. 풀러(1968)는 1960년대 후반까지 법사회학이 법의 사회적 차원을 드러내는 데 크게 기여했고, 그 결과 법과 사회 운동을 지배하게 된, 법을 사회와 관련지어 바라보는 관점을 넘어섰다고 관찰했다. 법과 사회 운동은 사회학자, 인류학자, 경제학자 및 법 연구에 관심 있는 다른 사회·행동과학자들을 아우르는 학제 간 연구 영역이었고(오늘날에도 그렇다). 풀러(1968)는 이러한 포괄적 연구 영역의 형성과 (1964년 법과사회 학회를 창립하고 1966년 『법과 사회 연구*Law and Society Review*』를 창간하는 등)성공적인 제도화가 학자들로 하여금 법이 언제나 사회의 일부며, 따라서 법이 "그 자체의 내적 작용 속에 사회학자가 주목할 만한 사회적 차원을 포함한다"(p. 57)는 사실을 간과하게 만들 수 있다고 지적했다. 따라서 풀러의 법 연구는 사회학이 단순히 법 연구의 동반자로서가 아니라, 법을 하나의 제도로 연구하기 위한 특권적 사회과학으로 자리매김할 수 있게 했다.

## 결론

미국에서 법사회학의 역사적·지적 전개는 특이하고 아직 충분히 알려지지 않은 이야기로, 법학자와 법사회학자 모두의 관심사여야 한다. 역사적으로 법의 사회적 차원에 관한 학문 연구는 미국에서는 고전 사회학에서 직접 나온 것이 아니라 전문 로스쿨에서 비롯되었다. 특히 홈스의 학문은 법 연구를 사회학적 법학으로 향하게 하는 혁명적 전환을 촉발했다. 로스코 파운드에 의해 체계화된 사회학적 법학은 사회과학의 진전을 끌어들여 법을 사회 통제로 파악하는 관점을 발전시켰고, 이는 정의로운 법체계를 구축하는 데 기여할 통찰을 도출하려는 법 정책의 규범적 지향을 계속 유지했다. 이와 관련해 파운드가 법 이론과 사회학이 서로 다른 기원과 목표를 가진다는 점을 분명히 인식했다는 사실은 주목할 만하다. 법현실주의의 관점은 사회학적 법학에 내재한 규범적 지향의 거의 전부를 폐기했지만, 법에 대한 심리주의적 이해 탓에 법사회학에 큰 영향을 미치지는 못했다. 대신 법현실주의는 민속지적 방법을 중시했다는 점에서 법인류학에 더 영향을 주었다. 또한 강한 경험주의적 성향 때문에 법현실주의는 초기 법과 사회 운동에 영향을 미쳤고(Garth & Sterling 1998, Ingersoll 1981), 최근에는 이른바 경험적 법학 연구의 출범에도 영향을 미쳤다(Suchman 2006). 법현실주의의 법 목적에 대한 회의적 태도는 비판법학의 몇몇 흐름과도 공명한다(Trevino 1994, Milovanovic 2003, 9장 참조).

사회학적 법학과 법현실주의의 전개는 주로 사회학이나 사회과학의 지성사적 전개에서 비롯된 것이 아니라 법의 전문직화가 진전된 결과였으며, 이 과정은 법사회학<sup>sociology of law</sup>과 사회(학)적-법<sup>socio-legal</sup> 연구에도 영향을 미쳤다. 양자의 목표라는 관점에서 보면, 사회학적 법학<sup>sociological jurisprudence</sup>과 법사회학sociology of law은 법과 도덕의 관계에 대해 상이한 태도를 취한다는 점에서 서로 구별된다. 그러나 역사적으로 근대 법사회학은 법현실주의와는 달리 사회학적 법학에서 자신들의 방향을 형성하는 데 기여한 하나의 선구적 전통을 발견한다. 이런 의미에서 법사회학의 전개는 사회학적 비전의 지적인 힘보다는 법의 사회적 실재와 더 밀접하게 연관되어 있었다. 실제로 미국의 법 연구는 법의 사회적 연구에 그토록 몰두한 나머지, 초기 유럽의 법사회학 일부를 아예 자기 것으로 흡수하기까지 했다. 페트라지츠키, 티마셰프, 귀르비치의 저작들, 심지어 베버의 법사회학조차 구조 기능주의가 부상하기 전까지는 사회학자들보다 법학자들에 의해 훨씬 더 많이 논의되었다.

법사회학이라는 하위 분야로의 급진적 전환은 파슨스에 의해 제시되었다. 동료 기능주의자들의 적용과 확장, 그리고 파슨스적 사유에 대한 이론적 반대자들의 비판적 수용을 통해, 파슨스의 법사회학은 제도적 차원에서도 유익한 파급 효과를 낳아 법사회학의 전개를 법과 사회 운동의 제도화에 버금갈 정도로 촉진했다. 다만 후자가 방대한 추종자를 거느린 지속 가능한 전통을 구축했다는 점에서 성과를 주장할 수 있다면, 전자는 진정으로 사회학적인 법 연구의 지적 토대를 놓았다는 점에서 우월하다. 여기서의 논의는 법사회학에서의 파슨스적 접근이 역사적으로 법과 사회 운동의 인기 뒤로 가려졌다는 사실을 부정하려는 것이 아니다. 이 장의 재구성적 분석을 통해 법사회학을 지적으로 가능하게 한 이들에게 부여해야 할 위상을 되찾으려는 것이다. 왜냐하면 파슨스는 베버와 뒤르켐 같은 창시적 저작들에 기초해 체계사회학 이론을 전개함으로써 그들을 고전으로 만들었을 뿐 아니라 사회학적 법학과는 독립된, 분명히 사회학적인 법 연구의 기초도 놓았기 때문이다. 그때부터 사회학이라는 더 넓은 학문 안의 법사회학 하위 분야는 사회학적 법학과 다른 법 연구적 접근들에 대해 '방어적 고립'의 위치를 고수할 필요가 사라졌다(Cotterrell 1975: 388). 오히려 법의 연구에 관한 다른 사회과학적·법학적 접근들과 협력할 수 있고, 나아가 다른 사회학 하위 분야 및 사회학 전체와도 자신을 연계할 수 있다. 다음 장이 보여 주듯, 이러한 법사회학의 성숙은 법을 사회학적으로 연구하는 데 사용되는 매우 다양한 이론적 관점들의 확산을 수반했다.

# 6

# 법사회학과 근대 사상의 대립들

근대 사회학의 전개는 점증하는 이론적 관점들의 다양성으로 특징지어진다. 사회학에서의 이론적 다원주의는 오늘날 이론적 경계가 어디에서 그어지는지, 그것이 무엇을 의미하는지, 그리고 그러한 다양성이 어떤 가치를 지니는지가 종종 불분명할 정도로 발전했다. 일부 학자들은 이론적 다원주의가 사회학 사상의 통일성을 결여한 주요 약점이라고 비판하는 반면, 다른 학자들은 사회학의 이론적 다양성에서 사회 생활의 복잡성을 반영하는 풍요로움을 본다.[1] 이론적 다양성은 법사회학의 전문 분야에도 그대로 드러난다. 이 장에서는 근대 법사회학의 주요 이론적 관점을 이전의 지향에서 나타난 이론적 사상들을 검토하면서 개관하려고 한다. 또한 이 논의는 다양한 이론적 관점들을 이 책의 다음 두 부분에

---

1  사회학에서 이론적 다원주의의 의미에 대한 논의는 이미 1970년대에 사회학의 위기(crisis of sociology)라는 관점에서 제기되었다(Gouldner 1970). 보다 최근의 논의들은 누적 지식의 부족, 체계적 이론화의 결여, 그리고 '사회학에 무엇이 잘못되었는가'(what's wrong with sociology)를 구성하는 다른 요소들에 집중해 왔다(Cole 2001).

서 다루어질 실질적 주제 중심의 장들과 연결하는 역할도 할 것이다. 따라서 이 장은 법사회학의 이론 발전을 뒤돌아봄(회고)과 동시에 앞을 내다보는(전망) 방식으로 살펴보게 된다.

이 장의 분석은 기능주의적 지배가 점차 쇠퇴한 이후 사회학에서 나타난 이론적 혁명과 발전을 중심으로 전개한다. 역사적으로 이러한 전개는 대략 1960년대 이후에 이루어져 오늘날까지 사회학 일반, 특히 법사회학의 성격을 규정해 왔다. 현재의 상황은 (대략 1980년대까지 지속되었던)사회학의 근대적 시대보다 더 복잡한 방식으로 이론적 다양성이 증대된 상태다. 그러나 여기서의 제시는 법사회학의 주요 이론적 학파들과 그에 내재된 문제들을 체계적으로 개관할 수 있는 발견적 장치로서 이념형으로 이해될 수 있다. 앞서 언급했듯 이 책은 이론적 논쟁에서 어느 한쪽 입장을 취하려는 것이 아니라, 사회학의 각 이론적 흐름이 법 연구에 기여한 바를 밝히고 각 흐름이 더 넓은 사회학 학문 틀 속에 어떻게 자리 잡는지를 보여 주려는 것이다. 이 장은 특히 법사회학에서 세 가지 결정화된 이론적 국면에 초점을 맞추고자 한다.[2]

첫째, 이른바 갈등 이론적 관점의 등장은 구조 기능주의의 균형과 질서에 대한 강조를 비판하면서 도전했다. 법사회학의 하위 분야는 챔블리스**William Chambliss**와 터크**Austin Turk**의 저작과 같은 몇몇 기념비적 기여를 통해 비판적 관점의 발전에 잘 반영되었다. 이 운동의 주요 특성과 대표자들, 즉 마르크스주의와 비마르크스주의적 갈등 관점들이 검토될 것이다.

둘째, 법사회학이라는 전문 영역에만 국한하지 않지만, 그럼에도 매우 뚜렷하게 나타나는 이론적 논쟁은 법과 도덕의 관계, 그리고 과학적 법사회학의 가능성과 옳음에 관한 것이다. 일부 사회학적 관점은 법을 도덕과

---

2  근대 법사회학의 지성사에 관한 다른 견해에 대해서는 서론에 인용된 개관 논문과 저서들, 특히 각주 1과 7을 참조하라.

정의와 밀접히 연관시킴으로써 규범적 질문을 회피할 수 없게 한다. 이러한 규범 지향적 법 관점 가운데 가장 잘 알려진 것은 슬레즈닉**Philip Selznick**과 노네**Philippe Nonet**가 발전시킨 '법학적 사회학**jurisprudential sociology**' 이론이다. 반대편에서는 블랙**Donald Black**의 연구가 중심적 위치를 차지한다. 블랙의 순수 법사회학은 학문 내 다른 어떤 관점보다도 더 강력하고 명확한 용어로 법을 사회 통제 이론의 종속 변수로서 엄격히 과학적이고 단호하게 사회학적으로 접근한다.

셋째, 상호작용론적·행태주의적 이론들은 거시적 차원에서 구조와 사회에 대한 기능주의적 집착에 대응했다. 이러한 미시 이론적 관점에는 적어도 두 가지 주목할 만한 변형이 있다. 한편으로 해석학적 학파들은 인간 상호작용을 이해하려는 탐구를 중심으로 발전해 왔다. 가장 대표적으로 상징적 상호작용론이 이 접근에 기여한다. 다른 한편으로, 다른 미시 지향 사회학자들은 합리주의적 접근에 기초해 행위의 체계적 이론을 발전시키고자 했다. 이러한 관점에 관련된 이론적 시각으로 교환 이론과 합리적 선택 이론이 있다.

## 사회학적 갈등 이론

제2차 세계대전 이전에 전개된 법사회학적 접근들과 20세기 후반까지 지속된 보다 최근의 흐름을 연결하는 유용한 방법은 파슨스 연구와 기능주의 접근에 의해 촉발된 이론 논쟁의 중심성을 고려하는 일이다. 물론 이 논의는 법사회학에서 파슨스 이론의 직접적 영향에만 국한될 수 없는데, 이는 5장에서 설명했듯이 그 영향이 상대적으로 두드러지지 않아서다. 그러나 파슨스적 이론화가 사회학 일반의 여러 전문 분야에 영향을 미쳤다는 점, 특히 기능주의 사상의 비판적 수용과 관련하여 중요했다는 점을 강조할 필요가 있다. 다시 말해 근대 사회학 이론들은 각각의 발전 과정에서 대표되고 또한 반응했던 이론적 학파들의 맥락 속에서 보아야 하고, 이를 통해 이론적 운동의 역사적·체계적 측면을 밝혀낼 수 있다.

근대 사회학의 갈등 이론 전통은 갈등이 사회의 본질적 구성 요소로 연구되어야 한다는 관념을 중심으로 전개된다. 따라서 갈등 이론은 단순히 '갈등의 사회학'과 동일시될 수 없다. 모든 사회학자들은 갈등이 존재하며 그것이 연구될 수 있고 또 연구되어야 한다는 데 동의한다. 그러나 질서 지향적 관점은 사회를 본질적으로 안정과 통합의 과정으로 이해하는 반면, 갈등 이론적 관점은 갈등을 사회 조건의 해체를 드러내는 본질적 요소로 본다. 따라서 질서 지향적 사회학이 사회를 체계적이고 초연하게 연구하는 데 집중한다면, 갈등 이론은 사회 조건의 변화와 개선을 지향하는 실천적·비판적 태도를 포함한다. 갈등 개념과 지식 및 실천의 이해라는 두 측면 모두에서 갈등 이론은 이론적으로 마르크스의 작업에 의존할 수 있다. 마르크스의 작업은 전통적으로 사회학과의 관련성이 크지 않은 것으로 간주되었지만 비판 사회학 또는 갈등 이론 사회학이 인기를 얻으면서 이러한 상황은 근본적으로 변화했다. 그런데 근대 비판 사회학은 단순히 마르크스 사회철학을 재현하는 것에 그치지 않고 보다 자율적이고 다양한 모습을 보이는데, 특히 법사회학의 경우 마르크스 자신이 거의 기여하지 않았던 영역이라는 점에서 더욱 그렇다.

역사적으로 사회학에서의 마르크스주의 및 비판적 사상의 뿌리는 상당히 오래 전으로 거슬러 올라간다.[3] 갈등 이론적 또는 마르크스주의적 통

---

3  비판 사회학의 기원과 전개, 특히 마르크스주의 사회학의 발전에 대해서는 Collins(1975, 1994), Swingewood(1975)를 보라.

찰에 의존한 사회학의 초기 시도들은 특히 그람시[Antonio Gramsci], 루카치[Georg Lukács], 아도르노[Theodor Adorno], 호르크하이머[Max Horkheimer], 마르쿠제[Herbert Marcuse] 등 이른바 프랑크푸르트 학파의 비판 이론적 관점을 대표하는 몇몇 유럽 저작들에서 찾아볼 수 있다. 그러나 이러한 비판 지향적 저작들 가운데 다수는 주류 학문적 사회학의 일부가 아니었고, 특히 미국에서는 구조 기능주의를 비판하는 사회학의 근대적 변형 속에서 비로소 도입되었다. 예컨대 코저[Lewis Coser]는 짐멜의 저작에서 전개된 갈등 개념을 수용하여 기능주의적 이해에 대한 응답으로 갈등 이론을 발전시켰다(1956). 또 다른 사회학자들인 밀스[C. Wright Mills], 다렌도르프[Ralf Dahrendorf], 보토모어[Tom Bottomore] 등은 마르크스의 사상을 사회학적 작업에 보다 체계적으로 도입하고자 했다. 1950~60년대 이전에는 단순히 '마르크스' 또는 '마르크스주의'라고만 불렸으나, 그 이후에는 '마르크스주의 사회학'이라는 용어가 등장하여 이 새로운 이론적 접근에서 연구 성과가 폭발적으로 증가했다. 법사회학에서 갈등 이론 발전의 관련성을 설명하려면 밀스의 연구를 자세히 살펴볼 필요가 있다. 그의 연구가 사회학에서 구조 기능주의의 지배에 직접적으로 맞섰기 때문이다.

밀스의 사회학은 이론적으로 마르크스의 사상을 바탕으로 하되, 거기에 베버적 권력 개념을 융합하여 재구성한 것이다. 밀스(1959)는 파슨스를 정면으로 겨냥한 날카로운 비판에서 사회학자들이 사회학적 상상력을 채택해야 한다고 주장했다. 이를 통해 거시적 구조 문제(공적 문제)와 개인들이 직면하는 일상적 곤란(개인적 고충) 사이의 긴밀한 연계가 성립될 수 있다. 밀스에 따르면, 파슨스 사회학 및 주류 사회학의 핵심 결함은 이러한 사회학적 상상력을 기를 능력도 의지도 없다는 데 있다. 밀스가 기능주의적 접근을 지칭하며 붙인 파슨스의 이른바 '거대 이론'은 지나치게 추상적일 뿐 아니라 사회적 조화와 안정을 입증하기보다는 전제하고, 단순히 관찰하기보다는 옹호한다는 점에서 문제를 안고 있다.

내용적으로 밀스는 기능주의가 사회의 권력 구조를 주목하지 않는 점을 비판한다. 미국 사회에서 이른바 『파워 엘리트』(1956)에 대한 중요한 연구에서 밀스는 20세기 미국 사회의 핵심 특징으로 소수 엘리트 집단에 권력이 집중되고 중앙 집권화되었다는 점을 주장한다. 미국 사회의 권력은 점차 기업, 군사, 정치적 이해관계를 중심으로 집중되었다. 경제 엘리트는 지배적이며 군사와 정치 엘리트를 통제하고, 정치 엘리트는 다시 경제와 군사 엘리트 양자에 의해 통제된다. 비록 엘리트들이 상대적으로 독립되어 있지만, 그들 구성원들은 서로 겹치고, 가족·교육·문화적 관심사 등에서 유사한 사회적 배경을 공유한다. 밀스는 엘리트들이 중대 결과를 초래하는 결정을 내릴 권력을 지니고 있고 비판으로부터 자신들을 차단할 능력을 가진 탓에, 권력 엘리트 구조를 미국 민주주의에 대한 커다란 위협으로 간주했다.

밀스의 다차원적 권력 개념은 명확히 베버의 영향을 받았지만, 그는 베버의 가치 자유 개념을 거부했다. 대신 밀스는 마르크스와 함께 공적 문제와 사적 곤란을 결합할 수 있는 지적 '장인匠人'으로서의 사회학자의 역할에 기초한 실천 학문을 옹호한다. 그러나 그의 작업은 적절한 사회학적 역할이나 이론적 난제에 대한 고민이 아니라 미국 사회의 조건과 지식을 활용해 사회 변화를 이끌어내려는 시도에서 비롯된 것이었다. 이런 맥락에서 갈등 이론이 사회학에서 등장한 역사적 시기를 주목할 필요가 있다. 1950년대 후반 이후 제2차 세계대전 종전과 더불어 서구 세계 대부분을 지배했던 낙관주의는 냉전과 핵무기 경쟁의 격화, 한국전쟁과 베트남전쟁 같은 전쟁과 국제적 폭력의 지속, 자본주의의 불균등한 확산과 식민지 권력의 해체, 그리고 상대적 부에도 불구하고 많은 서구 국가에 여전히 만연한 사회 문제들 앞에서 점차 쇠퇴하기 시작했다.

## 비판 법사회학을 향하여

여러 법사회학자들은 갈등 이론적 사회학, 특히 마르크스주의 사상에서 얻은 통찰을 자신들의 전문 분야의 분석에 적용해 왔다. 그러나 사회학 일반에서 갈등 및 마르크스주의 사상이 끼친 영향에 비해, 법사회학에서는 이러한 전개가 다소 더디게 이루어진다.[4] 갈등 이론적 법사회학의 역사적 기원 가운데서는 윌리엄 챔블리스, 오스틴 터크, 앨런 헌트의 기여가 토대적 위상과 지속적 영향력으로 특히 두드러졌다.

근대 법사회학에서 가장 영향력 있는 논문 중 하나에서 챔블리스(1964)는 부랑자법*vagrancy laws*을, 그것이 등장하고 적용된 사회 경제적 맥락에 대한 역사적 연구를 통해 분석한다. 챔블리스는 영국과 미국에서 채택된 부랑자법의 발전을 네 단계로 구분한다. 첫 번째 부랑자법은 1349년 영국에서 제정되었는데, 건장한 신체와 정신을 가졌음에도 실업 상태에 있는 자에게 자선을 베푸는 행위를 범죄로 규정했다. 구금의 위협 때문에 부랑자들은 노동에 종사할 수밖에 없었다. 이 법의 제정은 1348년 흑사병으로 인구의 절반이 사망하고 노동력이 급격히 감소한 이후 값싼 노동력을 확보할 필요에서 비롯했다. 그 다음 단계에서는 봉건 사회가 산업 사회로 전환하는 과정에 있었기에 법은 존속했지만 실제로는 적용되지 않았다. 이후 1530년부터는 다시 범죄에 초점이 맞춰졌고, 산업이 확장되면서 부랑자법 위반에 대한 처벌이 강화되었다. 새로이 규제된 범죄는 상인을 약탈하거나 상품을 훔

---

4  마르크스주의적 관점을 포함한 비판 법사회학의 개관으로는 Beirne & Quinney(1982), Chambliss & Seifman(1971), Collins(1982), Fine(2002), Milovanovic(1983), Spitzer(1983)를 보라.

치는 행위 등이었다. 마지막으로 1743년에는 부랑자법의 범주가 확대되어 부랑자와 같은 모든 떠돌이를 포함하게 되었다. 이로써 부랑자법의 기능은 단순한 노동력 통제를 넘어 질서 유지와 범죄 예방으로 확장되었다.

챔블리스의 부랑자법 분석은 철저히 경험적이지만, 그 일반 이론적 토대는 명확히 마르크스주의적·구조적 관점에 빚지고 있다. 그의 연구는 법사회학의 새로운 방향을 요청하는 기획 선언들에 대한 응답으로 이론적으로 자리매김했다. 이러한 초기 선언들 가운데, 챔블리스는 로즈**Arnold Rose**(1962)와 가이스**Gilbert Geis**(1959)의 논문을 언급한다. 가이스는 법에 관한 통찰을 사회학과 법 연구 간에 보다 긴밀한 협력을 통해 범죄학에 도입할 것을 촉구했고, 로즈는 법사회학의 목표를 법학적 이해를 넘어 법의 사회적·정치적·문화적 차원에 관한 질문으로 정식화했다. 그러나 이러한 기획 선언들은 뚜렷한 이론적 의의를 지녔음에도 다소 고립된 채 남아 있었으며, 법사회학에서 많은 후속 발전을 직접적으로 자극하지는 못했다. 최소한 챔블리스와 다른 이들이 법사회학을 갈등 이론적 방향으로 밀고 나가기 전까지는 말이다.

챔블리스는 법을 권력의 도구로서 보다 정교하게 연구했는데, 먼저 미국 사회를 맥락으로 법과 권력에 관한 저서(Chambliss & Seidman 1971)에서 이를 제시하고, 여러 후속 저작들(Chambliss 1973, 1999)에서 지속적으로 발전시켰다. 챔블리스는 주로 1960년대 후반에서 1970년대 초반의 격동기에 사회 변화와 해체 과정을 탐구하도록 질문할 수 있는 이론적 틀을 발전시켜야 할 실천적 필요성에 비추어 법에 대한 갈등 이론적 관점을 주로 발전시켰다. 정의와 권리의 원리를 반영하는 법질서라는 관념에 맞서, 챔블리스는 법을 영구적으로 갈등하는 사회 안에서 권력과 특권을 유지하기 위한 자기 봉사적 도구로 간주했다. 법질서는 가난하고 소외된 자들을 체계적으로 차별하면서 부유하고 권력 있는 자들에게 유리하게 작동한다.

1971년이 되어서야 사회학자 커리**Elliott Currie**는 법사회학에서 마르크스 사상의 영향이 간과되고 갈등 이론적 관점이 충분히 발전하지 못해 법을 권력과 계급 지배의 도구로 바라보는 데 실패했다고 지적할 수 있었다. 그러나 1970년대 내내 법사회학에 마르크스주의 사상을 주입하려는 시도는 급격히 증가했다. 이러한 프로그램을 완성하려면 법에 대해 상대적으로 침묵했던 마르크스의 저작들에서 법사회학에 유용한 요소들을 추출해야 했는데, 이는 결코 소소하지 않은 작업이었다. 사회학에서 마르크스의 법사상을 해설하고 소개하는 작업은 특히 여러 앵글로색슨 사회학자들(Cain 1974, Cain & Hunt 1979, Hirst 1972)에 의해 논의되었다. 법에 보다 뚜렷한 초점을 맞추고자, 이 논의들은 때때로 러시아 법학자 파슈카니스**Evgenii Pashukanis**(1924)의 저작과 같은 마르크스 이론의 초기 해석을 재수용하거나 마르크스 사상을 재해석한 알튀세르**Louis Althusser**, 그람시**Antonio Gramsci**, 풀란차스**Nicos Poulantzas** 같은 오늘날 사상가들을 활용하여 전개되기도 했다(Hunt 1981a, 1981b).

마르크스의 법사상에 대한 소개와 해석은 1980~1990년대까지도 계속되었지만(Melossi 1986, Spitzer 1983, Vincent 1993), 사회학자들은 이미 1970년대부터 경험적·이론적 시도를 통해 법사회학에서 마르크스 이론을 활용하기 시작했고 그 결과는 크게 상이했다. 일부 학자들은 마르크스를 토대로 법사회학의 새로운 방향을 발전시키고 이에 맞추어 경험 연구를 수행했지만(Beirne 1979, Hagan & Leon 1977, Lauderdale & Larson 1978), 다른 해석자들은 역사적 유물론의 기본 사상 및 마르크스가 법에 대해 독립적으로 논의하기를 주저했던 점을 고려하면, 법사회학은 보다 일반적인 자본주의 사회 비판에 뿌리를 두고 그 일부로 남아 있지 않는 한 성립할 수 없다고 보았다(Beirne 1975, Hirst 1972). 이 관점은 범죄와 일탈 분야에서 활동하던 일부 마르크스주의 사회학자들(Quinney 1973, 1978)에 의해서도 옹호되었다.

범죄 사회학은 특히 1960~70년대에 범죄와 범죄자 연구에서 벗어나 사회 통제와 형법을 범죄화 과정의 중요한 측면으로 분석하는 방향으로 전환하면서, 마르크스 사상이 수용되기에 비옥한 토양을 제공했다(Hopkins 1975). 또한 법사회학에서의 마르크스주의적 지향은 영국과 유럽 대륙 국가들에서 더욱 용이하게 달성되었는데, 이들 학문 전통은 오늘날까지도 사회철학에서 사회학으로, 마르크스 사상에서 사회학 이론으로 학문적 경계를 보다 쉽게 넘나들며 이론적 성격을 강하게 띠었기 때문이다. 오스틴 터크와 앨런 헌트가 발전시킨 법사회학 프로그램에 대한 검토는 법사회학 내 갈등 이론적 방향의 기본 전략과 그 내부의 다양성을 보여 준다.

미국 사회학자 오스틴 터크(1969, 1976a, 1976b)는 비#마르크스주의적 갈등 법사회학의 이론적 프로그램을 발전시켰다. 주류 사회학에서 널리 퍼져 있는 '법은 갈등 해결의 수단'이라는 개념과 달리, 터크는 법을 사회적 권력의 한 형태이자 사회적 갈등 속에서 사용되는 당파적 무기로 파악했다. 법은 사람들이 서로의 생각과 이익을 증진하거나 상대방에 대해 권력을 행사하기 위해 다투는 자원들의 집합이다. 터크는 법으로부터의 자원 통제 형태를 ① 물리적 폭력 수단과 통제 기관에 대한 경찰 권력, ② 법과 관련된 물질적 보상과 비용에 대한 경제 권력, ③ 법적 의사결정 과정에서의 정치 권력, ④ 무엇이 합법적이고 정당한지 규정하는 문화로서의 법 이데올로기 권력, ⑤ 법에 투자되는 관심과 시간의 양을 조절하는 전환적 권력 등 다섯 가지로 구분한다. 터크는 법사회학자들이 구체적 상황 속에서 이러한 차원들과 함께 법질서가 어떻게 작동하는지를 탐구함으로써 법이 사회적 갈등을 규제하는지 아니면 오히려 생성하는지 연구해야 한다고 강조했다.

보다 분명하게 마르크스주의적 색채를 띠는 비판 법사회학은 사회학자 앨런 헌트의 작업에서 찾아볼 수 있다. 헌트는 1970년대 후반 이후 일관되게 법에 대한 마르크스주의적 관점을 포괄적으로 발전시키는 데 힘써 왔다.[5] 헌트의 접근은 법사회학적 운동이 사회학적 법학*sociological jurisprudence*에서 사회 통제로서의 (기능주의적)법 이론으로 발전해 온 과정에 대한 비판에 뿌리를 두고 있다. 그는 이러한 전환의 중요성을 축소하면서, 두 이론적 움직임 모두를 자본주의 사회에서 주요한 법 이념들이 얼마나 실현되지 않았는지를 충분히 문제 삼지 못하는 부르주아적 관점으로 규정한다. 헌트는 또한 전통적으로 제시되어 온 합의론과 갈등론 간의 이분법에도 의문을 제기한다. 두 관점 모두 일반적으로 경험적 변이를 설명하기 위해 사용되는 모델로서의 이론 개념에 집착해 왔다. 그러나 헌트는 이러한 요구가 마르크스에 기반한 급진적 이론과 양립할 수 없다고 주장한다. 마르크스주의 이론은 경험적 정확성을 추구하기보다는 중요하다고 판단되는 문제들에 대해 그에 관한 개념을 활용하는 데 목적을 둔다. 특히 마르크스주의 법 이론은 법이 나타나는 직접적 형태를 출발점으로 삼지 않고, 오히려 법을 마르크스주의 사회 이론의 맥락에서 개념화해야 한다고 보았다.

헌트는 법을 사회 질서의 재생산 관점에서 보아야 한다고 주장한다. 곧, 지배적인 사회 구조들이 구체적 사회·역사적 상황 속에서 형성·재형성되는 지속적 과정을 통해 사회 질서가 재생산된다는 것이다. 이 과정에 관여하는 사회 제도와 관행들 가운데 법은 지배의 수단으로 기능한다. 헌트는 합의론과 갈등론의 이분법을 넘어 법에 의한 지배가 억압적(또는 강제적) 지

5　Hunt(1976, 1980, 1981a, 1981b, 1985, 1995, 1997) 및 *Explorations in Law and Society*(Hunt 1993)에 수록된 논문들을 보라.

배와 이데올로기적 지배의 형태를 취한다고 본다. 억압적/강제적 지배는 지배 계급의 이익을 증진하고 보호하도록 작동하는 법의 차원을 가리킨다. 이 억압적 지향에서 국가는 합법적 강제 수단을 통제하는 만큼 법은 국가 권력과 특수한 관계를 맺는다. 법적 폭력은 경찰과 법원 등 법-국가 복합체의 전문 기관들을 통해 행사된다. 그리고 이러한 억압적 지배는 이데올로기적 지배가 전개되기 위한 필수 조건이다. 법의 강제적 측면과 합의적 측면을 연결하는 이데올로기적 지배는 사회 구성원들의 합의를 동원하는 법의 활동과 과정을 가리킨다. 여기서 합의는 단지 법의 정당성만을 의미하지 않으며, 사람들이 법에 대해 갖는 관념이 그들의 사회적 존재라는 맥락 속에서 구성되고, 그에 따라 사회의 재생산에 영향을 미친다는 뜻을 담는다. 그 결과, 법 이데올로기는 헤게모니 상태를 확립하기 위해 법질서뿐 아니라 더 넓은 사회 질서의 정당화에 기여한다.

## 법사회학에서의 규범성: 법학적 사회학

법과 도덕의 관계는 법사회학이 학문 내에서 독특한 위치를 차지하게 한 요인이다. 법을 사회적으로 사고하려는 초기 시도들은 강한 규범적 열망에 의해 동기를 부여받았다. 뒤르켐은 이러한 규범적 지향을 도덕 질서로 사회를 분석하는 사회학 연구와 의도적으로 분리하려 한 최초의 사회학자라고 할 수 있다. 도덕을 사회학적으로 연구하기 위해 바로 그는 법 분석으로 눈을 돌렸다. 뒤르켐이 궁극적으로 사회에 사회학적으로 근거 지어진 도덕을 주입하려 했는지 여부는 논쟁의 여지가 있고, 여기서 굳이 다룰 필요는 없다. 다만 주목할 점은 법사회학자들이 여전히 법의 규범성이 법사회학 연구에 특별한 함의를 가지는지, 구체적으로 법사회학이 언제나 규범적 또는 인문학적 성격을 내포해야 하는지, 아니면 전적으로 과학적인 접근만을 해야 하는지의 문제를 두고 씨름해 왔다는 사실이다.

법사회학의 초기 대표자들(가장 대표적으로 구르비치)은 법사회학을 법 이론의 동반 학문으로 보았고, 양자를 모두 법철학이라는 가장 근본적인 관점에 종속된 것으로 취급했다. 기능주의적 법사회학 학파에서는 법의 규범성을 배제하고 대신 법을 사회 통제로 이해하는 개념을 채택했다. 규범 문제들의 중요성이 무시된 것은 아니지만 그것들은 법 연구, 사회학적 법학, 그리고 법철학의 영역으로 이관되었다. 그러나 20세기 후반의 일부 근대 법사회학자들은 법과 도덕 간의 밀접한 관계를 인식하여 규범 문제들이 회피될 수 없으며 또 회피되어서는 안 된다고 보았다. 이들 학자들 가운데 필립 셀즈닉과 필리프 노네트는 규범적·법학적 지향과 긴밀히 연결되는 법사회학적 관점을 발전시키는 데 가장 크게 기여했다.[6]

법학적 사회학의 전개는 법사회학의 목표가 변화해 왔다는 특정한 관념에 기초한다. 첫 번째 단계에서 법사회학은 주로 자신에게 적합한 프로그램을 규정하고 그에 따라 이론적 논의를 정식화하려는 노력으로 구성된다. 다음 단계에서는 법사회학자들이 심층 연구를 통해 1단계에서 수립된 프로그램을 실제로 수행한다.[7] 세 번째이자 최종 단계에 이르면 법사회학은 보다 큰 목표들을 다루고, 그 출발점이 되었던 도덕적 충동으로 되돌아갈 만큼 성숙과 자율성을 갖추게 되는데, 이는 2단계에서 도출된 통찰을 바

---

6 Nonet(1969, 1976), Nonet & Selznick(1978), Selznick(1959, 1961, 1968, 1969, 1992, 1999, 2004)을 보라. 또한 Krygier(2002)와 Kagan & Krygier & Winston(2002)에 수록된 다른 글들도 참조.

7 미국의 맥락에서 이러한 초기 전개 단계는 주로 1950~1960년대에 제도화된 법사회학의 형성기로 대표된다. 이 시기 주류 학술지들에서 법사회학의 기획적 선언과 개관 논문들이 처음으로 등장한다. 예컨대 Aubert(1963), Auerbach(1966), Davis(1957), Gibbs(1966, 1968), Riesman(1957), Rose(1968), Skolnick(1965) 참조.

탕으로 더 높은 정교성 수준에서 자신 있게 접근할 수 있었기 때문이다. 법학적 사회학의 관점에서 보면 두 번째와 세 번째 단계가 가장 중요하며, 오늘날의 법사회학은 바로 이 단계들에 의해 특징지어진다. 사회학적 장인정신의 문제로서 법사회학자들은 자신들이 가장 잘 아는 사회과학의 관점에서 법을 사회 통제의 기제로 연구한다. 그러나 사회학적 기법의 수준을 확장하면서 법사회학자들은 법철학의 고전 문제들로 다시 나아가 법에 내재된 규범 요소들을 평가해야 한다. 이는 정의에 기반한 사회의 창출을 지향하는 지적 노력을 수행하기 위함이다. 따라서 법 속에서 어떤 가치들이 표현되어야 하는지를 다시금 확인함으로써 법사회학은 사실과 가치의 이분법을 거부하고, 가치가 사회적 삶 속에 내재되어 있음을 인정하는 접근을 택하는 실용주의적 이해에 따라 전통적으로 자연법 이론에 귀속되던 함정을 피하는 새로운 자연법 이론을 정식화할 수 있는 위치에 서게 된다.

비록 법사회학의 최종 단계가 아직 완전히 성취된 것은 아니지만, 셀즈닉과 노네트는 법질서의 개선을 염두에 두고 더 큰 법사회학적 기획을 향해 나아가는 데 일부 목표들을 실현하기 위한 노력을 수행해 왔다고 주장한다. 완전한 법사회학을 구축하려는 적극적 노력 속에서 셀즈닉과 노네트는 여러 경험 연구에 그들의 이론적 열망을 적용했다. 예컨대, 법 접근에 관한 연구에 기여하면서 노네트(1969)는 법의 효과적 사용을 가능케 하는 조건들을 분석한다. 다른 조건들과 더불어, 법이 권위를 갖기 위해서는 법적 권위자들이 대중의 요구에 얼마나 효과적으로 민감해지고 응답하게 되는지가 중요하다. 법적 역량 역시 사람들이 법적 권위자에게 호소할 수 있는 능력을 결정하는 요인인데, 이는 정치적·사회적으로 유리한 지위나 집단을 조직할 수 있는 능력에서 비롯될 수 있다. 법에 호소하는 데 영향을 미치는 다른 조건으로는 특정 목적을 지지하는 수단으로 법을 보는 긍정적 태도의 발달이 있다.

조직 사회학에 대한 관심과 맥락을 같이하며 셀즈닉(1969)은 사적 조직의 맥락에서 합법성을 연구했다. 공적 생활과 마찬가지로, 사적 영역의 조직들도 권위 있는 규칙 체계를 선포하고 집행하는 특수화된 메커니즘에 의존하는 사회 통제 노력에 의해 이끌린다. 그러나 법은 단순히 사회 통제의 기능적 필요성에 불과하지 않고, 법 속에 존재하는 가치들을 진지하게 고려하는 규범적 차원에서 이해되어야 한다. 정의 원칙을 외부로부터 주입하는 대신 규범적 법사회학은 법과 그 참여자들의 관점에서 법에 잠재된 가치들을 평가의 근원으로 삼는다.

법학적 사회학의 관점에서 보면 법의 지배<sup>the rule of law</sup>의 원칙은 법에 내재된 이념들 가운데 특히 두드러진다. 법의 지배에서 핵심 요소는 법이 공정하고 정의로워지기 위해 충족되어야 하는 특정한 기준 집합에 따라 법의 제정과 적용에 부과되는 제약이다. 법의 자의성을 피하고 적법 절차를 강화하는 법의 지배는 결코 완전히 달성되지 않지만, 그럼에도 법의 지배라는 이념이 점차 실현되는 일반적 경향이 존재한다. 노네트와 셀즈닉(1978)은 응보적 법으로의 이행을 연구하면서 이러한 문제의식을 가장 체계적으로 정리했다. 이 연구는 법철학의 기본 문제들을 사회과학적 방식으로 다루며, 법과 강제력, 법과 정치, 법과 도덕의 관계와 같은 변수들 속에서 나타나는 법 발전의 경험적 변이를 검토한다. 이에 따라 세 가지 유형의 법이 구분된다. 억압적 법<sup>repressive law</sup>은 광범위하고 집중적인 강제 체계를 통해 달성되는 질서의 강조와 강력한 정치 권력에의 종속으로 특징지어진다. 자율적 법<sup>autonomous law</sup>은 정당화를 필요로 하고 제약된 강제 체계를 갖춘, 정치로부터 상대적으로 독립적인 차별화된 제도다. 응보적 법<sup>responsive law</sup>은 법적 역량과 정치·법적 권력의 결합을 토대로 사회의 요구와 열망에 대한 사회적 반응을 촉진한다. 노네트와 셀즈닉은 억압적 법에서 자율적 법을 거쳐 응보적 법으로 이어지는 발달 모델을 제시하지만 이를 실제 역사적 사건의 묘사로 보지는 않고, 법질서 속에서 특정 가치들이 출현하며 변화의 잠재력이 드러나는 모델로 이해한다. 법질서가 단순한 규칙뿐 아니라 인간적 필요의 충족과 관련된 원칙들을 포함할 때, 법은 응보적 법을 향해 나아가고 정의를 향한 더 큰 추구로 이어진다고 주장된다.

법학적 사회학의 이론적 관점은 법의 진화를 도덕적 평가와 역사적 서술을 결합시키고, 나아가 이러한 발전을 서구 법 모델의 한계를 넘어 보편 발전으로, 그리고 문화 간 변이와 함께 위치시킨다. 이러한 접근의 기저에는 (사회학적 지식으로서)법과 (규범적 관념으로서)정의 사이의 관계에 대한 변증법적 이해가 놓여 있다. 한편으로 정의는 지식에 의존한다. 즉, 법과 도덕 영역에서의 가치 판단은 관련된 사회학적 지식을 토대로 개선될 수 있다. 다른 한편으로 사회학적 분석은 이론적·실천적 문제들 모두에 기반하여 관련 사실들을 선택해야 한다. 따라서 셀즈닉과 노네트는 법사회학과 사회학적 탐구에 개방적이고 유익한 법학의 영역들 사이에는 긴밀한 연계가 있어야 한다고 주장한다. 법사회학은 법에 내재된 사상들을 진지하게 받아들여야 하며, 따라서 법학적으로도 충분히 정보를 받아들여야 정책 결정에 유익하게 기여할 수 있다.


## 규범성의 배제: 순수 사회학

법의 규범성과 그것이 법사회학적 분석에 미치는 영향에 관한 논쟁의 반대편에는 도널드 블랙의 연구가 중심 자리를 차지한다. 블랙은 1970년대 초 이래로 방법과 목표 면에서 철저히 과학적이고 접근 방식 면에서 철저히 사회학적인 법사회학 관점을 발전시키는 데 꾸준히 기여해 왔다.[8] 그는 법사회학에 법학적 논의와 정책 문제들이 지속적으로 유입되는 상황, 그리고 법사회학의 특정 흐름들이 갖는 정치적·규범적 함의에 대한 논쟁 모두에 대응하여 순수 법사회학 관점을 정립했다. 블랙의 관심은 어떠한 가치 판단이나 정책 주장과 무관하게 경험적 변이를 설명할 수 있는 법의 일반 이론을 정립하는 일이다. 블랙의 순수 법사회학은 법을 정부적 사회 통제로 간주하면서 궁극적으로 모든 형태의 사회 통제에 대한 일반 이론을 지향한다. 그는 사회 통제를 "일탈 행동을 정의하고 이에 대응함으로써 옳고 그름을 다루는 것"으로 규정한다. 법사회학에서 규범적·법적 질문을 제거하면서도 블랙은 이러한 질문들이 무의미하다 주장하지 않고, 단지 그것들이 과학의 일부가 될 수 없으며 따라서 과학의 이름으로 정당하게 다루어질 수 없다고 본다. 순수 법사회학의 관점은 응용 사회학의 가능성을 부정하지 않지만, 응용 사회학은 반드시 순수 사회학에 기반해야 한다고 주장한다.

블랙의 순수 법사회학을 뒷받침하는 인식론적 지향은 일반 이론을 수립하려는 과학적 야심과 그 패러다임적 성격에서 철저히 사회학적이라는 두 가지 측면을 모두 갖는다. 블랙은 경험 현실 속에서 변이의 질서화를 이론의 목표로 보았고, 이론을 수많은 관찰들을 일관된 패턴으로 결합하는 논리적 사상 체계로 정의했다. 과학적 이론의 기준에는 현실에 대한 진술로서 반증 가능하게 만드는 검증 가능성**testability**, 광범위한 사건을 포괄하는

---

8 도널드 블랙의 핵심 저작으로는 법사회학의 경계를 다룬 기념비적 논문 Black(1972a)과 그 프로그램을 발전시킨 *The Behavior of Law*(Black 1976)이 있다. 또한 그의 이론을 법 실무에 적용한 연구 Black(1989)와 자신의 이론적 접근의 인식론과 목표를 명확히 한 여러 후기 저작들 Black(1995, 1997, 2000, 2002, 2007)도 주목할 만하다. 아울러 블랙은 셀즈닉과 노네트와 논쟁을 벌이기도 했는데, 이들의 관점은 서로 독립적으로 전개되었다. Black(1972b), Nonet(1976), Selznick(1973) 참조.

보편성generality, 질서정연한 명제를 발전시키는 간결성parsimony, 현실 조건에 부합하는 효력validity 또는 경험적 적합성empirical adequacy, 창의적이거나 놀라운 지식 체계를 세우는 독창성originality 등을 포함한다. 블랙의 이론이 자리 잡은 패러다임적 틀은 철저히 사회학적이다. 그는 각각 규범적·주관적 차원을 고려하는 목적론적·인간 중심적 전제를 거부하면서, 법을 포함한 사회생활을 사회 공간의 구조적 특성의 기능으로서 파악하는 다차원적 관점을 발전시켰다. 동시에 블랙은 자신의 이론이 사건 처리의 변이와 사건에 연루된 개인들의 행위에도 적용될 수 있다고 주장한다.

자신의 관점을 법 연구에 적용하면서 블랙은 사회 공간 전반에서 법(및 다른 형태의 사회 통제)의 행동에 관한 여러 명제를 발전시켰다. 법은 양量과 양식樣式의 다양한 형태로 나타나는 현실로 이해된다. 법의 양은 예컨대 특정한 인간 행위가 법에 의해 규제되는지 여부와 법적 제재가 적용되는지 여부 등 이용 가능한 법의 총합을 의미한다. 법의 양식은 법의 방법과 목적, 그리고 그것들이 근거하는 기준에 따라 처벌적, 보상적, 치료적, 조정적일 수 있다. 이어서 블랙은 사회 공간에서의 변이에 기초하여 법의 기하학geometry을 연구한다. 여기에는 계층화, 분화, 통합, 문화, 조직, 사회 통제의 차원이 포함된다. 계층화는 사회의 수직 구조, 즉 부의 불평등을 의미한다. 수직 공간은 지위에 따라 높고 낮을 수 있고, 방향에 따라 하향적 또는 상향적일 수 있다. 형태론은 사회의 수평 측면을 가리키며, 노동 분업(분화)과 친밀도 및 거리의 상대적 정도(통합)를 포함한다. 문화는 과학, 예술, 종교에서의 진리, 아름다움, 윤리 등에 관해 표현된 아이디어를 포함하는 사회생활의 상징 차원이다. 문화적으로 사회와 사회 집단은 매우 밀접할 수도 있고 극도로 멀리 떨어져 있을 수도 있다. 조직은 사회가 형식적으로 조직화된 정도를 가리킨다. 마지막으로 사회 통제는 관습, 가족, 소문, 전쟁, 종교등과 같은 다른 장치와 제도들뿐 아니라 법을 포함하는 사회생활의 규범적 측면을 뜻한다.

블랙이 제시한 법의 행태에 관한 수많은 구체적 명제들 가운데 몇 가지는 순수 법사회학의 접근을 설명하는 예로 들 수 있다. 법은 계층화와 정비례한다. 즉, 계층화 정도가 높은 사회일수록 법이 많다. 법은 또한 수직 공간과도 정비례한다. 지위와 부는 법의 양을 증가시킨다. 형태론의 관점에서 볼 때, 법은 관계적 거리의 곡선 함수다. 즉, 사람들이 서로 덜 관련될수록 법은 증가하다가 서로 완전히 고립된 지점에 이르면 더 이상 증가하지 않는다. 법은 문화와도 정비례한다. 단순한 사회는 더 분화된 사회보다 법이 적다. 마지막으로 사회 통제와 관련하여 사회 통제 기능을 수행하는 다른 제도들이 존재할수록 법의 필요성이 줄어들기에 법은 다른 사회 통제 형태들과 반비례한다고 주장된다. 이러한 명제들을 토대로 순수 사회학은 가치 중립적 방식으로 사회 공간 속 사회생활의 행태를 설명하고 예측하고자 한다. 블랙은 순수 사회학이 주관주의적이며 실천적·규범 문제에 몰두했던 이전의 법사회학(및 법학)과 급진적으로 단절한다고 주장한다. 블랙의 접근에서 내재적 장점 여부와 무관하게, 그의 명제들의 날카로움이 매우 활발한 이론적 논쟁과 경험 연구를 촉발시켰다는 점이 두드러진다.[9]

---

9  블랙의 법사회학의 이론적 장점에 관한 보다 비판적이거나 덜 비판적인 논의로는 Black(1979), Greenberg(1983), Horwitz(1983, 2002), Hunt(1983), Wong(1995) 등이 있다. 블랙의 이론에 기초해 전개된 경험 연구는 Dawson & Welsh(2005), Doyle & Luckenbill(1991), Hembroff(1987), Gottfredson & Hindelang(1979a, 1979b), Lessan & Sheley(1992), Myers(1980), Mooney(1986)에 의해 제시되어 논의되었다.

## 법사회학에서의 미시 이론적 관점

세 번째이자 마지막 이론적 구분선은 질서와 갈등을 둘러싼 논쟁, 규범성과 객관성에 관한 논쟁에 이어 적절한 사회학적 분석 수준을 둘러싼 것이다. 구조 기능주의와 대부분의 사회학적 갈등 이론은 사회의 거시적 수준에서 작동하는 보다 광범위한 사회 구조와 과정에 주목하지만, 이에 대안적인 관점들은 사회적 상호작용 수준에서의 삶의 미시적 차원에 집중하도록 발전되었다. 이러한 미시 지향적 관점들의 중심 학파 가운데 하나가 상징적 상호작용론**symbolic interactionism**으로, 이 이론적 접근은 사회철학자 미드**George Herbert Mead**의 작업에서 기원을 찾을 수 있다.[10] 미드는 인간 행위를 심리학적 접근에 기초하여 마음·자아·사회 간 상호작용에 관한 이론적 관점을 발전시켰다. 미드에 따르면, 인간의 마음은 의사소통에서 의미 있는 상징을 사용하는 데 있어 독특한 재능을 가지고 있다. 개인들 간의 상호작용을 통해 상징 의미는 공유되고, 사회 질서는 개인들 간에 조직화된 상호작용의 집합으로서 구성된다.

미드의 이론적 사상은 시카고 학파의 사회학자 블루머**Herbert Blumer**에 의해 적절히 정식화되고 발전되기 전까지는 사회학에서 거의 알려지지 않았고 영향도 미미했다. 기능주의의 구조적 지향에 명시적으로 반발하면서, 블루머는 사회적 실재상은 그것의 현실성이 협상되는 구체적 상황으로부터만 그 현실성을 얻을 수 있다고 주장했다. 따라서 사회학은 상호작용 속에서 사람들의 해석적 행위와 상호작용 과정이 어떻게 사회 질서를 형성하는가에 초점을 두어야 한다. 상징적 상호작용론의 기본 전제는 인간이 사람·사물·관념이 자신에게 지니는 가변적 의미에 근거해 행동한다는 것이

---

10 미드의 핵심 이론들은 그의 강의를 바탕으로 정리되어 사후에 출간되었다(Mead 1934). 상징적 상호작용론의 이론은 Herbert Blumer(1969)의 영향력 있는 저작에서 가장 잘 드러난다.

다. 이러한 의미는 상호작용 과정에서 사회적으로 구성된다. 의미는 상호작용 속에서 지속적인 해석 과정을 통해 형성되므로 사회는 본질적으로 유동적이고 역동적이다.

상징적 상호작용론은 인간 상호작용에 대한 해석적 연구에 관심을 둔 철저히 주관주의적인 사회학적 접근이다. 이 관점의 기본 이론적 전제에 부합하게 방법론적 선호는 가설 검증을 목표로 한 구조화된 연구 프로젝트를 포기하고, 사람들의 행위에 부여되는 동기와 의미를 공감적 관점에서 풀어 내려는 민속지적 연구에 있다. 참여 관찰이나 심층 면접과 같은 질적 조사 기법에 의존하여 상호작용론적 연구의 목표는 자연적 연구 환경에 민감한 개념을 적용해 소위 현실에 기반을 둔 이론을 구축하는 것이다.

갈등 이론의 일부 흐름에서 전개되는 것처럼, 법사회학은 주로 범죄 사회학 영역에서 상징적 상호작용론으로부터 혜택을 받아 왔고, 이 과정에서 상호작용론적 통찰은 낙인 이론**labeling theory**의 발전으로 이어졌다. 베커**Howard S. Becker**(1963)의 고전적 저작에서 가장 잘 대표되는 낙인 이론의 기본 전제는 범죄는 특정한 행위 유형이 아니라 특정 행위에 부착된 하나의 '낙인'이라는 점이다. 따라서 사회학적 관심은 범죄 행위의 원인 연구에서 일탈적·규칙 위반적 행위에 가담한 사람들의 행위 동기, 그리고 규칙을 적용하는 사람들과 제도를 분석하는 쪽으로 전환되어야 한다. 낙인 이론가들은 이에 따라 어떤 것을 범죄로 규정하는 사회 통제 과정(일차적 범죄화)과 특정 상황에서 법과 제재가 적용되는 과정(이차적 범죄화)을 연구한다.

사회학적 관심이 형법에서의 범죄 정의를 포함한 일탈에 대한 사회적 반응으로 옮겨 가면서 낙인 이론은 사회학에서 지대한 영향을 끼쳤다(Schur 1968, Matsueda 2000). 상징적 상호작용론은 범죄나 형법 문제와 무관하게도 법사회학에 독자적인 영향을 미쳤다.[11] 그러나 대체로 법사회학에서 상징적 상호작용론의 주요 영향은 법 이론화의 근본적 재구성을 낳기보다는 질적 연구 방법에 대한 지향을 보급하는 방법론적 측면에 있었다. 따라서 이러한 해석적 지향에 따른 주요 노력들은 상호작용론적 틀 안에서 실제로 작동하는 법에 대한 사회학적 지식을 진전시켰다(Carlin 1962, Lyman 2002, Meisenhelder 1981). 하지만 상호작용론적 관점에 기초한 새로운 이론적 프로그램은 드물다.

방법론적 측면에서 상호작용론적 틀과 합치되는 법사회학의 지적 시도 가운데 특히 주목할 만한 것은 법의식에 관한 최근의 몇몇 연구들이다. 법 연구는 사람들이 법에 대해 가지는 경험과 태도를 중심으로 하며 이러한 일상적 인식이 법의 작동을 어떻게 유지하거나 도전하는지를 다룬다.[12] 이러한 관점에서 이윅<sup>Patricia Ewick</sup>과 실비<sup>Susan Silbey</sup>(1995, 1998, 2003)는 서사적 분석에 기초하여 법에 대한 문화적 관점을 옹호한다. 저자들은 서사가 단순히 화자와 청자의 직접적인 맥락에서만 이해되어서는 안 되고, 특정 서사가 정치적 효과를 발휘할 수 있는지 여부를 결정하는 보다 넓은 구조적 맥락 속에 위치 지워져야 한다고 주장한다. 기존 권력 관계를 재생산하는 헤게모니적 이야기와 기존 헤게모니에 도전하는 전복적 이야기를 구분하면서 법적 권위에 대한 저항의 서사는 제도 변화를 가져오지 않을 수도 있지만, 이러한 이야기가 권력의 원천과 한계에 대한 지침으로 작용할 때에는 즉각적 맥락을 넘어서는 결과를 낳을 수 있다고 논한다.

심층 인터뷰에 기초한 경험 연구에서 이윅과 실비는 자신들의 서사적

---

11 법사회학에서의 상징적 상호작용론의 영향에 관해서는 Brittan(1981), Travers(2002)의 유용한 개관을 보라.

12 법의식에 관한 사회학 연구의 예로 Hoffmann(2003), Larson(2004), Marshall(2006), Nielsen(2000), Richman(2001)을 보라. 개념적 개관으로는 Ewick(2004), Silbey(2005)를 참조하라.

틀을 적용해 합법성의 근거 이론을 발전시켰다. 합법성이란 사람들의 법에 대한 인식을 뜻하며, 연구는 사람들이 합법성을 세 가지 범주로 구성함을 보여 주었다. "법 앞에서*before the law*"의 틀에서 법은 중립적이고 객관적이며 일관되고 시대를 초월한 동시에 엄격히 구속적인 영역으로 일상생활과 크게 분리되어 그 위에 존재하는 것으로 나타난다. "법과 함께*with the law*"의 틀에서 법은 이용 가능한 자원, 기술, 지식, 경험을 활용해 벌이는 전략 게임이 된다. 마지막으로 "법에 맞서*against the law*"의 틀에서 법은 공개적으로는 대항할 수 없지만 은밀하고 미묘한 방식으로는 저항할 수 있는 강자의 도구로 인식된다. 따라서 구조적으로 틀 지워진 서사적 분석을 제시하는 이윅과 실비의 법의식 연구 접근은 법적 불평등에 대한 근거 있는 시각을 제시하는 최근의 이론화와 연구 흐름의 전형적 예라 할 수 있다(10장에서 논의).

상호작용론적 이론의 맥락에서 민속 방법론*ethnomethodology*적 분석 또한 언급되어야 한다. 민속 방법론은 상징적 상호작용론처럼 사회학의 미시 이론적 지향을 발전시키는 데 기여했지만, 철학적 기반은 다르게 놓여 있고, 때로는 상징적 상호작용론과 날카롭게 구별된다. 사회학자 가핀켈*Harold Garfinkel*에 의해 발전된 민속 방법론은 슈츠*Alfred Schutz*의 철학에 지적 뿌리를 두고 있다.[13] 슈츠의 현상학적 철학은 일상생활이 사람들이 경험하는 상황에서 무엇이 전형적인지에 대한 지식에 이끌린다는 중심 사상에 기반한다. 슈츠는 일상생활이 일정한 평범함을 지니고, 사람들이 자신이 마주하는 상황과 그 의미에 대해 확신을 가진다고 주장했다.

현상학에서 확장된 민속 방법론은 사람들이 자신이 살아가는 세계에 대한 지식을 다루는 방식을 연구하는 것을 뜻한다. 가핀켈은 잘 알려진 상

---

13 알프레드 슈츠의 핵심 사회학적 사상의 핵심은 선집 한 권에서 볼 수 있다(Schutz 1970). 해럴드 가핀켈의 가장 중요한 책은 *Studies in Ethnomethodology*(Garfinkel 1967)다. 개관으로는 Maynard & Clayman(2003)을 보라.

황에서 뜻밖의 사건이 발생해 사람들의 확신이 흔들릴 때 어떤 일이 일어나는지를 측정하는 사회학 연구 관점을 발전시켰다. 이른바 "위반 실험 **breaching experiments**"에서 가핀켈은 연구 참여자들에게 그들에게 전달된 내용 가운데 조금이라도 불분명한 부분이 있으면 명확한 질문을 하도록 요청했다. 대개의 연구 대상자들이 불안해하거나 화를 내며 결국 대화는 완전히 중단된다. 가핀켈은 이를 통해 사람들이 자신들의 사회적 환경을 너무도 당연하게 여기는 속성을 보여 주려고 했다.

언어가 사람들이 상황에 대한 지식을 표현하는 주요 매체라는 점에서 민속 방법론은 대화 분석에 중점적으로 관심을 둔다. 대화 분석은 독자적인 연구 전통으로 자리 잡았다. 상징적 상호작용론의 질적 연구 방법과 달리, 민속 방법론적 조사와 대화 분석은 종종 매우 구조화되고 체계적이다. 이 이론적 틀은 미시적 지향을 갖지만 해석적 이해에 집중하는 상징적 상호작용론을 비판하고, 대신 대화를 시작하고 끝내는 협상 과정, 발언 순서를 차지하는 과정 등 대화의 형식 측면에 집중한다.

민속 방법론과 대화 분석은 법정 절차, 경찰 심문, 법관과 변호사의 상호작용, 배심원 평의 등 다양한 법적 맥락에서 적용되어 왔다.[14] 가핀켈의 사상은 사실 법 연구, 특히 배심원 평의 연구에서 비롯되었고, 여러 획기적인 민속 방법론 연구가 법적 환경에서 수행되기도 했다(예, Cicourel 1968). 민속 방법론자들에게 법적 절차가 특히 매력적인 이유는 법적 사건이 절차적 요건 때문에 대체로 고도로 구조화되어 있고, 법적 결정이 증거·증언·사실의 제시에 기초해 어느 한쪽 당사자에게 유리하게 내려져야 하기 때문이다. 이러한 결정은 종종 배심원 평의의 경우처럼 명시적 언어적 논의의

---

14  법사회학에서 민속 방법론의 영향에 관해서는 Atkinson(1981), Dingwall(2002), Los(1981), Manzo(1997), Morlok & Kölbel(1998, 2000), Travers(1997: 19–36)을 보라. 법사회학 영역의 민속 방법론 연구 사례는 Burns(2005), Travers과 Manzo(1997)에서 찾아볼 수 있다.

결과기도 하다.

법사회학에는 상당한 양의 민속 방법론 연구 문헌이 존재한다.[15] 이들 연구는 법적 환경에서 의사소통 연구에 공통의 관심을 둔다. 법정 및 다른 법적 환경에서의 인간적 의사소통은 제도적 대화의 한 형태로서 상호작용 과정에서 권력과 정의justice에 대한 개념이 어떻게 작동하는지를 날카롭게 드러낸다는 점에서 특히 주목할 만하다. 그러나 민속 방법론과 대화 분석 연구는 종종 스스로를 법사회학자로 규정하지 않는 사회학자들에 의해 수행되며, 이들은 의사소통과 상호작용 학자로서 법 영역을 많은 제도 영역의 하나로 다룬다. 따라서 이들의 노력은 법의 사회학적 이론을 발전시키기보다는 특정 이론적 패러다임 안에서 인간적 의사소통에 관한 통찰과 연구를 발전시키는 데 더 초점을 맞춘다. 그 결과, 민속 방법론적·대화분석적 법 연구는 법의 사회학이라기보다는 법적 환경에서의 상호작용에 관한 사회학 연구라 할 수 있다.

## 법사회학의 행동주의적 관점

법사회학의 근대 이론적 접근의 윤곽을 개관하는 이 장에서 마지막으로 논의해야 할 이론적 관점은 행동 가정에 입각한 미시 이론적 관점들로 이루어진다. 상징적 상호작용론과 마찬가지로, 행동주의사회학은 서로 완전한 합의를 이루지는 않더라도 여러 기본 특성을 공유하는 다양한 관점들을 포

---

15  법사회학에서 민속 방법론의 오늘날 주요 대표들로는 영국의 Robert Dingwall(1998, 2000), Greatbatch & Dingwall(1994, 1997), Atkinson & Drew (1979), Drew(1992), Max Travers(1997), 독일의 Martin Morlok & Ralf Kölbel(1998, 2000), 미국의 Michael Lynch(1982, 1998), Lynch & Cole(2005)와 Douglas Maynard(1982, 1984a, 1984b, 1988), Maynard & Manzo(1993)가 있다.

괄한다. 이 개관에서는 특히 사회적 교환 이론과 합리적 선택 관점에 주목한다.[16]

행동주의사회학의 가장 초기 표현 가운데 하나는 호먼스[George C. Homans, 1910~1989]의 연구에서 발견된다. 그는 하버드에서 파슨스의 동료이자 그의 주요 이론적 반대자 중 한 사람이었다. 파슨스에 대한 호먼스의 비판은 기능주의가 사회의 거시적 수준에 지나치게 집중하고 있다는 점에만 근거한 것이 아니라, 파슨스의 이론이 연구를 통해 검증될 수 있는 명확히 식별 가능한 명제들을 포함하지 않은, 단지 하나의 개념적 도식에 불과하다는 주장에도 근거한다. 호먼스는 스키너[B. F. Skinner]의 행동 심리학에 근거하여 인간 행동 이론을 발전시켰는데, 그 기본 가정은 사람들이 과거에 보상을 받았던 방식으로 계속 행동할 것이라는 점이다. 이 기본 전제를 바탕으로 사회적 수준에서 인간 행동을 설명하기 위한 보다 구체적인 명제들이 정식화되었다. 예컨대 호먼스는 사람들이 빈번하게 상호작용하면 서로에 대해 긍정적인 태도를 형성하고 감정과 행동을 점점 더 공유하며, 이는 다시 추가적 상호작용의 가능성을 높인다고 주장했다. 이 과정은 실질적 제약과 시간에 걸쳐 반복되는 보상 효과가 줄어든다는 점을 고려한 일정한 한계 안에서 지속된다. 사회가 개인의 행동으로 구성된다고 가정되기에 심리학적 명제들은 새롭게 출현하는 사회적 실재상도 설명할 수 있다.

호먼스 관점의 기저에는 인간이 타인과의 관계에서 보상을 극대화하려는 이윤 추구자라는 전제가 놓여 있다. 기본 이론은 경제적 합리성 개념을 채택하여, 인간 행동은 다양한 행동 대안의 예상되는 비용과 편익을 저울질한 결과라는 점을 전제한다. 이런 의미에서 호먼스의 교환 이론은 고전

---

16　교환 이론에 대해서는 호먼스(George C. Homans)의 기념비적 저작(1958, 1961, 1964)을 보라. 합리적 선택 이론에 대해서는 Gary S. Becker(1974, 1976), James S. Coleman(1990)을 보라. 또한 Cook과 Whitmeyer(1992), Emerson(1976), Hechter와 Kanazawa(1997), Hedström과 Swedberg(1996)의 개관을 참조하라.

경제학의 전제와 일치하며 그로부터 발전한 것이 합리적 선택 이론*rational choice theory*이다. 이러한 경제-합리적 모델은 재화의 가격과 같은 (자본주의적) 경제 질서의 기본 요소들이 시장 참여자들이 이윤을 극대화하고 비용을 최소화하려는 합리적 행위 전략의 결과로 설명될 수 있음을 보여 준다. 사회학에서 합리적 선택이론은 이러한 전제를 확장하여 모든 인간 행동을 설명하는 이론으로 발전했다. 근대 사회학에서 합리적 선택 이론은 시카고 사회학자 콜맨*James Coleman*의 작업에서 가장 두드러지게 표현되었다. 콜맨 연구의 주요 강점 중 하나는 합리주의적 관점에서 거시 이론적 질문도 다루었다는 점이다. 예컨대 콜맨(1990)은 집단 행동(폭동이나 유행 등)을 한 행위자로부터 다른 행위자로의 합리적 통제 이전*transfer*이라는 전제를 바탕으로 이론화했다. 마찬가지로 사회 규범도 자기 자신의 행동에 대한 부분적 통제권을 포기하고 그 대가로 타인의 행동에 대한 부분적 통제권을 획득하는 과정에서 출현한 것으로 설명된다.

행동주의는 최근 법사회학에서 점점 더 많은 관심과 논쟁을 불러일으켰다. 이와 관련해 가장 중요한 연구는 시카고 경제학자 게리 베커*Gary Becker*의 작업이다. 그는 미시 경제학적 분석의 범위를 범죄, 교육, 가족과 같은 비경제적 행위 영역으로 확장했다(Becker 1974, 1976, Becker & Landes 1974). 예컨대 범죄에 관하여 베커는 범죄 행위가 범죄의 이익이 비용을 초과한다고 계산하는 합리적 결정의 결과라고 주장한다. 노벨 경제학상 수상자인 베커의 영향과 맞물려 행동주의 이론은 주로 범죄와 형사사법 영역에서 큰 영향을 끼쳤다.[17] 범죄학 연구는 범죄를 합리적 결정으로 이해하는 경제학적 통찰을 바탕으로 고전 범죄학의 기본 원리를 사회과학적 방향에서 되살린 신고전주의적 범죄 행위 이론을 발전시킨다. 범죄를 합리적 결

---

17  행동주의, 특히 합리적 선택 이론이 범죄학 분야에 끼친 영향에 대해서는 Wilson & Herrnstein(1985), 관련 논의와 개관으로는 Paternoster & Simpson(1996), Nagin & Paternoster(1993)을 참조하라.

정으로 보는 관점의 연장선에서 범죄 비용을 효과적으로 증대시키는 것을 지향하는 형벌 및 형법 이론이 제안되었다. 비용 증대 전략은 형벌의 확실성, 형벌의 엄격성, 그리고 형벌의 확실성을 핵심 변수로 삼아 형사사법의 억제 효과에 기여한다고 본다.

합리적 선택 이론은 경제학에서 엄청난 영향을 끼쳤으며 그 결과 법경제학 운동이 등장했고, 이는 오늘날 법 이론으로까지 확장되었다.[18] 법경제학적 접근은 특히 시카고의 법학자이자 연방 판사인 포스너**Richard Posner**의 저작에서 많은 혜택을 얻었는데, 그는 오늘날 가장 많이 논의되는 법 이론가라고 할 수 있다(Posner 1974, 1986, 1998). 베커와 이론적으로 밀접하게 유사하며(그와 공동 블로그도 운영한다)[19], 포스너의 법 이론은 근본적으로 효용 극대화의 경제학적 모델을 법 연구에 적용하는 데 기반한다. 기본적으로 이 이론은 법규범을 특정 목표에 도달하는 데 있어 효용과 효율성 측면에서 검토해야 한다고 본다. 포스너는 기존 법규범의 형식과 내용을 설명하는 데, 그리고 법체계의 효율성을 높이는 방안을 찾는 데 있어 경제학적 법 이론이 지니는 설명적·도구적 가치를 모두 인정한다. 포스너의 연구는 오늘날 법 이론에 큰 영향을 미쳤고, 여기에서 행동주의적 접근은 일반적으로 인기가 상승했다. 예를 들어, 엘릭슨**Robert Ellickson**(1991, 2001)은 게임 이론에 의거하여 질서 유지에 공식 법보다 비공식적 분쟁 해결 수단이 더 본질적일 수 있다는 법에 관한 관점을 발전시켰다. 엘릭슨은 이러한 비공식 규범이 긴밀한 집단의 구성원들 사이에서 형성되고, 이는 그들의 총체적 복지를 극대화하는 기능을 수행한다고 이론화한다.

---

18 법경제학에 대해서는 Posner(1974, 1986, 1998)의 기초적 저작을 보라. 또한 Donohue(1988)와 Ulen(1994)의 논의를 참조하라. 법경제학 운동이 법사회학과 사회(학)적-법 연구에 끼친 영향에 대해서는 Rostain(2000)을 보라.

19 www.becker-posner-blog.com을 참조하라.

법사회학에서 행동주의적·합리주의적 이론은 큰 영향력을 발휘하지 못했고, 일부 예외가 존재하더라도 주로 실험 지향적 연구(예, Horne 2000, 2004, Horne & Lovaglia 2008)에 국한되었다. 합리주의 이론의 비판자들 가운데 에델만<sup>Lauren Edelman</sup>(2004a)은 법경제학적 관점의 기여가 더 넓은 법과 사회 연구 전통 속에서 통합되어 보완되어야 한다고 주장한다. 특히 법경제학적 접근은 법과 경제의 관계를 사회적으로 토대화된 이론으로 드러낼 수 있는 사회학적 통찰과 결합·수정될 필요가 있다. 이 경우 합리성은 단순한 전제가 아니라 연구 대상이 되며, 개인 수준이 아니라 사회적 수준에서 탐구되어야 한다. 법사회학에서는 법과 조직에 관한 제도주의적 관점이 이러한 문제들에 대응한다(7장에서 보라).

## 결론

법사회학이 사회학 일반의 주요 이론적 관점을 포괄하게 된 것은 이 학문이 성숙해졌음을 보여 주는 증거라 할 수 있다. 법사회학자들은 갈등 대 질서, 구조 대 행위자, 설명 대 해석, 객관주의 대 구성주의, 맥락주의 대 행동주의와 같은 익숙한 구분선 위에서 각기 다른 이론적 입장을 취한다. 법사회학에 매우 도드라진, 그러나 결코 독자적이지 않은 문제는 규범의 문제인데, 이는 법학적 사회학과 순수 사회학의 대립에서 가장 두드러지게 나타난다. 규범성에 관한 논의는 법사회학에서 핵심이다. 그런 의미에서 법사회학은 규범이 사회학적 분석에서 중심 위치를 차지한다는 점, 그리고 모든 사회학은 반드시 이러한 문제를 다루어야 한다는 점을 상기시킨다. 법사회학은 사회 규범성이 제기하는 비판 문제들을 회피하지 않고 오히려 명시적으로 사회학 이론과 연구의 과제로 받아들였다는 점에서 고유한 성취를 당당히 주장할 수 있다.

고전 사회학의 기여와 비교할 때, 근대 법사회학은 사회학 전체 속에서 법의 중심성을 재확인하는 데 전문 영역 밖의 사회학자들을 충분히 설득하지 못했다. 이 점은 단순히 이론적 논거의 문제가 아니며, 법사회학이 사회학 담론에서 다소 주변에 머물러 있는 데에는 제도적 이유도 존재한다. 법사회학이 발전하는 내내 직면해 온 특수한 문제는 한편으로 (법에서의)법 연구의 증식, 다른 한편으로 (사회·행동과학 내에서의)사회(학)적-법의 부상과 발전이었다. 특히 다학문적 영역으로서 법과 사회 운동이 성공적으로 발전해 온 현실 속에서 많은 법사회학자들이 사회학의 학문적 경계를 벗어나 활동 무대를 찾게 된 것이 사실이다. 그러나 법사회학 내부에서는 이론적·실질적 측면 모두에서 법 연구에 기여한 바가 다양하며, 이 책의 나머지 부분은 바로 이러한 성취들에 헌정될 것이다.

제3부와 제4부의 장들은 실질적 주제를 중심으로 전개되고, 이 점에서 보다 경험적 지향을 띠고 법사회학의 다양한 연구 성과들을 검토한다. 그러나 이어지는 각 장들에서는 법사회학의 연구를 사회의 실질 문제와 연관 지어 사회학적으로 의미 있는 방식으로 다룰 것이며, 따라서 이론적 물음과 이론적·개념적 틀의 최근 발전도 함께 포함할 것이다. 앞 장들에서 제시된 이론적 논의의 여러 측면은 이후 부분에서도 주기적으로 다시 등장할 텐데, 이는 이미 소개된 이론적 지향이 지닌 생산성을 드러내는 차원이기도 하고, 앞서 논의된 관점들에서 파생되었거나 그에 대한 응답으로 등장한 최근의 이론적 전개 일부를 소개하기 위한 차원에서도 그렇다. 서문에서 설명했듯이 본 개관은 불가피하게 선택적일 수밖에 없지만, 다른 연구들로 나아가는 관문 역할을 할 수 있도록 법사회학에서의 가장 중요한 이

론적 혁신과 모범적 경험 연구 사례들을 포착하려고 한다.

# 3부

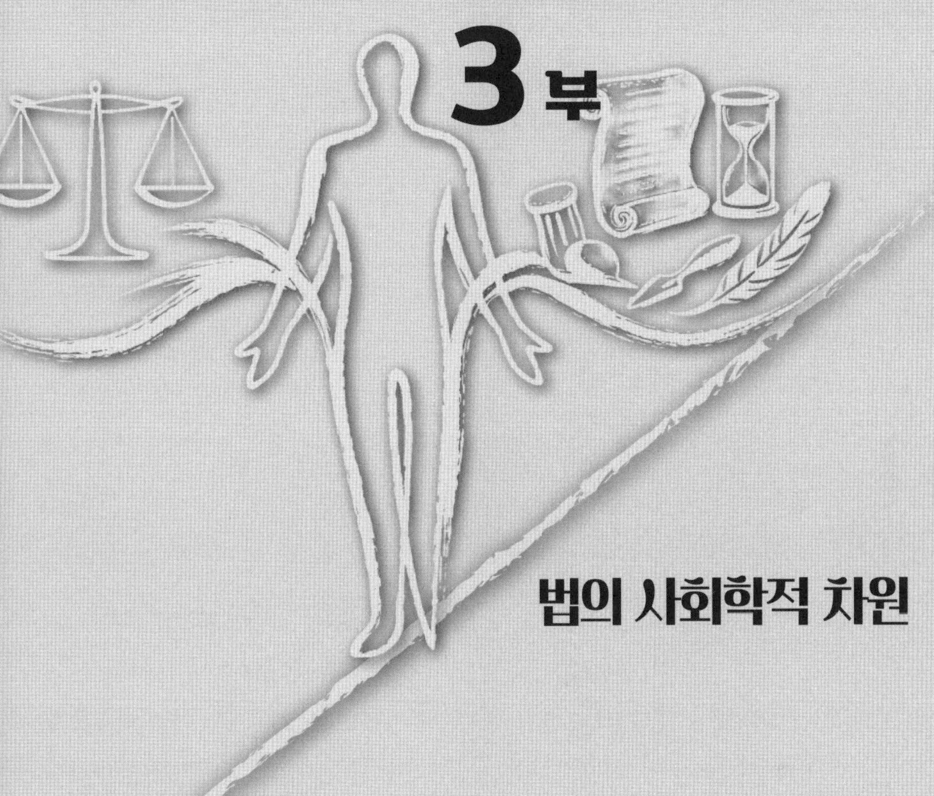

## 법의 사회학적 차원

# 7

# 법과 경제: 시장 규제

서론에서 제시된 분석적 접근에 따라 이 책의 다음 네 장은 법과 다른 사회 제도 및 기능 간에 존재하는 상호 의존적 관계에 초점을 맞춘다. 구체적으로는 법과 경제, 법과 정치, 법과 규범적 통합, 법과 문화 간 관계를 다룬다. 앞서 언급했듯, 이러한 관점은 파슨스의 체계 이론에 기초하지만, 여기서는 다양한 이론적 입장에서 접근할 수 있는 복수의 연구 질문들을 열어 주기 위해 엄밀한 분석적 방식으로 사용된다.

이 책에서 사용된 분석 모델을 구체화하면, 적어도 세 가지 다른 수준에서 사회학을 이끌어 온 중요한 이론적 입장들을 구별할 수 있다. 첫째, 제시된 사회의 분석 모델은 경제학, 정치학, 사회학, (문화)인류학 등 사회과학에 해당한다. 이들 학문 가운데 사회학의 역할은 역사적으로 독특했는데, 사회학은 사회의 개별 구성 부분 하나에만 주목하지 않고 사회 전체의 중요한 기능인 통합에 초점을 두었기 때문이다(하버마스 1981b: 4-5 참조). 둘째, 이 모델은 경제사회학, 정치사회학, 법사회학, 문화사회학 등 사회학의 전문 분야 차원에서도 읽힐 수 있다. 이들 전문 분야가 해당 제도 영역을 연구하는 사회과학과 구별되는 점은 이들이 사회 전체에 대한 사회학적 관심을 공유하고 유지한다는 데 있다. 사실 특정 제도 영역과 사회의 다른 제도 요소들 간의 이론적 연결을 설정하고 경험적으로 탐구하는 일은 곧 사회학적 전문화와 같다. 셋째, 따라서 법사회학도 사회의 중요한 통합적 요소에 주목하는 만큼, 법과 다른 사회 제도들과의 관계에 대한 관심을 유지해야 한다. 나아가 이러한 관심은 다른 사회학 전문 분야 영역을 표시하는 질문들로 제한될 수 없다. 예컨대 정치사회학자가 정치학자와 다른 것처럼 경제와의 관계에서 법을 연구하는 법사회학자는 경제사회학자와도 다르다.

법사회학이 법과 경제의 관계에 기울여 온 관심으로 눈을 돌려 이 장은 경제생활의 다양한 쟁점들을 규제하는 데 초점을 맞춘 연구들을 다룬다. 여기에는 노동 및 노동 관계, 재산, 그리고 노조 결성 및 트러스트trust 형성에 관한 법률 등 기업 활동의 여러 측면에 대한 규제를 포함한다. 이러한 논의로 들어가는 이론적 진입점은 법과 조직 사이에 존재하는 상호 연결에 주목하는 법의 사회학적 관점에서 제공된다. 기업의 경우에서 보듯, 여러 유형의 근대 조직들은 법적으로 규제되는 사적 행위자로 나타난다. 중요한 이론적 전개 가운데 특히 제도주의 관점이 제안되어 외부의 법적 압력의 결과로 조직 내부에서 발전해 온 규제 전략의 메커니즘과 효과에 따른 변이들을 검토한다. 나아가 조직 생활의 제도적 수준을 넘어 이론적·주제적 범위를 확장하여 서구 사회 전반에서 더 강하고 더 약한 형태로 전개되어 온 복지 국가를 분석하는 데도 추가적인 관심을 기울일 것이다. 이러한 전개를 법사회학의 관점에서 조망하기 위해 법제화 모델을 활용한다.

## 제도주의의 변형들

법과 경제의 역동성에 관한 오늘날 사회학적 분석을 이해하는 출발점은 조직 사회학의 이론적 관점, 특히 이른바 제도주의의 등장과 변형에서 찾을 수 있다.[1] 이러한 전개의 기원은 예상보다 주변적이지 않다. 사회학 고전들이 법을 경제와 특정 방식으로 연결된 제도로 보았을 뿐 아니라 근대 법사회학의 초기 연구자들 가운데 일부가 자신의 작업을 경제와 조직에 긴밀히 결부시켰기 때문이다. 이 점에서 셀즈닉**Philip Selznick**의 선구적 작업은 중요하다. 그는 법사회학과 조직 사회학의 영역으로 과감히 진입했다. 여기서 중요한 것은 셀즈닉(1957, 1969)이 국가가 공포한 형식적 법에 상응하는 권위적 규칙 체계가 사적 조직 내부에서 어떻게 발전하는지를 제시했다는 점이다. 셀즈닉에 따르면, 사적 조직은 구성원들이 준수해야 하는 자체 규범 구조를 발전시키고 규칙 위반 시 제재를 가할 수 있다. 교육, 양육, 재화와 서비스의 생산·분배와 같이 사회적으로 승인된 기능을 둘러싼 규범 구조의 응결을 제도화**institutionalization**라 한다. 일반적으로 제도주의적 조직 관점은 조직 내 특정 행위 양식이 어떻게 규범 구조의 성격을 획득하는지, 그리고 어떻게 그것이 형식적 법체계에 준하는 성격을 지니면서 조직 내에서 가능한 행위를 기회와 제약 양면에서 만들어 내는지를 주목한다.

　조직 사회학은 제도주의를 법사회학과의 직접적 관련성 때문이 아니라 조직의 경제학적 분석에 대한 응답으로 채택했다. 고전적 자유주의 모델에 따르면 조직은 합리적 행위자로 간주되고, 특정 목적이 주어졌을 때 효율적이므로 규칙과 절차를 도입한다. 그러나 사회학에서 제도주의 이론의 핵

---

1　이 논의는 제도주의 개관으로서 DiMaggio & Powell(1991), Edelman(1996), Nee(1998), Selznick(1996), Suchman & Edelman(1996)에 의존한다. 또한 사회학에서 제도주의 영향과 그 적용에 대해서는 Brinton & Nee(1998), Powell & DiMaggio(1991)를 보라.

심 기여는 이러한 합리성을 부정하는 데 있지 않고, 그것의 내용·형식·의미를 구성하는 사회-역사적 맥락 속에 위치시키는 데 있다. 다시 말해, 자유 시장에서 작동하는 경제적 합리성은 주어진 상수로 다뤄지지 않는다. 제도주의 관점은 합리적 행위자 모델에 회의적이며 보다 거시적 지향을 띤다. 제도주의자들은 조직과 환경의 관계를 강조하면서, 조직 내부의 규범 구조를 조직의 공식적 설명과 사뭇 다른 용어로 설명하기도 한다. 예컨대, 조직은 구성원을 사고로부터 보호한다는 명목으로 제정된 안전 규정을 실제로는 사고 발생 시 책임 회피에 악용할 수 있다. 마찬가지로 어떤 규정들은 효율성에 기여하지 않거나 심지어 충돌할 수도 있다. 이러한 규범 구조의 형성을 설명하는 제도화 과정은 전통적 경제 모델의 범위 밖에 있으며 사회학적으로 분석되어야 한다.

셀즈닉의 작업에 대한 비판으로부터 진화한 이른바 신新제도주의는 사회적으로 배태된 것이라는 조직에 대한 중심적인 관점을 유지하면서 조직 내 제도화 메커니즘과 원천에 있어서는 다른 관점을 갖는다. 전통적인 또는 구舊제도주의는 ("무엇을 해야 하는가"에 관한)가치와 규범에 초점을 둔 문화 이론인 반면, 신제도주의는 ("무엇을 할 수 있는가"에 관한)분류와 스크립트에 주목하는 인지 이론이다. 셀즈닉의 규범적 지향은 내면화 과정에 기반해 규범 준수를 강조하는 파슨스 제도화관으로 뒷받침된다. 반대로 신제도주의의 인지적 지향은 베르거와 루크만(1967)의 현실적 사회 구성 관점에 이론적 기반을 둔다. 사회 구성주의 관점에 따르면 사회는 객관 현실인 것과 마찬가지로 인간의 구성물이며 보다 특수하게는 다음의 과정을 포함한다. 특정한 인간 사회 질서로서 사회의 구성(제도화), 그로 말미암은 그 자체의 현실로서 인간 경험(객관화), 그리고 사회 질서 내의 인간적인 요소가 더 이상 인정되지 않는다는 잠재적인 문제(물화). 신제도주의자들에게 중요한 점은 제도화 과정이 규범적이라기보다 인지적이라는 사실이다. 즉 제도는 제재 규범의 내면화 이전에도 인간 행위를 통제하는 인지적 구성물로 파악된다. 조직의 준수는 대안에 대한 상상 없이 특정 루틴이 당연한 것으로 받아들여지므로 발생한다. 이러한 당연시는 서로 모순되는 규범 구조가 동일 조직 내 공존할 수 있다는 사실에서 특히 잘 드러난다.

나아가 합리적 시장 이론이 조직 내부 개인의 행위를 이윤 극대화 원리로 설명하는 반면, 전통 제도주의는 가치를 제도의 기술적 요구를 넘어선 제도화된 반응에 스며들게 하면서 조직의 준수를 규범적 의무에 귀속시킨다. 반면, 새로운 제도주의는 조직은 비슷한 환경 조건하에서 조직 구조와 실천들 간에 존재하는 유사성들에 기반하고 있는 제도적인 동형성 isomorphism을 통해 조직보다 넓은 환경에 영향을 받는다고 주장한다. 즉 유사한 환경 조건에서 조직 구조와 관행의 유사성이 형성되는 기반이다. 조직 동형화는 조직이 제도 세계에서의 정당성을 확립하고 생존·승인을 얻기 위해 특정한 형식과 내용을 채택하도록 만드는 압력의 결과다.

## 법과 조직: 법과 경제를 넘어

법사회학에서 제도주의 연구의 중심은 법과 조직 간의 상호 관계, 특히 조직이 법적 장場의 변화에 어떻게 적응하는지에 초점을 둔다.[2] 여기서 조직은 기업뿐 아니라 정부 기관, 자발적 결사체 등 다양한 공공 조직도 포함한

2  법사회학과 조직 사회학의 결합, 특히 법과 조직 간 역학에 대한 이론·연구에서 신제도주의 원리의 적용 형태는 로렌 에델먼(Lauren Edelman)과 동료들의 작업, Edelman(1990, 1992, 2002, 2004a, 2004b), Edelman & Stryker(2005), Edelman & Suchman(1997), Suchman & Edelman(1996)을 중심으로 진전되었다. 또한 Heimer(2001), Stryker(2003)를 보라. 반대로 경제사회학의 시각에서 법 접근을 전개한 연구로는 Swedberg(2003)를 참조하라.

다. 베버의 통찰을 염두에 두면 조직은 보다 일반적으로, 의도적으로 구성된 제도로 볼 수 있고, 사회 여러 영역에 작용하는 보다 일반적인 합리화 과정의 지배를 받는다. 이러한 이유로 베버는 국가나 시장 조직과 연관되어 있는지와 무관하게 관료제화 형태에 주목할 수 있었다.

법사회학에서 법과 조직 분야로 들어가는 유용한 출발점은 법과 경제의 합리주의 관점을 상기하는 것이다. 합리주의 경제 이론은 조직의 행동을 외부 시장 조건에 대한 효율적 적응으로 설명한다. 합리주의적인 경제학 이론은 조직 행동을 외부 시장 조건에의 효율적인 적응이라는 관점에서 설명한다. 효율성과 합리성의 원리는 시장에서 보상되기에 조직 내부에 채택된다. 형식적으로 제정된 규칙 전체로 이해되기에 법은 조직 행동에 영향을 끼치는 많은 강제적 외생의 힘 중 하나다. 이에 반해 법사회학의 제도주의 관점은 합리성이 사회적으로 구성된 것이지 객관적으로 주어진 실재가 아니라고 본다. 조직은 내재적으로 정확하지 않을 수도 있지만 널리 공유되므로 효과적인 '합리적 신화'에 의존한다.

법사회학 분야에 적용될 때 제도주의 관점은 조직 제도주의의 일부 전제를 수정·보완하기도 한다. 법사회학의 제도주의는 신제도주의의 인지적 관점을 보완하여 제도화의 발생 기제뿐 아니라 제도화가 이루어진 뒤 나타나는 행동적 반응(효과)에 초점을 맞춘다. 또한 법을 보다 엄밀히 다룸으로써 법을 단지 '문헌 속의 법*law in rhe book*'으로 보지 않고 적용의 가변성, 집행의 차등성, 권위의 다원성, 의미의 모호성을 포함하는 '작동하는 법*law in action*'으로 이해한다. 이런 의미에서 법사회학이 조직 사회학에 주는 기본 교훈은 법 역시 문화적으로 구성된다는 점이다. 반대로 법사회학은 제도주의 조직 이론으로부터 시장 기업과 관료적 행정 기관을 단지 기술적 효율/이윤 극대화의 관점으로서뿐 아니라 문화적으로 구성된 실체로 보아야 함을 배운다. 따라서 제도주의는 목적 합리화·효율성에 대한 베버적 집착에서 비롯될 수 있는 과도한 합리주의적 조직 해석을 교정해 준다.

조직이 문화적으로 구성된 실체로 이해된다는 사실은 법 및 조직 사회학에서 조직이 법적 환경에 대응할 때 상징성과 실질성이 모두 관여한다는 핵심 통찰로 이어진다. 동형화*isomorphism*는 조직들 사이의 유사성이 비합리적 성격을 가질 수 있음을 보여 준다. 법사회학적 관점에서 동형화가 다른 근원을 갖는다는 점은 중요하다. 다시 말해 이는 ① 모방적 동형화: 조직들이 서로의 성공 관행을 복제할 때, ② 규범적 동형화: 전문가 이동을 통해 규범이 확산될 때, ③ 강제적 동형화: 조직이 법과 같은 외부 규제 구조에 반응할 때가 그렇다. 이런 관점에서 법규 준수는 단지 합리적 비용 절감 전략이 아니라 다양한 형태를 띨 수 있다. 규제 메커니즘에 대한 적응은 상징적일 수도, 실질적일 수도 있다(Edelman 1992). 상징적 적응은 의례적·형식적 활동을 포함하는 반면 실질적·도구적 대응은 문제의 핵심에 직접 작용한다.  예컨대 인종 차별을 규제하는 법규범에 대응해 사기업은 적극적 평등 조치 담당관을 임명할 수도 있고(상징적), 인종 구분 없는 동일 임금을 보장할 수도 있다(실질적). 주목할 점은 상징적 대응이 실질적 효과를 낳을 수 있으므로 상징적 조치와 실질적 행동이 서로 연관될 수 있다는 사실이다. 예를 들어 임명된 적극적 평등 조치 담당관이 인종적 공정성에  대한 깊은 헌신을 지니고 소수자 집단에 대한 연대감과 충성심을 지닐 때,  이는 인종 평등에 관한 실제적인 변화를 이끌 수 있다. 이러한 상징적·실질적 조직 대응의 구분은 조직이 법의 서로 다른 수준의 효과성으로 구현되는 중요한 장場임을 보여 준다.

법사회학에 적용된 제도주의 이론이 주는 마지막 중요한 교훈은 법적 환경을 조직의 자유를 제약하는 외생적 제약으로만 보지 않고, 조직 활동을 구성하는 요인으로 본다는 점이다. 법과 경제에 관한 연구를 검토하면 이들 제도 영역 간 복잡한 역학을 확인할 수 있다. 법이 경제에 미칠 수 있는 효과를 최소한으로 구분하면, 법은 촉진적, 규제적, 구성적 기능을 할 수 있다(Edelman & Stryker 2005). 촉진자로서 법은 소송과 같은 일련의 도구를 제공하는 비교적 수동적 형태로 나타난다. 규제자로서 법은 시장 원리에 반하더라도 차별 금지, 환경 보호, 독점 금지, 반트러스트 등의 관련 규칙을 공포하여 경제 활동에 특정 제한을 가한다. 마지막으로 구성적 기능에서 법은 조직이 무엇인지, 서로 어떻게 관계 맺는지를 규정한다. 이 의미에서 법규는 조직을 정의·분류하고 설립과 종료(파산법), 그리고 활동 형태(예: 유한회사, 주식회사 등)를 명시한다. 특히 법의 구성적 역할로 인해 법을 조직 영역의 외생 변수로만 볼 수 없다. 법은 규제하고자 하는 사회 영역의 내생 요소다. 내생적 관점은 법과 경제의 관계를 양 제도 영역이 형성되는 사회적 맥락 속에서 파악한다. 따라서 법과 경제는 분화되어 있으나 완전히 분리된 영역이 아니다. 경제·조직 활동은 경영, 효율, 생산성이라는 사회적 차원을 중심으로, 법은 권리·정의·거버넌스의 원리와 법적 행위자를 중심으로 전개된다. 이런 구상은 법과 경제의 상호 관계를 상호작용, 파슨스의 용어로 이중 교환 과정으로 보는 관점의 가치를 보여 준다.

## 기업 규제

법과 경제 간 상호작용에 관한 연구를 개관하는 일은 관련 연구가 매우 광범위하다는 점에서 결코 만만치 않은 작업이다. 이 책에서 다루는 다른 주제 영역들과 마찬가지로 문제를 더 복잡하게 만드는 것은 관련 경험 연구가 다수의 학문 관점 속에 존재할 뿐 아니라, 이러한 연구 전통들 간에 교차하면서 상당히 풍요로워졌다는 사실이다. 법사회학의 학문적 외연과 가치를 드러내려는 이 책의 목적을 감안하여 이번 장의 연구는 사회학적 노력에 초점을 두고 검토한다. 특히 연구 주제와의 관련성, 분야에의 영향력, 그리고 논의된 이론 틀과의 모범적 관계라는 점에서 뛰어난 연구들을 중심으로 논의한다.

산업화된 국가 맥락에서의 법과 경제 연구는 일반적으로 시장에서의 개입 확대라는 경향을 보여 왔다. 이 전개를 대략적으로 그려 보면, 고전적 자유주의 비판에서 베버·뒤르켐의 사회학 이론으로 이어지는 이론적 계보를 상기할 수 있다. 자유주의적·마르크스주의적 경제생활 규제 모델은 각기 자유방임주의에 입각한 자유 시장의 법제화를 용인하거나 비판적으로 검토하지만, 베버와 뒤르켐은 더 이상 그러한 단순 모델에 머물지 않았다. 베버는 시장과 관련된 상대적으로 자율적인 국가의 중요성을 주장했고, 뒤르켐은 노동분업에 수반되는 규범적 규제 체계의 중요성을 고찰했다. 기업 활동의 법제화로 나아가는 발전의 과정과 결과는 부정할 수 없지만, 그 형태는 다양하며 사회·역사적 조건에 따라 경제생활에 상이한 영향을 미쳤다. 이러한 복잡성은 미국 노동법에 관한 사회학 연구를 통해 보다 분명히 드러난다.

미국 노동법은 근로자와 고용주의 권리와 책무의 중요한 차원을 규제한다. 여기에 노동자의 노동조합 조직권[역주: 우리 법으로는 단결권], 임금 협의를 위한 사용자와의 교섭권, 파업권 등이 포함된다.[3] 노동을 조직화한다는 개념 자체는 시장의 개별 참여자들 간 형식적 평등 개념과 양립하지 않기에 자유 시장 자유주의의 철학과 상충한다. 실제로 역사적으로 노동조합

---

3　미국 노동법에 대한 사회학적 분석으로는 McCammon(1990, 1993, 1994), Wallace, Rubin, Smith(1988), Woodiwiss(1990)를 보라.

은 처음에는 사용자와 그 재산에 대한 범죄적 공모로 간주되었고, 그 행위가 거래의 자유를 침해한다고 생각되었다. 법적으로도 노동조합과 같은 노동의 조직화와 특히 파업과 같은 집단 행동은 불법으로 규정되었다.

19세기 중엽에 이르러 노동 조건의 변화가 일어나 노동자 조직화에 유리한 환경이 조성되었다. 노동조합 결성 자체는 더 이상 불법으로 간주되지 않았지만 활동은 법적으로 제한되었다. 뒤이어 노조 금지 가처분이 흔해지고 법원이 실질적 노조 활동을 차단하던 시기가 있었다. 또한 입법부에서 통과된 노동자 권리 옹호 법률들도 상급 법원에서 뒤집히곤 했다. 예컨대 1908년 '애데어 대 미합중국*Adair v. United States*' 사건 판결에서 대법원은 노동조합 가입을 이유로 노동자를 해고하는 것을 불법으로 규정했던 1898년 연방법을 위헌으로 판시했다. 법원은 그 법률이 노동자와 사용자 간 계약 체결에 관한 권리의 평등을 침해한다고 보았다. 같은 해인 1908년의 또 다른 판결에서는 본래 자본의 조직을 규제하기 위해 제정된 반트러스트법을 근거로 노동조합에 대한 법적 조치가 가능하다고 판단했다.

1929~1930년 대공황 이후 몇 년 사이 자본주의 발전의 심각한 위기가 대규모 실업과 빈곤을 초래하면서 미국 노동법은 급격한 전환을 맞이한다. 노동자의 권리를 보장·확대하기 위한 새로운 입법 노력이 전개되었다. 예컨대 1932년 노리스-라가디아법*Norris–La Guardia Act*은 노동자들이 노동조합에 참여하여 근로 조건을 개선하고 임금을 협상할 권리를 인정했다. 이 법은 또한 비폭력적 노동 분쟁의 경우 법원이 노조에 대한 금지 명령을 내릴 수 있는 권한을 제한했다. 노조의 결성과 활동을 보호하는 이러한 입법은 루즈벨트 행정부의 뉴딜 정책(1933년 이후)의 일부로 강화되었다. 1935년에는 전국노동관계법*National Labor Relations Act, NLRA, 와그너법*이 제정되어 뉴딜 연방 입법 가운데 가장 중요하고 지속적인 법 중 하나가 되었다. 이 법은 기업 형태로

조직된 사용자와 결사의 자유나 계약의 실질적 자유를 충분히 갖지 못한 노동자 사이의 교섭력 불균형을 교정하기 위해 노동조합과 사용자 간 단체 교섭을 촉진하도록 고안되었다. 와그너법은 단체 교섭을 장려하고, 고용 조건의 협상을 위해 노동조합을 결성할 권리를 보호한다는 점을 명시했다. 또한 이 법은 전국노동관계위원회National Labor Relations Board, NLRB라는 새로운 연방 기관을 설치하여 불공정 노동 행위와 관련된 노사 분쟁에서 중재 권한을 부여했다.

사회학적으로 주목할 점은 1930년대 전후의 미국 노동법 시대 구분이 정도의 차이가 아니라 개입 양식의 차이로 이루어진다는 사실이다. 1930년대 이전은 자유주의적 자본주의를 견지하기 위해 노동자 권리를 억압하는 억압적 개입의 시기였던 반면, 그 이후는 자유 시장을 보호하기 위해 노사 대립을 완화하려는 통합적 개입주의가 두드러진다. 억압적 개입은 주로 법원 차원에서 이루어졌던 반면, 통합적 개입은 주로 연방 입법의 기능으로 나타났다.

노사 관계가 노동자와 사용자 사이에서 이루어진다는 사실 자체는 권리의 균형이 어느 한쪽으로 미묘하게 이동할 수 있음을 내포한다. 법적 환경이 경제생활에 미치는 영향이 가변적임을 보여 주는 사례가 바로 1930년대 이후 노동법의 발전이다. 초기에는 다수의 사용자들이 와그너법의 규정을 인정하지 않았고 항소 법원들이 이 법을 위헌으로 판결하며 이를 뒷받침했다. 1937년에 연방 대법원이 와그너법의 합헌성을 확인했으나, 이듬해에는 파업 중인 노동자를 영구적으로 대체할 수 있다고 판시했다. 또한 사용자는 노조 결성에 반대 의견을 표명할 헌법적 보호를 받았다. 1947년, 제2차 세계대전 이후의 임금 인상 요구 고조로 전례 없는 파업이 이어진 다음 해에 이른바 태프트-하틀리법Taft–Hartley 개정안이 통과되어 파업 60일전 사전 통지 의무를 부과하고, 근로자들이 노조 탈퇴 청원이나 기존 단체 협약의 무효화를 청원할 수 있도록 하는 등 와그너법의 여러 조항을 대폭 제한했다. 다만 태프트-하틀리법의 파업 제한 효과는 노조 조직 수준에서 조정되었고 보다 전투적인 분파가 노동운동에서 제거될 때에야 비로소 체감되었다.

## 기업 합법성

조직 수준에서 법과 경제에 관한 풍부한 제도주의 연구는 법이 경제생활에 미치는 가변적 영향을 보여 주었다.[4] 이 분야의 최근 연구는 다양성 증진, 안전 보장, 직장 내 차별로부터의 보호를 목표로 하는 법률의 효과에 주목해, 이러한 규제 메커니즘 다수가 조직 정책에 가변적이고 모호한 영향을 미쳤음을 보여 준다. 예컨대 1960년대 시민권 운동과 그 후 제정된 새로운 법률들은 사용자들이 적법 절차 권리 보장을 위한 형식적 보호 장치 마련을 압박하는 규범적 환경을 조성했다. 따라서 조직들은 법적 환경이 제기하는 위협에 반응했다. 그러나 조직들은 법적 압력에 대응하는 방식에서 상당한 차이를 보인다.

신제도주의 연구에 따르면 차별 고충 사건에 관한 조직 정책은 종종 원활한 고용 관계라는 관리적 목표 아래로 흡수된다. 이러한 재정의는 대개 고충 해결 자체를 막지는 않지만 차별이 실제로 존재하는 경우에도 이를

---

4  이 절의 논의는 Dobbin, Sutton, Meyer, Scott(1993), Edelman(1990, 1992), Edelman, Erlanger, Lande(1993), Edelman, Suchman(1999), Edelman, Uggen, Erlanger(1999), Sutton, Dobbin(1996), Sutton, Dobbin, Meyer, Scott(1994)의 연구에 근거한다. 법사회학에서의 제도주의 적용 추가 사례로 Burstein(1990), Burstein, Monaghan(1986), Dobbin, Kelly(2007), Kelly, Dobbin(1999), Larson(2004), Pedriana(2006), Pedriana, Stryker(1997), Skrentny(1994), Stryker(1989, 2001)를 보라.

조직 차별로 공식 규정하고 책임을 묻는 절차를 가로막는다. 이와 유사하게 조직에서의 적법 절차적 거버넌스 관행 채택은 법적 환경의 변화에 영향을 받는 것으로 나타났으며, 공공 기관과 비영리 단체가 이러한 개혁을 선도했다.

그러나 징계 심문이나 비노조 근로자를 위한 고충 절차와 같은 적법 절차 정책의 채택은 대체로 상징적 성격을 띤다. 조직들은 평등과 정의에 대한 의지를 표명하지만, 이는 실제 적법 절차 관행의 작동 및 효과와 무관한 경우가 많다. 마찬가지로 평등 고용 기회에 관한 민권법의 영향에 대한 연구들은 조직에 도입된 적극적 평등 조치 프로그램이 형식적·상징적 조치에 그쳐 소수자·여성의 고용 조건에 직접적 변화를 거의 가져오지 못함을 보여 준다. 조직들이 평등 고용 고충 절차를 도입하는 주된 이유도 그것이 공정성과 실효성이라는 아우라를 갖기 때문이다. 다만 법적 환경에 대한 조직의 상징적·실질적 대응 간 연계에 주목하는 제도주의 관점과 일치하게, 평등 고용과 양립하는 가치의 제도화는 소수자와 여성의 대표성 증가로 이어질 수 있다.

조직의 법 이론에서 특히 주목할 만한 연구로는 사회학자 로버트 넬슨과 윌리엄 브리지스가 저서 『젠더 불평등의 합법화_Legalizing Gender Inequality_』(1999)에서 제시한 미국 조직 생활의 젠더 불평등 연구다. 이들은 제도주의 이론에 입각해 남녀 임금 격차가 조직의 임금 결정에 의해 크게 형성된다고 주장한다. 임금의 성별 차이는 시장 작동, 효율성 원리, 문화적으로 광범위한 성차별의 전통만으로는 설명되지 않는다. 넬슨과 브리지스는 직무 간 임금 차이를 시장 가격 설정의 결과로 보는 주류 경제학 이론에 반대하고 조직 불평등 모델을 제시한다. 이에 따르면 조직은 여성 비중이 높은 직종의 노동자에게 최소 두 가지 방식, 즉 ① 조직 정치에서의 권력 박탈과 ②

남성 우위 문화의 재생산 방식으로 차별하는 경향이 있다. 사정을 더 복잡하게 만드는 것은 법원이 시장 불간섭 원리에 대한 고수를 근거로 임금 젠더 격차를 조장하는 조직 역학을 인정하지 않는다는 점이다. 법원이 노동 현장의 젠더 불평등 시정을 의무로 느끼지 않으면서 결과적으로 젠더 불평등의 합법화에 기여한다. 넬슨과 브리지스는 임금 차별 소송이 제기된 네 조직(대형 주립대학, 주 고용 체계, 포춘 500 소매 기업, 은행)의 사건 분석을 통해 이 이론을 검증했다. 분석 결과, 각 조직의 구체적 맥락은 임금의 성별 차이를 부분적으로만 설명할 뿐이며 임금 차 결정 요인과 시장 영향을 통제한 뒤에도 상당한 성별 격차가 남는다. 따라서 지속적인 성별 임금 격차는 조직 수준의 관행에 기인한다. 또한 노동 시장 정보(특정 유형의 노동에 대한 수요·공급, 경쟁 고용주의 임금 수준)는 조직 수준에서 무시되거나 선택적으로 해석된다. 더구나 임금 형평 소송에서 법원은 대체로 임금은 시장이 결정한다는 주장을 채택해 왔다. 이처럼 시장 관점을 광범위하게 수용한 결과, 여성이 '워싱턴 카운티 대 건서<sup>County of Washington v. Gunther</sup>' 사건(1981)에서 성 차별에 따른 임금 격차에 사용자 책임을 물을 수 있다고 대법원이 판시했음에도 법적 도전에서 큰 성과를 거두지 못하는 아이러니가 발생한다.


## 복지법의 정치 경제

법과 경제의 상호작용에 대한 제도주의 관점은 주로 미국에서 적용되어 왔다. 그러나 경제생활에서 법이 작동하는 방식에 관한 통찰의 상당 부분은 시장 경제를 가진 다른 사회들에도 적용된다고 볼 수 있다. 동시에 시장 경제가 발전한 문화적·역사적·정치적 조건이 지역마다 다르기에 지역 차도 예상된다. 법과 조직에 대한 제도주의 분석의 범위를 확장하면 복지법의 전개에 관한 사회학 연구를 동원할 수 있다. 자유 시장 경제와 자유주의·사회민주주의 체제 사이의 어렵고 유동적인 균형은 자본주의 발전에 비해 복지법의 정도와 영향으로 반영된다. 엄격한 자유주의 경제 관점에서는 시장에 맡겨야 한다고 여겨지는 여러 사회 병폐의 완화를 목표로 하는 복지법이 실제로는 입법과 법적 보호의 대상이 되었다.

실업이나 산업 안전처럼 시장의 작동과 관련된 문제를 완화하려는 복지법 제정은 전 세계 사회에 영향을 미쳤지만 방식은 상이했다. 일반적으로 유럽의 복지법은 미국보다 더 광범위하다. 이러한 차이는 발전해 온 사회학적 관점의 대조에서도 드러난다. 미국 사회학에서 복지는 대개 사회 통제의 한 측면으로 다루어지는 반면 유럽 문헌에서는 복지가 자본주의에 대립하는 위치에 보다 명확히 자리매김한다.[5] 문화 전통의 차이와 연계된 정치 조건의 가변성도 존재한다. 그러나 이 장의 맥락에서 중요한 것은 특히 유럽 사회들에서 복지 입법이 어떤 방식으로 전개되었고 경제생활에 어떤 영향을 미쳤는가 하는 점이다.

복지법의 전개는 유럽 복지의 역사 맥락에서 법제화juridification 모델을 토대로 분석하면 유용하다.[6] 법제화란, 이전에는 비공식적으로 규제되던 사회 영역을 법적으로 규제함으로써 형식적 법이 확대되거나 사회적 행위를 더 세부적으로 규제하도록 법을 치밀화하는 과정이다. 법제화 과정은 근대 국가 발전이라는 정치 조건 속에서 전개되지만(8장에서 논의), 여기서 관심사는 이 발전의 경제적 기능과 결과다. 특히 유럽 복지법의 전개를 설명하기 위해 네 차례의 법제화 물결을 구분할 수 있다.

---

5 예컨대 Chilton(1970), Dwyer(2004), Lindsay(1930)를 보라. 제도주의 이론의 영향을 받은 오늘날 관점으로는 Rogers-Dillon & Skrentny(1999)를 참조하라.

6 이 설명은 하버마스의 분석(1981a: 522-534, 1981c: 356-364)에 근거한다. Voigt(1980)도 참조하라.

첫째, 유럽의 절대 군주제하 부르주아 국가에서는 자본주의 경제의 확대와 더불어 계약 관계에 참여하는 사인私人에게 자유권과 책무를 부여하는 민법의 발전이 뒤따랐다. 이러한 민법 규정은 시장 내 자유를 보장한다. 그러나 공법에 있어서는 정치 권력이 군주의 손에 견고히 남아 있었다. 둘째, 입헌 국가의 발전과 함께 시민의 생명·자유·재산에 대한 사적 권리가 정치적 주권자에 맞서 헌법적으로 보장되었고, 주권자는 이러한 자유권에 간섭하지 않도록 법에 구속되었다. 그러나 시민은 정부 구성에 참여할 권리를 부여받지 못했다. 셋째, 프랑스 혁명의 영향 아래 민주적 입헌 국가가 발전하면서 선거 과정의 확대 형태로 정치적 참여권이 부여되는 세 번째 법제화 물결이 나타났다. 마지막으로 20세기에는 민주적 복지 국가가 발전하고, 복지 규제가 자유 시장 체제의 작동을 일정 부분 제어해 최소한의 경제적 평등을 보장하고자 했다. 현대 복지법의 법제화 과정은 시장 세력의 부정적 영향 일부를 억제하는 방향으로 근대 법 발전이 나아가고 있음을 보여 준다. 따라서 복지 규제는 정의와 평등에 대한 대중의 요구를 자유 시장에 맞서 반영한다는 점에서 일정한 정당성을 주장할 수 있다. 그러나 복지법의 전개는 양가적 함의를 지닌다. 한편으로 복지는 시장에 의해 배제된 이들에게 실질적 권리를 부여했지만, 다른 한편 복지법은 시장(과 국가)에 본질적으로 유리한 특정한 형식 아래에서 형성되었다. 구체적으로 복지법은 법적 청구의 개인화에 기초하여 법적 개입의 구조를 재편하며, 사회법의 적용 조건을 형식적으로 명시한다. 복지에 대한 법적 권리는 중앙 집중적·전산화된 방식으로 비인격적 조직에서 관료적으로 집행된다. 마지막으로 복지 청구welfare claims는 흔히 금전적 보상의 형태로 해결되어 사회적 필요의 소비주의적 재정의를 수반한다. 이처럼 복지 청구의 법적 규제 형식 자체가 경제의 언어와 논리로 틀 지어져 있다.

복지 규제의 역사적 경로를 돌아보면 조직을 통한 법의 여과뿐 아니라 법 자체의 시장 논리를 함께 성찰하는 것이 중요하다. 물론 선진 자본주의 사회의 모든 법을 경제 논리로만 설명할 수 없지만, 자본주의가 야기한 사회 문제의 완화를 목적으로 법이 제정되는 바로 그때 법의 시장화를 관찰하는 일은 중요하다. 나아가 법에 대한 시장 영향은 복지법의 해체에서 분명히 드러난다. 예컨대 19세기 초 영국과 20세기 말 미국처럼 서로 다른 복지 체제를 비교한 연구에서 소머스와 블록(2005)은 빈곤의 경제적 뿌리가 개인 책임의 결여, 의존성 중독, 도덕적 일탈이라는 복지 인센티브의 부식적 효과로 대체되어 설명될 때 복지가 해체된다는 점을 보였다. 이러한 '빈곤에서 일탈로'의 전환을 통해 시장 근본주의는 복지의 관념적·법 체제가 정당성을 상실하게 할 수 있다. 시장 역학을 고려할 때, 법에 대한 사회학적 분석은 법이 경제생활에 미치는 효과뿐 아니라 법의 형식과 내용이 언제, 그리고 어떻게 시장의 힘에 의해 형성되는지를 밝힐 수 있어야 한다.

## 결론

사회학의 주요 이론적 관점을 고려할 때, 경제와 법을 포함한 다른 사회 제도들 사이의 관계는 별도의 정당화가 거의 필요 없다. 경제의 중심성에 대한 이론적 윤곽은 이미 사회학 고전들에 의해 설정되었다. 근대 시장 사회라는 맥락에서 법과 경제생활의 여러 측면 사이에 점증적으로 심화되어 온 상호 침투의 과정에서 가장 많이 논의되어 온 쟁점은 본질적으로 자유와 자율성을 주장하는 사회적 삶의 한 영역을 규제하는 데 내재된 근본적 양가성이다. 산업화된 사회에서 경제 규제의 궤적은 추가 개입을 방지하기 위한 법의 개입이라는 방향으로 전개되어 왔다.

사회학 연구 전반에서 경제의 중심성이 널리 인정되어 왔다는 점을 고려하면, 법과 경제를 명시적으로 연결하는 사회학 연구가 비교적 최근에야 본격화되었다는 사실은 놀랍다. 사실 경제사회학이라는 전문 하위 분야의 제도화 자체도 상당히 최근의 현상이다. 그런 의미에서 베버와 뒤르켐의 핵심 교훈 가운데 일부는 사회학의 주류에서 천천히 수용되어 왔다. 그러나 최근 수십 년 사이 상황이 달라져 경제와 법의 상호작용에 관한 사회학 연구는 중심 무대로 이동했다. 특히 법사회학에는 조직 수준에서 법과 경제의 관계를 조명하는 여러 제도주의 흐름이 유리하게 작용했다. 구舊제도주의의 규범적 초점이든 신제도주의의 인지적 지향이든 간에, 특히 자유 시장 사회의 기업 조직을 중심으로 조직 안에서 법이 작동하는 방식에 관한 독자적인 사회학적 이해가 제시되었다. 통합과 행위 조정이라는 법의 일차적 기능이 근대 시장 경제의 비법 제도 질서들과 맞닥뜨리는 조직 수준에서 매개된다는 사실이 일반적으로 관찰된다는 점은 주목할 만하다. 민권·기회 균등법 등 영역에서의 제도주의 연구는 법 정책의 중요한 한계를 드러내기도 했다.

법사회학의 제도주의 연구 성과를 보완하듯, 복지 규제의 역사를 법제화 관점으로 보면 경제생활에 대한 법적 개입의 정도와 방향이 서구 각국에서 상당히 가변적임을 알 수 있다. 복지가 잘 발달한 사회에서조차 복지 정책이 시장 논리의 강제에 의해 형성된다고 여겨지는 만큼 법 자체의 시장 논리를 성찰하는 일이 중요하다. 교조적인 정통 마르크스주의에 기대지 않더라도 시장이 법의 전개와 결과를 어떻게 규정하는지에 대한 분석 작업을 사회학적으로 포기하는 태도는 현명하지 않다. 이론적으로는 경제·조직 생활에서 법의 내생성을 법 속 경제의 내생성과 언제·어떻게 결합해야 하는지를 숙고해야 한다.

　복지법 분석에 적용된 법제화 관점은 한편으로는 정의·평등에 대한 대중적 호소, 다른 한편으로는 시장 역학의 지속적 영향 사이에서 복지 정책이 지니는 양가성을 드러냄으로써 법에 관한 사회학적 담론에서 정당성의 중요성을 부각한다. 구제도주의의 옹호자들(Selznick 1996, Stinchcombe 1997) 또한, 신제도주의의 의례적 준수 이론이 법적 압력에 대한 조직의 적응이 단지 의례적 성격임이 드러나는 순간 정당성을 상실한다는 사실을 충분히 설명하지 못한다고 주장했다. 정당성은 법의 규범적 차원이 인정될 때에만 성립한다. 민주주의 사회에서 합법성과 정당성의 연계는 정치와의 관계라는 관점에서 법체계의 토대와 효과를 탐구할 것을 요구한다.

# 8

## 법과 정치
## : 민주적 법의 역할

법과 경제의 상호작용 못지않게, 법과 정치의 상호 관계는 법 사회학에서 각별한 중요성을 지닌다. 법제의 기능이 입법부에 부여되어 있고, 특히 국민 국가로 조직되고 고도로 성문화·형식화된 법 체계를 지닌 사회에서는 더욱 그렇다. 민주주의 맥락에서 법은 국민의 국가 통치 참여와 입법 결정이라는 정부의 산출이 민주주의 규범을 따르도록 보장하는 핵심 메커니즘으로 나타난다. 반대로 전제 체제나 정치·법 기능의 분화가 미약한 사회에서 법은 대중적 정당성에 기반하지 않은 정치적 지배의 도구로 작동한다. 정치 체제의 민주화와 더불어 법의 정치화는 더 이상 불변의 요소가 아니라, 법은 정치 권력의 남용에 대한 보장이 된다. 이런 의미에서 법은 시민과 정부를 잇는 결정적 연결고리다.

민주주의와 법에 관한 사회학적 논의로 들어가는 유용한 이론적 진입점은 민주적 법의 조건에 대한 담론 이론적 분석에서 찾을 수 있다. 담론 이론은 위르겐 하버마스가 의사소통 행위 이론에서 발전시켰다. 이 이론을 바탕으로 하버마스는 민주주의를 사회 분석의 중심에 두는 법 개념을 전개했다. 이에 정면으로 대조되는 것은 니클라스 루만의 사회학적 관점으로, 그는 자기생산적autopoietic 법 이론을 정식화했다. 두 관점은 대체로 서로 독립적으로 전개되어 왔지만, 이 장에서는 제6장에서 논의된 근대 법사회학의 몇몇 이론적 분기선들이 최근의 양상에서도 여전히 유효함을 보여 주기 위해 루만의 법 이론을 하버마스와의 대립 구도 속에 배치할 것이다.

이 장은 먼저 민주주의와 법에 관한 이론적 관점들을 분명히 할 텐데, 이는 법을 다음 세 방식 ① 인민 대표성popular representation의 관점에서 본 민주주의 기반으로서의 법, ② 정치적 의사결정 과정에 관련된 민주주의 도구로서의 법, ③ 절차적 기준을 준수해야 하는 숙의 영역으로서의 법 중 하나로 초점화하는 관점들이다. 이어서 근대 사회에서 민주주의를 보장하려는 법의 지정된 역할에도 불구하고 법에 존재하는 민주적 결손에 관한 사회학 연구들을 논의함으로써 법 속 민주주의의 경험적 관련성을 검토할 것이다. 법사회학에서의 법과 민주주의 연구는 필연적으로 강한 규범적 함의를 지닌 논쟁에 대해 놀라울 만큼 상식에 반하면서 동시에 분명히 사회학적인 기여를 보여 줄 수 있다.


## 합법성과 정당성 사이의 법: 담론 이론

독일 철학자이자 사회학자인 위르겐 하버마스1929~는 20세기 후반을 대표하는 가장 영향력 있는 사상가 중 한 사람이다. 그의 영향력은 저작의 역량뿐 아니라 주제적 폭의 넓이 그리고 사회과학·인문학의 다양한 분과에 주는 영감과 관련성에서 비롯한다. 하버마스는 괴팅겐, 취리히, 본에서 철학·역사·심리학·문학·경제학을 공부했다. 몇 년간 프리랜서 저널리스트로 활동한 뒤 프랑크푸르트학파의 지적 지도자 가운데 한 사람인 막스 호르크하이머와 함께 제2차 세계대전 동안 망명한 이후 프랑크푸르트대학에 합류한 아도르노의 조교가 되었다. 그는 자격 논문 준비 기간 내내 프랑크푸르트에 머물렀으나 자신의 연구가 호르크하이머에 의해 반려되었고 결국 마르부르크대학이 나서 이를 옹호했다. 이후 하버마스는 수년간 하이델베르크에서 보낸 데 이어 프랑크푸르트에서 교수로 재직하며 경력 대부분을 보냈다. 1994년 은퇴 이후에도 왕성한 저술과 공적 논쟁에 참여해 왔다. 초기에는 이른바 프랑크푸르트학파 2세대의 대표자로 알려졌으나 오늘날 그의 위상은 독자적으로 인정받는다. 하버마스의 이론은 사회학적·철학적 지향을 모두 담고 있으며, 이하에서는 법과 민주주의 이론 및 법사회학에의 관련성을 설명하는 데 유익한 사회학적 측면에 주로 주목한다.[1]

근대 사회에서 법의 역할에 관한 하버마스의 관점은 사회의 성격과 변형에 대한 그의 보다 폭넓은 이론에 기초한다. 그의 사회 이론은 역사적 전개 속에서 구별되어 온 두 종류의 합리성과 그에 대응하는 사회의 두 차원을 근간으로 한다. 첫째, 상호 이해를 지향하는 의사소통적 합리성에 의거해 사회는 '생활 세계'로 파악된다. 하버마스에 따르면 행위자들 간 상호 이해는 설령 해결되지 않은 의사소통의 결과에 따른 이견이 남을 수 있더라도 의사소통 행위는 다음 세 차원, 즉 ① 진리에 대한 객관적 주장, ② 옳음에 대한 규범적 주장, ③ 진정성·성실성에 대한 표현적·평가적 주장으로

---

1 하버마스 사회 이론의 주요 골격은 『의사소통 행위 이론』(2권본, 1981)에 제시되어 있다. 법 이론의 초기 정식화는 동 저작 제2권(1981b: 522-547, 영문판 1981c: 356-373)과 관련 글(1988, 1990)에 실려 있다. 법·민주주의 이론의 성숙판은 『사실성과 타당성』(1992; 영문판 1996)에 제시된다. 이 이론의 검토·적용 연구로는 Deflem(1995, 1998a), Grodnick(2005), Raes(1986), Deflem(1996) 수록 논문들, Rosenfeld & Arato(1998) 등이 있다.

이루어진다. 합리화된 사회의 생활 세계는 이러한 주장들에 상응하여 문화적 가치, 통합의 규범 기준, 사회 환경에서 기능할 수 있는 인격 형성이라는 차원으로 분화한다.

둘째, 특정 목표의 성공적 달성을 지향하는 인지-도구적 합리성에 비추어 사회는 체계system로 분석될 수 있다. 하버마스에 따르면 생활 세계의 합리화를 넘어 근대 사회는 일부 체계가 생활 세계로부터 분리되어 의사소통 행위가 아니라 화폐와 권력의 매개로 작동하는 추가적 분화를 겪었다. 체계에서 화폐와 권력을 매개로 조정되는 행위는 생활 세계의 의사소통 행위와 달리, 화폐 이윤에 기초한 재화의 생산·교환의 인지-도구적 조직(경제)과 권력에 기초한 정부의 형성(정치)을 지향한다. 이러한 체계의 형성 자체는 문제적이지 않지만, 화폐적·행정적 필요를 근거로 의사소통 행위가 도구화되고 체계가 생활 세계에 침투할 때 문제적 결과가 발생한다. 하버마스는 이를 생활 세계의 식민화colonization라고 부른다.

『의사소통 행위 이론The Theory of Communicative Action』에서 하버마스는 법이 화폐와 권력이라는 조정 매체의 자율적 작동을 제도화 혹은 '규범적으로 정박定泊'하는 핵심 역할을 맡는다고 본다. 화폐와 권력의 법 제도화는 경제·정치 체계가 생활 세계로부터 분리되게 하는 데 결정적이다. 그는 정치 권위가 역사적으로 사법적 지위에서 기원했다고 보아 법과 정치의 특별한 연계를 제시한다. 또한 국가 중심으로 조직된 사회의 틀 안에서 화폐라는 매체에 의해 조정되는 시장이 등장한다. 국가와 시장의 자율성이 법적으로 제도화되어 있다는 점에서 법은 이러한 분화에서 특수한 기능을 수행한다. 그 결과 경제와 정치 체계는 각각 사법과 공법을 통해 화폐와 권력의 매체가 법제화되면서 생활 세계와 '재결합'하고 이로써 독자적으로 작동한다.

하버마스 논의의 전제는 법을 규범에 관한 실천적 담론의 제도화로 형식화할 수 있다는 데 있다. 그는 베버와 함께 근대 법의 형식적 성격을 인정하면서도 법의 기술 관료적 합리화만으로는 규범적 차원이 해소되지 않는다고 본다. 다시 말해, 근대의 법은 정치 권위에 의해 형식적으로 제정·집행되더라도 법 주체들 사이에서 유효로 인정받기 위해 대중적 정당화를 추가로 필요로 한다는 점을 들어, 베버 이론에 내재한 합법성과 정당성의 긴장을 해소한다.

하버마스는 자신의 법 개념을 복지법의 전개에 적용해 이를 법제화 과정으로 설명한다. 7장에서 본 것처럼 이 과정은 대략 ① 자본주의의 발전 → 계약 관계의 사인에게 개인의 권리·책무를 부여하는 민법의 발전, ② 주권자에 대한 비간섭적 개인권 주장, ③ 민주적 참여를 통해 정치 질서에서 사회권 주장, ④ 복지법의 발전과 더불어 경제 체제에 대한 사회권 주장의 네 단계로 전개된다. 하버마스는 이 가운데 마지막 세 흐름을 국가와 시장의 영향에 맞선 생활 세계의 요구로 이론화한다. 더 구체적으로 이러한 단계들은 정치적 자유, 정치적 평등, 그리고 궁극적으로는 경제적 평등을 확보하려는 시도들이다. 그러나 복지법의 양가적 효과를 고려하면 생활 세계의 요구가 법적 청구의 개인화, 적용 조건의 형식화, 관료적 집행, 보상의 화폐화 등 관료적·화폐적 조직의 명령으로 전환되기도 한다. 이런 의미에서 하버마스는 법이 매체로서 체계적 방식으로 일상적 사회 관계에 개입한다고 주장한다.

따라서 『의사소통 행위이론』의 원래 정식화에서 법은 양가적 성격을 갖는다. 제도로서의 법은 생활 세계의 일부지만, 매체로서의 법은 체계적/도구적 논리에 따라 작동한다. 이 구상은 법을 ① 규범적 정당성 요구를 담은 법, ② 효율성 기준만으로 기술적 분석의 대상이 되는 법으로 엄격히 구획한다는 전제를 필요로 한다. 그러나 이 구획은 법이 생활 세계의 구성 요소인 만큼 법 자체가 생활 세계를 식민화한다기보다 오히려 체계에 의해 법이 재구조화되어 '법의 식민화'가 일어날 수 있는 가능성을 간과한다. 이에 하버마스는 후속 저서 『사실성과 타당성*Between Facts and Norms*』에서 근대의 법은 언제나 생활 세계의 일부이기에 규범적으로 정초될 수 있지만, 동시에 체계의 요구에 의해 법이 식민화될 수도 있다고 수정한다. 이와 함께 그는 입법 과정과 근대 정치 권력의 민주적 성격을 통해 법-정치의 특수한 연계, 그리고 법-도덕의 특수한 연계를 유지한다. 도덕 규범과 법 규범은 모두 사회적 상호작용의 질서화와 갈등 해결을 지향하지만, 도덕 규범은 법 규범이 지니는 강제력과 확실성을 갖지 못한다. 행정·집행이라는 핵심 기능을 위해 법은 정치 체제에 의존하고, 그 행사 과정은 다시 법적으로 규제된다. 민주주의 원리에 기초한 정당한 질서로서 정치의 성격은 법의 민주적 성격을 위한 최소 조건이기도 하다. 이 장에서 후술하듯, 하버마스는 법과 민주주의의 관계를 절차적 관점에서 파악한다.

## 정치·도덕을 넘어선 법: 자기생산

담론 이론의 관점에 가장 급진적으로 대립하는 것은 니클라스 루만**1927~1998**의 자기생산적**autopoietic** 법 이론이다. 제2차 세계대전 직후 프라이부르크대학에서 법학을 공부한 루만은 애초에는 공공 행정 분야에서 경력을 시작했다. 이후 하버드대 장학금으로 한 학년을 보내며 파슨스의 작업을 접한 뒤 사회학을 추가로 공부했고, 뮌스터대학에서 수년, 이어 빌레펠트대학에서 20여 년 이상 교수로 재직했다. 1993년 은퇴 이후에도 1998년 사망할 때까지 왕성히 집필했다. 그의 사유의 복잡성과 번역의 제한이 겹친 탓인지 루만의 작업은 사회학과 법사회학에서 하버마스에 비해 덜 논의되어 왔지만, 독일과 유럽 대륙에는 상당한 추종자가 있다.

루만은 파슨스와는 매우 다른 체계 이론의 관점에서 법과 사회를 파악한다.[2] 그의 이론은 '체계' 개념을 분석상의 도구로 쓰기보다 전통 사회에서 사회적 결속을 떠받치던 단일 세계관의 해체로 인해 실재적으로 분화·성립된 단위로서 체계를 지칭한다. 공유된 강한 세계관의 약화는 행위 대안의 복잡성을 증가시켰고, 이에 대응하여 그 복잡성을 줄이기 위한 전문화된 사회 체계들이 형성되었다. 루만에 따르면 이러한 체계들은 자기 준거적, 곧 자기생산적이다. 원래 생물학에서 도입된 용어인 자기생산 *autopoiesis*은 자신의 고유한 각각의 코드에 따라 서로 간에 독립적으로 작동하는 체계의 특징이다. 사회에 적용하면, 사회를 구성하는 각 체계는 서로를 환경으로 삼아 정보를 받아들이며 체계 간·내 관계는 특정 코드에 따른 소통을 매개로 이루어진다. 루만에게서 소통은 정보·발화·이해(또는 오해)의 합성으로 관찰될 수 있는 행위 그 자체고 주체를 전제하지 않는다. 또한 각 체계의 고유한 소통 코드가 체계 간 관계의 역학을 규정한다. 이 때문에 체계는 인지적으로 개방되어 있으나 작동상 폐쇄되어 있다.

루만은 법을 해결이 요구되는 갈등 상황을 염두에 두고 일반화된 행태 기대를 형성·재생산하는 자기생산 체계로 본다. 법에 의해 제도화된 기대가 침해될 때 법체계는 이를 합법/불법이라는 이항 코드로 반사실적으로 재확인한다. 법의 프로그램은 순전히 인지 문제로 "만약, ~이면*if ~then*" 구조로 기술될 수 있다. 즉 특정한 법적 조건이 충족되면 특정한 법적 결정에 이른다. 법체계의 작동적 폐쇄는 법규 위반이 그 규범을 무효화하지 않는

8

---

2  루만의 방대한 저작 중 법사회학 분야의 단행본 연구로는 Luhmann(1972a, 1972b, 1993a, 1993b)이 있다(또한 Luhmann 1986, 1992, 1997 참조). 유익한 입문서·논의로는 King & Schutz(1994), Rottleuthner(1989), Ziegert(2002), King & Thornhill(2006)의 논문들을 보라.

다는 사실에서 확인된다. 오히려 규칙 위반은 기소와 처벌을 통해 규칙의 재확인으로 귀결된다.

체계의 자기생산적 성격은 루만의 민주주의와 법 이론에서 특별한 의미를 갖는다. 작동적 폐쇄성으로 인해 정치·경제 체계는 법과 운용상 분화되어 있다. 법체계는 이들 체계와 특정한 방식으로 관련되지만, 상호 간섭하거나 간섭받지 않는다. 예컨대 도덕은 선/악의 이항 코드로 복잡성을 줄이지만 법체계의 합법/불법 코드는 도덕 코드와 조화되지 않는다. 또한 정치 체계가 입법을 통해 법체계에 압력을 가하더라도 법체계는 입법을 체계의 주변부로 배치하고, 법원에서의 명확히 법적인 의사결정 과정을 핵심에 둠으로써 응답한다. 정치와 법체계는 기능적 협력 관계를 유지하지만 위계적으로 배치될 수 없다. 법-정치의 상호 협력(혹은 구조적 결합)은 법체계가 정치 체계의 강제력에 의존해 결정의 집행을 담보받고 정치 체계가 법체계에 의존해 자신의 결정을 집행한다는 사실에서 관찰된다(다만 항상 법체계의 자기 논리에 따라). 따라서 법적 소통은 정치적·도덕적 고려를 배제하고 법의 코드에 근거하여 이루어진다.


## 민주주의와 법: 이론적 변형들

하버마스와 루만의 법 이론 사이에 존재하는 차이의 가장 중요한 함의 가운데 하나는 법과 민주주의의 관계에 대한 현저히 상이한 관점이다. 법사회학에 유익하도록 이러한 차이를 설명하려면, 사회학·철학 이론에서 민주주의를 어떻게 개념화하는지 간단하지만 분명히 할 필요가 있다.[3] 정치

---

3  이 개관은 Deflem(1998b)이 *Between Facts and Norms*에서 논의한 하버마스의 민주주의 이론 (Habermas 1992a: 349–398, 1992b: 287–328, 1995)에 대한 정리와 논의에 기초한다.

는 언제나 치자治者와 피치자彼治者, 곧 정부와 시민 간 관계를 문제 삼는다. 어원 그대로 민주주의democracy가 인민demos과 지배kratos에서 왔다는 점을 상기하면, 피치자를 명시적으로 참조해 정부가 구성될 때 그 정치 체제는 민주적이라 할 수 있다. 민주주의 체제에서는 선거 과정(인민으로부터 정부로 향하는 민주적 입력)과 입법 결정(정부로부터 인민에게 돌아가는 민주적 출력)이라는 형태로 정부와 인민의 상호 의존이 항상 존재한다. 그리고 정부-인민 상호 관계를 어떻게 상정하느냐에 따라 여러 사회학적 이론과 철학적 대응물을 구분할 수 있다.

첫째, 입력 이론은 선거를 통한 시민의 정부 형성 참여를 강조한다. 이 사회학적 구상은 공화주의 철학에서 파생되며 정부는 공동체의 공익을 반영해야 한다고 본다. 이 이론의 핵심 가치는 모든 시민이 정부 구성의 정당한 기여자로서 선거에 참여해 정치적 대표성을 결정할 평등이다. 사회학적으로 통치 체제는 주기적 선거, 정당 간 경쟁, 다수결 원칙을 통해 민의를 더 많이 반영할수록 더 민주적이다. 니클라스 루만(1990, 1994)의 민주적 정치 체제의 사회학 이론은 이 틀에 들어맞는다. 자기생산 관점에 따르면, 루만은 정치란 본질상 치자와 피치자의 구분을 전제하므로 "사람이 사람을 지배하지 않는" 체제나 권력을 소거하는 체제를 민주주의로 볼 수 없다고 주장한다. 또한 모든 결정을 참여적으로 내려야 한다는 민주주의 원리도 끝없는 '결정에 대한 결정'을 낳는다며 배제한다. 대신 루만은 민주주의란 정부/야당의 구별을 제도화하는 것이라고 본다. 정부와 야당은 모든 활동에서 상호를 겨냥하고 각기 대중을 향한다. 여당은 여론에 맞춰 집권 유지를, 야당은 집권 획득을 목표로 한다. 정부/야당이라는 민주적 코드가 유익한 까닭은 동시에 양측이 함께 집권할 수 없고, 선거 후 역할 교체의 가능성이 항상 열려 있기 때문이다.

둘째, 출력 관점은 사회적 상호작용을 규제하는 입법 결정으로서 정부의 산출을 강조한다. 자유 보장적 철학 구상에 상응하여 정치 체제의 입법 기능은 비개입적이어야 하고 개개 시민의 자유를 보장해야 한다. 사회학적으로, 민주주의는 효율적 정치 체계와 생산적 경제에 뿌리를 두고 있다고 논의된다. 립셋**Seymour Lipset**(1994)의 민주주의 조건 이론이 대표적이다. 립셋은 헌법상 보장된 권리의 형태로 시장과 국가의 독립적·효율적 기능을 민주주의가 수호해야 한다고 본다. 법의 역할에 더 초점을 맞추면, 법경제학(6장 참조)과 같은 시장 관점은 사적 욕구 충족을 지향하는 자율적 개인의 합리적 의사결정 능력을 강조함으로써 이 틀에 잘 들어맞는다.

셋째, 절차 이론은 민주적 성과를 수립하고 이를 논쟁과 토론에 개방해두는 절차에 주목한다. 이는 존 듀이의 프래그머티즘을 확장한 구상으로 다수결이 어떻게 다수가 되는가 즉, 선행 토론과 소수의 필요에 부응하도록 견해를 수정할 가능성의 수단에 민주주의의 본질이 있다고 본다. 절차적 측면에 대한 대응은, 민주주의가 열린 토론이 허용되는 조건에서 결정지어지도록 담보하는 숙의 정치의 철학적 관념이다. 민주주의와 법에 대한 절차적 이해는 위르겐 하버마스가 발전시킨다(1992a, 1992b). 하버마스는 입법·사법·행정에 구현되는 절차적으로 구상된 합리성에 의거할 때 법이 민주주의 사회에서 중심 역할을 수행할 수 있다고 주장한다. 절차적 개념을 옹호하며 하버마스는 민주주의의 헌정적 토대에 특별히 주목한다. 이런 점에서, 그는 특정 가치들이 아니라 윤리적 전통의 다원성이 평화 공존을 가능케 하는 규범적 헌법 질서 안에서의 체화가 가장 본질적이라고 본다.

## 법의 민주적 결함

하버마스와 루만의 법 이론을 비교 검토하면서 제시된 정치와 법에 관한 사회학적 관점의 분석은 법에 대해 ① 민주주의 기반으로서의 법, ② 민주주의 도구로서의 법, ③ 숙의 영역으로서의 법이라는 세 가지 시각을 도출한다. 민주주의 기반으로서 법은 유권자 대표와 참여의 평등을 보장하는 데 핵심이다. 민주적 정치 체제의 도구로서 법은 공동체에 미치는 효과, 특히 법적 결정이 모든 구성원의 자유와 자기 표현의 권리를 얼마나 보전하는지 정도로 평가될 수 있다. 또한 숙의 영역으로서 법(과 정치)의 장은 개방적 토론을 허용하는 절차적 기준에 따라 기능해야 한다.

제시된 민주주의 이론의 유형화는 헌정 질서로서의 법, 사법부의 역할, 입법 과정, 법원, 법 집행 등 법과 민주주의의 관련 측면에 관한 사회학 연구를 검토하는 데 유용하다. 다만 사회학계에는 민주주의의 이론적 개념을 바탕으로 법을 명시적으로 다루는 연구가 상대적으로 드물다. 이는 법·정치 철학 분야에서 민주주의가 차지하는 중심성과 극명하게 대조된다. 민주주의의 규범적 성격은 이러한 차이와 때때로 사회학적 분석의 규범 지향성이 분석 잠재력을 저해하는 현상을 설명해 준다(예, Hirst 1986, Lukes 2006, O'Malley 1983). 그럼에도 민주주의 체제의 경험적 차원과 법의 관계를 충분히 고찰하지 않는 것은 사회학 연구에서 문제다.[4] 반면 본 절에서 검토할 연구들이 보여 주듯, 법과 민주주의에 대한 사회학적 분석은 법이 스스로 정의와 평등의 보장을 표방함에도 민주주의 원리와 충돌하는 사례들을 통해, 민주주의 이념이 법에서 현실화되는 데 따르는 결함을 드러낸다는 점

---

4  예컨대 세기 전환기의 법과 민주주의 변동을 다룬 최근 두 권의 편저가 몇몇 예외를 빼면 사회학자가 아니라 법학·공공 정책 학자들의 글로 구성되어 있다는 사실은 시사적이다(*Syracuse Journal of International Law and Commerce* 2005, Schwartz 2006).

에서 특히 유익하다.

(정부의 투입으로서의)민주주의 기반으로서 법의 중요성과 체계사회학 연구의 강점을 동시에 보여 주는 사례가 미국의 중범죄자 선거권 박탈에 관한 만자**Jeff Manza**와 우겐**Christopher Uggen**의 연구다.[5] 이들은 확정 판결받은 전과자 및 특정 범주 출소자의 선거 참여를 금지하는 주州 법의 기원과 영향을 추적하여, 이러한 법이 인구의 상당 부분에 대한 민주적 권리를 크게 침해함을 보여 준다. 특히 미국의 구금률 급증, 그중에서도 소수 인종 집단의 과잉 대표 탓에 그 영향은 더욱 두드러진다. 더 나아가 이들 법의 영향을 받는 다수는 완전한 시민권을 누리지 못한 채 지역 사회에 거주하는 출소자라는 사실은 보다 심각한 문제다. 2004년 11월 기준 약 530만 명(이 중 약 200만 명이 아프리카계 미국인)이 이들 법의 적용을 받았고, 이 법률들의 인종 편향성은 남북전쟁 전후의 인종 갈등기로 거슬러 올라가는 제정 배경에서 우연한 현상으로 보기 어렵다. 미국 수정 헌법 제15조는 인종을 이유로 한 선거권 제한을 금지하지만 중범죄자 선거권 박탈은 실질적으로 인종 편향적 유권자 제한을 초래한다.

그 부정적 효과는 여러 방식으로 나타난다. 우선 선거 참여의 차원에서 중범죄자 선거권 박탈법은 유의미한 정치적 결과를 낳는다. 소수 인종의 과잉 대표성 탓에 특히 엄격한 박탈법을 가진 주에서 박빙 선거의 결과를 바꿀 수 있다. 실제로 2000년 미 대선에서 플로리다 주의 결과에 영향을 미쳤을 개연성이 높다. 나아가 이러한 법은 인구의 상당 부분을 직접적으로 배제할 뿐 아니라 다수의 미국인이 출소 시 선거권 회복에 찬성한다는 연구 결과에도 불구하고 인민 대표성을 간접적으로 제한한다. 더 넓게

---

5  Manza와 Uggen의 전과자 선거권 박탈 연구는 단행본 *Locked Out: Felon Disenfranchisement and American Democracy*(2006)와 일련의 관련 논문들(Manza & Uggen 2004, Manza & Brooks & Uggen 2004, Uggen & Manza 2002, Uggen & Behrens & Manza 2005, Uggen & Manza & Thompson 2006, Behrens & Uggen & Manza 2003)에서 확인할 수 있다.

보면 선거권 회복과 출소자의 지역 사회 재적응 간에 강한 상관이 관찰되므로 선거권 박탈은 재통합에도 악영향을 준다. 또한 범죄의 세대 간 전이를 고려할 때 유죄 판결받은 중범죄자의 다수를 차지하는 미혼 부*의 자녀들이 범죄에 가담할 가능성이 커진다.

(정부의 산출로서)민주주의 도구인 법은 주로 입법 형태로 나타나고, 자유를 부여하는 권리 보전을 염두에 두고 사회 통합에 미치는 입법 효과라는 관점에서 검토할 수 있다. 이 영역의 사회학 연구는 사회 운동 조직의 규제(Jenness 1999, Pedriana 2006)에서 종교의 자유(Richardson 2006)에 이르기까지 폭넓다. 입법 과정이 시민권에 미치는 영향 평가에서 모럴 패닉<sup>moral panics</sup> 연구는 민주적 통치의 관련 측면에 진입하는 데 특히 유용한 출발점을 제공한다.[6] 모럴 패닉 관점은 마약 남용의 범죄화, 길거리 범죄, 낙태, 표현의 자유 등 다양한 주제에 적용되어 개인이나 집단이 사회의 핵심 가치와 규범을 위협하는 존재로 규정되는 사회적 조건을 탐색한다. 이는 민주주의에 관한 사회학적 모델과 규범 이론이 반드시 조화되는 것은 아님을 보여 주며, 대체로(종종 암묵적으로) 자유주의보다 집합주의적 민주주의 이해에 기대는 갈등 이론의 관점에서 적용되어 왔다. 그럼에도 특정 행위 유형을 둘러싼 입법 활동의 효과를 탐구하는 한에서 모럴 패닉 전통은 법이 공동체 구성원의 기본권과 자기 표현 역량에 미치는 영향을 매우 분명하게 드러낸다. 특히 9·11 이후의 테러와 안보를 둘러싼 우려 속에서 테러리즘과 이민을 모럴 패닉 관점으로 분석한 사회학 연구는 각별한 통찰을 제공한다.

웰치<sup>Michael Welch</sup>의 연구는 모럴 패닉 관점에 기대어 1990년대 미국을 강타한 테러 사건(1993년 WTC 폭탄 테러, 1995년 오클라호마시티 폭탄 테러)과 2001년 9·11 이후 이민법의 활용과 확장이 이민의 범죄화를 실질적으로

---

6 　모럴 패닉 관점의 이론적 기초는 Cohen(1972)의 고전적 연구(1960년대 영국의 'Mods'와 'Rockers')에 두고 있으며(Goode & Ben-Yehuda 1994 참조), 개관으로는 Thompson(1998)을 볼 것.

초래했음을 보여 준다.[7] 1996년 이민·대테러 법률 제정 이후 이민자들은 경미한 위반에도 구금과 추방의 빈도가 높아졌다. 이로써 이민 심사관의 권한은 이민 판사의 사법 심사 권한에 비해 강화되었고, 이민자와 난민 신청자의 지위에 관한 중대한 결정을 내리면서도 책임성과 민주적 통제는 결여되었다. 추방 대상 범죄 목록은 확대되었고 추방 절차는 신속화되었으며, 때로는 비공개 증거에 근거하여 이민자들이 일반 범죄자와 함께 구금 시설에 구금되기도 했다.

웰치에 따르면 9·11 이후 이민 정책의 가혹성은 '범죄자 이민자'에 대한 모럴 패닉에서 '테러리스트 이민자'에 대한 모럴 패닉으로 질적으로 전환되었다. 이러한 시각 변화는 특히 미국의 난민 신청자 처우에 영향을 미쳤다. 모럴 패닉은 흔히 언론 노출에 의존하지만 은밀한 방식의 정책으로도 추진될 수 있다. 미국에서는 대중의 주목을 거의 받지 못한 채 구금 중심의 조용한 정책·관행이 시행되었다. 영국이 이른바 '가짜 난민'을 둘러싼 떠들썩한 공세를 벌인 것과 달리 미국의 난민 신청자는 형사 소추 없이도 상대적으로 장기 구금과 기타 가혹한 처우를 겪었다. 이들은 점점 테러 용의자·안보 위협으로 범주화되는 주장 형성 과정의 대상이 되었고 이민 당국은 이를 공개된 감시 없이 처리했다. 예컨대 2003년 3월 이라크 침공 직전 33개국 출신 난민 신청자는 '자유 방패 작전*Operation Liberty Shield*'이라는 공식 정책에 따라 즉각 구금되었고, 이 프로그램이 한 달 만에 폐지된 뒤에도 연방 법무부 및 일부 주(州)의 유사 구금 명령이 난민 신청자에게 부정적 영향을 미쳤다.

---

7  이민의 범죄화에 관한 웰치의 연구는 그의 저서 『구금: 이민법과 확대되는 INS 구금 시설 네트워크(*Detained: Immigration Laws and the Expanding I.N.S. Jail Complex*)』(2002)와 일련의 관련 논문들(Welch 2000, 2003, 2004, Welch & Schuster 2005)에 보고되어 있다. 9·11 이후의 형사 정책에 대한 확장된 분석은 웰치의 저서 『9·11의 희생양들: '테러와의 전쟁' 속 증오범죄와 국가 범죄(*Scapegoats of September 11th: Hate Crimes and State Crimes in the War on Terror*)』(2006)에 제시되어 있다.

마지막으로 숙의 영역으로서 법의 절차적 성격에 주목하면 배심 평의, 법관과 변호사, 변호사와 의뢰인 사이의 담론 관행, 기타 사법 처리의 절차적 측면 등 법원의 작동에 관한 연구가 특히 축적되어 왔다. 사회학·사회(학)적-법 연구 공동체가 큰 관심을 기울여 온 것은 비공식적 정의를 지향하는 더 광범위한 이론·법적 흐름의 일부로 발전한 대체적 분쟁 해결*alternative dispute resolution, ADR*의 실천이다.[8] 법원 판결이나 소송이 갖는 형식적, 상호 적대적인 그리고 사물화하는 본질에 도전하면서 ADR은 오래전부터 존재해 왔고 여러 사회에 분포하지만, 특히 1960년대 미국에서 두드러지게 등장했다. 오늘날 ADR의 주요 형태는 중재, 조정, 협상이다. 중재는 분쟁 당사자들이 제3자(중재인)에게 각자의 주장을 제시하고, 그로 하여금 구속력이 있을 수도 없을 수도 있는 결정을 내리는 방식이다. 조정은 중립적 제3자(조정인)가 당사자 간 의사소통을 촉진해 상호 수용 가능한 합의에 이르도록 돕는 보다 비형식적 전략이고, 협상은 제3자 없이 당사자들만으로 해결을 모색하는 가장 비형식적인 방식이다.

절차적 정의의 관점에서 '대체적 분쟁 해결*ADR*'은 법원의 형식적·당사자 대립적 메커니즘으로 강제하는 대신 당사자들이 동의하여 수용할 수 있는 방식으로 갈등 처리 경로를 마련한다는 데 이점이 있다. 상호성과 합의의 원리에 기초한 ADR 방식은 공식 재판에 비해 시간·비용 면에서 덜 소모적이라고도 평가된다. 반면, 대안적 분쟁 해결은 명시된 복종의 위협을 결여할 수 있고, 명확하게 규정된 제재가 없다면 집행 불가능한 상태로 남을 수 있다는 단점이 있다. 더구나 대안적인 논쟁 수립에 관여하고 적합한 대표에 의존하는 자신들의 능력에 따라 논쟁하는 당파들 간에 존재할지도 모를 불평등이 그렇듯, ADR 실천이 제도화되는 방식은 실제로 그 실천들

---

8  대체적 분쟁 해결(ADR)과 관련 광범위한 문헌에 대한 개관·논의로는 Barrett(2004), Brooker(1999), Langer(1998), Rebach(2001)을 참조.

이 의도하고자 했던 것보다 덜 매력적일 수 있다. 또한 ADR은 공개 재판의 보호를 결여할 수 있고, 법률 전문가의 참여 확대가 당사자주의 원칙의 재침투와 절차의 형식화로 이어진다는 우려도 제기되어 왔다.

숙의와 공정의 절차적 측면을 중시하는 ADR의 성격은 법사회학자 란데**John Lande**의 조정 연구가 보여 주듯 숙의 민주주의 법 개념과 잘 맞물린다.[9] 란데는 미국에서 최근 수십 년간 정식 재판 비율이 전반적으로 하락한 맥락에서 특히 조정을 중심으로 ADR의 부상을 위치시킨다. 그는 갈란터 **Marc Galanter**(2004)에 대한 우호적 비평에서 법원에 접수되는 사건 수는 늘었지만 재판 자체는 크게 줄었다고 지적하며 재판의 '소멸'이 아니라 감소라고 주장한다. 재판율 하락의 원인으로는 대체 분쟁 해결의 확산, 법원이 재판 조직에만 치우치지 않는 관료적 사법 역할을 더 많이 수용하게 된 점이 꼽힌다. 또한 재판에는 인력, 배심(배심 재판의 경우), 법정의 고도화된 장비, 고가의 법정 공간 등 상당한 비용이 수반된다. 재판율이 낮아지면 법원이 신규 인력 교육, 소송 당사자 지원, 준비 절차 진행, 규칙·절차의 제정, 법원 운영 관련 행정 업무에 시간을 할애할 수 있지만 동시에 시민이 기대하는 '공개적·공정한 처리'에 법원이 부응하지 않는다는 인상을 줄 위험도 있다. 이러한 절차 문제를 고려해 란데는 재판 회부 결정을 보다 민주적으로 책임지게 만들 방안을 제안한다. 당사자에게 정보에 입각해 (재판 회부 여부에 대한)자발적 선택을 보장하고, 무재판 합의 사례 정보를 활용하고 공개하며, 법원 조직 및 법률가 교육을 재설계하고, 시민의 적절한 분쟁 해결 수요에 부응하도록 ADR을 촉진하는 것 등이 그렇다.

ADR의 확산과 정식 재판율의 하락은 법 환경의 다원화를 시사한다. 법

---

9  관련하여 Lande 2002, 2005a, 2005b, 2006 참조. 직장 내 분쟁 해결(Hoffman 2005, 2006) 등 법사회학의 관련 연구도 있다. 심의 민주주의 맥락에서는 Somers(1993, 1995)의 시민권·민주주의의 정치사회학이 주목할 만하다. 절차적 정의에 관한 심리학적 관점은 Tyler(1990) 참조.

원이 비재판 업무를 다수 수행할 뿐 아니라, 분쟁 처리를 위한 유일하고 주된 제도도 아니다. ADR 가운데서도 조정은 가장 보편적·대중적 형태에 속하며 (일반적 분쟁 해결과 마찬가지로)조정에서도 절차적 기준이 만족도 판단에 가장 자주 쓰인다. 연구에 따르면 자기 표현·절차 참여 기회가 충분했다고 느낄 때, 그리고 절차가 이해 가능·공정·비강제적으로 진행됐다고 인식할 때 당사자의 만족도가 높다. 갈등 처리에서의 법적 정의 개념은 분쟁 당사자에게만 중요하지 않다. 당사자의 직접적 이해 차원에서의 기능 못지않게 재판 및 기타 분쟁 해결 방식이 사회 전체 차원에서 수행하는 기능이 큰 의미를 갖는다. 뒤르켐 이래 분쟁 처리 관행을 사회의 도덕을 재확인하는 의례로 이해하는 것 역시 사회학적으로 타당하다. 그러므로 민주적으로 조직된 사회에서는 정의에 대한 절차적 관념은 사회적 결속이라는 감각을 제공하는 법의 힘에서 중요한 지표다.

## 결론

민주적으로 조직된 정치 공동체의 맥락에서 법체계는 매우 두드러진 위치를 차지한다. 법의 입법 기능이 정부의 복속하는 사람들과의 관련 속에서 명시적으로 조직된 정치체에 부여되므로 법과 민주주의의 관계는 개념적으로나 경험적으로 밀접하다. 이 관계의 이론적 변이는 위르겐 하버마스와 니클라스 루만의 대조적인 이론 관점을 통해 유익하게 접근할 수 있다. 법사회학에서 규범적/과학적 관점의 분할에 대한 근대적 변형을 제시하면, 법과 정치의 규범적 토대 문제가 하버마스와 루만의 사유를 가르는 가장 결정적 쟁점이다. 루만에 따르면 사회의 진화는 분화 수준이 매우 높아져

법은 더 이상 규범적 관점의 정당화를 필요로 하지 않는 자기생산 체계가 되었다. 이에 날카롭게 배치되는 하버마스는 근대 사회의 법이 여전히 규범적으로 정초되어 있고, 정치 체계와 특별한 연계를 가진다고 주장할 뿐 아니라 숙의 민주주의 모델에 기초해 정당한 법의 관점을 사회학적으로 정당화(그리고 철학적으로 옹호)한다.

하버마스의 담론 이론과 루만의 자기생산 이론은 민주주의의 상이한 사회학적 관점을 제시한다. 사회학적·철학적 민주주의 관점들 사이에서는 입력, 즉 민의가 정부에 반영되는 과정과 출력, 즉 정부 행위(특히 입법)의 파급, 그리고 정치 공동체가 관련 의견의 숙의 영역을 허용하는 방식에 따라 구분 가능하다. 루만의 자기생산 이론은 정부/야당의 구별에 기여하는 유권자의 역할을 강조하며 민주적 입력에 가치를 둔다. 반대로 하버마스는 입법과 정부 작용의 여러 수준에서 절차적으로 구상된 민주주의 원리와 합치할 때 법은 정당하다고 본다.

법사회학은 민주주의와 그 사회적 역할에 관한 이론 작업을 명시적으로 많이 활용해 오지는 않았지만, 여러 맥락에서 민주주의와 법의 관련 쟁점을 다루는 상당한 연구를 축적해 왔다. 대표적으로 참정권 박탈이 민주적 참여 원리에 미치는 영향, 모럴 패닉이 기본권 실현에 미치는 효과, 분쟁 해결의 다양한 형식이 보다 형식적이거나 덜 형식적인 방식으로 분쟁을 처리하는 양상을 들 수 있다. 이러한 연구 흐름에서 드러나는 법사회학의 특징 가운데 하나는 이론적 잠재력이 항상 명시적으로 구현되지는 않더라도 엄정한 경험 연구가 가장 가치 있는 기여를 하는 경우가 적지 않다는 점이다. 그리하여 오늘날 법사회학은 사회학 바깥에서 전개된 이론 관점을 비추는 경험적 증거/반증을 제공함으로써 여전히 1차적 서비스를 제공한다. 물론 경험 연구는 언제나 결정적 기능을 수행하며 이론화가 의미를 부여해야 할 '단단한 사실'을 제공할 때 그 의의가 가장 크다. 그럼에도 법사회학 내부에서 관련 이론적 토대를 구축하는 작업을 병행하면 이 전문 영역은 더욱 강화되고, 이론적 진전과 경험적 진전이 보다 손쉽게 맞물려 온 다른 탐구 분야들과 동등한 위상을 얻는 데 도움이 될 것이다.

# 9

# 법과 통합: 법률 전문직

**법**의 사회 통합 확보 또는 행위 규제 기능이라는 측면에서 그 핵심 역할은 법 전문가인 법률 전문직들이 담당한다. 법률 전문직은 아마도 법 연구와 사회(학)적-법 연구에서 가장 집중적으로 탐구된 법의 측면이라 할 수 있다. 연구 주제로는 법률가의 역사와 변천, 직역 규제, 법학 교육과 변호사 자격 시험의 구조와 운영, 변호사와 의뢰인의 관계, 법률 업무 조직 방식 등이 포함된다. 이처럼 방대한 연구가 존재한다는 사실 자체가 법률 업무의 전문화 과정의 산물임을 보여 준다. 법률 전문직에 관한 학문 연구의 대부분은 법 연구 내부에서 나오거나 법학 교육과 긴밀히 연관된 법과 사회 전통의 관점에서 이루어진다. 법률 전문직을 다루는 학문 연구의 전문화는 이 연구가 다루는 가장 일반적인 질문들에도 반영되는데, 이들 질문은 사회적 역동이라는 법사회학적으로 중요한 차원보다 전문직의 경쟁적 비즈니스에 관한 기술적 측면에 주로 초점을 맞춘다.

법률 전문직에 관한 연구가 법 연구에 의해 사실상 독점되고, 독립적인 학문적 성찰로부터 상대적으로 고립되어 있다는 사실은 법의 자율성 문제에서 전문직이 차지하는 중심성을 보여 준다. 이러한 개념은 몽테스키외의 삼권 분립 원리까지 거슬러 올라간다. 따라서 법률 전문직에 관한 사회학적으로 의미 있는 연구는 법의 자율성 달성을 당연시하기보다 그것을 문제 삼는 이론적 틀에 기초하여 발전해 온 것은 당연하다. 근대 법체계의 중요한 차원으로서의 법의 자율성이라는 이상은 사실상 법의 가장 핵심적이면서도 사회학적으로 도전적인 특성 중 하나다. 이와 관련하여 변호사 직역의 전문화가 사회학적 관점에서 어떻게 이해되어야 하는가에 대해서는 이론적으로 큰 견해 차이가 있다.

이 장은 먼저 법률 전문직에 관한 가장 중요한 사회학적 관점을 검토한 뒤 법률 전문직이 겪어 온 주요한 경험적 변화를 논의한다. 특별히 주목할 것은 이른바 비판법학 운동으로, 이는 권력과 정의 실현에 대한 불평등한 접근을 중심으로 전개되는 법 실천 이론을 옹호하면서 법의 자율성 개념에 의문을 제기한다. 비판법학의 관점은 법률 전문직 내부에서 전개되었으므로 법률 전문직의 발전, 특히 다양화 맥락에서 이해되어야 한다. 그러나 이러한 다양성으로의 변화는 또한 법사회학에서도 다루어져 왔고, 특히 법률 전문직 내의 불평등 연구를 통해 조명되었다.


## 법률 전문직으로서의 법

법률 전문직*legal profession*은 법관, 변호사, 법률 상담가뿐 아니라 법학 교육 및 법학 연구의 전문가들을 포함하여 법체계의 운영과 유지에 의도적으로 종사하는 모든 직업적 역할 전체를 가리킨다. 법률 전문직이라는 범주는 법에 대한 목적적 참여라는 좁은 의미로 규정되는 것이 중요한데, 사회의 모든 구성원은 법적 주체로서 법에 관여하지만 직업적 지위를 통해 법에 참여하는 사람은 오직 법률 전문직뿐이어서다.

법률 전문직에 관한 사회학 연구는 여러 갈래의 사회(학)적-법 연구 및 특히 법 연구 속에서 병행되는 하나의 접근 방식일 뿐이다. 법률 전문직이 법에 관한 가장 많은 연구 주제 가운데 하나라는 사실은 사회과학자나 행동과학자들이 직업 일반에 대해 더 폭넓은 관심을 가졌다는 의미가 아니라 법률 직업 자체의 전문화가 직접적으로 낳은 결과다. 법률 직업의 전문화가 성공적으로 달성된 만큼 그것은 법 연구를 포함한 모든 법적 활동의 독점화를 초래한다.

직업적 자율성을 유지하려는 지향은 법률 전문직의 가장 핵심적이고 사회학적으로 도전적인 특징 중 하나다. 법률 전문직의 자율성은 법학 교육과 법조 실무의 여러 측면에 반영되며, 시간이 흐르면서 법률 전문직은 로스쿨 입학과 조직, 그리고 감독·규제 체제를 통한 법률 업무의 집행을 성공적으로 통제해 왔다. 법률 전문직의 독립성은 독립적인 사법부라는 주요한 형태로 나타나는 법의 자율성에 대한 구체적 표현이다.

비록 법률 전문직에 관한 학문 연구의 대부분이 법 연구 내부나 사회학 이외의 다른 법과 사회 관점에서 나오지만, 법률 전문직의 사회적 측면을 탐구하는 뚜렷한 사회학적 전통도 존재한다.[1] 직업사회학은 역사적으로 근대 사회에서 법률 업무의 전문화를 다룬 연구에 가장 큰 빚을 지는데, 이 주제는 베버가 처음 체계적으로 탐구했고, 이후 파슨스가 법체계의 통합

---

1  직업사회학의 기초적 공헌으로는 Abbott(1988), Freidson(1984, 1986, 2001), Larson(1977)이 있다. 법률 전문직의 사회학에 영향력 있는 연구로는 Carlin(1962), Halliday(1987), Rueschemeyer(1973)가 있다. 또한 Berends(1992), Davies(1983), Dingwall & Lewis(1983), Halliday(1983, 1985), Macdonald(1995), Murray, Dingwall, Eekelaar(1983), Riesman(1951), Rueschemeyer(1983)의 유익한 논의와 개관도 참고된다. 본 절은 Deflem(2007a)의 일부를 활용한 것이다.

기능 속에서 전문직의 역할을 설명하는 방식으로 발전시켰다. 베버는 법을 전문 인력에 의해 보장되는 규범 질서로 정의하면서 법률 전문직에 큰 관심을 기울였고(2장에서 논의했듯이), 법률 직업의 전문화를 법의 합리화에서 가장 중요한 요소로 보았다. 나아가 형식적으로 합리화된 법체계에서 법률 전문직은 관련 규칙과 적절한 절차에 관해 취득한 법적 전문성에 근거해 법의 집행에 관여하므로 그 중요성은 관료제 전문가들과 어깨를 나란히 한다. 결국 법률 전문직은 법에 관한 지식과 노하우를 갖춘 전문가인 것이다.

근대 법사회학에서 법률 전문직에 관한 여러 관점은 파슨스의 연구(제5장에서 논의됨)를 토대로 발전했다. 파슨스가 법률 전문직에 특별한 관심을 가진 것은 직업 일반에 대한 그의 폭넓은 관심에서 비롯되었을 뿐 아니라, 법체계를 사회 통제 장치로 파악하는 기능주의 관점에서도 설명된다. 파슨스적 관점에 따르면 특정 직업적 역할에서 전문성을 성공적으로 습득하는 것이 전문화의 가장 두드러진 특징이다. 따라서 법률 전문직은 주로 법에 정통하며, 이러한 전문성에 근거하여 일반 대중에게 특화된 서비스를 제공할 수 있는 사람을 의미한다. 이런 점에서 법률 전문직은 한편으로는 입법자로서의 정치체, 다른 한편으로는 법의 고객으로서의 대중 사이를 매개한다. 대중을 향한 활동의 기능적 측면에서 (모든 전문직과 마찬가지로)법률 전문직은 자신의 직업적 과업이 공적으로 인정된 문제에 대응하거나 공익을 실현하는 것으로 평가받는다는 점에 의존할 수 있다.

파슨스는 또한 뒤르켐의 직업 집단 구상과 맥락을 같이하여, 전문직 조직이 근대 사회에서 국가와 시장의 관료제 조직과 성공적으로 대등할 만큼 중요한 힘이라고 주장했다. 전문화와 관료화는 반드시 일치하는 힘이 아니며, 전문직은 자신들의 업무가 이루어지는 제도적 환경과는 독립적으로 자신들만의 문화와 구조를 창출할 수 있다. 이는 특히 법과 의료 분야의 자유 전문직에서 가장 명확하게 드러난다. 반면 전문화가 국가 관료제 조직의 틀 안에서 이루어지는 경우, 즉 경찰 기능(11장에서 다룸)의 경우에는 전문화와 관료화의 분리가 성립하지 않는다.

파슨스적 틀을 넘어 최근의 사회학적 관점들은 법률 전문직의 역할에 다양한 대안적 시각을 제시해 왔다. 이러한 접근들은 전문화에서 전문성의 역할, 그리고 이와 관련하여 전문직이 대중을 지향하는 기능에 초점을 두고 있다. 보다 일반적인 수준에서 대안 이론들은 기능주의적 통합 개념에 의문을 제기하고, 대신 법률 전문직을 포함한 법체계를 권력과 불평등의 차원에서 분석한다. 파슨스적 관점은 이 점에서 한계를 지닌다는 주장이 제기된다. 이 관점은 법률 전문직의 통합적 기능을, 예컨대 금전적 유혹이나 의뢰인의 압력에 직면해 편의주의적 타협에 굴복하려는 압력, 법의 기술적 세부사항에 과도하게 집중하는 과잉 형식주의, 혹은 의뢰인의 실체적 주장을 과장함으로써 나타는 감상주의 등, 전문직 업무의 정당성이 일탈 행위로 기울어질 수 있는 특정한 긴장에 의해 위태로워지는 경우에 한해서만 문제 삼기 때문이다(Parsons 1954). 그러나 이러한 지점을 제외하면, 파슨스적 관점은 전문직이 특정한 직업적 과업 영역에서 전문성을 축적해 왔다는 점이나 전문직화가 공공선을 위해 복무하는 데 기능적 이익을 제공해 왔다는 점 자체를 문제 삼지 않는다.

최근의 사회학적 관점에 따르면 전문성은 단순한 재화$^{good}$라기보다는 주장$^{claim}$으로 이해된다. 이 주장은 대중뿐 아니라 사회의 공식적 권위에 대해 제기되고, 국가가 특정 활동 영역에 대한 배타적인 직업적 자율성을 확립할 수 있도록 법적 구속력이 있는 면허를 부여함으로써 정당성을 획득한다. 이런 의미에서 전문직 체계는 본질적으로 특정 직역 영역을 둘러싼 통제권 투쟁으로 나타나며, 진단·분석·처치의 문제에서 전문성이 주장된다.

예컨대 법 영역에서의 전문성 제도화는 국가가 공식적으로 이러한 독점을 부여함으로써 법률 전문직의 특별한 지위를 보장한다. 사회학자들은 또한 법률 전문직이 성공적으로 독점에 도달한 이후, 국가와 입법 과정에 영향력을 행사하려 할 때 나타나는 더 복잡한 행태에 주목해 왔다. 따라서 전문직은 독립적일 뿐 아니라 관료제에 흡수되기도 한다.

전문직이 문제를 다루는 방식을 상당 부분 통제할 수 있다는 이유로 법률 전문직이 공익을 위해 봉사한다는 통념 역시 의문시된다. 법률 전문직은 의뢰인의 관심과 이익보다는 자신들이 정의한 법적 관련성과 역량의 관점에서 사안을 규정 짓는다. 변호사들이 명성과 소득을 추구하는 자기 이익을 우선시한다는 사실이 그들의 활동을 이해하는 데 오히려 형식적 법 이데올로기에 따른 자기 합리화보다 더 설명력이 클 수 있다. 마찬가지로 직업적 행동에 관한 공식적 윤리 강령은 공익에 봉사하기보다는 오히려 전문직 자체의 지위를 보호하고 경쟁을 차단하며 사회적 배제를 확립하는 역할을 할 수 있다. 이러한 폐쇄의 한 요소는 로스쿨에서 배운 법학 교리와 절차의 준비 과정을 면밀히 따르는 활동으로 법률 업무를 신비화하고 과대평가하지만, 실상 변호사의 많은 업무는 일상적이고 평범한 경우가 많다.

법률 전문직 연구에서 최근 두 가지 발전은 특별히 고려할 만하며, 이 장의 다음 절들에서 다루어진다. 첫째, 지난 수십 년에 걸쳐 수행된 연구들은 법률 전문직의 다양성이 전문화 모델이 설명할 수 있는 것보다 훨씬 크다는 사실을 보여 주었다. 둘째, 또한 이와 관련하여 법률 전문직의 행태를 법이 스스로 표방하는 정의와 공정의 이념과는 무관하게, 그리고 때때로 그에 반하여 법률 전문직의 행태를 비판해 온 비판법학 운동의 부상 역시 법률 전문직 체계의 변천을 보여 주는 또 하나의 표지로 전개되어 왔다. 이는 특히 법학 교육 영역에서 두드러지게 드러난다. 따라서 비판법학 역시 법률 전문직의 경험적 변천이라는 맥락에서 이해되어야 한다.

## 법률 전문직의 변천

서로 상이한 법적 전통을 지닌 근대 산업 사회들은 하나의 법률 전문직 체계를 갖추고 있다.[2] 그럼에도 법률 전문직은 전문화 정도, 직역 구조, 법률 업무의 조직 측면에서 시공간을 초월해 안정적이지는 않다. 역사적으로 관습과 전통과 분리된 법체계를 갖지 못한 사회에는 법률 전문직이 존재하지 않았고, 종교·도덕·법 문제에서 '진리'를 말하는 권력을 가진 부유한 지도자들을 중심으로 다기능적 역할이 형성되었다. 법률가라는 전문 직업은 로마 제국에서 처음 발전했는데, 법에 정통한 사람들은 초기에는 아마추어로 활동했지만 점차 전문화된 훈련을 바탕으로 법률 업무를 직업으로 삼게 되었다. 베버의 관점에서 근대 변호사의 역할은 사회의 경제적·정치적·문화적 복잡성 증가의 산물이다. 자본주의적 기업의 발전은 경제생활의 형식화를 심화시켰고, 따라서 합리적으로 기업 사무를 관리할 수 있는 법률 전문가의 필요성이 커졌다. 법의 세속화 또한 법률 전문가의 참여를 촉진했다. 그리고 관료제 정부의 확장은 규제의 명료성과 질서 유지를 위한 전문가의 필요성을 더욱 증대시켰다.

앞서 언급했듯 법률 업무의 전문화는 전문성과 지식의 공적 인정, 직역

---

2　이 절에서 보고된 경험적 자료는 주로 미국 법률 전문직의 역사와 구조에 관한 Richard Abel(1986, 1988, 1989)의 저작과 John Heinz, Edward Laumann 및 동료들의 시카고 변호사 연구들 Heinz & Laumann(1982), Heinz, Laumann, Nelson & Michelson(1998), Heinz, Nelson & Laumann(2001), Heinz, Nelson, Sandefur & Laumann(2005), Nelson(1994)에 의존한다. 추가 분석과 개관으로는 Boon(2005), Galanter & Palay(1991), Gorman(1999), Halliday(1986), Kritzer(1999), Sandefur(2001, 2007), Seron(1996), Shamir(1993b, 1995), Van Hoy(1995, 1997)를 참조. 여러 국가의 법률 전문직 비교 연구로는 Abel & Lewis(1988–1989)의 기여를 참조.

의 독립적 조직, 직업 관할에 대한 독점을 포함한다. 전문화의 발전은 사회마다 역사적으로 불균등하게 전개되어 조직과 법조 실무에서 서로 다른 결과를 낳았다. 오늘날과 같은 전문화된 법학 교육 체계는 18세기 영국에서 처음 발전했으며, 법은 대학 교육의 일부로 인정받는 학문 분야가 되었다. 미국은 자국의 법체계를 상당 부분 영국 모델에 맞추었지만, 초기 미국 지방 법원은 변호사 자격 취득을 대학 학위가 아닌 도제 제도를 기반으로 허용했다. 점차 미국에서는 정규 법학 교육이 법조 실무의 필수 기초로 자리 잡았다. 법학 교육의 요건은 입학 시험 제도의 도입, 서술 시험의 추가, 수년간의 법학 교육 기간 연장, 그리고 궁극적으로는 로스쿨 입학 전 학사 학위 요건으로 확대되었다. 미국의 법학 박사**Juris Doctor, JD** 학위를 제공하는 전문 로스쿨 체계는 비교적 드문 편이다. 다른 많은 나라에서는 법학이 대학 단계에서 학문적 전공으로 개설되지만 교육 내용은 대체로 법조 실무를 지향하며, 학사 학위 선이수나 졸업 후 도제 수련과 같은 추가 요건을 병행하기도 한다.

법률 전문직은 영미법 국가와 대륙법 국가 사이에서, 무엇보다 법학 교육에서 차이를 보인다. 영미법체계는 전통적으로 영국 법제에서 유래했고, 주로 과거 법원의 판례에 기초한 불문법 또는 판례법에 크게 의존한다. 대륙법체계는 로마 시대에 그 기원을 두고 프랑스(1804년 나폴레옹에 의해 국가 민법전이 처음 도입)와 독일(1900년 통일 민법전 도입)의 성문화된 법제에 구현되었다. 최근 들어 영미법 국가들에서 법의 성문화가 확대되고 대륙법 국가들에서 판례법의 중요성이 커짐에 따라 양 법계의 구분은 흐려지고 있다. 그럼에도, 법학 교육과 법률 전문직에서는 여전한 차이가 존재한다. 예컨대 대륙법 국가(특히 유럽 대륙)의 법학 교육은 주로 성문법과 법전을 중심으로 이루어지는 반면, 영미법 전통의 로스쿨은 실무를 위한 판례 분석에 중점을 둔다.

법률 전문직의 기능적 측면에서도 차이가 있다. 영국과 다수의 영미법 국가에서는 솔리시터<sup>solicitor</sup>와 배리스터<sup>barrister</sup>의 구분이 존재한다. 솔리시터는 의뢰인에게 법률 자문을 제공하고 구체적 소송에서 재판 변론을 맡을 적절한 배리스터를 선정한다. 그러나 미국과 캐나다를 비롯한 일부 영미법 국가는 솔리시터와 배리스터를 구분하지 않는다. 미국에서는 변호사 시험에 합격한 모든 변호사가 해당 주 법원에서 변론할 수 있으며(연방 법원 출석은 별도의 절차가 요구됨), 캐나다 또한 유사하다. 또 법관과 변호사의 관계도 양 체계 간에 다르다. 영미법의 전형적 당사자주의에서는 법관이 당사자 측 변호사에 비해 비교적 수동적 역할을 하는 반면, 대륙법의 직권주의에서는 법관 또는 법관 합의체가 사건 조사에 적극적으로 관여한다. 직역 통제에 있어서도 대륙법 국가는 법무부와 같은 정부 기관이 법률 전문직 활동을 감독하는 경향이 있는 반면, 영미법 국가는 일반적으로 전문직 단체에 의한 자율 규제 체제를 구축해 왔다. 예를 들어, 미국변호사협회<sup>American Bar Association, ABA</sup>는 1878년에 설립된 임의 단체로 법학 교육 프로그램을 인증하고 법률 전문직 활동을 지원하는 다양한 프로그램을 운영한다.

미국 법률 전문직 변천에 관한 사회학적 분석으로 눈을 돌리면, 연구들은 법률 전문직 내의 중요한 변화와 구조적 차이를 보인다. 미국에서 변호사 수는 법률 서비스에 대한 수요 변화와 전문화가 달성된 정도에 따라 시간이 흐르면서 증가해 왔다. 1800년대 후반에서 1900년대 초에 미국변호사협회<sup>ABA</sup>와 주 변호사협회가 설립되기 전까지는 법률 전문직이 잘 조직되지 못했다. 직역 진입 요건은 점차 강화되었는데, 이는 직역의 인종적·계급적 구성과 변호사 수를 통제하기 위한 시도였다. 이 과정은 주별로 강한 지역적 차이를 보였고 경제 상황, 인구 변화, 이민 패턴 등 사회적 요인들도 큰 영향을 미쳤다.

변호사 수의 증가는 1970년대에 들어 일반 인구 증가율보다 훨씬 가파른 속도로 가속화되었다. 현재 미국 내 변호사 수는 거의 백만 명에 달한다. 이들 중 약 3/4은 개인 변호사 사무소나 대형 로펌에서 근무하고, 약 17%는 정부 기관이나 민간 기업에서, 단 1%만이 법률구조협회나 로스쿨에서 활동한다. 대부분의 로펌은 소수의 변호사로 이루어진 소규모 조직이지만 일부는 100명 이상의 변호사를 고용할 만큼 성장했다.

로펌에 대한 연구는 대형 로펌 소속 변호사들이 개인 변호사 사무소나 소규모 로펌 변호사들보다 훨씬 더 높은 위신과 수입을 누린다는 사실을 보여 준다. 변호사들 사이에 직업적 위신의 이른바 두 개의 '반구半球'를 형성하는 요인으로는 담당 법률 분야의 전문성과 서비스 대상 고객층의 유형이 있다. 예컨대 저작권법, 국제법, 기업법 분야 변호사들은 높은 위신을 갖지만 인권법, 형사 소추, 형사 변호, 이민법을 다루는 변호사들은 상대적으로 낮은 위신을 가진다. 전문직 상위 반구에는 전국적인 대형 로펌에 고용되어 대기업과 유력 기관을 대상으로 특수 업무를 수행하는 변호사들이 속한다. 이들은 법정 출석보다는 부유한 고객을 상담하는 데 더 많이 관여한다. 고위 고객을 상대하는 변호사들은 더 큰 명성과 재정적·기타 보상을 받으며, 그들의 업무는 항소심 변론이나 후배 변호사의 업무 검토처럼 보다 명확히 법률적 성격을 띠는 '순수하게 전문적인' 활동으로 평가된다.

최근 들어 기업 고객을 담당하는 변호사 수가 증가하고 있다. 이는 대기업 고객으로부터의 법률 서비스 수요 증가에 기인하며 특히 대형 로펌이 집중된 대도시 지역에서 두드러진다. 도시 지역에서 변호사 수가 가장 급격히 늘었고 로펌의 규모 또한 크게 확장되었다. 대형 로펌 간 경쟁의 심화는 이들 로펌의 규모 확대와 더불어 국제 시장을 포함한 더 넓은 지리적 시장으로의 진출을 촉진했다(12장 참조).

하위 반구에 속하는 변호사들은 개업을 하거나 소규모 로펌에서 근무한다. 이들은 기관보다는 개인을 대리하며 주로 개인 법률 서비스와 관련된 법정 업무에 종사한다. 자체 법무팀을 둘 수 있는 민간 기업에서 근무하는 변호사들은 정부 기관이나 공직에서 일하는 변호사들보다 훨씬 더 나은 보상을 받는다. 소득 외에도 두 반구는 인종·민족, 법학 교육, 직업적·사회적 네트워크 측면에서 구분된다. 예컨대 가톨릭 및 유대인 변호사들은 명망 높은 대형 로펌에서 배제되는 경향이 있다.

미국 변호사의 대다수는 하위 반구에 속한다. 특히 소규모 로펌에서는 법률 업무가 질적 측면에서 크게 변화하여 유언장 작성이나 이혼 처리와 같은 매우 일상화된 개인 법률 서비스 제공에 집중하게 되었다. 이른바 프랜차이즈형 로펌에서는 변호사가 비서에게 크게 의존하며, 비서는 법률 생산 체계에서 변호사 못지않게 필수적인 존재다. 이들 로펌은 대중 매체를 통한 광고 캠페인 등 마케팅 전략을 활용하여 폭넓은 고객층에 접근한다.

미국 법률 전문직 조직에 관한 연구에서 중요한 결론은 법률 전문직이 단일체가 아니라 다양한 수준의 위신과 보상을 받는 구성원들이 서로 다른 활동에 종사하는 다원적 집단이라는 점이다. 개인 상해 소송이나 이혼처럼 특정 수요를 충족시키거나 시민권처럼 도덕적 가치가 있는 법률 업무는 대중에게는 중요하게 여겨지지만, 전문직 내부에서는 높은 명성을 얻지 못하며 보상도 크지 않다. 법률 전문직 상위층은 여전히 주로 상류 배경을 가진 백인 남성 변호사들로 구성되며, 최상위 로스쿨에서 교육받은 경우가 많다. 그러나 오늘날 법률 전문직은 젠더, 교육 배경, 인종, 민족 측면에서 미국 사회를 더 폭넓게 반영하는 다양한 실무자들로 구성되어 있다. 현재 존재하는 이러한 층화와 다양성은 전문직 전체의 통합을 약화시키고 직역의 지위에도 영향을 미칠 수 있다. 법률 전문직의 분화 심화가 낳은 두드러진 결과 중 하나는 비판법학 연구 운동에서 보듯, 정의에 대한 차등적 접근과 법 내 다양성 문제를 노골적으로 논의하는 법 이론적 관점의 등장이다.

## 법 이론의 다변화: 비판법학

법률 전문직의 활동은 재판, 변론, 법률 자문, 그리고 법학 연구를 포함한다. 특히 법학 연구 또는 법이론을 하나의 법적 활동으로 명시하는 것이 중요한데, 이는 법률 전문직이 외부 관찰에 기초한 분석을 차단하고 내부적 통제에 기반한 관리를 용이하게 하기 위해 자기 자신을 연구하는 데 이해관계를 지니고 있음을 표상하기 때문이다. 따라서 법학 전당인 로스쿨에서 전개된 비판법학*Critical Legal Studies, CLS* 운동은 법률 전문직의 변천과 직역의 자율성과 독점에 대한 주장 조건 변화의 산물로 이해할 필요가 있다.

일반적으로 비판법학 운동은 느슨하게 연결된 법학자 집단을 가리키는데, 이들은 주로 미국에 집중되어 있고 영국과 기타 서구 국가들에서도 다소 존재한다. 이들은 1970년대 후반 이후 법이 스스로 내세운 정의·평등·공정의 이념이 실현되지 못하거나 배반되었다는 점을 근거로 법체계를 비판하기 시작했다.[3] 이러한 일반 서술에 더해 비판법학의 핵심 특징은 이론적·방법론적·정치적 차원에서의 다양성과 비결정성에 있으며, 이로 인해 그 관점을 간결하게 규정하기가 어렵다. 이론적 사상의 측면에서 비판법학

---

3   비판법학 운동의 주요 대표자로는 Roberto Unger(1976, 1983, 1986), Duncan Kennedy(1983, 1997, 1998), Richard Abel(각주 2 참조) 등이 있다. 또한 Galanter(1974), Gordon(1986), Kelman(1984), Tushnet(1991), Fitzpatrick & Hunt(1987)의 경험적·이론적 분석이 CLS에 영향을 주었다. 유익한 개관으로는 Bauman(1996), Gordon(1986), Hunt(1986), Miaille(1992), Milovanovic(1988) 등이 있다.

은 미국의 법실증주의 전통, 프랑크푸르트 학파의 비판 이론, 다양한 네오마르크스주의 사상, 미셸 푸코를 중심으로 한 프랑스 후기 구조주의, 포스트모더니즘, 해체주의 등에 빚지고 있다.

비판법학 학자들은 일반적으로 급진적·대안적·좌파적 성격으로 묘사되는 정치적 포부를 선언한다. 이 관점의 지지자 다수는 1960년대 후반 반전 운동, 시민권 운동 등 다양한 사회 운동 경험의 영향을 받았다. 1970년대 후반과 1980년대 초에 이르러 비판적 성향의 법학자들의 지적 노력이 점차 조직화되면서 CLS 관점의 제도화로 이어졌다. 1977년 미국에서 첫 번째 비판법학 학술대회가 열렸고, 이어 곧 영국에서는 비판법학회, 프랑스에서는 비판법<sup>Critique du Droit</sup> 등 관련 단체가 결성되었다.

CLS의 이론적 사상은 몇 가지 구별되는 요소들로 구성된다. 근본적으로 CLS는 법의 실제 작동을 폭로하는 데 주력하고, 이는 주로 법원과 기타 법적 의사결정의 장에서 나타난다. CLS는 법이 스스로의 원칙과 비교해 실제로 무엇을 하는지를 비판하고, 법의 형식주의와 객관주의를 '무너뜨리기' 위한 내재적 비판의 입장을 취한다. 자유주의적 합법주의 이데올로기에 맞서 CLS는 법 앞의 평등이 신화에 불과하다고 주장한다. 실제로 법은 사회에 존재하는 경제·정치·사회 구조적 불평등을 반영하고 심화한다. 심지어 더 큰 정의를 구현한다고 공식적으로 선포된 법조차 실제로는 사회의 불평등을 유지하는 역할을 한다. 이러한 불평등의 구조적 성격을 고려할 때, 법체계를 보다 정의롭게 만들기 위해 필요한 변화는 단순한 법 개혁의 기술적 노력에 그치지 않고, 인간 해방을 지향하는 보다 근본적인 노력을 포함해야 한다.

CLS의 관점은 경험적으로 볼 때, 법이 지니는 내적 모순, 실현되지 않은 약속들, 그리고 갈등과 불평등의 형성에 기여해 왔음에도 불구하고 법률 전문직이 법질서 유지를 위해 수행하는 역할에 가장 집중한다. CLS 학자들은 불확정성이 근대 법체계의 핵심 특징이라고 주장한다. 법적 추론과 의사결정은 결코 원칙의 중립적 적용이 아니며, 오히려 법률 전문직의 개인적 윤리·정치적 가치관과 그들이 형성된 사회 구조적 맥락의 특성에 따라 수많은 편향에 영향을 받는다. 법관과 변호사들은 자신들의 이념적·정치적 신념에 의해 그 행위가 영향을 받을 뿐 아니라, 법은 중립성을 상정하고 구체적 사건에 대해 조문과 판례를 형식적으로 적용한다는 논리로 법적 결론을 정당화함으로써 이러한 가치 편향의 상태를 은폐한다.

법적 의사결정의 결과가 수많은 요인에 영향을 받는다는 CLS 학자들의 입장은 법과 도덕 사이의 긴밀한 연결을 재확인한다. 그러나 법의 불확정성을 고려할 때 법의 규범성은 명확히 구획될 수 없고, 오히려 서로 다른 모순되는 가치와 이념을 이어 붙인 조각보처럼 규정된다. CLS 학자들은 법 현실주의자들의 법 예측 가능성에 대한 회의를 재현하며, 법적 결과는 법적 추론을 넘어서는 수많은 변수들의 영향을 받기에 본질적으로 예측 불가능하다고 주장한다. 나아가 동일한 법적 논증 기준 위에서도 논증이 이루어지는 형성 맥락에 따라 매우 다른 결론이 도출될 수 있다. 계급, 인종, 젠더의 구분은 법의 맥락을 규정한다. 젠더와 인종에 따라 나타나는 법의 불평등에 초점을 맞춰 비판 인종 이론**Critical Race Theory, CRT**과 페미니스트 법 이론**feminist legal theory**이 CLS의 파생물로 발전했다.[4] 비판 인종 이론은 특히 법의 중립성, 즉 인종에 무관하게 공정하고 무색적이라는 법의 주장에 의문을 제기하고, 페미니스트 법 이론은 법을 여성이 대상화되고 열등하게 취급되는 남성 지배 사회의 표현으로 본다(10장 참조).

CLS는 본질적으로 정치적 시각에서 법을 바라본다. 여기서 법의 정치

---

4  비판적 인종이론에 대해서는 Delgado & Stefancic(2001)을, 페미니스트 법 이론에 대해서는 Dowd & Jacobs(2003)의 논의를 참조.

적 성격은 단순히 입법을 통한 법과 정치의 관계를 뜻하는 것이 아니라, 보다 근본적으로 (법적 논증과 판결을 포함한)법 담론이 정치 담론과 구조적으로 구별될 수 없음을 의미한다. 법의 객관성 주장은 단지 법의 정치적 성격을 은폐하는 것에 불과하다. CLS는 법의 작동 속에 내재한 정치 역학을 폭로할 뿐 아니라 법체계와 사회 전반을 변화시키려는 실천적·행동주의적 지향성을 가진다. 법을 변혁하고 권력과 특권의 위계를 해체하는 혁명적 목적을 부여하려면, 정치적 결정이 입법자나 법률 전문직의 일방적 선언이 아니라 이해당사자 모두가 참여하는 공개 토론의 대상이 되는 강화된 민주주의가 발전해야 한다.

법률 전문직의 사상과 행위를 법의 자율성이라는 이상에 반하여 탈신비화하려는 노력 속에서 CLS는 법 연구의 지형을 변화시켜 보다 다양한 지향성을 갖게 만들었다. 그러나 사회과학이라기보다는 법 연구의 전통에 속하는 CLS는 법사회학에는 큰 영향을 미치지 못했다. 법사회학자들은 일반적으로 CLS를 법사회학 내에 이미 CLS 등장 훨씬 이전에 발전해 온 갈등 이론과 일정한 특징을 형식적으로 공유하는 관점으로 다루었다. 이차 문헌에서는 때때로 CLS가 법사회학의 한 접근으로 소개되기도 하지만 두 관점 사이에 실제적 연결은 성립하지 않는다.[5] 또한 CLS는 사회과학의 가치에 대한 회의적 태도 탓에 법과 불평등에 관한 관련 사회학 연구를 활용하지 않은 채 법 연구 영역에서의 성과를 실현해 왔다. 그럼에도 이러한 연구는 이어지는 검토에서 보여지듯 CLS 관점에 잠재적으로 중요한 통찰을 제공한다.

---

5  예컨대 CLS와 법사회학 간의 패러다임적 중첩을 분석한 최근의 글 Priban(2002)은 CLS 관점의 개요만을 제시했을 뿐이라는 사실은 시사적이다.

## 법률 전문직 연구: 젠더 불평등 사례

법률 전문직의 다양성 증가는 반드시 평등의 증대로 이어지지 않았다. 오히려 법률 전문직은 인종, 민족, 종교, 성별을 따라 여러 형태의 불평등으로 특징지어진다. 가톨릭 및 유대인 변호사들은 대형 로펌의 명망 있는 파트너십에서 과소 대표되며, 소수 인종 역시 모든 수준의 전문 법률 업무에서 과소 대표된다. 인종 분리 정책의 철회와 적극적 평등 조치 제도의 확립 이후 소수자 학생 수는 꾸준히 증가했으나, 여성 학생 수의 급격한 증가에는 미치지 못했다. 여성들은 법률 전문직에 매우 빠른 속도로 진입하기 시작했지만, 브리지스**Bridges**와 넬슨**Nelson**(제7장)의 제도주의 연구가 조직 내 차등적 임금 차이를 밝혀냈듯 사회학 연구는 법률 전문직에서 여전히 다양한 형태의 젠더 불평등이 지속됨을 드러냈다.

법률 전문직 내 불평등에 대한 사회학 연구의 저력을 잘 보여 주는 사례는 캐나다 토론토와 온타리오주 변호사들을 대상으로 한 카이**Fiona Kay**와 하간**John Hagan**의 연구다.[6] 가장 체계적인 여성 지위 연구들 중 하나인 이들 연구는 법조에 진입한 여성들이 차별에 직면하고, 여성의 역할에 대한 오래된 고정관념에 가로막혀 남성 법률 전문직에 비해 소득, 직업 기회, 이동성 측면에서 평등을 얻지 못함을 보여 준다. 최근 수십 년간 여성들은 법학 교육과 법조 실무 진출에서 큰 진전을 이루었지만, 여전히 법률 전문직 내에서 불평등에 시달린다. 이미 로스쿨에서부터 여성의 존재가 성적으로 대상화되는 상황을 겪은 여성들은 특히 수익성이 높은 자리로 진입하기 어렵고, 직역에 합류한 이후에는 소외감, 괴롭힘, 불만족, 차별을 경험한다고 보

---

6 이 주제에 관한 대표적 연구로는 단행본 *Gender in Practice*(Hagan & Kay, 1995)와 다음의 관련 논문들 Hagan(1990), Hagan & Kay(2007), Hagan, Zatz, Arnold, Kay(1991), Kay(1997, 2002), Kay & Brockman(2000), Kay & Hagan(1995, 1998, 1999)을 참조.

고한다. 여성 법률 전문직은 남성보다 낮은 소득을 얻을 뿐 아니라 언젠가 가족 책임을 맡기 위해 경력을 중단할 것이라는 가정 탓에 직업적 이동의 상한선도 낮다. 또한 여성들은 남성 동료들과 달리 명문 법학 학위의 혜택도 충분히 누리지 못한다.

카이와 하간의 연구에 따르면 로펌 규모가 확대되면서 하위 직위(파트너가 아닌 비교적 낮은 수입의 자리)가 증가했는데, 이 자리는 불균형적으로 여성들이 차지하게 되었고, 그 결과 여성들이 법률 전문직의 프롤레타리아화의 부담을 주로 떠안게 되었다. 여성들은 개인 사무실과 로펌 파트너십에서 과소 대표되고 이러한 지위에 오르는 속도도 남성보다 더디다. 또한 로펌 내에서 여성들은 산정해야 할 시간과 유치해야 할 고객 수에 있어 더 높은 기대를 받는다. 동시에 여성 변호사들은 남성 동료들보다 산정 가능한 법률 업무를 덜 배정받으며 남성과 달리 출산·육아 휴가로 인한 부정적 결과에 직면한다. 여성들이 법조에서 경험하는 불평등은 그들의 지위와 조직 환경이 개선되더라도 지속되는 경향이 있다. 더욱이 여성들은 남성보다 개인 사무소를 개업하거나 로펌을 떠나는 비율이 높고, 이 경우 상당수가 아예 법조를 완전히 이탈하는 경향을 보인다.

그럼에도 여성 전문직의 법률 노동 시장 내 제한적 성과와는 별개로, 그들은 보다 존중받는 직업적 근무 환경을 조성하기 위한 정책 개혁을 도입하는 데 기여하면서 법에 긍정적인 영향을 미치고 있음을 보여 주는 징후도 있다.[7]

---

7 Kay와 Hagan의 캐나다 사례 연구를 확인해 주듯, 여성들이 법학 교육과 법조 실무에 성공적으로 진입한 다른 국가들에서도 여성 법률 전문직이 평등한 지위를 누리지 못한다는 사실이 사회학 연구에서 드러난다. 관련 연구로는 Dixon & Seron(1995), Gorman(2005, 2006), Hull(1999), Hull & Nelson(2000), Laband & Lentz(1993), MacCorquodale & Jensen(1993), Pierce(2002), Roach Anleu(1990), Spurr(1990), Wallace(2006), Schultz & Shaw(2003) 등이 있다.

# 결론

법률 전문직의 역할은 근대 법체계의 통합 능력에서 핵심이다. 법사회학에서 베버가 강조한 법률 업무의 전문화와 파슨스가 법의 통합 기능과 관련하여 전문직의 역할을 강조한 관점은 법률 전문직이 법의 자율성 속에서 중심 지위를 가진다는 시각을 형성했다. 이후 직업사회학의 분석들은 이러한 관점에 도전하면서 전문화에 대한 보다 복합적인 그림을 제시했다. 이는 사회학의 지적 전개, 특히 구조 기능주의로부터의 이탈뿐 아니라, 20세기 후반 법률 전문직의 경험적 변동(특히 그 다양성 증대)과도 조화를 이룬다. 법률 전문직의 다양화는 또한 법의 자율성을 해체하려는 관점을 발전시킨 비판법학*Critical Legal Studies, CLS* 운동의 발전으로 이어졌다.

CLS의 관점은 수용 과정에서 법의 통일성을 파괴하고 법학 교육에 허무주의와 좌파성을 불러들였다는 이유로 다른 성향의 법학자들로부터 비난받기도 했다. 그러나 이러한 날카로운 어조와 방어적 반응은 대체로 불필요한 것임이 드러났다. 왜냐하면 CLS는 주요 로스쿨이라는 안전한 울타리 안에서 법학자들에 의해 발전되었고, 그 혁신적 의도는 대규모 차원에서도, 제한된 국지적 차원에서도 실현되지 않았기 때문이다.

CLS 학자들이 실현되지 않은 인간적 기회에 헌신적 관심을 가졌음을 부정할 필요는 없지만, 이 운동은 의도와 달리 법의 권위와 그 안에서 법률 전문직이 수행하는 역할에 대한 도전까지는 성공적으로 이르지 못했다. CLS가 기여한 바는 법률 전문직 전체의 변화를 표지하는, 특히 법과 경제 관점에 대한 반대 속에서 법사상의 다변화를 낳은 것이다.

법률 전문직 내 젠더 위계에 관한 연구가 보여 주듯, 법과 불평등에 관한 사회학 연구는 법 연구의 경계를 넘어 지적으로 매력적이고 경험적으로 확립된 학문적으로 의미 있는 법률 전문직 변동의 탐구를 제시한다. 법률 전문직의 다양화 속에서 기대와 현실을 비판적으로 대면하는 기능을 수행하면서, 경험적 성향의 사회학 연구는 어떠한 법학적 해체 작업보다도 더 비판적인 역할을 수행한다. 나아가 법률 전문직의 한계에 관한 사회학 연구는 전문화 이론 같은 법사회학의 핵심적인 통찰을 활용할 수 있다. 따라서 이 영역에서의 연구는 이론적으로 풍부하고 실질적으로 의미 있는 방식으로 법사회학을 보다 풍성하게 할 수 있으며, 분석적 열망보다는 직업적 야망에 의해 주도될 때 법률 전문직 연구의 탈신비화에도 기여할 수 있다.

# 10

# 법과 문화:
# 규범을 통한 가치의 균형

**자**본주의와 민주주의의 부상과 함께 근대 사회는 비교적 자율적인 경제·정치 체계로 분화했을 뿐 아니라 가치의 문화 체계와 규범의 통합 체계 역시 분화하게 되었다. 가치는 바람직한 삶의 방식에 대한 관념을 뜻하는 반면, 규범은 제재 가능한 행위 기준을 의미한다. 가치는 개인이나 집단 내의 행위를 (사회화를 통해)인도하는 데 초점을 두는 반면, 규범은 개인 간 또는 집단 간 상호작용을 (통합이라는 관점에서)규제하는 데 초점을 둔다. 뒤르켐과 짐멜은 가치와 규범의 조정을 사회학의 가장 핵심 문제 중 하나로 제기한 최초의 사회학자들이었다. 파슨스는 이 문제를 신뢰 체계와 사회 공동체의 구분이라는 개념으로 표현했지만, 이 구분의 함의를 충분히 인식하고 다양한 이론적 입장을 발전시키기까지는 이후 사회학의 발전이 필요했다. 이러한 입장들의 함의는 사회 규범을 중심으로 다루는 법사회학에 상당한 의미를 갖는다. 뒤르켐 이래의 이론적 논의를 확장하여 이 장에서는 가치와 규범에 관한 주요 사회학적 관점들, 특히 하버마스의 연구와 이에 대립하는 포스트모던 및 해체주의 접근에서의 최근 정식화를 중심으로 검토할 것이다.

주제적 관점에서 가치와 규범의 분리를 둘러싼 논의는 이 장에서 법과 문화의 상호 관계를 다루는 법사회학 연구들을 검토하는 틀로 사용될 수 있다. 오늘날 사회에서 가치의 다양성이 증가함에 따라 근대 문화와 동시대적 자아의 복잡성은 법에 부과된 통합적 부담을 가중시켰다. 법체계는 이러한 복잡성 증대에 항상 적절히 대응하지 못했고, 그 결과 법이 스스로 주장하는 공정과 평등 대우라는 이념과 실제 문화적 다양성을 처리하는 현실 사이에서 중요한 괴리가 관찰되어 왔다. 인종 차별, 성차별, 계급 차별, 그리고 법 속에서 혹은 법을 통해 나타나는 기타 형태의 차별에 관한 사회학 연구는 가치와 규범의 관계 속에서 근대 법이 직면한 딜레마를 가장 첨예하게 드러낸다. 차별적 법 조건하에서 이는 갈등으로 나타난다.

법사회학 관점에서 근대 문화가 전개된 특수한 형태, 특히 근대 가치의 개인주의 심화와 관련해 특별한 문제가 제기된다. 개인주의적 가치가 근대 사회에서 점점 더 강력하게 자리 잡음에 따라 본질적으로 친밀성을 지닌 광범위한 사적 문제들이 등장했고, 바로 그 친밀성 탓에 법의 규제 대상이 되었다. 근대 사회에서 아마도 가장 사적인 문제는 삶 그 자체와 관련된 것들일 수 있다. 그 결과, 동시대적 자아의 몸은 출생, 건강, 가족, 죽음에 관한 법률을 통해 규제받게 되었다. 건강과 가족과 관련된 사안들의 법적 측면에 관한 연구는 이러한 발전의 중요한 면을 다루어 왔다. 안락사, 동성혼, 낙태에 대한 법적 처리 사례는 근대 사회에서 가치의 다양화를 규범을 통해 균형 잡을 필요성이 지속됨을 보여 주는 도전적 사례로 논의될 것이다.

## 가치와 규범: 뒤르켐에서 하버마스까지

근대 사회라는 맥락에서 규범을 통해 다양한 가치를 균형 잡는 법의 역할은 상당하며 사회학 역사에서 널리 인정되어 왔다.[1] 뒤르켐의 연구는 이러한 문제들을 기계적 연대에서 유기적 연대로의 전환이라는 틀 속에서 최초로 체계적으로 분석했다. 여기서 집합 의식은 강력한 신념들의 응집적 집합에서 다원적 가치 체계가 특징이 되는 근대적 개인주의 문화로 변화한다. 뒤르켐은 규범적 통합의 문제에 대해 비교적 단순한 해답을 제시했는데, 법의 내용과 형식이 가치 체계의 변화에 따라 조정되어 법의 통합력을 유지한다는 것이다. 전근대 사회에서는 가치와 규범이 구분되지 않고, 공적 사안과 사적 사안의 분리도 존재하지 않는다. 자아와 사회에 중요한 모든 문제는 곧 공적이다. 그러나 유기적 사회로의 전환과 함께 법은 서로 다른 문화적 신념 체계의 통합을 보장하기 위해 조정되며, 따라서 집합 의식의 개인주의적 성격을 보존하는 회복적 성격을 띠게 된다.

베버는 목적 합리화를 근대성의 중심 특징으로 보았다. 그러나 그는 합리화의 형식적 측면을 강조하면서도 이 과정을 가능케 한 요인들 중 하나로 문화의 변화를 분석했다. 이러한 점에서 베버의 문화사회학을 가장 잘 보여 주는 사례는 프로테스탄트 윤리가 자본주의적 행위 양식의 발전에 미친 영향에 관한 그의 연구다. 법의 문제에서는 특히 법의 세속화가 법으로부터 실질적 비합리성과 종교적 카리스마가 사라진 원인이라고 보았다. 뒤르켐보다 더 나아가 베버는 근대의 합리화된 법이 다양한 문화적 충동에 대응하는 데 직면하는 지속적 도전, 특히 형식 합리성과 실질 합리성 간의 긴장이 남아 있다는 점을 이해했다. 따라서 베버는 객관적 법 기준에 근거

---

1 이 절은 앞 장들에서 논의된 주요 사회학자들의 저작에 기초한다. 특히 주목할 만한 저작으로 뒤르켐(1893a, 1893b), 베버(1922a, 1922b), 파슨스(1937, 1951), 하버마스(1983a, 1983b, 1992a, 1992b)가 있다.

한 법의 기술 관료화와 더불어 집합적 정의 개념에 관련된 윤리적 명제에 기반한 사회법으로의 산발적 회귀도 관찰했다.

고전적 전통을 근대화하면서 파슨스는 가치와 규범 간 관계의 문제를 정면으로 다룬다. 초기 작업에서 그는 이 문제를 수단과 목적의 연결로서 행위 이론의 틀에서 정식화했고, 사회적 상호작용이 조정되는 이유는 사회 구성원들이 사회화되는 궁극적 목적의 공통 체계에 의해 인도되기 때문이라고 보았다. 가치 체계에 대한 순응을 확보하기 위해 도덕 규범은 행위를 규제하거나 통제한다. 이러한 정식화는 최소한 두 가지 파슨스 사회학의 핵심 특징을 드러낸다. 첫째, 파슨스의 접근은 반ᵇ실증주의적이다. 즉, 사회학 이론에서 가치가 특별한 자리를 차지한다는 점을 주장하는데, 이는 행위자 관점에서 가치의 중요성을 인정하되 사회학 자체에서는 가치 중립을 유지한다는 베버적 의미에서다. 둘째, 차별화에 대한 기능주의적 지향 때문에 파슨스 이론은 사회의 가치(또는 신탁 체계)와 규범 체계에 명확히 구분된 관련 기능들을 부여한다. 파슨스 모델은 본질적으로 문화-관념론적 이론으로서 사회의 가치 체계가 사회 공동체를 형성한다고 본다. 따라서 제5장에서 논의된 바와 같이 법은 규범적 통합 체계로서 중심 역할을 수행하며 그 하위 구성적 층위를 형성하는 문화 가치에 의해 영향을 받는다.

파슨스 사회학에서 가치와 규범은 개념적으로 구분되었고, 아마도 그 이전의 어떤 사회학보다도 더 뚜렷했다. 그러나 파슨스가 얻은 개념적 명료성은 가치와 규범의 관계를 사회적 응집을 강조하는 비교적 문제없는 용어로 파악하는 기능주의적 틀 속에서 상실된다. 파슨스 사회학의 측면을 보다 비판적이고 갈등 이론적 방향으로 확장하고 수정한 것은 하버마스의 윤리·도덕·법 간 상호 관계 개념이다. 하버마스는 윤리*Sittlichkeit*와 도덕*Moralität*을 구분(이 구분은 헤겔 철학으로 거슬러 올라간다)하는데, 이를 통해 한편으로는 선**善**에 관한 윤리적 가치와 다른 한편으로는 정의에 관한 도덕 규범을 구별한다. 윤리란 개인이나 집단 수준에서 '좋은 삶' 또는 마땅히 살아야 할 삶의 방식에 대한 표현으로 여겨지는 가치 전체를 의미한다. 윤리적 평가는 특정 가치를 공유하는 사람들 사이의 다양한 헌신 정도에 따라 이루어진다. 도덕은 한 사회가 어떻게 조직되어야 하는지를 규정하는 사회 규범 전체를 뜻한다. 도덕 담론은 각자가 어떤 윤리적 가치에 헌신하는지와 무관하게 사회 모든 구성원들의 상호작용을 규제할 때 어떤 규범 질서가 더 정의로운지를 결정하는 데 초점을 둔다.

철학적으로 하버마스는 도덕적 회의주의를 거부하며 도덕 문제는 합리적으로 해결될 수 있다고 주장한다. 하버마스는 이러한 합리주의적 접근을 자신의 담론 이론에서 정식화하는데, 이 이론은 그 결과가 모든 관련 당사자들에 의해 강제가 아닌 방식으로 수용될 수 있는 규범만이 정당성을 가질 수 있다고 규정한다. 이 원리는 합리적 담론은 참여자들 간 권력 차이의 부재, 의견 표현의 성실성, 동등한 참여권에 기초해야 한다고 규정하는 하버마스의 이상적 발화 상황 개념의 확장이다.

사회학적으로 윤리와 도덕에 대한 하버마스의 담론 이론은 법의 민주적 조직에 관한 그의 이론에서 찾을 수 있다. 법체계가 민주적으로 조직되는 한 근대 법은 다원적인 윤리적 가치 체계들 간의 중재라는 주요 임무를 수행할 수 있다. 하버마스는 이러한 담론 이론의 원칙이 문화적으로 다원적인 사회에서 특히 중요하다고 본다. 이러한 사회에는 단일한 윤리에 기초한 포괄적 도덕 권위가 존재하지 않기 때문이다. 근대 사회는 높은 수준의 윤리적 다양성으로 특징지어지며, 따라서 상이한 가치 체계 간의 이견과 갈등으로 인해 법을 통한 규범적 통합이 요구된다. 법을 통한 규범적 통합이라는 도덕적 관점은 다양한 윤리적 생활 세계의 특수성을 초월하도록 요청된다. 사회 내 문화적 다양성이 커질수록 법의 통합 기능은 더욱 절실해지고 법적 개입 없이는 사회 구성원들의 평화적 공존 자체가 위협받을 수 있다. 따라서 다양한 사회를 통합하면서도 문화적 차이를 보존하는 과제는 근대 법의 가장 중대한 도전으로 나타난다. 그러나 하버마스가 이러한 도전에 대해 법의 민주적 조직화라는 해법을 제시하는 반면, 최근 사회 이론의 흐름 가운데는 하버마스 및 기타 이른바 모더니즘적 관점에 반대하며 도덕과 법으로부터의 포괄적·단일한 개입 대신 윤리적 생활 세계의 완전한 다양성 수용을 주장하는 견해도 있다. 그 가장 급진적인 형태는 포스트모던 이론과 해체주의 관점에서 정식화된다.

## 이론 속의 포스트모더니즘과 해체주의

포스트모더니즘과 해체주의는 뒤르켐에서 하버마스에 이르는 모더니즘 사회학 이론들과는 매우 다른 방식으로 현대 삶의 복잡성을 다룬 사회 이론의 두 관점이다.[2] 포스트모더니즘은 근대 사회의 수많은 집단·하위 집단·개인들 사이에서 나타나는 문화적 이야기들*narratives, 서사*의 복잡한 다양성과 그 가변적 의미들을 인정하는 것 외에, 그 위에 군림하는 포괄적 개념이나 통합적 이론 틀의 정당성을 부정하는 광범위하고도 다원적인 이론적 흐름을 가리킨다. 포스트모던 관점들은 20세기 후반기에 전개된 새로운 사회 발전 국면에 대한 응답으로 등장했는데, 이 국면에서는 사회적·역사적 사

---

2   포스트모더니즘 관점은 Jean-François Lyotard(1979a, 영역본 1979b)의 작업과 가장 뚜렷하게 연관되며, 해체주의는 Jacques Derrida(1990a, 1990b)에 의해 전개되었다. 사회학에서 포스트모더니즘과 해체주의의 영향에 관해서는 Denzin(1986), Lemert(1997), Mirchandani(2005), Murphy(1988), Ritzer(1997), Seidman(1991)의 개관과 논의를 참조.

건들이 점점 더 역동적이면서도 고도로 복합적인 방식으로 상호 연관되었다. 포스트모더니티<sup>postmodernity</sup>라고 지칭되는 이 시대는 산업화 시대의 계급 사회와 같은 이전 사회 형태들과는 뚜렷이 구별되는 시대로 주장된다.

'포스트모던'이라는 용어는 19세기 말까지 거슬러 올라가며, 당시에는 후기 인상주의 회화를 가리키는 표현으로 사용되었다. 이 표현은 20세기 전반에도 예술 세계에서 사용되었다(오늘날까지도 그 의미로 통용된다). 그러나 사회 발전의 새로운 시대를 지칭하는 용어로 처음 사용된 것은 밀스<sup>C. Wright Mills</sup>의 저서 『사회학적 상상력<sup>The Sociological Imagination</sup>』에서였다. 밀스(1959: 166)는 "근대 시대는 포스트모던 시대로 계승되며, 이는 '이성과 자유의 고유한 관계'를 의문시하는 특징을 가진다"고 썼다. 그는 포스트모던 시대에서는 합리성의 증대가 더 이상 자유의 증대로 이어진다고 가정할 수 없다고 주장했다. 따라서 사회학의 과제는 자유가 포기되고 대신 새로운 인간, 즉 새로운 사회와 그 기술적 진보의 마력에 빠져 '쾌활한 로봇<sup>cheerful robot</sup>'으로 만들어지는 인간 창조가 이루어지는 이 새로운 사회의 구조적 조건을 밝히고 탐구하는 데 있다고 보았다(Mills 1959: 172).

밀스의 연구는 포스트모던 사회 이론의 전개에 직접적 영향을 미치지는 않았지만 현대 포스트모더니즘의 일부 요소들을 이미 예견하고 있었고, 이는 프랑스 철학자 리오타르<sup>Jean-François Lyotard</sup>에 의해 가장 날카롭게 정식화되었다. 리오타르는 1979년에 처음 출간된 짧지만 영향력 있는 저서 『포스트모던의 조건<sup>La Condition Postmoderne</sup>』에서 정보 사회 시대의 지식의 조건을 분석했다. 리오타르에 따르면 모든 지식은 궁극적 원리에 기반해 스스로를 정당화하는 서사의 형태로 나타난다. 예컨대 과학의 서사는 보편적 진리를 탐구한다는 계몽주의 개념에 의해 정당화된다. 보다 구체적인 과학 활동은 자신의 정당성을 전제하는 또 다른 서사, 즉 메타 서사에 의해 이끌린다. 사회과학에서 이러한 메타 서사의 예로는 체계 이론(파슨스)의 기능적 분화에 따른 기술 관료적 지향, 그리고 비판 이론(신마르크스주의)의 갈등 중심 해방적 관점이 있다.

그러나 오늘날 리오타르는 모든 메타 서사가 신뢰성을 상실했다고 주장한다. 사회생활의 복잡성이 증가하면서 각각의 서사는 오직 자기 고유의 역동성과 원리에 따라 이해될 수 있고, 과학적이든 문학적이든 그 어떤 메타 서사도 다른 서사들을 정당화할 권리를 주장할 수 없다. 포스트모던 시대를 특징짓는 것은 바로 이러한 메타 서사에 대한 불신이고, 이는 수많은 미시 서사의 범람 속에서 두드러진다. 이 조건을 인정하면서 포스트모던 사회 이론은 인간 조건의 다양성을 왜곡하지 않고 하나의 개념이나 통일된 이론으로 포착할 수 없음을 받아들인다. 따라서 현대 세계의 다원적이고 유동적인 성격은 하나의 서사가 다른 모든 서사 위에 강제되는 공포를 피하려면 다수의 진리와 재현으로 표현되어야 한다. 포스트모더니즘은 메타 서사를 채택하는 대신 오직 지역적 미시 서사들의 효력과 다양한 목소리들의 단절적·변화무쌍한 진리들을 인정한다.

해체주의는 프랑스 철학자 데리다**Jacques Derrida**에 의해 발전된 이론적 접근이다. 해체주의란 텍스트가 다의적 의미를 갖는다는 사실을 드러내는 행위(또는 사실)다. 남성과 여성, 정의와 부정의, 합법과 불법처럼 서로 대립하는 개념들조차도 해체주의는 그것들이 명확히 구분되는 것이 아니라 의미가 유동적임을 보여 준다. 데리다는 자신의 작업 전반에서 이러한 분석을 (행위로서)수행했지만 동시에 해체는 텍스트 자체 안에서 발생하는 사실이라고 주장한다. 주로 철학·문학 텍스트에 해체 작업을 적용한 그의 작업은 주로 문학 연구와 철학 영역에서 영향력을 발휘했다. 그러나 데리다에 따르면, 해체는 철학과 문학의 특정 텍스트에만 국한되지 않는다. 왜냐하면

"모든 것은 텍스트"기 때문이다.

데리다는 자신을 '포스트모더니즘'이라는 용어와 거리를 두었지만, 해체주의와 포스트모던적 관점은 일정한 특성을 공유한다. 포스트모더니즘처럼 해체주의 역시 텍스트나 서사의 기반으로 주장되는 안정적 준거 틀이나 정당화 메타 서사의 해체를 목표로 한다. 해체주의의 경우, 텍스트 자체가 내적 모순과 다의적 의미 탓에 자신이 주장하는 대립 범주들의 경계를 무너뜨려 결국 스스로의 권위를 해체한다고 본다. 따라서 해체주의는 메타 서사에 대한 불신이 곧 끝없는 의미의 다원성을 뜻한다는 포스트모던 사상의 귀결과 상응한다.

법사회학에서 데리다의 접근이 흥미롭게 적용된 사례는 그가 권위의 신비적 토대에 관해 논하면서 여러 법의 아포리아*aporia*를 식별한 연구다. 아포리아란 철학에서 흔히 사용되는 용어로 탐구 과정에서 나타나는 난제나 극복 불가능한 장애를 뜻한다. 데리다가 법의 힘을 해체하는 과정에서 밝힌 세 가지 아포리아는 다음과 같다. 특이성*singularity*의 아포리아는 법 규칙의 일반성 원리가 전제되지만 불가피하게 위배되어 각 구체적 사례마다 달리 적용된다는 점을 가리킨다. 결정 불가능성*undecidabilty*의 아포리아는 법이 법관, 변호사, 다른 법률 전문가들의 의사결정을 안내하지만 특정 경우에 어떤 법이 적용되어야 하는지를 결정해 주는 법은 존재하지 않는다는 사실을 가리킨다. 마지막으로 긴급성*urgency*의 아포리아는 정의가 그 자체의 지향에 따라 즉각적이고 지체 없이 실현되어야 하지만 실제 법적 절차는 전개에 시간이 필요하다는 사실을 가리킨다. 요컨대 법은 보편적 정의를 주장하지만 법의 각 적용이나 사례는 그 자의적 성격을 드러내는 특수성을 보여 준다.

## 법 속의 포스트모더니즘과 해체주의

법 연구와 관련하여 특히 1990년대 세기말에 포스트모더니즘과 해체주의의 원리를 채택하려는 여러 시도가 있었다. 모더니즘 이론들이 여전히 법에 관한 현대 사회학 담론을 지배하지만 포스트모더니즘과 해체주의로부터 최소한 두 가지 주목할 만한 영향이 나타났다. 첫째, 산업 사회 이후 정보화 시대와 다문화 사회의 출현과 모종의 관련이 있는 듯하지만 '포스트모던', '포스트모더니즘', 그리고 다소 덜하지만 '해체주의'라는 용어를 구체적으로 규정되지 않은 다소 모호한 의미로 채택하는 경향이 있었다. 이것이 곧 포스트모더니즘과 해체주의의 유행이다. 둘째, 법 연구에서 포스트모던적 혹은 해체주의적 접근을 발전시키려는 보다 의도적이고 체계적인 노력들이 있었다. 이 노력들은 특히 불평등과 법을 다루는 (사회학적)법 연구에 영향을 미쳤고, 사회학 내 관련 작업에는 상대적으로 덜 영향을 끼쳤다. 메타 서사에 대한 불신을 진지하게 받아들여 포스트모더니즘과 해체주의의 실천이 학문적 경계를 넘어섰고, 그 결과 법학<sup>jurisprudence</sup>, 사회(학)적-법<sup>socio-legal studies</sup>, 법사회학<sup>sociology of law</sup> 전반에 걸쳐 학문 연구에 영향을 미쳤다. 따라서 다른 이론적 운동들보다도 법 연구에서 포스트모더니즘과 해체주의가 끼친 영향을 살펴보기 위해 사회학의 학문적 경계 밖으로 잠시 벗어나 볼 필요가 있다.

법학에서 포스트모더니즘과 해체주의의 사상은 법을 텍스트 또는 서사로 접근하는 데 채택되었다. 전형적인 사례는 카티<sup>Anthony Carty</sup>와 메어<sup>Jane Mair</sup>(1990)의 관점으로, 그들은 법 텍스트는 자기 지시적으로 읽혀야 한다고, 즉 다른 법률 텍스트 이외에는 외부 지시 대상이 없다고 주장한다.[3] 법

---

3  법 연구에서 포스트모더니즘의 다른 논의와 적용은 Austin(2000), Feldman(1996), Grazin(2004), Veitch(1997)의 기여를 참조하라.

의 복잡성이 증가하면서 법 텍스트의 구조는 극적으로 변화했다. 과거 법이 위로부터 하달되는 수직적이고 자율적인 권력 원천의 텍스트였다면, 포스트모던 법은 다수의 권력 원천으로 분절되고 해체되어 다양한 규제 유형이 수평적으로 병치된 콜라주를 형성한다. 한때 권위를 가진 단일한 법의 목소리는 이제 다수의 다양한 법들로 대체되었다. 그러나 수많은 규제 하위 체계의 다원성에도 불구하고 법률 텍스트는 여전히 "외부적·수직적 객관적 기준에 의해 판정될 수 없는 폭력으로 맥락 전체에 스며든 언어 속에서의 공허한 보편성*vacuous universals*"에 호소한다"(Carty & Mair 1990: 396, 이탤릭체 생략). 텍스트의 공포는 컨텍스트에서 벗어날 수 없다는 사실에 있고, 언어에 갇혀 권리나 정의와 같은 보편성에 불가피하게 의존한다는 점에 있다. 이러한 호소는 예컨대 분쟁에서 계약 조건의 준수를 확보하거나 표현의 자유에 대한 권리를 확인하려는 개별 사례에서 법적 주체들이 자신을 자율적 행위자로 확립한다는 환상을 갖게 한다. 반대로 텍스트의 권위에 대한 어떤 의문도 정신병적으로 간주된다.

사회학에서 법사회학 영역에 해체주의를 적용한 초기의 구성적 시도 중 하나는 푹스*Stephan Fuchs*와 와드*Steven Ward*(1994)의 논문이다. 이들은 급진적 해체와 온건한 해체를 구분하는데, 후자는 모든 해석에 대한 극단적 회의주의라는 전자의 태도를 받아들이기보다 진술과 주장들의 의미를 맥락화한다. 푹스와 와드는 온건한 해체를 바탕으로 해체주의를 사회학 이론과 법, 특히 법정 재판에 적용한다. 사회학 이론과 다른 과학적 지식의 경우, 그들은 해체가 안정적이고 지속적인 의미를 산출할 확고한 원리가 존재하지 않음을 드러낸다고 주장한다. 오히려 사회학을 포함한 서구 과학 지식의 진술들은 순수하게 객관적이지 않고 문화적으로 영향을 받는다. 이러한 문화적 내재성은 과학적 주장들이 오직 지역화된 서사로서만 수용될 수 있음을 뜻한다. 예컨대 이들은 사회학 고전의 저작들이 사회학 전개 과정의 서로 다른 시점마다 다양한 방식으로 수용되고 해석되어 왔다는 사실을 언급한다.

법의 경우, 푹스와 워드는 법정 재판이 해체주의적 드라마로 기능한다고 본다. 증언, 증거, 판례, 성문법 조항과 같은 법적 자료들은 단순히 주어진 것이 아니라 이용 가능한 모든 자료들의 혼란과 대안적 해석들의 소음 속에서 도려내야 한다. 법정에서 제시되는 사실의 강도는 절대적이지 않고 경쟁하는 설명들의 강도에 상대적이다. 이러한 해석들 간 경쟁 속에서 한 설명이 다른 설명에 우위를 점하기 위해서는 ① 수사학에 의존하여 특정 표현이 일정한 표현과 문체의 기준을 따르기 때문에 권위를 부여하는 것, ② 증인의 이데올로기적 성향을 드러내어 그들의 진술을 불신하게 만드는 것, ③ 절차적 이의를 제기하여 논거의 형식을 공격함으로써 그 실질을 약화시키는 것, ④ 한 사람의 평판을 공격하여 그 사람이 한 모든 진술을 무효화하는 것 등 네 가지 전략이 사용된다. 이러한 전략들이 법정에서 다소 설득력 있게 채택됨에 따라 법적 결과는 예측 불가능해진다.

법사회학에서 포스트모던적 관점을 잘 보여 주는 사례는 밀로바노비치**Dragan Milovanovic**의 연구(1992, 1994, 2002, 2003: 225-263)다. 프랑스 포스트 구조주의와 후기 프로이트적 정신분석학 등 다양한 관련 사회 이론을 토대로 밀로바노비치는 현대 사회의 성취가 새로운 형태의 조작과 통제의 출현으로 제한된다고 보는 포스트모던적 입장을 취한다. 이로부터 파생되는 결과 중 하나는 전통적으로 객관적이며 과학적 탐구의 대상이라고 여겨진 근본 진리들이 의심스럽게 되었다는 점이다. 예컨대 경제의 합리적 행위자*rational actor*, 법의 합리적 인격*reasonable person*이라는 형태로 나타나는 모더니즘적 주체의 중심성과 자율성 개념에 의문을 제기한다. 포스트모던 관점은 언어(텍스트와 서사 속에서 기능하는 언어)로 주의를 돌려 언어 구조 바깥에 존재하는 주체란 없고, 언어의 구조가 주체 자체와 주체가 타인을 이해하는 방식을 규정한다고 주장한다. 언어적 질서와 의미가 다층적·다의적이라는 점을 고려하면, 어떤 특정 담론은 언어를 보다 방향화된 방식으로 틀 지어 언어 기호가 지닌 다중 강세적 성격을 단일 강세적 독해로 수렴시킨다. 예컨대 법학 교육에서 학생들은 '고의', '과실', '불법 행위' 같은 용어의 정확한 의미를 주입받으며 이러한 법률 용어들을 법에 적합한 방식으로 사용하는 법을 교육받는다.

포스트모던적 관점에서 밀로바노비치는 헨리**Stuart Henry**와 협력하여 이른바 구성적 접근을 발전시켰다(Henry & Milovanovic 1996, 1999). 이 구성적 관점은 법을 자율적이거나 맥락 의존적인 것으로만 보는 시각을 넘어 정치·법·경제·문화 관계 간의 상호 규정 관점을 강조한다. 법 영역은 법에 참여하는 자들에 의해 구성됨과 동시에 그들 간의 관계를 구성하는 것으로 본다. 이러한 접근의 순환성은 의도적이다. 법 담론의 기원보다는 그 역동성과 효과가 보다 중요하다. 예를 들어 범죄에 대한 법적 담론은 자율적으로 상정된 법규 위반자를 전제로 하지만 범죄가 생산되는 더 넓은 구조적·문화적 맥락과 분리해 분석할 수 없다는 통찰을 반영하면 구성적 접근은 대안적 담론 형성을 열어 준다. 특히 그는 '환원 범죄**crimes of reduction**', 즉 개인을 특정한 위치로 환원시키는 범죄와 '억압 범죄**crimes of repression**', 즉 개인이 특정 위치를 성취할 수 있는 능력을 부정하는 범죄를 구분한다. 이러한 재구성은 범죄에 대한 대안적 대응의 가능성을 열어 준다.

포르투갈의 사회학자 산토스**Boaventura de Sousa Santos**(1987, 1995a, 1995b)는 법 연구에서 가장 독창적이고 체계적인 포스트모던 관점 중 하나를 정식화했다. 프랑스 포스트모던 사회 이론의 맥락에서 산토스는 기존의 법에 관한 사회학적(그리고 사회(학)적-법적) 연구의 패러다임이 이미 소진되었으며, 제시된 이론적 대안들 또한 만족스럽지 못하다고 주장한다. 그는 실행 가능한 대안을 구축하기 위해 법을 일종의 지도<sup>map</sup>로 보는 관점에 기초한 '상징적 지도화<sup>symbolic cartography</sup>'를 바탕으로 포스트모던적 법 접근을 발전시킨다. 지도처럼 법도 현실을 왜곡하지만 그 왜곡은 무한정 불확정적인 방식이 아니다. 오히려 지도는 세 가지 방식, ① 현실에 존재하는 거리를 지도상의 축척으로 축소함으로써, ② 현실의 형태와 성격을 중심이 있는 표면 위에 투사함으로써, ③ 현실의 선택된 특징과 세부 사항에 대한 규약을 통해 상징화함으로써 현실을 표상하고 왜곡한다.

산토스는 이러한 지도학적 왜곡 원리를 근대 법의 분석을 통해 설명한다. 첫째, 축척<sup>scale</sup> 측면에서 국민 국가의 합법성은 법이 오직 국가 관할권의 규모에서만 작동한다는 가정 위에 세워져 있다. 그러나 오늘날 법은 사회학적으로 더 복잡하며, 최소한 세 가지 법적 공간으로서 지역, 국가, 그리고 전 지구적 차원을 포함한다. 합법성의 다중 규모는 소규모에서 중간 규모, 대규모에 이르기까지 범위를 형성한다. 각 규모 수준에서의 사건은 상호 연관된 방식으로 법제화될 수 있다. 예컨대 공장 파업에 대한 진압은 지역 노동 규칙, 국가 노동법, 그리고 국제 노동 관련 법규를 동시에 위반할 수 있다.

둘째, 투영<sup>projection</sup>과 관련하여 법체계는 그 작동의 일정한 한계를 규정하고, 그 한계 안에서 법적 공간을 중심과 주변의 구도 속에 조직한다. 고도로 산업화된 사회에서 법의 한계는 시장 자본주의의 기초 논리에 의해 규정된다. 중심에서는 계약법과 같이 자본주의 경제와 밀접히 관련된 사안들에 시장 논리가 적용된다. 시장 논리는 또한 주변부로 전이되어 복지법의 경우처럼 현실을 더욱 왜곡하는 효과를 낳는다.

셋째이자 마지막으로, 현실은 법적으로 단계적 연속 혹은 다층적 방식으로 상징화된다. 산토스는 예컨대 지역법에서 국가법을 거쳐 국제법으로 발전한다고 가정하는 단계 발전 모델은 오늘날 법의 복잡성을 설명하는 데 충분하지 않고, 오히려 다층적 관점이 더 적합하다고 주장한다. 포스트모던 이론에서 반복되는 의미의 극복 불가능한 다원성이라는 주제를 반영하면서 산토스는 사회 속에 다층적 합법성이 공존하여 법 다원주의의 조건을 형성한다고 본다. 그러나 법인류학에서 발전된 전통적 법 다원주의가 단순히 다양한 법질서들의 공존을 강조했던 것과 달리[4] 포스트모던적 접근은 다양한 법질서들이 상호 중첩, 상호 침투, 그리고 종종 갈등적 상호 관계 상태에 놓여 있는 상호 합법성의 조건을 강조한다.

## 법적 불평등: 계급, 젠더, 인종과 민족

포스트모더니즘과 해체주의 관점은 사회와 사회사상을 중심화하는 시각에 맞서 다양성과 다원성을 인정해야 한다고 주장한다. 따라서 이러한 관점은 법을 통한 차별과 불평등에 관한 법사회학 연구들에 대한 재검토의 길을 열어 준다. 그러나 이 검토에서 드러나듯, 법 속 불평등의 주제는 포스트모더니즘과 해체주의만의 전유물이 아니다.

법 속 불평등의 계급적 기반에 대해 사회학자 세론**Carroll Seron**과 먼거**Frank Munger**(1996)는 사회학적 이론화와 연구 현황을 검토하면서 (상향식)거시-역사적·구조적 연구에서 (하향식)개별 계급 속 개인들의 법적 경험을 해석하는 현대 지향적 연구로의 전환이 있었다고 제시한다. 신마르크스주의 갈등

---

4 법 다원주의 관점은 특히 식민지 사회의 맥락에서 서로 다른 법질서의 공존을 고찰하기 위해 법인류학에서 도입되었다. Griffiths(2002), Merry(1988), Moore(1973) 참조.

이론 같은 상향식 이론들은 계급을 사회의 중심적 경제·문화 제도에 대한 개인들의 위치로 정의한다. 계급 구조는 교육·소득 같은 자원에 따라 달라지고 법의 효과를 차등적으로 분배한다. 법률 전문직의 층화 연구도 이 관점에 속한다(9장 참조). 반면 새로운 하향식 이론들은 상징적 상호작용론과 귀납적 사회 이론에서 비롯되며 법과 불평등을 구체적 상황과 맥락 속에서 발생하는 사회적 과정으로 설명한다. 여기서 계급 정체성과 불평등·배제 경험이 더 큰 비중을 차지한다. 법과 불평등의 관계는 법정과 같은 특정 상황에서 개인 간 상호작용과 계급에 대한 해석 속에서 이해된다. 에윅**Ewick**과 실비**Silbey**(1998)의 법 의식에 관한 서사 연구도 이 틀에 속한다(6장 참조).

아래로부터의 접근 관점에서 세론과 먼거는 법과 불평등 연구를 통해 계급에 대한 지속적인 초첨을 유지해 한다고 주장하며, 그 필요성을 최소 네 가지 연구 영역에서 제기한다. 첫째, 계급은 일상생활에서 법의 영향을 매개하는 역할을 한다. 가난한 사람들은 법이 어떻게 작동하는지, 자신의 권리가 무엇인지 모르는 낮은 법의식을 갖는 경향이 있다. 둘째, 계급과 법률 전문직에 관한 연구는 법률가의 지위와 위상이 사회의 더 큰 계급 구조에 의존한다는 점을 보여 준다. 상류층이 지배하는 엘리트 변호사의 세계와 부유층·엘리트 고객에게 편중된 법률 서비스의 불균형적 분배는 이를 잘 보여 준다(9장 참조). 셋째, 계급 구조는 법의 집행과 적용에도 반영된다. 예컨대 하층 계급 범죄자에게 더 긴 구금을 포함한 가혹한 처벌이 가해지는 경우가 많다(11장 참조). 넷째, 계급은 법적 변화의 가능성과 한계를 이해하는 데 중요한 초점을 제공한다.

젠더·인종·민족 불평등 연구 영역에서는 포스트모던·해체주의 관점이 보다 성공적으로 법사회학·사회(학)적-법 담론에 스며들었다. 9장에서 논의된 법률 전문직 내 젠더 위계 문제를 확장하여 사회학·사회(학)적-법의 페미니즘 법 이론은 사회 전반에 존재하는 젠더 불평등이 법에 의해 재생산되며 동시에 법을 통한 싸움도 가능하다는 점을 주목한다.[5] 법은 젠더 불평등을 다루는 주요 장으로 기능하는 동시에 그 자체로 많은 불평등을 담지한다. 여성들이 표현과 참여 권리를 전통적으로 부정당해 온 주요 수단이 바로 법이었고, 여성의 부재가 두드러진 법률 전문직 역시 남성 편향적 법체계 형성에 기여했다. 성차별금지법 개혁에도 불구하고, 젠더 불평등은 여전히 지속되며 법의 한계가 드러났다.

페미니즘 관점은 이러한 지속적 젠더 불평등에 대해 두 가지 방식으로 대응해 왔다. 첫째, 일부 페미니스트는 기존 사회 구조 속에서 여성들이 동등하게 참여하면 불평등이 사라질 것으로 본다. 따라서 법은 정치·노동·교육 등 사회의 주요 영역에서 여성의 포용을 촉진해야 한다. 이는 자유롭고 개방된 민주주의 가치를 재확인하는 전통적 모더니즘의 응답이다. 둘째, 다른 페미니스트들은 남성과 여성 간 존재하는 중요한 차이들을 인정하고 각각의 고유한 경험과 기여를 가치 있게 평가해야 한다고 주장한다. 현재 중요한 사회적·법적 영역은 단순히 남성이 과잉 대표될 뿐 아니라 역사적·심층적으로 남성 지배적이다. 따라서 페미니즘적 법 개혁은 여성의 권리를 단순 확장하는 데 그치지 않고 사회·정치 구조 자체를 재검토·도전하여 여성의 다양한 욕구와 차이를 반영해야 한다. 이는 포스트모던적 통찰과 조응한다. 법을 통한 평등은 단순한 동질성 확보가 아니라 사회·법 체제 자체의 심층적 변화로 이어져야 한다.

젠더 불평등과 법 연구에서 배우자 폭력 연구는 다양한 페미니즘 관점, 그들이 드러내는 젠더 개념, 그리고 법 관념·법 개혁에 대한 관련 이해를 잘 보여 주는 사례다. 배우자 폭력은 최소 세 가지 이론적 관점에서 접근되



---

5   페미니스트 법 이론에 관한 논의로는 Fletcher(2002)와 Dowd & Jacobs(2003)에 실린 글들을 보라.

었다.[6] 첫째, 젠더 불평등 이론은 여성과 그들의 기여가 사회에서 덜 가치 있는 것으로 평가된다고 본다. 이 관점 속 연구는 남성이 여성에게 가하는 폭력은 통제력을 행사하기 위한 도구적 성격을 가지는 반면 여성이 남성에게 가하는 폭력은 표현적이며 통제 상실을 나타낸다고 본다. 이에 대한 적절한 법적 대응은 남성과 여성 배우자 폭력의 다른 원인들을 수용하도록 법을 개혁하는 것이다. 둘째, 젠더 억압 이론은 여성 불평등이 능동적 억압 또는 가부장제의 결과라고 본다. 심각한 배우자 폭력 피해자의 대다수가 여성이라는 연구 결과가 이를 뒷받침한다. 따라서 법 개혁은 가해자에 대한 의무적 체포 규정과 여성 피해자들이 폭력적 관계에서 벗어날 수 있도록 쉼터 같은 조치를 마련하는 데 초점을 맞춰야 한다. 셋째, 젠더 차이 이론은 여성이 독특한 사회적 지위와 삶의 경험을 가진다고 볼 뿐 아니라 여성들 간에도 차이가 있다고 본다. 예컨대 기혼이거나 배우자가 취업한 경우 여성 피해자에게는 의무적 체포 정책이 더 효과적이지만, 다른 경우에는 갈등 해결 방법이 더 효과적이라는 연구가 이를 뒷받침한다. 따라서 법 개혁은 피해자의 상황에 따라 체포와 갈등 해결의 차별적 억제 효과를 고려해야 한다.

인종 및 민족 불평등 연구는 놀랍게도 비교적 최근에야 기원했다. 포스트모더니즘·해체주의 관점에서 법을 연구하는 경우처럼 젠더 및 인종·민족 불평등 연구도 인문·사회과학 학문 경계를 가로지르는 경향이 있다. 그러나 법사회학 내에서 법과 인종·민족 불평등 연구는 충분히 발전되지 못해 사회 통제와 형사사법 영역(11장 참조)을 제외하면 예외적이다. 7장에서 논의된 바와 같이 제도주의 관점은 시민권 법률과 적극적 평등 조치 정책

---

6   이 분석은 Jo Dixon(1995)이 Anne Campbell(1993), Ann Jones(1994), Lawrence Sherman(1992)의 연구를 검토한 데 기초한다. 여기에 적용된 사회학적 젠더 이론 분류는 Lengermann & Niebrugge-Brantley(2000)에서 가져온 것이다. 비(非)페미니즘 관점은 Felson(2006)을 보라.

의 영향을 다룬 연구에서 잘 발전되어 왔지만, 이 문헌은 인종 불평등을 중심에 두지 않고 규제 환경의 조직적 여과와 고용 관련 함의 전반에 집중한다. 반면 법사회학과 달리 법학에서는 인종·민족적 불평등을 다루는 연구가 특히 잘 발전해 왔고, 특히 비판 인종 이론**Critical Race Theory, CRT**이라는 미국 법학의 인기 분야에서 두드러진다.

이는 더 넓은 비판법학**CLS** 운동에서 파생된 관점으로서 법 속 인종 불평등에 주목한다.[7] 1960년대 시민권 시대 이후에도 여전히 만연한 인종·민족 소수자들에 대한 차별 양상을 고려하여 CRT 연구자들은 자유주의 법학과 그것을 토대로 한 법 개혁(예컨대 적극적 평등 조치, 이른바 무색**color-blind**, 인종 비차별 정책)을 비판한다. 자유주의 법 이론 원리에 기반한 개혁은 백인 다수의 이익과 특권을 가리고 오히려 강화한다고 본다. CRT는 다수자적 사고방식을 특징으로 하는 전통적 자유주의 시각을 따르기보다는 소수 집단의 억압되고 억눌린 경험을 드러내는데, 이는 반서사**counter-stories**, 우화, 일화를 통해 표현된다. 이러한 경험들은 구조적·문화적 맥락에 위치하며 인문·사회과학의 통찰을 토대로 분석된다. 강한 행동주의적 성향을 보여 주는 CRT 지지자들은 소수자의 다양성과 분리를 보존하기 위해 미국 주류로부터의 분리를 포함하는 급진적 사회·법질서 재편을 주장한다.

더 넓은 CLS 운동과 달리 CRT는 사회학과 사회과학의 법·인종 불평등 연구에 영향을 미친 학문적 원리와 방법론을 성공적으로 정립했다. CRT 사상이 사회과학에서 비교적 쉽게 수용된 이유는 적어도 두 가지다. 첫째, 사회학과 사회과학은 이미 풍부한 갈등 이론적 전통을 보유했기에 CLS의 아이디어를 빌릴 필요가 없었지만, 인종·민족 연구에서는 그러한 풍부함이 없었다. 따라서 주류 사회학이 CRT의 아이디어를 일정 부분 수용하지

---

7  관련 연구로는 Crenshaw 외(1995), Delgado & Stefancic(2000), Gates(1997) 등을 보라. 사회과학에 CRT 원리를 적용한 분석 모델은 Price(2004)에서 제시되었다.

않는다면 그 자체로 불평등을 영속화한다는 비판을 받을 수 있다. 둘째, 소수자들이 (다수자)지배적 법체계의 소외적·억압적 역학에 맞서 겪는 독특한 경험을 강조하는 CRT는 통합적 메타 서사의 가능성에 대한 포스트모던·해체주의적 회의와 잘 맞아떨어진다.

아리고**Bruce Arrigo**의 연구(Arrigo & Milovanovic & Schehr 2000, Arrigo & Williams 2000)는 CRT 통찰을 포스트모던 틀 속에 적용한 대표적 사례다. 아리고는 적극적 평등 조치 프로그램과 같이 소수자 보호를 목적으로 한 법률들에 대한 해체적 분석을 통해 그러한 입법 형식이 '선물**gift**'로 드러난다고 주장한다. 다수자는 대표성이 부족한 집단들에 사회·정치적 권한 부여라는 선물을 베푸는 듯 보이지만, 실제로는 선물을 제공하는 다수자의 헤게모니와 권력, 그리고 베풂에 내재한 자기애를 재확인할 뿐이다. 따라서 이러한 법적 장치들이 마련되어 있음에도, 아니 오히려 그것들 때문에 다수자의 권력은 지속된다. 그러므로 법 이데올로기의 해체는 사회·정치적 평등 확립과 인종·민족·젠더의 다원성을 수용하는 데로 나아가야 한다. 정의와 평등이 제대로 실현되려면 법 개혁은 해체·탈중심화되어야 하고, 현존 법적·정치적 조건은 근본적으로 변해야 한다. 적극적 포스트모던 틀은 차이의 정치, 결정 불가능성, 기존 경계의 초월에 기초하여 다수의 언어와 경험의 합류를 포용하는 방식으로 건설되어야 한다.

법과 인종·민족 불평등에 관한 모더니즘 문헌으로 시선을 돌려, 미국의 적극적 평등 조치**affirmative action** 정책에 관한 스크렌트니**John Skrentny**의 최근 연구는 법과 인종 불평등에 대한 사회학 연구 가능성을 보여 주는 유익한 사례 연구다.[8] 적극적 평등 조치는 미국 정치와 문화에서 오래도록 뜨거운 논

8  스크렌트니의 적극적 평등 조치 연구는 두 권의 저서 *The Ironies of Affirmative Action*(1996), *The Minority Rights Revolution*(2001)과 관련 논문들, Skrentny(2006), Frymer & Skrentny(2004)에 제시되어 있다. 모더니즘 관점에서의 다른 법·인종·민족 불평등 연구들은 노예 제도의 합법성(Coates 2003), 민권 운동의 법적 측면(Barkan 1984), 시민권·이민법(Calavita 2005, Torpey 2000), 법률 전문직에서의 인종·민

쟁 주제였지만, 특히 그 역사적 전개 측면에서 학문적 관심을 거의 받지 못했다. 제도주의 관점에 기초하여 스크렌트니는 정책 결정 엘리트들이 수행한 역할을 중심으로 적극적 평등 조치 정책과 법의 기원과 변화를 분석한다. 엘리트들이 특정 집단을 어떻게 인식하는지가 그 집단이 적극적 평등 조치 프로그램의 형태로 특별한 보호를 받을 가능성에 영향을 미친다. 이러한 인식은 어떤 집단을 특정 집단으로 정의하는 문제, 그들이 겪는 고통의 정도에 관한 도덕 문제, 그리고 특별 보호 프로그램이 없을 경우 그 집단이 사회 참여에 제기할 위협에 대한 통제 문제를 포함한다. 따라서 아프리카계 미국인, 여성, 백인 민족 집단, 다른 이민 공동체들은 정책 엘리트들 사이에서 상이하게 수용되었다. 적극적 평등 조치 프로그램 발전에 더해진 요인으로는 엘리트 접근 가능성과 그들 간 경쟁의 정도가 있다. 그리고 엘리트 접근성은 보호를 추구하는 집단들 속 사회 운동 활동의 정도에 의해 다시 영향을 받는다.

흥미롭게도, 적극적 평등 조치 정책의 형성 과정에서는 여러 아이러니가 드러난다. 적극적 평등 조치 정책은 아프리카계 미국인의 평등한 기회와 권리를 보장하려는 목적을 가지고 있지만, 실제로 그것의 형성은 주로 백인 남성들의 노력의 결과였다. 일반적으로 우파는 반대하고 좌파는 지지했음에도 적극적 평등 조치는 1970년대 전반기 리처드 닉슨 공화당 행정부 시절 크게 수혜를 입었다. 스크렌트니는 이러한 노력이 아프리카계 미국인의 항의를 무력화하고 민권 운동과 정치적 좌파가 주도한 더 급진적 정책을 방지하려는 시도였을 것이라고 주장한다. 가장 아이러니한 점은 적극적 평등 조치 프로그램이 본래의 의도(주로 아프리카계 미국인의 인종적 평등, 특히 고용 기회 측면)을 넘어서는 효과를 가져왔다는 것이다. 결과적으로 라

---

족 차별(Pierce 2002, 2003) 등을 다루었다.

티노, 아시아계 미국인, 여성, 장애인 등 많은 다른 집단들까지도 이 소수자 권리 혁명의 혜택을 받게 되었다.

## 신체와 자아의 법: 보건과 친밀성의 규제

뒤르켐 이래로 사회학자들은 고도 사회의 문화적 가치 체계가 끊임없이 증대하는 개인주의 탓에 점증하는 다양성으로 특징지어진다고 관찰해 왔다. 자아의 문화는 친밀성의 사적 공간을 창출했고, 그러한 자기 표현의 공간을 비간섭 구역으로 법제화했다. 동시에 근대 법체계는 때로 매우 친밀한 성격을 띠는 사적 행위들이 어떻게 조직되어야 하는지를 규제함으로써 개인적 자아를 구성해 왔다. 곧 자아와 개별성이 형성됨에 따라 사적 자유와 공적 책임 사이의 관계를 둘러싼 중요한 법적 질문들이 뒤따르게 된다. 출생, 결혼, 이혼, 그리고 죽음을 규제하는 법들과 더불어 삶의 가장 친밀한 양상들 가운데 일부는 법의 규제를 받게 되었다. 이 맥락에서 특히 중요한 것은 보건과 생명에 관한 여러 사적 문제들의 규제다. 사회학자들은 이 영역들에서 법과 의료 및 가족 간 상호 관계의 관점에서 연구를 전개해 왔다.[9] 안락사, 동성혼, 그리고 낙태에 관한 사례 연구들은 법사회학이 신체와 자아의 규제를 어떻게 다루어 왔는지를 보여 주는 지표가 될 수 있다.

안락사는 의료적 수단을 통해 개인이 견딜 수 없는 고통 속에서 살아가는 상황을 근거로 한 사람의 생명을 종결하는 것을 의미한다. 안락사에 대

---

9   이 장의 나머지 부분에서 더 자세히 논의되는 연구 이외에도, 사적 영역의 법적 규제에 관한 사회학 연구에는 건강과 의학(Frank 1983, Peeples & Harris & Metzloff 2000), 신생아 중환자 치료(Heimer 1999, Heimer & Staffen 1998), 정신질환(Arrigo 2002, Hiday 1983), 임신과 고용(Edwards 1996), 결혼과 이혼(Dingwall 1998, Ermakoff 1997, Zeigler 1996), 가족과 아동(Dingwall & Eekelaar 1988, Richman 2002, Seltzer 1991, Sutton 1983)에 관한 연구가 포함된다.

한 심각한 도덕적 논쟁은 이를 지칭하는 다양한 용어, 즉 '의사 조력 죽음', '의사 조력 자살', '자비로운 살해'에서 곧바로 드러난다[역주: 우리나라에서는 이른바 적극적 안락사를 인정하지 않는다. 다만 「호스피스·완화의료 및 임종과정에 있는 환자의 연명의료결정에 관한 법률」(약칭: 연명의료결정법)에서 소극적 안락사를 인정하고 있다. 임종 과정에 있는 환자의 연명의료 결정(임종 과정에 있는 환자에 대한 연명의료를 시행하지 아니하거나 중단하기로 하는 결정)을 제도화함으로써 환자의 자기결정을 존중하고 환자의 존엄과 가치를 보장하려는 취지에서 2016년 제정되어 2017년 6월부터 시행되고 있다]. 그리피스*John Griffiths*와 동료들은 1980년대부터 점진적으로 합법화된 네덜란드 안락사 제도의 사회적 측면을 연구해 왔다.[10] 현재 네덜란드는 벨기에와 미국 오리건주와 함께 특정 조건하에서 안락사가 합법화된 소수의 관할 구역 중 하나다. 그러나 네덜란드의 안락사 합법화는 하루아침에 이루어진 것이 아니라 특정한 사회·역사적 상황 속에서 전개되었다.

1970년대와 1980년대 초반에 네덜란드 사회는 개인주의, 세속화, 사회적 실험의 증가라는 영향 아래 안락사에 대해 보다 관용적인 태도를 가지게 되면서 사실상 합법화 상태가 조성되었다. 안락사의 초기 수용은 입법이 아닌 의료 전문가, 법원, 검찰, 정부와 입법부, 그리고 권위 있는 안락사 보고서 간의 복잡한 상호작용 과정을 통해 이루어졌다. 1984년 네덜란드 의사회 보고서는 합법적으로 안락사가 시행되기 위한 요건들을 규정했는데 환자의 자발적 요청, 절차에 대한 충분한 숙고와 지속적 의향, 환자가 받아들일 수 없는 상태의 고통, 그리고 제2 의사의 자문 등이 포함되었다. 이 보고서 이후 네덜란드 의회에 형법 개정을 위한 법안이 제출되어 추가 조

---

10  안락사와 법에 관한 연구로는 *Euthanasia and Law in the Netherlands*(Griffiths, Weyers, Blood 1998)과 다음의 관련 논문들, Griffiths(1995, 1998, 1999), Weyers(2006)를 보라. 미국과 다른 국가에서의 안락사 규제에 관해서는 Lavi(2005), Pakes(2005)를 보라.

사를 위한 위원회가 설치되었다. 위원회가 1991년에 발간한 보고서는 입법적 변화를 이끌어내지는 못했지만 안락사에 대한 사실상의 수용 분위기를 한층 강화했다.

그리피스와 동료들에 따르면, 적절한 안락사 법의 발전을 저해한 것은 의료 및 법 제도 속에서 안락사와 관련된 핵심 용어들의 의미와 사용상의 불일치였다. 범죄 책임이라는 법 문제의 핵심인 인과성causality과 의도성intentionality 개념은 의료 실무에서 사용되는 유사 개념들과 조화를 이루지 못했다. 그럼에도 네덜란드에서는 안락사 합법화가 성문화되었다. 2002년 4월 발효된 '요청에 의한 생명 종결 및 조력 자살(검토 절차)법Termination of Life on Request and Assisted Suicide (Review Procedures) Act'은 합법성 조건 가운데 환자의 고통이 참을 수 없으며 개선 가능성이 없다고 판단될 것, 환자가 자발적이고 지속적으로 절차를 요청할 것, 그리고 의사에 의하거나 의사의 참여하에 의료적인 적절한 방식으로 절차가 수행될 것을 명시한다.

안락사 합법화가 실제 시행 빈도에 미친 영향을 살펴보면, 그리피스는 1980년대 이래 네덜란드에서 환자의 요청 없이 생명을 종결한 사례의 수가 증가했다는 증거가 없다고 본다. 그러나 합법적 안락사 사례 수는 증가했고, 이는 안락사 논쟁의 옹호자와 반대자들 사이에서 상반된 해석을 낳았다. 그리피스(1998: 103)는 이른바 '미끄러운 비탈the slippery-slope' 논변이 법 발전의 방향을 오도한다고 지적한다. 왜냐하면 그 논변은 "의료 행위에 대한 법적 통제가 완화되는 경향"을 전제로 하지만, 실제로는 "통제가 대단히 크게 증대"되고 있기 때문이다. 법제화juridification의 한 사례로서, 네덜란드의 안락사 합법화는 이전까지 규제되지 않던 행위들을 규제하는 전혀 새로운 규범들의 집합을 가져왔다. 따라서 죽음, 그리고 (함축적으로)생명을 다루는 의료적 실천은 법적으로 규제 대상이 되었다.

친밀성과 가족의 규제과 관련하여, 헐**Kathleen Hull**의 연구는 동성혼 합법화라는 논쟁적인 문제를 다루었다.[11] 현재 동성혼은 소수의 국가(벨기에, 네덜란드, 스페인, 캐나다, 남아프리카공화국)들과 미국 매사추세츠주에서만 합법이다[역주: 뒤에서 다루듯 미국에서는 2004년 매사추세츠 주를 시작으로 동성혼이 허용되었고, 2013년 연방대법원에서 혼인을 이성 간 결합으로만 한정한 연방 법률인 결혼보호법 조항을 위헌으로 결정하고, 이후 2015년 연방대법원은 동성혼을 금지한 주가 이를 강제로 저지하는 것을 중단해야 한다는 결정을 함에 따라 미국 전역에서 동성혼이 법적으로 허용되었다(찬성 5, 반대 4)]. 많은 다른 나라들과 일부 미국 주에서는 동성 커플을 법적으로 인정하되 '유사혼적 시민 결합' 형태로만 허용한다. 동성혼을 둘러싼 논쟁에서는 문화적·법적 논거와 과정들이 충돌하여 동성 파트너십의 법적 처리를 둘러싼 역학을 형성한다. 미국의 경우, 이 문제는 1990년대 중반 하와이 주에서 동성 커플이 결혼 허가 거부를 법원에서 인정받으면서 본격적으로 불거졌다. 이어 하와이 주 의회는 사실상 동성혼을 금지하는 법안을 통과시켰고, 이로 인해 미국 전역에서 논쟁이 격화되었다. 일부 주에서는 동성혼 법률이 제정되었지만 매사추세츠 주를 제외하고는 상급 법원에서 무효화되었다. 연방 차원에서는 헌법 개정을 통해 동성혼을 금지하려는 시도도 있었다. 1996년 미 의회는 연방 결혼보호법**Federal Defense of Marriage Act, DOMA**을 통과시켜 한 주가 다른 주에서 인정된 동성혼을 인정하지 않을 수 있도록 하고, 연방 정부가 동성혼을 인정하지 못하도록 규정했다.

헐의 연구는 동성 관계자들과의 인터뷰에 기초하여 동성 파트너들이 합법적 결혼의 의미와 바라는 효과에 대해 서로 다른 태도를 가지고 있음을 보여 준다. 일부 동성 파트너들은 결혼이 가져올 권리와 실질적 혜택 때

---

11  헐의 저서 *Same-Sex Marriage*(2006)와 관련 논문들, Hull(2001, 2003)을 보라.

문에 결혼 인정을 지지하는 반면, 다른 이들은 동성혼 합법화를 사회 전반의 동성애 관계 수용으로 나아가는 요소로 본다. 합법적 결혼이 제공하는 권리와 혜택에는 의료·세금과 같은 중요한 문제에 관한 실질 조항들을 포함한다. 합법적 동성혼의 보다 광범위한 효과는 동성 관계를 다른 결혼과 동등한 수준에서 정당화하여 동성애의 문화적·사회적 정상화를 가져올 수 있다는 점이다. 대부분의 동성 커플은 자신들의 관계를 법적으로 인정받고 싶어 기존의 합법성 범주를 수용하지만, 이들이 채택하는 대안적 혹은 문화적 결혼 관행은 다양하다. 어떤 커플은 아내, 남편, 배우자 같은 결혼 관련 용어를 사용하고, 또 어떤 커플들은 관계 공식화를 위한 공개적 서약 의식을 행하기도 한다. 이러한 의식은 결혼의 준<sup>準</sup>법적<sup>quasi-legal</sup> 규제로 작용하여 서약의 진지함을 확언하고 커플의 정체성을 확인하며 합법적 결혼의 유사성을 확립한다. 그러나 일부 동성 커플은 이러한 의식이 법적 지위를 부여하지 않으므로 의미가 없다며 거부하기도 한다.

이 논의는 낙태의 합법성에 관한 연구가 인간의 친밀성과 생명의 핵심을 정면으로 겨냥하며 마무리된다. 낙태의 법적 규제에 관한 사회학 연구는 놀라울 정도로 드물다. 사회학자와 다른 사회과학자들의 대부분의 연구는 구체적 사회·역사적 맥락에서 낙태의 합법성을 검토하기보다는 낙태를 둘러싼 도덕 논쟁과 그 논쟁 속에서 형성된 사회 운동에 초점을 맞추었다. 파슨스, 루만, 하버마스의 이론을 비교적으로 검증하는 분석에 근거하여, 나는 미국에서의 낙태 헌법 규제의 역학과 결정 요인들을 분석한 바 있다(Deflem 1998a).[12] 미국에서 낙태는 주<sup>州</sup>법으로 규제되지만, 사법 심사<sup>judicial review</sup> 원칙하에 낙태 관련 법률은 연방 최고 항소법원인 미국 연방 대법원

---

12  *Social Forces*(Deflem 1998a)에 발표된 내 논문에서 보고된 연구 결과 외에도, 이 논의는 미국 낙태법에 관한 진행 중인 연구에 기초한다. 비교적 관점은 Lee(1998), Fegan & Rebouche(2003), Linders(1998)를 보라.

의 헌법적 판결에 따라야 한다. 대법원은 1973년에 이르러서야 낙태의 합헌성에 대해 판결을 내렸는데, 이는 미국 전역의 낙태 관련 법률들이 점점 더 다양해지던 시기였다. 역사적으로 낙태는 19세기 중반부터 범죄화되었으나, 1960년대와 1970년대 초반에 몇몇 주에서는 다소 자유로운 낙태법을 제정한 반면, 다른 주들은 매우 엄격한 규제를 유지했다.

1973년의 유명한 로 대 웨이드**Roe v. Wade** 판결에서, 대법원은 임신 전 기간에 걸쳐 낙태를 금지하고 모성의 생명을 구하기 위한 경우만 허용한 1857년 텍사스 법률을 무효화했다. 대법원은 낙태 여부의 결정이 임산부의 프라이버시권에 속한다고 판결했다. 그러나 프라이버시권은 절대적인 것이 아니며, 주 정부가 잠재적 생명을 보호할 권리를 가진다고도 판시했다. 태아 발달에 관한 의학적 자료, 특히 태아가 자궁 밖에서 독립적으로 생존할 수 있는 능력을 기준으로, 3분기가 설정되었다. 이에 따르면, 임신 초기 3개월(1분기)에는 낙태가 합법이며, 임신 중기(2분기)에는 산모의 건강 문제와 관련하여 규제될 수 있고, 임신 마지막 3개월(3분기)에는 "산모의 생명 또는 건강을 보존하기 위해 적절한 의료적 판단이 필요하지 않은 한" 낙태가 금지될 수 있다(로 대 웨이드, p. 705).

로 대 웨이드 판결은 단순히 미국 주™ 전역에서 낙태법을 자유화하는 결과만을 낳은 것이 아니다. 여러 주에서 낙태 합법성에 다양한 제한을 도입했는데, 그 예로 기혼 여성의 낙태 결정 시 남편의 동의를 요구하는 배우자 동의 요건, 미성년자의 경우 부모의 동의를 요구하는 부모 동의 요건, 그리고 낙태 제공자가 태아 발달이나 입양 등 낙태 대안에 관한 상세한 정보를 제공하도록 하는 규정 등이 있었다. 이에 따라 이러한 제한의 합헌성을 판단하기 위해 연방 대법원이 자주 소환되었다. 로 판결 이후 10년 동안 대법원은 일반적으로 주 정부가 부과한 다양한 제한을 무효화했지만, 1989년

미주리주 낙태 클리닉 사건 판결Webster v. Reproductive Health Services에서는 낙태에 대한 공적 자금 지원 금지, 임신 20주 이상 태아에 대한 생존 능력 검사의무화 등 몇몇 제한을 합헌으로 판결했다. 이어 1992년 케이시 판결Planned Parenthood of Southeastern Pennsylvania v. Casey에서 대법원은 3분기 기준을 폐기했다. 이제 각 주는 임신 시기와 무관하게 태아의 생존 능력 여부에 따라 잠재적 생명 보호에 대한 국가의 이익을 설정할 수 있게 되었고, 여성의 낙태권에 '과도한 부담'을 가하지 않는 한 다른 제한도 합헌으로 판시되었다.

1992년 이후 미국의 낙태 기본 규제 체계는 크게 변하지 않았다. 그러나 최근 대법원에서 다루어진 중요 쟁점 중 하나는 이른바 부분 출산 낙태 혹은 후기 낙태 문제였다. 이는 온전 자궁경부 확장 및 적출 수술로 시행되는데, 태아의 두개골 기저부를 절개한 뒤 흡입관을 삽입해 두개골을 붕괴시켜 태아를 산도로 배출하는 방식이다. 1990년대 중반 연방 하원과 상원은 이 절차를 금지하는 법안을 통과시켰으나 당시 대통령 빌 클린턴이 거부권을 행사했다. 그러나 2003년 조지 W. 부시 대통령이 여성의 생명을 구하기 위한 경우를 제외하고 이 절차를 금지하는 부분 출산 낙태 금지법에 서명하면서 법제화되었다. 여러 주에서도 유사한 금지법을 제정했다. 연방 대법원은 처음으로 2000년 스텐버그 대 카하트Stenberg v. Carhart 판례에서 이 문제를 다루어 5 대 4 판결로 네브래스카주의 금지법이 낙태 금지 시점을 명확히 하지 않았고, 여성의 생명을 구하기 위한 예외 조항을 포함하지 않았다는 이유로 위헌 결정을 했다. 그러나 2007년 곤잘레스 대 카하트Gonzales v. Carhart 판례에서 대법원은 또다시 5 대 4 판결로 연방 부분 출산 낙태 금지법이 합헌이라고 판시했다. 연방 대법원은 연방법이 합헌이라고 판시했는데, 그 이유는 네브래스카 법보다 범위가 더 좁다고 판단했기 때문이다. 다만 예외는 임산부의 건강 전반이 아니라 생명에 위험이 있을 경우로 한정되었다. 이 법의 협소한 규제는 온전한 태아를 부분적으로 산모의 몸 밖으로 꺼낸 뒤 사망하게 하는 특정 유형의 후기 낙태 절차만을 금지한다는 점에 관한 것이다.

부분 출산 낙태 혹은 후기 낙태는 상대적으로 드문 사례다. 그러나 이와 관련한 논쟁과 법적·정치적 활동이 격렬한 이유는 그 도덕성을 둘러싼 문화적 역학 때문이다. 따라서 현재 시점에서 미국 내 낙태 논쟁이 잠잠해졌다고 단정하기는 어렵다. 한편으로 대법원은 2022년까지[역주: 한국어판 출간을 앞두고 2025년 12월 22일, 원저자의 요청으로 수정함] 낙태의 합헌성을 재검토하지 않았다. 낙태 합법성과 관련된 최근의 몇 안 되는 사건 중 하나로 2006년 아요트 대 플랜드 페어런트후드<sup>Ayotte v. Planned Parenthood</sup> 판례에서 뉴햄프셔주 낙태법의 부모 통보 요건이 문제되었으나 대법원은 형식적 사유로 사건을 환송했다. 다른 한편, 부분 출산 낙태를 둘러싼 논쟁이 보여 주듯, 사회적 정서는 급격히 분출될 수 있고, 로 대 웨이드<sup>Roe v. Wade</sup> 사건에서처럼 대법원이 낙태 논쟁에 중대한 영향을 미치는 판결을 갑작스럽게 내릴 수도 있다[역주: 로 대 웨이드 판결은 낙태를 반대하는 미국 보수 진영으로부터 오랜 비난의 대상이었다. 결국 2022년, 미국 연방대법원은 돕스 대 잭슨 여성보건기구 판결(Dobbs v. Jackson Women's Health Organization)을 통해 미국 헌법이 낙태에 대한 권리를 부여하지 않았음을 이유로 들어 1973년 로 대 웨이드 판결을 공식적으로 파기했다. 한편 우리나라에서는 2019년 헌법재판소가 임신 초기 낙태를 금지하는 「형법」상 낙태죄가 임신부의 자기결정권을 과도하게 침해한다는 점을 들어 헌법불합치 결정을 하면서 2020년 말까지 법률 개정을 촉구한 바 있다(헌재 2019. 4. 11. 2017헌바127,). 이는 「형법」상 자기낙태죄가 임산부의 자기결정권을 침해하지 않아서 합헌이라는 2012년 헌법재판소의 결정(헌재 2012. 8. 23. 2010헌바402)을 변경한 것이다].

# 결론

개인주의와 근대 문화 속 다양성의 대두와 더불어 사회 통합에 대한 법사회학의 핵심 관심은 기능주의·갈등 이론적 모더니즘 접근부터 포스트모더니즘과 해체론적 관점에 이르기까지 다양한 이론적 관점들을 산출했다. 법과 불평등에 관한 사회학 연구에서 최근 몇 년간 모더니즘과 포스트모더니즘적 관점 모두 확산되어 왔지만, 전통적으로 사회학에서 가장 오래된 불평등 영역이라 할 수 있는 계급 기반 연구에서는 모더니즘 이론이 포스트모더니즘과 해체론의 침투를 상대적으로 더 잘 방어할 수 있었다. 반면 사회학에서 역사적으로 덜 주목받아 온 불평등 영역, 특히 젠더 및 인종과 민족 영역으로 갈수록 포스트모더니즘과 해체론은 보다 풍요로운 적용의 토대를 포착하는 데 성공했다. 또한 문화적 차원에서 사회생활의 복잡성이 증가함에 따라 계급과 불평등에 관한 분석은 일반적으로 감소하고, 대신 젠더와 인종·민족 차원의 불평등과 법 연구에 초점이 맞추어지고 있다.

법의 보편성이라는 관념 탓에 인종적·민족적 경계를 따라 나타나는 법적 차별성에 대한 관심은 계급과 젠더에 관한 연구보다 상대적으로 더욱 부족했다. 이는 인종적·민족적 소수자들에게 가해진 중요한 역사적·법적 불평등 사례들이 잘 알려져 있다는 점을 고려하면 놀라운 일이다. 너무나도 뚜렷한 이 사례들에는 유럽 국가들의 식민 지배 경험, 미국 및 기타 지역에서의 노예 제도의 법제화, 나치 독일에서 유대인과 다른 '비非아리안인'에 대한 시민권 박탈, 인종·민족적 배경에 기반한 차별 정책의 합법화가 드러낸 다양한 양상들, 그리고 현재 특별히 중요한 의의가 있는 난민 정책, 시민권, 이민을 둘러싼 논쟁들이 포함된다. 법사회학에서 인종과 민족에 대한 상대적이면서도 두드러진 간과는 사회학 연구에서 소수자의 과소 대표로 설명될 수 있다. 그러나 이와 뚜렷하게 대조되는 것은 법 연구가 인종·민족 구성 면에서 유사한 특징을 가지면서도 비판적 인종 이론의 기여를 통해 인종·민족적 법적 불평등을 집중적으로 다루어 왔다는 점이다. 그럼에도 법사회학이 이러한 문제들, 특히 인종적·민족적 불평등 문제에서 학문적 논의에 유용하게 기여하려면 여전히 더 많은 작업이 필요하다.

법의 일차적 기능은 통합이다. 그러나 의도된 기능과 실제 성과를 구분하는 가치가 있음을 보여 주듯, 평등을 보장한다는 명시적 법 선언에도 사회적 불평등은 여전히 지속된다. 개인주의적 문화 가치 조건 아래에서 근대 사회의 다양성 증대는 근대 법이 직면한 특수한 곤란을 더욱 심화시킨다. 하버마스(1991: 91)는 이 문제를 날카롭게 지적하며 "다문화주의로의 발전 과정에서 도덕적 관점에서 합리적으로 답할 수 있는 문제 영역은 축소된다"고 주장했다. 문화적 다양성이 증가하는 조건에서 법의 일차적 기능은 동시에 더 필요해지지만 수행은 더 어려워진다. 현대 문화를 특징짓는 다양성과 개인주의는 특히 건강, 가족, 자기와 관련된 삶의 친밀한 측면을 규제하는 데 문제를 제기한다. 미국의 동성혼 규제와 낙태법의 역사, 그리고 네덜란드의 안락사 처리 문제는 법이 때때로 분쟁을 해결하기보다는 오히려 악화시킬 수 있음을 보여 준다. 이러한 논쟁의 격렬한 성격은 법적·정치적 활동을 자극하고, 문화적 대립과 사회운동 역학은 중요한 법적·정책적 결정 이후에 오히려 가속화되기도 한다. 문화와 법 사이의 복잡한 상호작용을 고려하면, 법의 통합 능력에 한계가 드러나며 역설적으로 법은 중요한 도덕 문제들에 대한 문화적 논쟁과 갈등을 가속화하는 것으로 나타난다. 따라서 뒤르켐 시대에 사실이었던 것만큼이나 현대 법은 여전히 사회 통합을 유지하고 생활 세계의 다원성의 평화로운 공존을 보존할 수 있는 사회의 능력에 대한 중요한 지표로 남아 있다.

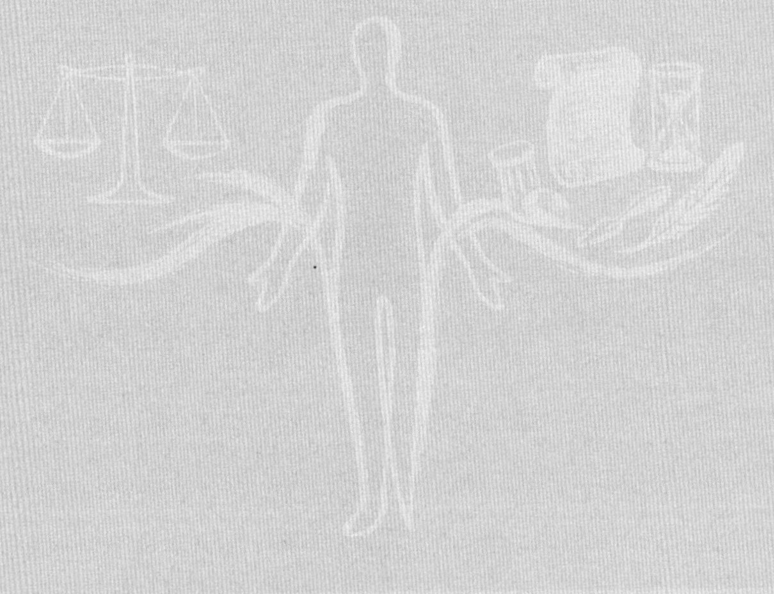

# 4부

## 법의 특수한 문제들

# 11

# 사회통제: 법의 집행

법을 더 좁게 성문 입법 규범만을 지칭하는 것으로, 혹은 더 넓게 다른 규범 질서를 포함하는 것으로 정의하건, 법이 사회적으로 타당성을 갖기 위해서는 법적 주체들의 공동체 속에서 받아들여져야 하고(정당성legitimacy), 특정한 방식으로 제정되고 집행되어야 한다(합법성legality). 합법성의 중요성은 막스 베버가 법을 정의할 때 가장 분명하게 드러난다. 그러나 베버가 관습custom과 관례convention라 부른 법 외적 규범 체계의 경우에도 일정한 준수의 강제가 반드시 존재해야 한다. 즉, 규범 질서는 언제나 준수를 확보하는 통제 메커니즘과 제도를 수반해야 하며, 이를 통해 규범의 집행을 보장한다. 이러한 통제 체계는 대중의 비난이나 사적 수치심 같은 매우 비공식적인 반응과 규범적 기대에서부터 경찰 제도와 감시·처벌 제도에 의한 법 집행과 같은 고도로 제도화된 체계에 이르기까지 다양하다. 집행은 법이 갖는 특수하면서도 불가피한 문제다.

근대 사회학에서 법의 집행은 주로 사회통제 사회학의 맥락에서 다루어졌는데, 최근에는 법사회학보다는 범죄·일탈 사회학과 더 밀접하게 연관되는 경향이 있다. 그러나 이 장에서 보듯 사회통제라는 개념은 원래 현재처럼 범죄나 일탈로 국한되지 않고 훨씬 더 넓은 의미를 지니며, 사회학적 관점에서 법사회학과 더욱 밀접히 연결되어 있었다. 범죄·일탈 및 그 (형사사법, 형법을 포함한)통제가 법사회학에서 상대적으로 배제된 이유는 주로 이론적이라기보다는 역사적이었는데, 이는 범죄학이 형사사법체계 안에서 범죄 통제 기술로 발전한 기원과 관련된다. 그 결과 오늘날의 사회통제 사회학은 제도적으로 법사회학의 일부로 편입되기는 어렵지만 법사회학은 개념적으로 사회통제 사회학을 포함해야 한다. 이 장은 법에 대한 사회학적 초점을 심화시켜 법 제도에 수반되는 집행 메커니즘을 중심으로 논의를 전개할 것이다. 사회통제 사회학의 다양한 이론적·실증적 기여를 모두 다루려면 별도의 저술이 필요하겠지만, 여기서는 특히 법과 특별히 연결된 사회통제 차원에 주목하고 범죄와 일탈 연구의 경계를 넘어 사회통제를 독자적인 탐구 대상으로 다루는 관점과 연구들에 집중하고자 한다.

근대 사회학에서 사회통제 개념의 변화를 검토한 뒤, 이 장은 푸코<sup>Michel Foucault</sup>의 규율<sup>discipline</sup>과 통치성<sup>governmentality</sup>에 관한 연구를 소개할 것이다. 이는 권력과 처벌에 관한 가장 영향력 있는 최근 이론적 발전 가운데 하나로 사회통제와 법사회학 연구에 풍부하게 적용되어 왔다. 푸코의 작업에 대한 상대적 가치와 한계를 두고는 논쟁이 존재하지만, 그 범위와 영향력을 고려할 때 오늘날 푸코와 관련해 스스로를 위치시키지 않는 사회통제 사회학을 진지하게 받아들여지기는 어렵다. 이러한 이론적 진입은 경찰, 감시 기술, 양형<sup>量刑</sup>, 처벌 등 사회통제의 다양한 차원과 메커니즘에 관한 사회학 연구를 논의할 수 있도록 한다.

## 사회통제 개념

사회학에서 가장 오래된 개념들 중 하나인 사회통제social control는 역사적으로 중요한 이론적 변화를 겪어 왔다.[1] 19세기 후반 이후 사회통제는 주로 미국 사회학에서 강제력에 의존하지 않고 사회가 스스로를 규제할 수 있는 능력을 포괄적으로 지칭하는 개념으로 사용되었다. 이러한 광범위한 사회통제 개념은 개인주의 경향의 증대에도 사회화를 통한 지속적인 사회 통합을 필요로 한다는 점을 강조하는 온건한 자기 통치self-governance의 의미로 이해되었다. 사회통제는 강제가 필요하지 않은 한도에서 사회 내 통합을 특징짓는 개념이었다. 조화와 진보주의를 함축한 이러한 사회통제 개념은 특히 미국 사회학에서 제2차 세계대전까지 유행한다.

이처럼 광범위하게 이해된 합의적 사회통제 개념은 미드George Herbert Mead(1934)와 로스Edward Alsworth Ross(1926)의 저작에서 가장 뚜렷하게 드러난다. 인간 행위의 심리학(제6장 참조)에 근거하여 미드는 사회통제를 개인이 타인의 기대를 고려하여 자신의 행동을 수정하는 능력, 즉 자기 통제와 타인에 의한 사회통제를 조화시키는 능력으로 보았다. 5장에서 밝힌 바와 같이 로스는 사회 제도들이 사회통제를 촉진하는 역할을 서술하며 교육, 여론, 종교와 더불어 법을 사회통제의 한 차원으로 규정했다. 사회에서의 항구적 기능으로서 이 사회통제 개념은 규범적 기대를 위반한 사람들뿐 아니라 사회 구성원 전체에 적용된다.

사회통제 사회학에서 중요한 이론적 전환은 제2차 세계대전 이후에 나타났다. 파시즘과 나치즘의 부상, 전쟁의 참상, 냉전과 핵무기 경쟁의 고조 속에서 더 이상 합의적 사회 모델을 쉽게 수용할 수 없게 되었기 때문이다.

---

1 사회통제 개념에 대한 개관과 논의를 위해서는 Cohen(1985), Coser(1982), Deflem(1994), Scull(1988)을 보라.

이제 사회통제 개념은 규범으로의 사회화가 아니라 권력과 강제<sup>force</sup>에 기초해 제도화되는 보다 억압적이고 강제적인 통제 형태를 가리키는 데 사용된다. 이러한 강제 개념의 관점에서 사회통제 기능은 전에는 온건한 기능적 용어로 이해되던 사회 제도들에 귀속되었다. 예컨대 피븐<sup>Francis Fox Piven</sup>과 클로워드<sup>Richard Cloward</sup>는 그들의 기념비적 연구『빈곤 통제<sup>Regulating the Poor</sup>』(1971)에서 복지 제도가 빈곤층과 실업자와 같은 특정 계층을 통제하기 위한 시도, 즉 경제적으로 궁핍한 계층을 회유하여 사회적 반란을 예방하기 위한 장치라고 주장했다. 이런 관점은 더 나아가 신체적·정신적 장애인, 청년과 노인, 궁극적으로는 일탈자에게까지 적용될 수 있다.

1950년대 이후 사회통제는 점차 범죄나 일탈을 규정하고 이에 대응하는 메커니즘과 제도로서 보다 뚜렷하게 이해되었다. 범죄학적 사회학에서 지배적인 이론 그룹들과 연결되면서 사회통제는 이제 범죄에 대한 기능적 대응, 일탈에 대한 사회적 반응, 혹은 단순한 범죄 초점을 넘어선 사회 질서의 재생산으로 개념화되었다. 첫째, 범죄 원인 이론의 관점에서 예컨대 서덜랜드<sup>Edwin Sutherland</sup>(1973)의 차별적 접촉 이론과 샘슨<sup>Robert Sampson</sup> 및 라우브<sup>John Laub</sup>(1993)의 생애 주기 관점에서 사회통제는 범죄에 의해 야기되는 종속 변수로 이해되고, 범죄에 대응하여 사회 분열을 방지하기 위한 보정 메커니즘으로 작동한다. 이 관점에서 범죄는 중심에 놓이고, 사회통제의 힘이 범죄 행위를 탐지하고 처벌해야만 사회 해체를 막을 수 있다.

둘째, 베커<sup>Howard S. Becker</sup>(1963)와 슈어<sup>Edwin Schur</sup>(1971)에 의해 대중화되고 오늘날 구드<sup>Erich Goode</sup>(1996)와 마츠에다<sup>Ross Matsueda</sup>(1992)에 의해 대표되는 낙인 이론<sup>labeling theory</sup> 혹은 사회적 반응 이론의 관점에서 범죄를 일탈 행위가 범죄화되는 과정에 기초한 사회적 구성물로 이해된다. 최초의 일탈 행위는 행위자에 의해 동기 부여되지만 그 후의 범죄화는 일탈을 규정하고 이에 대응하는 사회의 기능에 해당한다. 사회통제는 낙인 부여 과정을 통해 범죄를 구성하는 것으로 파악되며, 이 과정은 대체로 일탈 행위자의 필요와 동기를 고려하지 않고 오히려 사회적 목표를 달성하는 통제 체계를 부과하는 방식으로 작동한다.

셋째이자 마지막으로, 갈등 이론의 관점에서 낙인 이론의 상호작용주의적 초점은 더 구조적으로 지향된 관점으로 넘어가 사회통제 과정을 그것이 발생하는 더 광범위한 사회 속에 위치시킨다. 규칙 위반자와 규칙 집행자의 상호작용 질서를 분석하는 대신, 비판 사회학은 사회통제를 사회의 역사적으로 형성된 사회 경제적 조건 및 질서를 유지하기 위해 동원되는 메커니즘과 제도 차원에서 다룬다. 사회통제에 관한 비판적 이론 중 특히 주목할 만한 것은 소위 수정주의적 관점이다.[2] 수정주의적 관점은 사회통제에서 역사적으로 변화한 것들이 과거보다 더 합리적이고 인도적인 것으로 정당화되지만, 실제로는 더 효율적이고 더 침투적인 통제 방식이 되었다고 주장한다. 이와 관련하여 전통적 통제 방식의 대안으로 고안된 치료와 재사회화 프로그램들은 실제로는 기존 통제 방식들을 대체하기보다 보완하면서 통제의 확장(또는 그물망의 확대)을 가져왔다. 나아가 이러한 대안적 사회통제 방식은 규칙 위반이 얼마나 사소하든 모두 탐지되지 않고 넘어가지 않도록 보장한다고 주장된다. 수정주의적 사회통제 이론은 이론적으로 푸코의 연구에서 가장 큰 혜택을 받았다.

---

2 수정주의 관점 중 가장 영향력 있고 체계적으로 정식화된 것은 Stanley Cohen(1979, 1985)의 연구다. 수정주의 이론은 교도소와 처벌(Cohen 1977), 정신의학적 제도(Scull 1979), 민간 및 공공 치안(G. Marx 1988, Shearing & Stenning 1983)에 적용되었다.

## 규율과 통치성

프랑스 철학자 푸코<sup>Michel Foucault, 1926~1984</sup>는 권력과 처벌의 성격과 변형에 관한 혁신적인 연구를 통해 현대 사회통제 사회학뿐 아니라 더 넓게는 법사회학에도 뚜렷한 영향을 끼쳤다.[3] 푸코가 권력 연구에서 주로 다룬 중심 문제는 처벌의 역사적 과정에서 나타난 질적 변환이다. 즉, 고통을 신체에 가하는 공개적이고 폭력적인 처벌의 장관<sup>壯觀</sup>이 사라지고 영혼에 대한 감시가 출현하며, 특히 근대 감옥 제도가 발전하게 된 것이다. 권력의 정치 경제학에 반대하여 푸코의 작업은 권력의 전략, 전술, 기법, 그리고 구체적 작동을 중심으로 하는 미시 권력학<sup>micro-physics of power</sup>을 제시한다.

　푸코는 18세기 중반에서 19세기 사이에 공개 처형이 점차 사라지고 처벌이 은밀하고 세부적이며 감춰진 형태로 변화했음을 보여 준다. 18세기 처벌의 전형적 표현은 느리고 장황한 고문의 공개적 장관<sup>壯觀</sup>이었으나 약 80년 후에는 감옥 생활을 분 단위로 규율하는 시간표가 그것을 대신했다. 푸코는 고문의 역사적 소멸이 처벌의 인간화가 아니라 권력의 목표와 수단의 질적 변화임을 주장한다. 공개적이고 폭력적인 고문은 법의 정당화와 법 위반에 대한 처벌에서 주권자(군주)의 권력이 중심에 있음을 보여 준다. 고문은 동시에 사법적 사건이자 정치적 사건으로 수형자(처벌받는 자)의 몸과 주권자의 몸 사이의 불균형을 드러낸다. 고문은 점차 사라지고 18세기 후반 이후 제안된 개혁안들 속에서 영혼에 대한 세밀하고 투명한 감시로 대체되었다. 이러한 개혁은 처벌의 관대함을 주장했지만, 그것은 단지 영혼 위에 은밀하면서도 계산 가능한 권력 행사를 가능하게 하는 보다 효

3　이 절은 주로 푸코의 『감시와 처벌: 감옥의 역사』(1975)과 권력 및 통치성에 관한 저술 Foucault(1978a, 1978b, 1980, 1981)을 바탕으로 한다. 개관과 논의는 Deflem(1997), Garland(1997), Hunt(1997), Hunt & Wickham(1994), Smith(2000), Tadros(1998), Turkel(1990), Wickham(2002, 2006), Wickham & Pavlich(2001)의 기여를 참조하라.

율적인 통제 기술의 형태였다. 새로운 처벌 형태는 자의적이지 않아야 했고 각 범죄에 대해 특정한 유형의 반응을 제공해야 했으며, 그것은 범죄자의 교화와 사회 복귀에 대한 긍정적 효과를 유지하거나 감소시키는 방식으로 작용해야 했다. 근대 감옥 제도는 단순한 구금 장소가 아니라 참회와 교정의 공간으로서 이러한 개혁안에 부합한다.

고문에서 감옥으로의 전환과 함께 등장한 새로운 권력 형태가 바로 푸코가 말하는 규율<sup>discipline</sup>이다. 규율의 목표는 순종적 신체를 만들어 내는 것이며, 이는 신체가 조작되고 형성되고 훈련되며 복종하게 되는 권력의 기계 장치 속에서 드러난다. 규율 효과는 최소 네 가지 기법을 통해 달성된다. 첫째, 신체를 감옥, 공장, 병원 벽 안에 가두는 것과 같은 폐쇄, 개별 독방으로의 분할, 기능적 장소와 서열에 따라 신체를 배치하는 방식으로 공간적으로 분배한다. 둘째, 행동을 상세히 규정하고 조정하는 시간표를 통해 활동을 미세하게 통제한다. 셋째, 활동을 순차적 하위 활동들로 배열하여 시간적으로 관리한다. 넷째, 권력의 구성을 통해 개별 신체를 최대 효율 기계로 작동하는 전체 속에 위치시킨다. 수단의 관점에서 규율은 세 가지 교정 훈련 기법에 의존하는데, ① 위계적 관찰을 통해 개인을 가시적이고 투명하게 만들어 상세한 통제와 적절한 행동 변화를 가능하게 한다. ② 정상화 판정<sup>normalizing judgment</sup>을 통해 일탈자는 고통을 가하는 처벌이 아니라 훈련을 통해 교정된다. ③ 시험을 통해 지식을 생산하고, 이는 자기 변화를 위한 생산적 도구로 활용된다.

푸코는 규율의 궁극적 표현을 파놉티콘<sup>panopticon</sup>의 원리에서 찾을 수 있다고 주장한다. 모든 것을 가시화하는 감시 체계인 파놉티콘은 벤담이 감옥 설계를 위해 고안한 모델이다. 이는 중앙의 감시자가 원형 건물 중앙에 서서 각 방에 갇힌 구금자들을 경제적으로 감시할 수 있도록 설계되었다.

각 구금자는 감시자에게는 보이지만 감시자가 실제로 보고 있는지 여부는 알 수 없다. 근대 체제에서 규율은 이렇게 고립, 노동, 그리고 점진적 성과에 따른 처벌 조정 등을 통해 순종적이고 유용한 신체를 생산하는 교정 제도의 형태로 그 정수를 드러낸다.

푸코로부터 얻을 수 있는 이론적으로 중요한 통찰 중 하나는 규율이 감옥에만 국한되지 않고 사회 전체에 걸쳐 작동한다는 점이다. 파놉티콘의 체계는 파놉티시즘*panopticism*이라는 일반화된 기능으로 확산되어 규율 사회를 만들어 낸다. 규율 권력의 다른 표현은 질병과 격리 장소로서의 병원, 노동 집중의 공간으로서의 공장, 그리고 빈민과 경제적으로 비생산적인 자들을 수용하는 수용소에서 찾아볼 수 있다. 이에 따라 정신의학, 의학, 범죄학과 같은 인간 과학이 규율을 정당화하고 유지하기 위해 발전했다. 사회 전반에 분산된 규율 권력은 권력을 가진 자와 권력에 종속된 자라는 이분법으로는 포착될 수 없다. 오히려 규율 권력은 모두를 가시적으로 만드는 맹목적 기능, 차별 없는 기계로 작동한다.

사회통제와 법사회학에서 아마 가장 중요한 것은 푸코가 제시한 규율 권력이 생산적이고 유용하다는 개념이다. 이는 신체에 고통을 가하는 데 집중하는 억압적이고 부정적 성격의 전통적 권력 개념과 근본적으로 충돌한다. 규율은 법을 억압적 규칙으로, 법 집행을 법을 어긴 자에게 가해지는 반응적 힘으로 보는 관점과 대립한다. 규율 권력은 대신 개인의 영혼에 긍정적으로 영향을 미쳐 복종하도록 만든다. 동시에 푸코는 근대 사회의 규율적 성격이 권력의 모든 형태를 설명하는 것은 아니라고 주장한다. 여전히 고문이나 다른 전통적 권력 형태의 흔적이 존재하며, 또한 규율 권력의 효과에는 언제나 저항이 따른다. 근대 사회는 규율 사회이지만 규율화된 사회는 아니다.

푸코는 통치성governmentality(통치 합리성을 뜻하는 신조어)에 관한 덜 체계적이지만 매우 영향력 있는 연구에서 권력의 실증적 성격을 확장한다. 그는 사회 구성원들의 행위가 주권 권력에 의해 단순히 종속되는 것이 아니라 오히려 권력 행사 속에 함입되어 있다고 주장한다. 다시 말해, 정부 권력은 개인을 살아 있는 주체로 전제하여 영토의 비옥함, 인구의 건강과 이동을 증진시키기 위해 인구와 그 '진리'를 중심에 놓는다. 통치성 개념은 16세기 유럽 정치 사상의 흐름에서 기원하는데, 당시에는 권력이 존재하는 모든 것, 즉 사건, 행위, 행동, 의견까지도 관련된다고 보았고, 국가의 부와 힘은 인구 조건에 달려 있다고 인식되었다. 19세기 유럽에서 통치성은 다시 발견되었고, 이는 관할적으로 한정된 국민 국가와 그 시민이 아니라 영토의 비옥함과 인구의 건강 및 움직임을 겨냥한 효율적 권력 경제로 재정식화되었다. 이러한 방식에서 통치 권력이 집중하는 대상은 그것이 관리하는 주체와 객체들이었고, 통치성은 법률적 권력 개념과 단절된다. 군주나 국가의 법 대신 통치 규범은 사회에 유용한 것과 해로운 것을 구별하는 기준이 된다.

통치적 권력의 형태를 실행에 옮기기 위해 사회의 영토와 인구에 관한 지식 체계가 발전했다. 여기에는 범죄자의 생애와 유형을 중심으로 한 범죄학적 지식이 포함된다. 범죄학은 범죄 통계를 활용하여 어떤 상황에서 누가 범죄 행위에 가담할 가능성이 높은지를 보여 주는 인구의 일반적 진리를 드러낼 수 있었다. 마지막으로, 통치성을 촉진하는 삼중 동맹triple alliance을 완성하기 위해 광범위한 질서와 안전 프로그램에 기초해 정부 규범을 집행하는 경찰 체계가 발전했다. 다음 절에서 명확히 하겠지만, 통치 권력의 관점에서 본 경찰 개념은 역사적으로 등장한 '법 집행으로서의 경찰' 개념보다 훨씬 넓다.

## 경찰과 치안

사회학자들이 경찰을 연구하면서 특별히 주목해 온 주제 가운데에는 경찰의 역사적 변천, 세계 각국에서 나타나는 다양한 형태, 경찰 업무에 도입된 기술들이 제기하는 여러 쟁점들, 그리고 경찰 조직의 구조와 경찰 직무의 전문화가 갖는 함의가 있다. 역사적으로 경찰이 항상 형사법 집행을 의미한 것은 아니었다.[4] 푸코의 통치성 개념에 조응하듯 경찰 기능은 16세기 이래 처음에는 단순히 형사법 집행으로 제한적으로 이해되지 않았다. 오히려 경찰은 개인들의 복지, 안녕, 행복을 지향하는 일반적(정부적) 프로그램의 차원에서 공적 삶의 모든 가능한 측면을 포괄하는 광범위한 통치 체계 속에서 매우 넓게 개념화되었다. 이러한 (정책으로서의)경찰 체계는 법 위반에 단순히 대응하는 것이 아니라 질서와 복지를 적극적·긍정적으로 증진하는 데 기여했다. 이런 의미에서 경찰은 교육, 보건, 살인, 종교, 화재, 농지, 산림, 무역 등 다양한 문제들을 다루며 단순한 법 집행 도구에 그치지 않는다. 국민 국가가 성장함에 따라 군대라는 외향적 무력과 보완적으로 내부 안전을 전문적으로 담당하는 경찰 제도가 발전한 것이다. 이리하여 질서 유지와 범죄 통제에 관한 규칙이 공식적으로 정의되면서 (법 집행 기관으로서의) 경찰 개념이 점차 구체적으로 한정되었다.

비록 경찰 기능이 일반적으로 법 집행의 틀 속에서 변모했음에도 국가별 경찰 제도는 여전히 다양한 차이를 보였다. 일부 사회, 특히 유럽 대륙에서는 경찰 임무가 매우 광범위하게 정의되었다. 예컨대 19세기 말 독일 제국에서는 경찰 기능이 살인, 공공 장소에서의 흡연, 교통 등 다양한 문제들

---

4  경찰에 대한 일반 입문서와 비교 역사적 개관으로는 Bayley(1975), Bittner(1990), Deflem(2002), Manning(1977, 2003), Reiner(1985), Skolnick(1966)을 참조하라. 이어지는 부분에서는 민간 치안(Johnston 1992)이나 보건·안전 규제 집행(Hawkins 2003, Hutter 1988) 같은 비형사적 사안의 집행 관행이 아니라 공공 경찰의 역할과 기능에 초점을 맞춘다.

을 포괄하는 것으로 이해되었다. 보다 자유주의적 국가들에서는 헌법적 권리에 의해 경찰 권한이 더 제한되어 협소하게 규정된 형사법 위반에 국한되었다. 식민지 체제에서는 다시금 전혀 다른 길을 걸었고, 이는 식민 통치 부과의 경제적·정치적 목표와 밀접히 관련되었다.

경찰 기능의 역사적 변천에 수반하여 사회별 경찰 제도의 형태는 상당히 다르게 나타났고, 그 영향은 오늘날까지 이어진다. 역사적으로 유럽 대륙의 경찰 제도는 군사적 성격을 띠고 고도로 중앙 집중화된 반면, 영국과 미국의 법 집행은 민간적이고 지역적으로 조직되는 경향을 보였다. 영국의 경우 19세기 초부터 국가 정부의 감독을 받았지만 전문성 수준과 경찰 조직 구조에서는 여전히 많은 지역적 차이가 존재했다. 미국에서는 연방 차원의 감독과 경찰 기능 조직화가 매우 점진적으로 발전했고, 치안은 주로 마을 단위에서 지역적으로 조직된 활동으로 남았다. 유럽 모델과 달리 미국의 주州 및 연방 경찰 기관은 20세기 초까지 의미 있게 확대되지 않았다.

경찰의 사회·역사적 조건과 밀접히 연관된 경찰 전략과 기술은 시간과 공간에 따라 안정적이지 않다. 이러한 경찰 활동의 다양성은 경찰관이 제복을 입고 무장을 하는지 여부와 같은 기술적 요소뿐 아니라 경찰 활동에서 채택되는 다양한 스타일 및 전략과도 관련 있다. 사회학자들이 주목한 많은 경찰 혁신 가운데에는 지역 사회 경찰 활동의 부상(Fielding 2002, 2005, Manning 2002), 경찰의 국제화(제12장 참조), 민주적 국가 건설에서 경찰의 역할(Bayley 2005), 그리고 비밀 경찰 활동undercover police work 같은 특수 경찰 전략의 발전이 있다. 비밀 경찰 활동 사례를 통해 사회통제의 주요 메커니즘으로서 경찰 활동의 역학과 효과 속에 내재한 문제적·아이러니적 특성이 드러난다.

비밀 경찰 활동은 기망과 도발을 수반하는 은폐된 형태의 경찰 활동이다. 이 전략은 특히 미국과 같이 경찰의 공개적 활동이 법에 의해 엄격히 규제되는 사회에서 점차 빈번하게 적용된다. 은밀한 성격의 범죄 증가, 범죄 퇴치 프로그램에 대한 대중의 요구와 지지, 그리고 정교한 범죄 탐지 및 감시 기술의 가용성은 비밀 경찰 활동의 인기를 높이는 데 기여했다. 비밀 경찰 활동은 경찰이 범죄를 예방하거나 대응하는 제복 입은 요원이라는 일반적 인식과 충돌한다는 점에서 스스로 아이러니하다. 나아가 그 효과 측면에서 볼 때 비밀 경찰 활동은 범죄 통제와 무관한 다양한 목적, 특히 정치적 감시를 위해 사용되어 왔음을 보여 주는데, 이는 경찰 활동이 단순히 범죄 통제 차원에서만 이해될 수 없음을 보여 준다. 비밀 경찰 활동은 무고한 시민의 피해, 경찰 요원들에게 가해지는 심리적·사회적 부담과 같은 의도치 않은 결과를 낳을 수 있다. 또한 요원들끼리 서로를 목표로 삼거나 의도치 않은 시민들이 경찰 요원을 표적으로 삼게 되는 경우도 발생할 수 있다. 가장 아이러니한 경우는 비밀 경찰 요원들이 증거를 조작하거나 범죄 활동을 오히려 확대시킨 것으로 드러난 사례들이다.

비밀 경찰 활동의 사례는 경찰 활동 관련 특유의 문제들의 역학과 결정 요인에 초점을 맞춘 사회학 연구의 중요성을 보여 준다. 경찰이 합법적 폭력의 대표자로서 특별한 지위를 지니므로 경찰 활동의 아이러니한 결과와 경찰의 비행非行은 특히 주목할 만하다.[5] 경찰학 문헌에서는 이러한 문제들이 주로 경찰 재량과 그 속에서 작동하는 경찰 문화 및 조직 구조의 역할로 설명된다. 경찰 재량이란 경찰이 자원 한계와 과잉 집행의 부정적 결과 때문에 모든 법 위반을 집행할 수 없다는 사실을 뜻한다. 따라서 경찰관들은

5  경찰 행동의 문제적 차원에 관한 최근 연구는, 경찰 업무와 차별적 집행에서의 인종주의(Norris & Fielding & Kemp & Fielding 1992, Weitzer 2000, Weitzer & Tuch 2005), 정치적 동기에 따른 경찰 활동(Cunningham 2004, Earl & Soule & McCarthy 2003), 과도한 폭력 사용(Jacobs & O'Brien 1998, Skolnick & Fyfe 1993, Terrill & Paoline & Manning 2003), 경찰 부패(Sherman 1978), 그리고 경찰의 군사화(Kraska & Kappeler 1997)를 중심으로 한다.

언제, 어떤 경우에 집행이 필요한지를 스스로 결정해야 한다. 그러나 행정적 고려를 넘어 경찰 행동은 업무 내적·외적 요인들에 따라 매우 선택적으로 이루어지는 것으로 밝혀졌다. 예를 들어 체포 가능성은 범죄의 중대성과 가용 증거의 강도뿐 아니라 경찰에 대한 무례한 태도, 규칙 위반자와 규칙 집행자 사이의 사회적 거리 등에도 따라 증가한다(Black 1980).

차별적 법 집행과 경찰 역할과 관련된 다른 문제들은 경찰 문화와 경찰 조직 구조의 특성이라는 맥락에서 설명될 수 있다. 문화와 관련하여 경찰은 법률 전문직과 마찬가지로 직업적 자율성을 주장하고 직업에 대한 접근 및 조직과 활동의 감독을 통제하는 전문화 과정 속에서 분석될 수 있다(Manning 1977; Reiner 1985). 이러한 이미지에 상응하여 경찰 조직은 자신을 사회의 도덕적 수호자, 즉 질서와 혼돈 사이에 서 있는 '가늘고 푸른 선 *thin blue line*'으로 동일시하는 경향이 강하다. 이러한 자기 이미지와 함께 외부 세계를 고도로 도덕주의적 용어로 인식하여 경찰 행위의 도덕성과 필요성을 강화하고, 임무 수행에서 경찰에 협력할 가능성 또는 저항할 가능성에 따라 시민들을 범주화한다. 권위주의적이고 공격적인 동시에 이상주의와 냉소주의 사이를 오가는 복합적 경찰 성격은 이러한 문화의 사회심리적 상관물이다.

구조와 관련하여 경찰 제도의 지배적 형태가 관료제적 조직이라는 점을 주목할 필요가 있다(Deflem 2002). 막스 베버의 관점과 일치하게 관료제는 정책 집행을 담당하는 조직으로 위계 구조를 가지고, 일반 규칙에 기초해 활동하고 표준화된 방법을 채택하며 직무 수행에 있어 비인격성을 띠는 것으로 이해된다. 따라서 관료화된 경찰 조직은 엄격한 지휘 체계에 따라 위계적으로 배열되고 공식화·표준화된 운영 절차를 가진다. 행위의 기술적 비인격성을 드러내며, 관료적 경찰 기관은 범죄 통제와 질서 유지를 목표로 삼아 개인을 고려하지 않고 증거 수집과 처리에 관한 일반 규칙에 근거해 사건을 다룬다. 관료제 모델에서 경찰 활동은 표준화된 수사 방법에 따라 일상화되고 종종 범죄 식별의 기술적으로 발전된 방법과 같은 과학적 경찰 기술 원리에 의해 강하게 영향을 받는다.

경찰의 과도한 관료화는 경찰 업무의 책임성 결여와 차별적 법 집행에 기여하는 결정 요인들 가운데 하나로 지적되어 왔다. 경찰 개혁의 규범적 관점에서 경찰 관료화에 대한 우려는, 경찰과 시민 사이의 신뢰를 회복하기 위해 회복적 정의restorative justice와 지역 사회 경찰 활동의 원리를 적용하려는 시도로 이어졌다. 분석적 관점에서 경찰 관료화가 정부와의 관계에서 경찰 기관이 획득하는 위치상의 자율성(형식적 자율성)과 경찰이 적절한 수단을 독립적으로 결정하고 활동의 목표를 구체화할 수 있는 능력(운영적 자율성) 측면에서 연구되었다. 이 경찰 관료화 과정에서 통신, 교통, 범죄 수사 영역의 기술 발전은 경찰 활동의 전개, 특히 경찰 기능의 국제화(제12장 참조)에 중요한 영향을 미친 것으로 밝혀졌다.

## 감시 기술

사회통제의 변화를 이끄는 첨단 기술 체계의 역할은 경찰이라는 공식적 통제 주체의 사용을 훨씬 넘어선다. 푸코가 파놉티콘의 분산이 사회 전체의 일반화된 기능이 된다고 관찰한 것과 마찬가지로 통제 기술 역시 사회 전반에 확산되어 근대 사회생활의 정상적 일부가 되었다. 이론적으로 감시사회학은 푸코의 연구를 계승하여 모든 사람에게 선제적으로 적용되는 고도로 기술화된 사회통제의 현대적 차원을 탐구한다. 이는 국가 전체를 용의

자 집단으로 세밀히 조사하는 방식이다.[6] 푸코를 선택적으로 차용하면서도 그를 넘어서 근대 감시는 권력이 방사하는 중심을 가지지 않으며, 사적·공적 생활의 구분을 흐리고 사회 계층을 가로지른다고 주장된다. 감시 카메라, 폐쇄회로 텔레비전$^{CCTV}$, 전산화된 데이터 저장 체계와 같은 첨단 감시 시스템을 통해 모든 개인은 깊숙이 침투하는 광범위한 통제망에 포획된다. 이러한 시스템은 사람들로 하여금 특정 방식의 행동을 유도하고 심지어 자기 감시까지 동참하게 만든다. 근대 감시 시스템은 시공간의 경계를 넘을 수 있는 힘을 지니고, 이러한 점에서 보편적이다. 아이러니하게도 공개적 억압이나 무력이 상대적으로 부재한 개방적 민주주의 사회에서 특히 적용된다. 감시는 자유 사회가 만들어 낼 수 있는, 자유 사회에 대한 위협이다.

첨단 감시의 함의를 이론화하면서 일부 학자들은 수정주의적 사회통제 이론과 맥락을 같이하는 근대주의적 해석을 제시한다. 특히 마르크스(Gary Marx 1988, 1995)는 사회적 관계 속으로 깊숙이 침투하는 은밀하고 강력한 통제 체계의 등장을 설명하기 위해 감시 사회$^{surveillance\ society}$라는 개념적 이미지를 제안했다. 모든 생각과 행동을 가시화하려는 이러한 통제 기술(비디오 카메라, 정보 데이터베이스 등)은 아이러니하게도 스스로는 대부분 보이지 않는다. 새로운 감시 기술은 주로 개인 정보를 추출하는 기능을 갖는다. 수집되는 정보의 양은 잠재적으로 무한하므로 점점 더 투명하고 다공$^{porous}$적 사회로 변모하고 있다. 통제의 공학적 전략은 현금을 대체하는 신용카드 사용이나 원격 제어식 문 잠금 장치처럼 범죄의 잠재적 표적을 제거하거나 차단할 수 있다. 잠재적 범죄자는 화학적 거세[역주: 우리나라에서 화학적 거세는 성충동 약물 치료라고 부른다. 「성폭력범죄자의 성충동 약물치료에 관한 법률」(약칭: 성충동약물치료법)에서는 성충동 약물 치료를 "비정상적인 성적 충동이나 욕

---

6 　감시사회학의 경험적·이론적 기여 중 특히 유용한 것은 Gary Marx(1986, 1988, 1995, 2003, 2005, 2007)와 William Staples(2000, 2003)의 저작이다. 또한 Gilliom(1994), Lyon(2003)도 참조하라.

구를 억제하기 위한 조치로서 성도착증 환자에게 약물 투여 및 심리 치료 등의 방법으로 도착적인 성 기능을 일정 기간 동안 약화 또는 정상화하는 치료"라고 규정한다(제2조)] 같은 직접적 신체 조작을 통해 무력화될 수 있고, 전자 발찌에 의한 가택 감시와 같은 파놉틱 전략을 통해 사회로부터 배제될 수 있다. 이러한 공학적 통제 전략의 증가는 기술이 통제의 중심이 되는 최대 안전 사회의 발전을 시사하며, 여기서는 모든 사람의 모든 행위가 감시·청취·기록·저장되며 전체 공동체의 무죄 입증 전까지는 잠재적으로 유죄로 간주된다.

　대안으로 스테이플스**William Staples**(2000, 2003)는 포스트모던적 해석을 옹호한다. 그는 첨단 통제 메커니즘의 사용 증가를 지적하면서 근대의 사회 통제 전략이 정부가 승인한 공식 제도를 넘어 공동체 전체가 관여하는 광범위한 권력 의례를 구성한다고 본다. 전산화된 데이터베이스와 시청각 기술 형태의 근대적 감시는 어디에나 존재하며, 모든 사람을 익명적으로 겨냥한다. 예컨대 가택 연금 시 전자 발찌를 통한 감시는 집을 공개적 처벌 장면 없이도 감옥으로 바꿔 놓는다. 휴대전화 내장 비디오 카메라 같은 첨단 시청각 기술은 값싸고 어디에나 있다. 포스트모던 감시는 가정의 전자 경보 시스템, 보안 건물로 요새화된 학교, 직원 정보 수집이 일상화된 직장, 취향이 감시되고 통제되는 소비·오락 공간 등 일련의 기술적 공간들에 적용된다. 최근 가장 영향력 있는 변화 중 하나는 인터넷의 확산인데, 이는 단순한 정보 유통 수단을 넘어 수집된 정보를 바탕으로 광고나 맞춤형 웹페이지를 통해 행동을 수정하는 데 활용된다. 스테이플스는 이러한 발전을 포스트모던적이라고 해석하는데, 이는 통제의 중심이 사라졌음을 보여 주기 때문이다. 국가와 공식적 법 집행 체계의 영향력과 중요성이 상대적으로 쇠퇴하는 가운데 사회 전체의 삶은 점점 더 다수의 생활 세계로 분산되었고, 어떠한 거대 서사도 이를 충분히 포착할 수 없다. 감시는 일상이다.

새로운 감시 체계의 부상에 따른 규범적 함의를 고려하는 관점에서 프라이버시와 시민적 자유가 사회학적 분석의 중심 주제로 부각되었다.[7] 감시 공학 전략이 야기하는 문제적 함의 가운데에는 대안적 맥락과 장기적 결과를 볼 수 없게 하거나 원치 않는 활동을 치료하는 것이 아니라 단순히 전치(轉置)하는 결과다. 타당성과 신뢰성 문제를 넘어 통제 기술이 광범위하게 사용되면 경제적 비용은 비교적 낮아지지만 사회가 경직되어 변화하는 상황에 적응하지 못할 수 있다. 사회적으로 투명한 사회는 더 질서정연할 수는 있으나 창의성과 자유를 결여하게 된다.

새로운 감시 기술이 제기하는 많은 우려의 핵심에 프라이버시가 있다. 개인의 관점에서 프라이버시는 자아에 관한 정보를 통제할 수 있는 능력과 연결되어 있고, 이는 개인의 존엄, 자기 존중, 웰빙과 직결된다. 익명성은 정직과 위험 감수를 장려하는 데 유용할 수도 있다. 사회의 관점에서 사회적 관계에서의 비밀 유지는 의사-환자 관계처럼 신뢰에 의존하는 전문적 관계에서 의사소통 흐름을 개선할 수 있다. 프라이버시는 또한 정보를 타인과 공유할 권리를 포함하는데, 이는 사회적 관계를 구축하는 중요한 자원이 될 수 있다. 더 넓게는 사회적으로 인정된 프라이버시에 대한 존중은 한 국가가 구현하고자 하는 가치들을 보여 주는 지표가 된다.


## 처벌의 과정

하급 형사법원의 운영을 다룬 영향력 있는 저서에서 필리<sup>Malcolm Feeley</sup>(1979)는 형사법의 집행과 관련해 "과정 자체가 처벌이다"라는 도발적 아이디어

---

7 Gary Marx(1996, 1999)는 새로운 감시의 부상과 함께 나타난 프라이버시와 시민적 자유의 문제를 명시적으로 다루고 있다.

를 제시한 바 있다. 범죄 처벌에 수반되는 다양한 요소들에 적용될 때, 사회 통제의 역학은 입법을 통한 범죄화에서부터 양형, 형벌의 부과에 이르기까지 확장된다고 볼 수 있다. 이러한 처벌 과정의 구성 요소들은 단순한 선형적 흐름이 아니라 훨씬 복잡한 방식으로 상호 연관되어 있다. 예를 들어, 범죄화 연구는 입법 활동이 때때로 집행 기관의 활동을 따른다는 사실을 밝혀냈고, 이는 집행 활동의 기반을 제공하는 것이 아니라 오히려 그 뒤를 잇는다는 것을 보여 준다. 이런 의미에서 입법, 법정에서의 법 해석, 형벌 집행은 분석적 목적에서만 구별될 수 있다.

범죄화를 위한 입법 단계에서 사회학적 관심은 다양한 범죄 행위에 관한 입법 활동의 결정 요인과 과정에 집중되어 왔다.[8] 애초 낙인 이론가들에 의해 제기된 이래 범죄화 연구는 주로 형사사법체계에서의 적절성에 대한 규범적 의문이 제기된 행위 양식을 맥락으로 삼아 왔다. 예를 들어 낙태와 동성애의 범죄화(Clarke 1987, Schur 1965), 알콜(Gusfield 1963), 도박과 매춘(Galliher & Cross 1983), 강도(mugging, Waddington 1986), 와일딩**wilding,** 집단 폭력적 일탈(Welch, Price, Yankey 2004), 그리고 8장에서 다룬 모럴 패닉**moral panics**의 관점에서 접근된 다른 일탈 형태들이 그러하다. 갈등 이론가들은 이러한 연구를 확장하여 범죄화의 구체적 사례들을 하층 계급과 소수 집단에 대한 지배의 맥락에 위치시키고 형사사법체계와 (자본주의)사회 전체에 대한 보다 광범위한 비판을 제기한다(예: Chambliss 1964, Ferrell 1993, Hall et al. 1978, Scraton 2004, Scheerer 1978).

최근 범죄화 연구에 두 가지 중요한 발전이 있었다(Jenness 2004). 첫째, 이론적 차원에서 범죄화를 단순히 합의와 갈등 모델의 대립으로 파악하는 전통적 관점을 넘어서는 시도가 이루어졌다. 특정 범죄화 사례 기원의 설

---

8  범죄 영역에서의 입법 활동에 관한 사회학 연구 개관은 Jenness(2004)와 Hagan(1980)을 참조하라.

명에 다양한 요인들을 식별하는 복잡한 이론적 모형들이 제시되었다. 이 요인들은 개별적인 도덕적 기업가의 활동부터 사회 운동 활동, 더 넓은 구조적 조건들에 이르기까지 다양하다. 제도화와 근대화 모형은 이들 다양한 요인이 어떻게 상호작용하는지를 포괄적으로 보여 주려 한다. 예컨대 미국에서의 혐오 범죄 입법 연구는 주州 간 연계가 이러한 입법의 확산에 영향을 주었음을 보였는데, 이는 개별 사례에만 좁게 집중했다면 간과했을 과정이다(Grattet, Jenness, Curry 1998, Jenness 1999, King 2007). 입법의 확산 과정은 국가 간에서도 관찰된다(제12장 참조). 둘째, 경험적 차원에서 범죄화 연구는 매우 다양한 사례들로 확산되었다. 기존에 주로 낙인 이론의 관점에서 탐구된 '피해자 없는 범죄'에 집중했던 데서 벗어나 최근 연구는 혐오 범죄(Jenness & Grattet 1996, Savelsberg & King 2005), 스토킹(Lowney & Best 1995), 아동 학대(Jenkins 1998), 이민(Lee 2005, Welch 2002), 사이버 범죄(Hollinger & Lanza-Kaduce 1988) 등 매우 다양한 맥락에서 범죄화를 해명한다. 이러한 폭넓은 지향 속에서 범죄화 연구는 사회통제가 사회 전반으로 확산되는 과정을 분석한 감시 연구의 통찰을 보완한다.

법정에서의 범죄화 단계로 넘어가면 특히 양형과 관련한 흥미로운 사회학 연구가 진행되고 있다.[9] 연구에 따르면 양형 결정은 단순히 '사건의 사실'에만 근거하지 않고 법체계 외부 요인을 포함한 여러 요소들의 영향을 받는다. 법원이 활용할 수 있는 양형 선택지는 각 범죄 유형에 대한 법정 요건과 보충적 지침에 의해 제한된다. 미국의 경우 양형 지침은 1980년대부터 주州 차원에서 마련되었고, 1985년에는 미 의회가 연방 양형위원회를 설립하면서 연방 차원에서도 도입되었다. 이러한 지침은 소수자에 대한

---

9 양형 지침의 영향에 관한 사회학 연구는 Jeffrey Ulmer(1997, 2005), Ulmer & Kramer(1996, 1998), 로드니 엥겐과 동료들의 연구 Engen & Gainey(2000), Engen & Steen(2000), Engen et al.(2002), Steen, Engen & Gainey(2005), Celesta Albonetti(1999), 그리고 Joachim Savelsberg(1992)에 의해 수행되었다. 유용한 논의는 Savelsberg(2006) 참조. 미국 양형 지침의 역사에 대해서는 Reitz(1996) 참조.

과도한 양형과 같은 양형 관행의 불균형을 줄이려는 의도로 명시되었지만, 동시에 연방 정부가 사법 재량을 제한하려는 시도로도 볼 수 있다. 이런 점에서 연방 양형 지침은 마약과의 전쟁 과정에서 입법화된 법정형 하한선이나 세 번의 중범죄를 저지르면 종신형을 선고하도록 한 캘리포니아 주의 소위 '삼진 아웃' 법규와 마찬가지로, 법의 자율성에 대한 정치적 개입으로 이해될 수 있다.

연방 양형 지침의 영향을 분석한 사회학 연구에서 가장 주목할 점은, 양형 격차를 줄이려는 지침의 명시적 목적에도 불구하고 상당한 변동성이 여전히 존재한다는 사실이다. 이는 미국 형사사법체계에서 인종이 압도적으로 중요한 요인임을 확인해 주는데, 실제로 양형에서 인종적 격차가 가장 자주 관찰되었고, 나아가 피고인의 다른 특성과 범죄 유형에 따라 달라지기도 했다. 피고인의 사회 경제적 배경과 성별 역시 양형 결과에 영향을 미친다. 예컨대 더 높은 교육 수준을 가진 계층에 속하는 피고인이나 남성 피고인은 상대적으로 가벼운 형을 선고받는 경향이 있다. 또한 양형 격차는 대도시 법원과 소규모 농촌 법원 같은 관할 구역 간에서도 존재한다. 이러한 격차를 설명하기 위해 학자들은 법관들이 단순히 형식적 기준에 의존하기보다 피고인의 인종과 성별 같은 법 외적 요소를 포함한 실질적 요인들을 고려할 재량의 여지를 누린다고 주장한다.

마지막으로, 형벌 부과 단계와 관련해 최근 몇 년 동안 중요한 변화가 일어났다. 처벌과 구금의 현실을 보여 주는 가장 단순한 통계 자료조차도 이러한 발전의 극적인 성격을 드러낸다. 미국의 경우 20세기 후반 20여 년 동안 구금률은 기하급수적으로 증가했다.[10] 2005년에는 700만 명 이상, 즉 성인 32명 중 1명이 교정 감독하에 있었으며, 여기에는 보호 관찰, 구치

---

10 　이 절에 보고된 수치들은 미국 법무부 산하 사법통계국(Bureau of Justice Statistics)이 제공한 통계에 근거한다(www.ojp.usdoj.gov/bjs).

소, 교도소, 가석방이 포함된다. 1980년에는 교정 감독 대상자가 200만 명이 채 되지 않았으나, 1990년에는 430만 명 이상으로 증가했고, 2005년 말 주·연방 교도소에는 144만 6,269명이 구금되어 있었다(1990년 743,382명, 1980년 319,598명 대비).

미국에서의 구금자 증가 현상은 단순한 인구 증가(1980년 2억 2,600만 명 → 2000년 2억 8,100만 명)로 설명되지 않는다. 구금률을 보면, 1980년에는 인구 10만 명당 139명이 구금되었으나 1990년 297명, 2005년에는 491명으로 상승한다. 구금 증가의 원인도 범죄 건수 증가 때문이 아니다. 주 교도소 구금자의 절반 이상이 폭력 범죄자들이지만 폭력 범죄율은 1980년대 후반 이후 오히려 감소했다. 그러나 1990년대 초부터 경찰에 보고된 폭력·재산 범죄가 늘었고, 마약 관련 범죄로 체포되는 사람들의 수가 증가했다. 법정에서 재판에 회부되는 사건 중 대부분은 마약 범죄였다. 또한 1980년대 초 이후 법원에서 처리·유죄 판결·구금형 선고를 받은 사람의 수도 꾸준히 증가했다.

구금 증가는 특히 미국의 소수자 공동체에 심각한 영향을 끼쳤다. 가장 최근 통계에 따르면 아프리카계 미국인 구금자 수는 백인 구금자 수를 초과했다. 이는 미국 인구의 약 12%만이 아프리카계이고 75%는 백인임에도 불구하고 나타난 현상이다. 2004년 기준 주·연방 교도소 구금자의 40%는 아프리카계, 34%는 백인, 19%는 히스패닉이었다. 2005년 말에는 아프리카계 미국인 남성 10만 명당 3,145명이 구금된 반면, 같은 기준에서 히스패닉은 1,244명, 백인은 471명이었다. 성별 격차도 더욱 뚜렷했다. 2004년 말 기준으로 주·연방 교도소 구금자는 남성이 139만 1,781명, 여성은 10만 4,848명이었다.

처벌성의 일반적 증가와 인종적 격차의 존재는 사형 제도 통계에서도 확인된다. 미국 연방 대법원이 1976년 사형제를 합헌으로 판결한 이후, 38개 주와 연방 정부가 사형 법령을 재도입했으며 사형수는 꾸준히 증가했다. 2005년 말 기준으로 3,254명이 사형을 선고받았는데, 이 중 1,805명은 백인, 1,372명은 아프리카계였고, 단 52명을 제외한 모두가 남성이었다. 최연소 사형수는 20세, 최고령은 90세였다. 사형은 주마다 매우 다르게 집행되는데, 2006년 14개 주에서 53명이 처형되었고, 이 중 24명은 텍사스에서 집행되었다.

미국이 서구 민주주의 국가들 가운데 구금 증가 현상을 경험한 유일한 국가는 아니다. 그러나 이러한 추세는 미국만큼 극적이지 않으며 국가별 구금률에는 상당한 차이가 있다. 예컨대 영국은 구금 인구가 보다 일관되고 덜 기하급수적인 증가를 보여 주었다. 그러나 다른 민주주의 국가들은 소폭의 증가만을 경험했다. 많은 사회학 연구들은 처벌과 구금의 특정 요소들에 집중해 왔지만,[11] 다른 연구들은 처벌의 발전이 일어나는 보다 넓은 사회·역사적 맥락을 고려한 포괄적 분석을 시도하기 시작했다.[12] 후자의 관점 중 특히 주목할 만한 것은 갈런드**David Garland**(2002)의 범죄 통제 문화 연구다. 갈런드의 연구는 현재 시기가 1970년대의 형사 복지주의 시기(당시에는 치료 프로그램과 대안적 사법 방법이 개발되었던 시기)와는 뚜렷한 반전을 보여 준다고 주장한다. 최근 들어 재사회화 이념**the rehabilitative ideal**은 거의 사라지고 처벌적·표현적 정의가 대체했다. 범죄에 대한 공포와 피해자 및 일반 대중의 권리가 범죄 정책을 지배하게 되었고, 범죄자 치료와 사회 복귀는 우선시되지 않게 되었다. 교정 체계의 확장과 더불어 범죄학 지식 역시 범죄

---

11  교정 제도 및 구금의 특정 요소에 관한 연구로는 Lynch(2000), Simon(1993, 가석방), Lofquist(1993)의 보호 관찰 연구, Visher & Travis(2003), Western(2002)의 구금 생활의 경험과 영향 연구, Featherstone(2005), Useem & Goldstone(2002) 교도소 폭동 연구가 있다.

12  보다 포괄적 분석으로는 Beckett & Western(2001), Bridges & Crutchfield(1988), Garland(1985, 1991a, 2002), Pratt(1999), Simon(2000, 2001), Sutton(2000), Wacquant(2001)을 참조.

의 사회 구조적 조건보다는 다시금 개인 범죄자의 특성에 초점을 맞추고 죄책guilt의 고전적 원리를 채택하기 시작했다.

갈런드에 따르면 범죄 정책의 변화를 이끈 두 가지 역사적 요인이 있다. 첫째, 서구 사회 전반에서 중요한 사회·경제·문화적 변화가 일어났다. 시장 자본주의는 더욱 확대되었지만 불평등은 여전히 존재했고 실업률은 높았다. 문화적 차원에서 근대 가족 구조는 변화하여 전통적인 통제 수단으로서 가족의 역할이 약화되었다. 정치적으로 국가 역시 복지와 관련된 요구에 짓눌려 재정 위기를 맞으며 증가하는 기대를 충족할 수 없었다. 둘째, 이러한 발전에 대응하여 구체적인 정치적·정책적 변화가 특히 미국과 영국에서 나타났다. 1980년대 초부터 보수 정부들은 공동체의 필요에 기반한 기존 사회 정책을 폐지하려 했다. 새로운 정책들은 개인 책임 원칙에 기초해 개발되었는데, 이는 경제적 자유의 확대와 동시에 사회 통제의 증가를 의미한다. 이러한 새로운 통제 체제 속에서 국가는 더 이상 필요한 모든 조치를 단독으로 제공할 수 없게 되었다. 따라서 범죄의 근본 원인을 해결하기보다는 그 효과를 조율하려는 사적·공적 통제 체제의 혼합, 즉 상업화된 지역 사회 기반의 통제 체제가 발전하게 되었다.

이러한 발전의 결과로 오늘날 범죄 통제에는 처벌성이 전반적으로 증가했다. 정치적으로 대중 영합적으로 활용된 가혹한 처벌 정책들이 점점 더 많이 도입되었다(예: 삼진아웃제, 무관용 정책). 중산층은 복지 프로그램이 불리한 계층에게 주어질 자격이 없다고 여기며 이를 지지하려는 의지가 줄어들었다. 재사회화와 사회 복귀는 과거의 잊혀진 이상이 되었다. 범죄는 삶의 정상적 사실로 간주되며 상황적·기술적 통제는 기껏해야 범죄 위험을 관리하고 발생을 예측하며 피해를 줄이는 역할을 한다. 그러나 이 새로운 범죄 통제 문화에는 풀리지 않는 긴장이 존재한다. 한편으로는 경제적 비용-편익 모델이 형사 정책을 지배하지만, 다른 한편으로는 어떤 비용을 치르더라도 범죄자를 처벌하고 대중을 보호해야 한다는 강력한 정치적·대중적 압력이 공존하기 때문이다.

## 결론

사회 질서의 광의 개념에서 출발한 사회통제는 근대 사회학에서 범죄 및 일탈에 대한 대응(그 정의 자체를 포함)과 관련된 모든 관행과 제도의 총체로 이해되기에 이르렀다. 범죄 원인론들은 사회통제를 범죄에 대한 기능적 대응으로 고수하며, 그 결과 사회통제를 범죄 행위의 원인 연구에 종속시키는 경향을 보인다. 반면 법사회학의 관점에서 더 생산적이었던 것은 사회통제를 독자적 성찰의 대상으로 만든 구성주의 및 비판적 관점의 전개였다. 특히 미셸 푸코의 작업은 현대 사회에서 사회통제의 다양한 구조와 과정을 둘러싼 새로운 논쟁을 촉발한 바 크다. 푸코적 틀에 기반한 사회학적 관점은 입법과 법 집행이라는 법의 법적 이해[역주: 법 내부적 이해]에서 물러나 통제의 구체적 실천과 기술에 초점을 맞춘다. 이와 같이 수정주의적 사회통제 관점은 법의 형식성, 다시 말해 (베버의 표현을 빌리면)법의 법학적 관념을 넘어서는 것이 법사회학에서 얼마나 가치 있는 일인지, 그리고 '법률가의 법'이라는 형식 영역 바깥에도 사회학적으로 주목할 만한 법의 구성 요소들이 다수 존재함을 다시금 보여 준다.

경찰에 관한 사회학 연구는 법 집행이 단순한 법 집행 이상의 의미를 지닌다는 사실을 보여 준다. 아마도 경찰 연구가 지니는 강력한 분석적 가치와 직관을 거스르는 통찰력으로 인해 법사회학이 사회통제 연구로 이동하는 과정은 경찰의 경우만큼 쉽지 않았다. 그러나 경찰의 사회학 연구가 상대적으로 소홀히 다루어진 것은 놀라운 일이다. 왜냐하면 법 집행의 공식 제도가 법의 긴밀한 구성 요소일 뿐만 아니라, 법과 그 집행 간의 연관성이 적어도 개념적 수준에서는 사회학적으로 충분히 인식되어 온 탓이다. 베버의 법과 국가에 대한 정의가 대표적 예다. 그러나 오늘날까지도 법사회학은 경찰 제도의 기능과 역학을 밝혀내는 데 충분한 연구를 기울이지 않았다. 이러한 현상의 한 가지 이유는 경찰 연구가 사회학에서 물러나 형사사법과 경찰학이라는 기술적 분야로 후퇴했기 때문이다. 감시와 처벌에 관한 연구 역시 마찬가지로 형사사법과 기술적으로 개념화된 범죄학에 흡수되었다. 이러한 후퇴의 움직임은 경찰, 감시, 처벌에 대한 지식을 분절화할 뿐 아니라 분석보다는 형사사법 행정을 위한 질문에 봉사하는 도구적 성격을 부여하게 되었다.

법사회학 내에서 사회통제가 주변적 위치에 놓여 있음에도 현재에 이르러서는 학문 전체에 실질적인 기여를 이룬다고 평가할 수 있는 방대한 문헌이 형성되었다. 경찰 영역에서는 경찰 기능의 중요한 차원들을 종합적인 사회학의 관점에서 해명한 연구들이 특히 주목할 만하다. 감시에 관한 사회학 역시 단순한 기술적·실용적 틀을 넘어 이론적으로 정립된 경험 연구와 더불어 감시 기술이 시민적 자유와 프라이버시 권리에 미치는 사회적 영향을 탐구했다. 마찬가지로 양형과 처벌에 관한 사회학 연구는 관련 발전과 실천을 폭넓은 사회적·사회사적 맥락 속에 확고히 자리매김하는 분석적으로 의미 있는 틀을 발전시키는 데 기여해 왔다. 이들 연구는 또한 점차 비교 연구와 국제적·전 지구적 발전에 초점을 맞추기 시작했다.

# 12 | 법의 전 지구화

전 지구화<sup>globalization</sup>라는 개념은 아마도 오늘날의 중심적 전개를 설명하는 데 가장 빈번하게 사용되는 용어일 것이다. 19세기의 산업화, 20세기의 근대화와 개발에 대한 관심 이후, 전 지구화 담론은 최근 및 진행 중인 사회 발전의 기본 패턴을 단일한 용어로 설명하는 동시대적 역할을 맡아 왔다. 전 지구화는 형식적으로는 국가 및 기타 경계들을 넘어선 상호 의존성의 구조와 과정을 포함하는 것으로 이해되며, 사회과학의 어휘로 비교적 최근 들어왔으나 지난 20년 간의 이론과 연구에서 가속적으로 채택·적용되었다.[1]

전 지구화가 사회학에서 얼마나 급격히 부상했는지를 보여 주는 예로, 사회학 초록<sup>Sociological Abstracts</sup> 데이터베이스에서 '전 지구화<sup>globalization</sup>'를 제목이나 초록에 포함한 학술 논문 검색 결과, 1985년까지는 19편(그

---

1  사회학에서 전 지구화에 대한 이론적 설명과 종합적 개관으로는 Albrow(1996), Lechner & Boli(2000), Sassen(1998), Scholte(2000), Sklair(1995)를 참조하라.

중 1980~1985년 사이 9편)에 불과했지만 이후 9,216편이 출판되었고, 그중 8,462편은 1996년 이후, 5,439편은 2001년 이후였다(2007년 5월까지). 대부분의 사회과학 연구는 여전히 국가적·지역적 성격을 유지하지만 전 지구화만큼 최근 사회에 대한 우리의 시각과 사고에 광범위하게 영향을 준 발전은 드물다.

짧음 망설임의 시기를 거친 후 법사회학에서도 전 지구화가 수용되었고, 법사회학자들은 점차 전 세계적으로 서로의 연구에 더 쉽게 접근할 수 있게 되었다.[2] 다시 사회학 초록을 기준으로 '전 지구화'와 '법law 혹은 legal'을 포함한 논문은 총 413편인데, 그중 1985년 이전은 15편, 1996년 이전은 38편, 2001년 이후는 259편이었다. 물론 법사회학에서의 전 지구화 연구는 여전히 경제를 비롯한 다른 영역의 전 지구화 연구에 비하면 미약하다. 전 지구화가 초록에 언급된 8,108편의 논문 가운데 무려 3,529편이 '경제economy 혹은 economic'를 함께 언급한다. 법사회학에서 전 지구화가 상대적으로 적게, 또 다소 주저하며 수용된 것은 놀라운 일이 아니며, 이것이 지적 근시안을 의미하지도 않는다. 특히 자유 시장과 그것의 국가 간 확산·영향을 다루는 경제 연구에 비해 전 지구화가 법사회학에서 더 큰 이론적 도전을 제기하는 이유는 주권을 주장하는 국민 국가의 입법에 주로 의존하는 근대 법체계가 전 지구화의 흐름에 종속될 수 있다는 사실 자체가 본질적으로 난해하기 때문이다. 법을 지리적으로 규정하는 이해는 관할 개념에서 가장 명확히 드러난다.

이 장에서는 법사회학자들이 전 지구화를 어떻게 다루어 왔는지를 검토한다. 법의 전 지구화에 관한 사회학 연구에서는 두 가지 상호 연관된 질문을 제기한다. 첫째, 비법적 영역에서 전 지구화가 가져온 법적 결과에 관

---

2 (그 실천과 참여자들을 포함하여)법사회학의 전 지구화는 이 책의 결론 부분에서 논의될 것이다.

한 연구, 둘째, 법의 전 지구화 자체와 그것이 다른 사회 제도에 미치는 영향에 관한 연구다. 특히 법사회학 분야에서 독자적으로 기여하는 부분은 바로 법의 전 지구화 그 자체지만, 이러한 연구들에는 적어도 암묵적으로 법 영역 외부에서의 전 지구화 구조와 과정이 지니는 법적 함의에 대한 성찰을 포함한다.

학문적 사조의 어떤 흐름처럼 전 지구화도 이제는 너무나 대중화되어 일부 저술에서는 단순한 유행어로 평가절하되기도 한다. 이러한 기여는 배제하면서 이 장은 법사회학에서 전 지구화를 다룬 연구들을 법 규범의 생성과 법의 집행, 특히 법률 전문직의 역할과 사회 통제, 특히 치안과 관련된 영역을 중심으로 분석한다. 이전 장들과 마찬가지로 법의 전 지구화에 관한 사회학 연구 전체를 망라하기보다는 몇몇 대표적인 연구들을 검토하여 이 논의가 법사회학에서 지니는 의의를 부각시키고자 한다. 또한 이 문헌의 핵심 쟁점들을 분명히 하기 위해 간략한 개념적 설명도 덧붙일 것이다.


## 법 이론화와 전 지구화

법체계가 관할을 중심으로 틀 지어진 까닭에 사회학자들과 다른 법학 연구자들은 전 지구화 접근이 등장하기 전까지는 법의 국가적·지역적 현상을 넘어서는 연구 전통을 비교법과 국제법의 형태로만 발전시켜 왔다. 비교법은 국가나 지역 간 법체계의 유사점과 차이를 분석하는 반면, 국제법은 양자 및 다자 조약의 형태로 국가 간 합의에 의해 만들어진 법 전체를 가리킨다. 비교법과 국제법 연구 역시 국가법 체계의 경계와 관할의 제약을 전제하는 반면, 전 지구화 관점은 이러한 경계를 가로지르는 연계를 통해 법 발전이 어느 정도 초월하는지를 고려한다. 법의 전 지구화는 국가적·지역적 구조와 전 지구적·국경 초월 구조 간의 상호 연계가 최근 몇 년간 꾸준히 증가해 왔으므로 법학 연구에 특별한 도전을 제기한다. 그렇다면 지구촌에서 관할 주권jurisdictional sovereignty은 무엇을 의미하는가?

법의 전 지구화는 여러 이론적·경험적 도전을 제기한다.[3] 가장 일반적인 수준에서 전 지구화는 분석 초점을 시민 상호 관계와 시민-국가 간 관계에서 국가 간 수평적 관계(갈등·협력) 및 이러한 국가 관계가 특히 이민·관광처럼 국경을 넘는 상황에서 시민에게 미치는 수직적 영향으로 이동시킨다. 전 지구화는 정의상 공간의 경계를 초월하므로 전 지구화를 연구할 명확히 경계 지어진 장소는 존재하지 않는다. 전 지구화는 어디서나, 혹은 동시에 여러 곳에서 발생하므로 기존 사회학의 연구 설계와 대상 선정 개념에 만만찮은 문제를 제기한다.

전 지구화가 갖는 특수한 형태 탓에 법의 전 지구적 차원에 관한 연구는 단순히 법이 전 지구화 방향으로 나아가는 움직임만을 고찰하는 데 그치지 않고, 전 지구적 과정과 구조가 역으로 법의 지역적·국가 발전에 어떤 영향을 미치는지를 또한 탐구해야 한다. 따라서 전 지구화 연구는 방법론적으로 항상 비교적 접근을 함축하는데, 여기서 사례들은 연구자가 이론적 이유로 선정한 기준이 아니라 실제로 존재하는 상호 연계에 기초하여 선택된다. 국제 통계와 기타 관련 경험적 정보를 수집하는 것이 특별한 방법론적 과제가 된다.

할리데이Terence Halliday와 오신스키Pavel Osinsky(2006)의 주장에 따르면 법의 전 지구화 문헌에서 최소 네 가지 이론을 식별할 수 있다. 첫째, 전 지구화

---

3  법의 전 지구화에 관한 유익한 논의와 검토로는 Boyle(2007), Dezalay(1990), Flood(2002), Garcia-Vellegas(2006), Gessner(1995), Halliday & Osinsky(2006), Nelken(2002), Rodriguez-Garavito(2007), Röhl & Magan(1996) 참조. 또한 Dezalay & Garth(2002b), Santos & Rodríguez-Garavito(2005)의 기여도 참조하라.

를 주로 경제 현실로 보는 두 가지 경쟁적 이론이 있다. 이 범주에 속하는 것이 월러스타인<sup>Immanuel Wallerstein</sup>(2004)의 저작과 연관된 잘 알려진 사회학적 관점인 세계체제 이론이다. 세계체제 이론<sup>world systems theory</sup>은 세계 사회의 중심에서 주변부로의 자본주의 시장 확산에 주로 초점을 맞추고, 일반적인 마르크스주의적 성향에 따라 전 지구적 법은 세계체제를 움직이는 메커니즘에서 중요한 역할을 할 만큼 충분히 제도화되지 않았다고 전제하므로 법 자체에 대한 관심은 상대적으로 작다. 대신 초점은 다국적 기업과 국가들이 통제하는 경제 발전에 맞춰진다(예, 미국 주도의 신자유주의 자본주의 확산). 이에 대비되는 관점이 법과 경제 발전 접근이다. 이 관점은 동유럽 공산주의 붕괴 이후 법을 변화의 도구로 활용하여 새로운 세계 질서를 구축하는 과정에서 민간 행위자가 수행한 역할을 강조한다. 특히 이러한 법적 도구는 규제 완화의 형태로 나타났다. 이 이론의 논리는 경제적 해방과 촉진을 위한 법률들이 국가 간 경제 성장을 이끌어낸다는 것이다. 법과 경제 발전 관점은 베버적 접근에 의거해 전 지구적 경제 과정을 형성하는 데 있어 법이 수행하는 중심 역할을 드러낸다. 이는 사회학에서 오랫동안 지속되어 온 법과 경제의 관계에 관한 연구 전통의 연장선에 있으며, 특히 새로운 전 지구적 거버넌스 체제의 형성에 주목한다. 이들 거버넌스 체제는 세계 시장의 확산이 개별 국가의 규제 메커니즘 범위를 훨씬 능가함으로써 생겨나는 규제 공백에 대응하기 위해 다양한 공적·사적 기구들이 설립되는 과정에서 나타난다. 법사회학의 이 관점에서 수행된 연구는 기업 관행의 규제 (예컨대 파산 개혁)와 같은 전 지구적 발전에 초점을 맞추어 왔다.

두 번째 범주의 전 지구화와 법 이론은 역시 갈등 이론적 관점과 합의론적 관점으로 나뉘지만 이번에는 주로 문화적 차원에 초점을 맞춘다. 첫째, 탈식민주의<sup>postcolonial</sup> 이론은 법의 전 지구화를 법의 지배의 패권적 확산으로 이해한다. 이는 이른바 문명화된 세계와 비문명적 세계의 대립을 재생산한다. 근대 (서구)법체계의 보편성과 이전 가능성이 새로운 구획선(예컨대 부유하고 문명화된 북반구 대 가난하고 아직 문명화되지 않은 남반구)을 형성하면서, 서구 법 개념에 여전히 우위를 부여하는 전 지구적 근대화 담론에 기반한다고 주장된다. 세계체제 이론이 주로 전 지구적 법의 기원에 관심을 둔 것과 달리, 탈식민주의적 관점은 서구 법 논리가 주변부에 이식될 때의 영향에 주목한다. 둘째, 이에 대비되는 세계 정치체world polity 이론가들은 전 세계에서 근대 법체계의 발전이 강한 수렴을 보이며, 이는 세계 정치체의 형성을 가리킨다고 주장한다. 세계 정치체는 신제도주의에 부합하게 인지 도식cognitive schemas의 저장소로 기능한다. 이러한 도식에는 주권 개념과 보편 원칙이 포함되고, 이는 (정부 간 및 비정부 기구)국제기구의 활동을 통해 각국의 법체계로 전파된다. 여성 성기 절제female genital cutting, FGC를 금지하는 법의 확산에 관한 사회학 연구는 세계 정치체 접근법을 보여 주는 흥미로운 사례다(이하 절 참조).

## 전 지구적 합법성: 입법에서 법 해석까지

법의 전 지구화에 관한 사회학 연구로 시선을 돌리면 경험 연구들은 법 과정의 전 범위에 집중해 왔다. 이는 전 지구적 규범의 창출에서 법정 및 기타 해결 수단을 통한 집행, 법률 전문직의 활동, 그리고 집행과 사회 통제의 전 지구적 차원까지 아우른다. 여기서 개관은 특히 법사회학에서 대표적인 사례 연구들(FGC 전 지구적 규범 체제, 법적 파산 개혁의 확산, 국제 법조 실무의 역동성, 국제형사재판소의 형성)에 집중한다.

여성 성기 절제[FGC]를 금지하는 규범 형성에 관한 연구는 전 지구화 연구와 관련된 여러 특별한 쟁점을 즉각 드러낸다. 왜냐하면 세계의 법체계가 이 문화 현상에 대해 서로 다르고 불균등한 방식으로 반응할 뿐 아니라 이 행위를 어떻게 명명할 것인가 자체가 이미 문제적이기 때문이다. FGC는 여성 할례[circumcision] 혹은 여성 성기 훼손[female genital mutilation]으로도 알려진 오랜 문화적 전통에 깊이 뿌리내린 행위다. 1970년대 후반부터, 특히 1990년대에 들어서면서 FGC를 금지하는 전 지구적 금지 규범 형성을 향한 운동이 활발해졌다. 사회학자 보일[Elizabeth Heger Boyle]은 세계 정치체 관점의 신제도주의 이론에 기초하여 이 운동의 역학과 결과를 해명했다.[4]

FGC는 아프리카 여러 지역, 일부 중동·아시아 지역과 전 세계 일부 이주민 공동체에서 행해진다. 수천 년 전으로 거슬러 올라가는 이 관습은 명확한 정당성을 갖지 않는다. 종교 관습도 아니지만 일부 종교 단체 대표들은 주로 이 전통을 옹호하기도 한다. 그럼에도 대체로는 여성의 성 역할과 성[sexuality]에 대한 문화적 개념에 뿌리를 둔다. 일부 사회에서는 FGC가 문화의 일부로 깊이 내면화되어 이를 시행하지 않는 것이 잘못된 양육의 표지로 간주되어 충격과 혐오의 반응을 불러일으키기도 한다. FGC를 근절하려는 노력은 오래전부터 있어 왔지만, 1970년대부터 세계보건기구[WHO] 등 국제기구들이 주로 의학적 고려를 근거로 이를 비판하면서 점차 조직적이고 세계적인 성격을 띠게 되었다. 이후 이 금지 운동은 성평등, 여성 및 아동에 대한 폭력, 인권에 대한 우려에 의해 추가적으로 동인이 강화되었다.

1980년대 이후 FGC 금지 운동은 실제로 FGC를 불법화하는 입법에 영향을 미치기 시작했다. 오늘날 거의 모든 국가에서 FGC가 드문 곳이든 흔

---

4  보일의 연구는 주로 저서 *Female Genital Cutting*(Boyle 2002)에 보고되어 있으며, 관련 논문들(Boyle & Preves 2000, Boyle & McMorris & Gómez 2002, Boyle & Songora & Foss 2001)에서도 다뤄진다. 그녀의 신제도주의적 이론적 관점은 존 마이어(John Meyer)와 공동으로 발전시킨 것이다(Boyle & Meyer 2002). 다른 영역에서의 전 지구적 법 개혁에 관한 관련 연구는 Boyle(1998, 2000) 참조.

한 곳이든 간에, 이를 금지하는 법률이 마련되어 있다. 그러나 FGC에 대한 금지에서 전 세계적 동형성이 나타나는 한편, 이러한 규범이 어떻게 형성되고 어떤 효과를 내는지에 대한 중요한 지역적 차이가 있음이 연구에서 드러났다. 이집트와 탄자니아의 사례는 이러한 전 지구적 법의 맥락화를 분명히 보여 준다.

이집트는 국제 정치 무대의 주요 행위자는 아니지만 아랍 국가들 사이에 확고한 입지를 차지하며 비교적 부유하고, 미국 및 다른 서방 국가들과의 관계도 좋다. FGC는 이집트에서 매우 흔해 여성의 97%가 할례를 받은 것으로 알려져 있다. 1980년대부터 이집트 당국은 FGC를 불법화하라는 국제적 압력에 처음에는 소극적으로 대응했다. 1990년대 중반, 이집트에서 FGC가 광범위하게 이루어지고 있음을 폭로한 언론 보도가 전 세계적으로 공분을 불러일으켰고, 그 이후 이집트 정부는 관련 법률 제정을 약속했다. 그러나 이집트 의회는 FGC 금지법 통과를 거부하는 대신 보건부령으로 공립 병원에서 주 1회만 시술할 수 있도록 규정한다. 결국, 추가적인 국제적 압력이 가해진 후에야 적절한 법률이 제정되었다. 이집트 사례는 국가가 그 경제적 지위와 자율성을 근거로 국제 사회의 요구를 거부할 수 있음을 보여 준다.

이집트 사례는 탄자니아의 경험과 극명한 대조를 이룬다. 탄자니아는 국제 부채가 막대한 매우 가난한 국가로, 종교적 다양성에 따른 정치적 갈등이 많았다. FGC는 탄자니아의 특정 민족 집단에 국한되어 여성 인구의 약 19%에 해당한다. 그러나 국제적 의존성 때문에 탄자니아는 FGC 금지 규범의 수용을 거부할 수 없었다. 탄자니아는 해외 기관으로부터의 재정적 원조에 의존하고 있었는데, 이들 기관은 대출과 원조를 특정 조건 충족에 연계시켰고, 1996년 이후 미국은 자국 대외 대출을 FGC 금지법 제정과 명시적으로 연계시키는 강제적 개혁 전략을 취했다. 국제적 협상력이나 경제적 힘이 없었던 탄자니아는 국제적 압력을 거부하지 못하고 비교적 신속히 FGC를 금지하며 이를 집행하는 법률을 제정했다.

FGC 사례는 전 세계적으로 형식상 매우 유사한 법들이 실제로는 그 기원과 효과에 있어 크게 달라질 수 있음을 보여 준다. 이러한 차이는 국제 무대에서 개별 국가가 차지하는 구조적 위치의 강약에 따라 달라진다. 또한 국제 요인과 국내 요인이 상호작용하는 방식, 즉 FGC 같은 행위에 대한 문화적 정서의 제도화가 국가 수준에서 어떻게 세계 정치체 차원의 법 규범 제도화와 상충하거나 조화를 이루는가에 의해서도 결정된다.

이처럼 전 지구적 규범 형성과 국가적 입법 간 상호작용은 FGC를 넘어 다른 영역에서도 법의 전 지구화의 핵심 주제다. 오늘날 법은 여전히 주로 국민 국가의 입법 기능에 의존하지만 동시에 점점 더 전 지구화의 흐름에 종속되고 있다. 따라서 법의 전 지구화란 본질적으로 법 제정과 행정에 있어 전 지구적 차원의 발전과 국가 발전이 연결되는 과정이라 가정할 수 있다. 이러한 개념은 로버트슨**Roland Robertson**(1992, 1995)과 같은 전 지구화 연구자들이 제기한 핵심 이론, 즉 전 지구화가 국경을 넘어선 과정과 사건들의 상호 연결성의 증가를 의미하고, 보편주의와 특수주의 간의 복잡한 상호 침투 과정을 수반한다는 점을 재확인시킨다.

기업 파산법에 관한 일련의 정교한 연구에서 사회학자 할리데이**Terence Halliday**와 캐러더스**Bruce Carruthers**는 법과 경제 발전 접근법을 채택하여 법률적 파산 개혁의 세계적 확산을 설명한다.[5] 이론적으로 두 저자는 법의 전 지구화에서 재귀성**recursivity**을 주장하며, 전 지구적 규범 형성과 국가 입법이 일

---

5  전 지구적 차원에서 성장하는 법과 경제 분야의 일환으로(예: Braithwaite & Drahos 2000, Pollack & Shaffer 2001), 할리데이와 캐러더스의 연구는 미국과 영국의 파산법 개혁(Carruthers & Halliday 1998) 및 중국·인도네시아·한국에서의 법적 파산 제도 형성(Carruthers & Halliday 2006, Halliday & Carruthers 2007)에 초점을 맞춘다.

련의 주기적 과정을 거친다고 본다. 이 과정에는 국가 수준의 입법과 집행 주기, 전 지구적 수준에서의 규범 형성 주기, 그리고 국가 발전과 전 지구적 발전이 교차하는 지점에서의 상호적이지만 불균등한 상호 의존 주기가 포함되고, 이는 국가가 관련 국제 제도와 행위자에 대해 가지는 힘과 거리의 정도에 따라 달라진다.

경험적으로는 파산법의 국제 발전에 주목하여 이들은 부실 기업의 청산 또는 재조직 여부를 결정하는 법 체제**legal regimes**를 연구했다. 파산법은 기업 환경의 일부로서 조직의 활동과 다양한 전문가들의 행위에 중요한 기준을 제시한다. 전문직 차원에서 미국은 파산 사건을 변호사들이 처리하지만 영국은 회계사들이 담당한다. 파산 사건을 처리하는 과정에서 이들 법률 전문가들은 채권자·주주와 같은 경제 분야의 시장 전문가들과 맞닥뜨린다. 이를 통해 경제적 전문성이 반드시 법적 전문성으로 이어지지는 않는다는 점이 드러난다. 즉 법과 경제의 상대적 자율성이 확인되며, 파산은 법률 전문가와 경제 전문가 간 대립의 장이 된다.

오늘날 전 세계 많은 국가들이 파산법을 마련하면서, 이러한 법들은 점점 더 상호 의존적 방식으로 제정된다. 영국과 미국에서는 각각 1986년과 1978년에 파산법 개혁이 이루어졌다. 최근 들어 세계 여러 국가들이 이러한 조치를 채택했는데, 이는 부분적으로 전 지구적 표준 형성을 향한 운동이 성장하는 데 따른 대응이었다. 이러한 전 지구화 과정은 역동적이며 서로 경쟁하거나 동맹을 맺는 수많은 국제기구들이 개입한다. 그 결과, 청산에 초점을 맞추던 파산법에서 청산과 기업 재조직을 모두 가능하게 하는 법으로의 전환이라는 경향이 전 지구적 표준으로 나타난다. 이러한 파산법의 세계적 확산 과정은 G7(현재 G8)과 같은 부유한 국가들의 협의체, 국제통화기금과 세계은행 같은 국제 금융 기구, 변호사·파산 전문가들의 전문

협회, UN과 같은 국제 거버넌스 기구, 그리고 특히 미국과 같은 강력한 국가들에 의해 추진되었다.

그러나 전 지구적 규범은 그것이 국가 및 지역 수준의 구체적 현장에 자리 잡지 못하면 무의미하다. 전 지구적 발전의 현지화 과정에서는 구조적·문화적 조건에 의해 영향을 받는 협상 과정을 통해 국가별 특수한 해결책이 제시된다. 파산의 경우, 국가 차원의 개혁은 전 지구적 행위자에 대한 해당 국가의 상대적 힘 및 관련 전 지구적 과정·제도와의 거리 등에 따라 달라지는 지역적·전 지구적 요인의 협상 결과다. 이러한 협상은 국가가 상대적으로 무력하고 지도자와 전문가들이 세계 발전과 동떨어져 있는 경우에도 항상 진행된다. 그러나 세계 무대에 강력한 영향력을 지니고 그와 밀접하게 연결되어 있는 국가들은 자국의 이익 정의에 부합하는 조건으로 법체제를 보다 성공적으로 협상할 수 있다. 따라서 전 지구적 파산 제도의 사례는 다양한 국가와 조직이 각자의 주장을 제기하고 성공의 정도가 서로 다르게 나타나는 경합의 장으로서 세계 법적 무대를 확인시킨다.

FGC와 기업 파산 개혁의 사례에서 보듯, 전 지구적 법 체제와 그 국가별 구성 요소는 정치·경제·사회 운동·법률 등 다양한 배경을 가진 기관과 전문가들의 활동에 의존한다. 국제적·국가적 차원의 입법 문제에서 법률 전문가들의 역할은 필연적으로 핵심이다. 오늘날 세계의 전 지구화가 심화됨에 따라 특히 앵글로색슨 법체계 전통에서 활동하는 변호사들은 점점 더 국제적 차원의 법을 다룰 수 있도록 교육받는다(Flood 2002). 오늘날 영국과 미국의 엘리트 로스쿨들은 국제적 지향성을 가진 과목을 더 많이 제공한다. 그 결과, 세계 법률 분야는 미국과 영국 법의 원리를 지닌 변호사들로 채워지고, 이들이 전 지구적 법률 분야에 이를 불어넣고 있다. 이런 의미에서 법률 전문직은 스스로 초국가적 영역으로 전 지구화되고, 동시에 전 지구적 압력이 덜 미치는 영역에서는 여전히 국가에 묶인 법률 전문직이 존속하고 있다(Dingwall 1999).

국제 법률 분야에서 변호사들이 수행하는 역할은 특히 데잘레**Yves Dezalay**와 가스**Bryant Garth**의 최근 연구에서 잘 드러난다.[6] 이들은 국제 상사 분쟁에서의 중재 메커니즘을 분석하면서 법률가들의 활동이 '법의 상인**merchants of law**'으로서 법률 분야의 전 지구화를 가능케 한다는 점을 보여 준다. 부르디외**Pierre Bourdieu**(1987)의 장**field** 개념을 확장하여 저자들은 국제상사중재라는 법적 장場을 하나의 가상 공간으로 보며, 여기에서 국가별 행위자들이 이익 많은 법률 시장에 참여할 기회를 얻는다고 분석한다. 국제적 상품 판매, 유통 계약, 합작 투자와 같은 초국가적 계약 관계에 참여하는 기업들은 외국 법원의 관할권에 종속되는 것을 피하고 법적 사안을 비공개로 처리하기 위해 종종 중재 절차를 활용한다. 중재인은 대개 사인私人으로 한 사건당 보통 세 명이며, 소수지만 점차 확대되는 고액 보수를 받는 변호사 집단에서 선출된다. 전 지구적 시장이 확장되고 막대한 금전적 이해관계가 개입되면서 국제 비즈니스 분쟁의 중재 해결 자체가 하나의 거대한 국제 비즈니스가 되었다.

데잘레와 가스는 국제상사중재의 변화에 작동하는 중요한 내·외부 요인을 지적한다. 내부적으로 최근 수십 년 간 국제 중재인들 사이에는 제도적 권력 투쟁이 심화되었다. 유럽 법조 엘리트들로 구성된 원로 세대는 덕德과 의무에 관한 전통적 가치 위에서 상사 중재 세계를 구축했다. 반면 최근 수십 년간은 미국 대형 로펌에 소속된 신세대 테크노크라트의 등장으로 국제상사중재의 '창립 아버지들'과 경쟁하게 되었다. 진취적인 이 신세대 중재 전문가들은 유럽의 뛰어난 법률가 집단의 카리스마적 자질은 오히려 오

---

6  데잘레이(Dezalay)와 가스(Bryant G. Garth)의 두 권의 주요 저작 *Dealing in Virtue*(1996)와 *The Internationalization of Palace Wars*(2002a)을 보라. 또한 Dezalay & Garth(1995)도 참조.

류의 원인이 될 수 있기에 절차와 실체에 관한 문제에서 엘리트 로스쿨에서 습득할 수 있는 새로운 기술 전문성으로 대체되어야 한다고 생각한다.

국제상사중재가 이루어지는 외부 조건과 관련해서는 중요한 경제적·정치적 변화들이 주목된다. 특히 국제 석유 무역에서의 분쟁과 서구와 아랍 세계의 대립은 매우 중요하다. 그 밖에도 북-남, 서-동의 국제적 분열이 존재한다. 주목할 만한 것은 미국식 법조 실무가 국제법 세계에서 지배적 모델이 되었다는 점이다. 이와 유사하게, 서구 자유주의 국민 국가의 정치·경제 모델도 전 세계로 확산되었다. 이러한 환경 속에서 점차 지역적·국제적 차원에서 규제 구조가 형성되어 기존의 민간 중심 국제 분쟁 해결 메커니즘을 대체할 수 있게 되었다. 국제상사중재 자체가 시장의 힘에 종속되므로 데잘레와 가스는 국가 및 초국가 수준의 규제 체제들이 민간 중재의 강력한 경쟁자로 부상할 수 있다고 주장한다.

국제상사중재의 사례는 국제 변호사들의 활동이 특정한 국가적 맥락 속에서 이루어짐을 보여 주며, 따라서 법의 전 지구화가 국가적 과정과 초국가적 과정 간의 점점 더 역동적인 상호작용을 의미함을 드러낸다. 이러한 상호작용은 수출과 수입이라는 양측면을 모두 포함한다. 수출 측면에서는 미국 로펌에 고용된 기술 관료들의 국제 중재 활동이 최근 급격히 증가하면서 미국식 법 개념을 전파하는 새로운 사적 정의의 세계를 형성하는 데 기여했다. 수입 측면에서는 지역 엘리트들이 법의 확산 과정에 협력하여 그들이 자신들의 지역 사회에서 차지하는 지위를 유지한다. 법의 전 지구화가 지역에 따라 상이한 영향을 미칠 수 있음을 보여 주듯, 미국으로부터 다른 지역으로 법적 전문성과 이상이 수출되면서 수입국들의 정치적 분위기와 경제적 상황도 형성되었다. 동시에 특히 국내 권력 투쟁과 같은 지역적 상황이 신자유주의적 경제 원칙과 서구적 법 개념의 수입 가능성과 그 방향을 결정한다.

국가적 차원의 경우와 마찬가지로, 국제적 차원에서의 법 규범 창출도 그것이 법정에서 집행되는 것과 동일하지는 않다. 세계 무대에서는 공식적 재판을 위한 적절한 국제기구가 부재하기에 이 문제는 더욱 두드러진다. 따라서 국제형사재판소의 설립은 국제법의 집행을 연구할 때, 흥미로운 사례를 보여 준다. 헤이건**John Hagan**의 국제 범죄화 집행에 관한 연구는 국제형사재판소가 형성되는 과정에서 검찰과 법원의 실천이 어떻게 전개되었는지를 밝히는 데 많은 기여를 했다.[7]

역사적으로 국제형사재판소는 국제 사회에서 가변적인 지지를 받아 왔다. 제2차 세계대전 말, 미국·소련·기타 강대국들 간의 불안정한 국제 권력 관계 균형은 나치 정권과 일본 제국이 저지른 반인도 범죄, 전쟁 범죄, 그리고 집단 학살을 다루기 위한 최초의 국제형사재판소 설립을 가능하게 했다. 뉘른베르크와 도쿄 전범재판은 전례 없는 시도였으나, 동시에 국제법을 집행하고 정치 체제와 그 협력자들을 '세계법과 정의'의 기치 아래 책임지게 하려는 국제적 의지의 짧은 실현이기도 했다. 그러나 세계 정치 초강대국들 사이에 냉전이 도래하면서 국제형사재판소의 영구적 조직을 위한 국제적 합의는 더 이상 존재하지 않게 되었다. 하지만 보다 최근에는 동유럽 공산 정권의 붕괴와 함께 국제 재판에 대한 지지가 새롭게 나타났고, 그 대표적 사례가 구 유고슬라비아 국제형사재판소다.

네덜란드 헤이그에 위치한 구 유고슬라비아 국제형사재판소**ICTY**는 유엔 결의에 근거하여 1993년에 설립되었고, 유고슬라비아 해체 이후 발생한 다양한 구성 공화국들 사이의 민족 분쟁과 전쟁 속에서 개인들이 저지른 범죄를 기소하기 위해 만들어졌다. 지금까지 이 재판소는 약 161명을 기소했

---

7  헤이건의 저서 *Justice in the Balkans*(2003)와 관련 논문들 Hagan & Greer(2002), Hagan & Levi(2004), Hagan & Levi(2005), Hagan & Kutnjak(2006), Hagan & Schoenfeld & Palloni(2006) 를 참조하라.

는데, 여기에는 일반 병사와 경찰관에서부터 국가 원수에 이르기까지 다양한 인물을 포함한다. 대표적으로 세르비아 대통령(1989~1997)과 유고슬라비아 연방공화국 대통령(1997~2000)을 역임한 밀로셰비치*Slobodan Milosevic*는 1999년 전쟁 범죄 혐의로 기소된 최초의 국가 원수다. 그는 대중 봉기로 대통령직에서 물러난 1년 뒤 재판소로 송환되었으나 2006년 재판이 완료되기 전에 교도소에서 사망했다.

유고슬라비아 재판소의 설립이 결코 순조롭게 이루어진 것은 아니었다. 세르비아가 자국의 주권을 포기하고 국제 법정에 협력하기를 거부했던 탓뿐 아니라 기타 여러 난관에 부딪혔다. 재판소의 국제적 구성과 활동 자체가 국제 형사사법의 서로 다른 모델들을 둘러싼 권력 투쟁, 그리고 여러 국제기구·비정부기구·국가 정부 및 언론 사이의 동맹 형성을 수반했다. 헤이건의 연구는 재판소의 성공 요인에서 법정 운영을 유지하는 데 관여한 전문가들이 핵심임을 보여 주는데, 특히 1996년부터 1999년까지 재판소의 수석 검사였던 아부르*Louise Arbour*의 역할이 그러했다. 재판소가 결코 실질적으로 작동하는 법정의 지위를 얻지 못할 것이라는 광범위한 전망에도 아부르는 동료들을 이끌어 재판소의 활동을 진전시키고 주요 전범들, 특히 밀로세비치를 체포·기소하는 데 성공했다. 아부르는 우호적인 사회적 맥락 속에서 빛을 발하며 재판소 발전을 효과적으로 촉진시킨 강한 개인적 카리스마를 드러냈다. 아부르의 행위는 법을 실효적으로 만들려는 제도적 기업가의 중요성을 보여 준다. 유고슬라비아 재판소의 사례는 또한 전 지구적 법 발전이 지역 차원에서 정당성을 인정받아야 한다는 점에서 전 지구적·국가 발전 간 상호 의존성을 확인시켜 준다. 이와 관련해 연구는 구 유고슬라비아인들이 해당 재판소를 어느 정도 외세의 개입으로 인식하고 있으며, 따라서 그 재판소가 기소·처벌하는 전범들은 점진적으로 구유고슬라비아의  각 공화국에 있는 지역 법정으로 이관되어야 한다고 생각한다는 점을 보여 준다. 따라서 이처럼 형사법의 전 지구화적 발전 경로는 역설적으로 다시 그것의 지역화로 되돌아가는 방향성을 낳는 것으로 관찰된다.

국제형사재판소가 어느 정도까지 영구적으로 자리 잡을지 예측하기는 어렵다. 특히 인권에 관한 담론이 점점 불가피한 가운데 새로운 전 지구적 합의가 형성될 수 있으나, 다르푸르$^{Darfur}$와 같이 집단 학살과 전쟁 범죄가 수반된 분쟁에 대해 국제 사회가 개입하지 못하거나 개입을 거부한 최근 사례들은 전 지구적 법 공동체의 형성이 순탄치 않음을 보여 준다. 또한 2002년 설립되어 집단 학살·반인도 범죄·전쟁 범죄를 저지른 개인들을 영구적으로 기소하는 법정으로서의 국제형사재판소의 구체화 과정에 미국이 참여하지 않은 것도 주목할 만하다. 이는 국가 주권 문제가 여전히 과거의 일이 아님을 분명히 보여 준다. 동시에 구유고슬라비아 국제형사재판소의 비교적 성공적인 운영은 법치주의의 전 지구적 확산이 민주주의 규범의 전 지구적 전파라는 보다 광범위한 발전의 일부로서 가능할 수 있음을 시사한다.


## 전 지구적 통제: 세계 치안 활동의 역학

법의 다른 차원들과 마찬가지로 사회 통제의 여러 측면에서의 전 지구화 역시 사회과학자들 사이에서 점점 더 큰 관심을 받고 있다. 그러나 사회 통제의 전 지구화라는 연구 영역을 명확히 하려면 주의가 필요하다. 왜냐하면 이 개념은 종종 국제 치안 활동이나 국제 법 집행이라는 용어로 표현되는데, 여기에는 한편으로는 국제(형사)법의 집행·관리와 다른 한편으로는 범죄와 일탈 통제의 국제적·전 지구적 차원을 혼동할 수 있는 용어상의 혼란이 존재하기 때문이다. 전자는 국제법 영역에 속하며, 그 집행은 (국제형사재판소에서와 같은)행정의 문제다. 그러나 범죄와 일탈 문제에서의 사회 통제에 대한 전 지구화는 국제 규범 위반과 직접 관련되지 않으면서도 국가 법 체제 위반이 국경을 넘는 차원을 통제하는 다양한 세계 발전을 포함한다. 예컨대 국제 자금 세탁 통제, 조직 범죄 활동 단속, 마약 거래와 인신·물품 밀수 통제, 그리고 치안과 처벌의 이념과 관행의 전 세계적 확산 등이 그러하다(McDonald 1997, Reichel 2005). 이어지는 논의에서는 필자가 수행한 치안의 국제화 연구를 바탕으로 베버의 관료제 관점에 뿌리를 둔 사회학적 시각에서 사회 통제에 대한 전 지구화 연구의 가치를 보여 준다.[8]

앞 장에서 개관한 바와 같이 근대 세계의 경찰 조직은 점점 더 관료제의 형태를 띠게 되었다. 형식적 측면과 작동적 측면에서 치안의 관료화는 경찰 사이 국제 협력의 가능성과 형태에 중요한 영향을 미친다. 형식적으로는 경찰의 관료화가 각국 정부로부터 경찰 기관의 상대적 독립성과 관련된다. 작동적 측면에서 경찰의 관료화는 경찰 기관이 임무 수행의 수단뿐 아니라 그 목표의 구체적 내용까지도 스스로 결정할 자율성을 확보함을 의미한다. 역사적으로 이러한 발전들은 다양한 맥락에서 치안의 전 지구화에 영향을 미쳐 왔다.

국제 치안 활동의 가장 초기 형태는 확립된 전제 정권의 정치적 반대자들을 겨냥한 활동이 대부분이었다. 19세기 전반의 사례로는 프랑스, 헝가리-오스트리아, 러시아 정부가 일방적으로 기획한 국제 경찰 활동이 있었는데, 그 방식은 요원을 해외에 비밀리에 주재시키는 것이었다. 1851년에는

---

8  국제 경찰 협력의 역사적 전개에 대해서는 필자의 저서 *Policing World Society*(2002)에서 분석했으며  또한 Deflem(2000) 참조. 이어서 특히 테러 문제와 관련된 국제 치안 활동의 현대적 차원을 연구했다(Deflem 2004, 2006a). 이 개관은 부분적으로 Deflem(2007c)를 토대로 한다.

'독일연방국가경찰연합*Police Union of German States*'이 결성되어 최초의 국제 경찰 조직이 만들어졌다. 이 경찰연합은 1866년까지 활동했고, 정기 회합과 인쇄 공보를 통해 정보를 교환하고 각 보수 정권의 정치적 반대자들을 탄압하기 위해 독립 주권을 지닌 독일어권 7개국 대표들을 포함했다. 정치적 목적을 위한 경찰 협력의 한계를 보여 주듯, 이 연합은 다른 유럽 국가들의 경찰 지원을 얻지 못했다. 결국 프로이센과 오스트리아, 즉 연합의 두 지배적 회원국 사이에 전쟁이 발발하자 조직은 해산되었다.

19세기 중엽부터 후반에 이르기까지 대부분의 국제 경찰 활동은 일방적으로 수행되었는데, 보통 대사관에 무관武官 자격으로 요원을 해외에 파견하는 방식이었고, 아니면 특정 사건 조사를 위한 임시 협력에 그쳐 국제적 참여 범위가 양자 또는 제한적 다자 협력으로 제한되었다. 이후 점차 광범위한 다자 협력을 가능케 하는 국제 경찰 조직 형성으로 나아가는 경향이 나타났다. 범죄 통제의 전문적 기준에 근거해 활동을 구상하기 시작한 경찰 조직의 관료화 과정의 영향 아래, 국제 경찰 협력 구상은 경찰 기관이 더 이상 정치 체제를 대표하는 기관이 아니라 모든 사회에 영향을 미치는 사회적 위해와 맞서는 전문 기관이라는 관념에 기초하게 되었다. 그 결과, 19세기 후반에 국가 정부들이 특히 아나키즘 같은 정치 범죄에 맞서 국제 협력을 조직하려는 시도는 경찰 측의 지지 부족으로 실패했다.

20세기 초에는 영구적인 국제 경찰 조직을 만들기 위한 다양한 시도가 있었다. 그 초기 노력 중 하나로 1901년 워싱턴 D.C.에서 국제경찰청장협회*International Association of Chiefs of Police*가 창설되었다. 그러나 이는 미국 내 법 집행의 기준을 향상시키려는 노력에서 비롯된 전문 단체였을 뿐 국제적 지지는 거의 없었다. 유럽에서의 20세기 첫 국제 경찰 조직 창설 시도 역시 실패했다. 1914년 4월 모나코에서 열린 제1차 국제형사경찰회의는 명확히 정치적 위반이 아닌 형사 범죄를 대상으로 했으나, 회의 참석자들 중 경찰관이 한 명도 없었고 논의 역시 전적으로 법적·정치적 용어로만 이루어졌다. 회의 직후 제1차 세계대전이 발발했고, 전쟁이 끝난 이후에도 이 구상은 재개되지 않았다.

제1차 세계대전 종식은 국제 경찰 조직을 설립하기 위한 두 가지 중요한 시도로 이어졌다. 첫째, 1922년 뉴욕에서 국제경찰회의**International Police Conference**가 설립되어 1930년대까지 활동을 이어 갔다. 그러나 명칭에도 불구하고 이 조직은 주로 미국 중심의 조직이었고, 경찰 간의 전문적 관계 촉진에 주력했다. 이에 비해 훨씬 성공적인 것은 1923년 오스트리아 빈에서 창설된 국제형사경찰위원회**ICPC**로 오늘날까지 국제형사경찰기구**Interpol**라는 이름으로 존속한다. ICPC는 경찰 당국에 의해 국제 범죄 문제에서 독자적으로 협력을 조직하기 위해 설립되었고, 정치적 위반을 명시적으로 배제했다. 회원 기관들 간에 신속한 정보 교환을 가능하게 하고자 국제 통신망, 정기 회합, 그리고 모든 회원국으로 정보를 전달할 수 있는 중앙본부와 같은 제도가 마련되었다. 그러나 1938년 독일의 오스트리아 합병으로 나치가 ICPC 본부를 장악했고, 제2차 세계대전 중 본부는 베를린으로 이전되었다. 전쟁 직후인 1946년 국제 경찰 조직은 재건되었고 본부는 프랑스로 이전되어 현재까지 유지된다. 오늘날 인터폴은 186개국의 경찰 기관으로 구성되어 있다.

치안의 전 지구화가 취하는 형태를 고려하면 국제 경찰 활동에는 최소한 세 가지 측면에서 국가성의 지속이 관찰된다. 첫째, 경찰 기관들은 다른 나라 경찰의 협력 없이 일방적으로 국제 활동에 참여하기를 선호한다. 이러한 활동을 성공적으로 개시하기 위해 필요한 투자 규모를 고려하면, 강대국의 경찰 기관이 이 점에서 뚜렷한 우위를 점한다. 미국의 연방수사국

**FBI**과 마약단속국**DEA**이 대표적인 예다. 이들 기관은 수십 개국에 수백 명의 요원을 상시 주재시키고 있다. 둘째, 가능한 경우 경찰 협력은 특정 과업에 제한되며 참여 기관의 수도 제한된다. 셋째, 경찰 기관이 더 큰 협력 작전이나 조직에 참여할 때조차도 국가적으로 규정된 목표가 여전히 최우선시된다. 협력은 그것이 국가적 혹은 지역적으로 정의된 집행 목표와 관련된 목적이 있다고 인식될 때에만 실행된다.

치안의 전 지구화를 형성하는 조건 중에는 범죄의 전개와 그 통제 방식의 발전이 있다. 범죄 문제에 있어 사회 간 상호 의존성이 증가하면서 국제적 파급 효과를 가진 범죄 행위에 가담할 기회가 늘어난다. 교통 기술이 발달함에 따라 범죄 활동도 국경을 넘어 확산되며 관할권의 한계에 묶인 집행을 회피할 수 있게 되었다. 범죄 양상의 변화는 치안의 전 지구화의 중요한 변동을 초래한다. 20세기 전반에는 국제 경찰 작전이 주로 강력 범죄와 재산 범죄를 저지르고 법망을 피한 도주범에 초점을 맞췄던 반면, 이후에는 마약 범죄 단속과 불법 이민 통제로 중심이 이동했다. 특히 1970~80년대에는 마약 밀매와의 전쟁이 국제 치안 활동의 주된 동인이었다고 할 수 있다. 20세기 후반 이후, 그리고 특히 2001년 9·11 사건 이후에는 국제 테러리즘과 사이버 범죄, 국제 자금 세탁과 같은 첨단 범죄가 다수 국가 경찰뿐 아니라 인터폴, 유럽경찰청**Europol**과 같은 국제 경찰 기구가 주도하는 활동에서 핵심 초점이 되었다.

범죄 양상의 변화 외에도 치안 조직 자체 역시 전 지구화의 압력을 받는다. 특히 기술 영역의 발전이 중요한 요인이다. 통신, 교통, 범죄 식별 분야에서 기술 체계의 진보는 치안의 전 지구화에 직접적인 영향을 미쳤다. 국경을 넘는 기술들(라디오, 전신, 인터넷, 자동차, 항공 교통)과 지문 및 DNA 분석에서 나온 국제적으로 교환 가능한 데이터는 치안의 전 지구화에 직접 기여했다. 나아가 경제적 추세는 민간 치안 산업에서 점점 더 확대된 전 지구화를 촉발했는데, 이는 안보를 전 세계적으로 이용 가능한 상품으로 제공하는 자본주의 시장의 논리를 크게 따른다. 민간 치안의 전 지구적 확산은 또한 특히 사이버 범죄나 자금 세탁과 같은 첨단·금융 범죄 영역에서 공공 경찰과의 새로운 협력 관계를 낳았다.

경찰 기능의 전 지구화가 오늘날처럼 뚜렷하게 나타난 적이 없었다. 국경을 넘어 사회와 제도가 깊이 상호 침투하는 현실을 고려할 때, 21세기가 전개됨에 따라 치안의 전 지구화의 중요성은 계속 커질 가능성이 높다. 특히 국제 테러리즘에 대한 지속적 집착은 치안 영역에서의 전 지구화 과정을 더욱 촉진시켜 경찰 기관과 각국 정부 간의 중요한 재편을 초래할 수 있다. 현재 경찰 조직은 범죄 통제 문제에서 전례 없는 수준의 전문 역량을 확보했지만, 동시에 국제 범죄와 테러리즘을 국가 안보의 문제로 간주하는 정부의 목표에 맞추라는 정치적 압력을 다시 받게 되었다. 가까운 미래 경찰의 전 지구화에서 핵심 역학은 치안 의지를 정치화하려는 시도들이 경찰 제도가 제공할 수 있는 관료적 저항에 맞서 어떻게 펼쳐질지 평가하는 데 있을 것이다.

## 결론

이 장의 논의에서 보듯, 법의 세계적 전개는 다양한 제도와 메커니즘을 통해 여러 영역에서 이루어지고 다면적인 결과를 낳는다. 분석적으로 보면, 여러 극단적 대립항들이 존재하며 경험적 사례들은 그것들을 서로 다른 정도로 보여 준다. 전 지구화는 사회 단위 간의 유사성을 창출하거나 차이를

강화하는 정도에 따라 보편화·동질화와 특수화·차별화라는 의미를 가질
수 있다. 통합·집중화와 분열·탈중앙화 역시 전 지구화의 영향을 규정하는
차원이다. 법의 전 지구화를 법 규범의 창출에서 집행까지 이어지는 과정
으로 주목할 때 FGC, 파산 제도의 확산, 국제 변호 활동, 국제형사재판소
활동, 국제 치안 활동의 역학에 관한 연구는 법의 전 지구화를 둘러싼 사회
학적 작업이 지닌 실질적 폭과 이론적 대립을 드러낸다.

　법의 전 지구화(및 다른 제도들의 전 지구화)에 관한 연구가 보여 주는 바는
전 지구화를 단순히 동질화된 세계의 발전으로 향하는 일차원적 과정으로
만 파악할 수 없다는 점이다. 오히려 전 지구화는 국가적·국제적 전개 간
상호 관계의 재구성을 본질로 한다. 예컨대 전 지구적 법규범의 발전은 지
역적·국가적 사법 권위의 전개를 멈추게 하지도, 그 영향을 약화시키지도
않았다. 나아가 법의 전 지구화는 양자 및 다자 조약에 기초해 도달한 국제
법전이나 협약의 창출만이 아니라 지리적으로 분산된 사회 단위들 간에 법
규범과 관행의 (의도적이든 아니든, 주도되었든 아니든)수입·수출을 포함한다.
따라서 전 지구화를 지역적·국가적 전개와 초지역적·국제적 전개 간 상호
침투의 증가로 이해하는 것이 더 적절하다. 그러므로 법의 전 지구화 연구
가 학자들로 하여금 지역적·국가적 전개를 소홀히 하게 해서는 안 된다. 예
컨대 범죄의 단속은 언제나 기본적으로 지역적 관심사로 남을 것인데, 이
는 대부분의 범죄 차원이 지역 공동체의 경계를 넘어서지 않기 때문이다.
전 지구화 시대에도 관할권 권위라는 개념은 여전히 의미를 지닌다.

　법사회학 및 다른 분야에서 전 지구화 연구의 특이한 차원은 많은 논의
가 강한 규범적 공명을 띤 쟁점들과 관련된다는 점이다. 따라서 법의 전 지
구화를 다룬 일부 연구는 전 지구화를 분석의 대상으로서만이 아니라 반대
해야 할 대상으로 규정하는 규범적 틀 속에서 이루어진다. 이는 인권 단체

나 이른바 반(反)전 지구화 운동과 같은 사회 운동의 활동과 맥을 같이한다. 이 책이 이해하는 바와 같은 법사회학은 전 지구화를 명확히 분석적 개념으로 파악하지만, 법 영역의 일부 전 지구화 연구자들은 법이 규범 문제(특히 합법성의 정당성 문제)와의 밀접한 연결이 불가피함을 이유로 정의와 권리(특히 인권)에 관한 담론을 명시적으로 언급하기도 한다(Klug 2005). 따라서 법의 전 지구화를 일종의 단일 세계 문화 형성으로 보는 견해는 흔히 권력 투쟁으로 드러나고, 보편적이고 획일적인 '원 사이즈 맞춤형*one-size-fits-all*' 법 스타일의 강요는 지역 차원의 정의 실현에 해롭다는 비판을 받는다(Silbey 1997).

끝으로 주목할 점은 법사회학자들과 법학도들이 자신들의 주제에서 전 지구화의 중요성을 인식하기 시작했을 뿐 아니라 다른 연구 분야의 전 지구화 연구자들 또한 법의 중요성을 인식하기 시작했다는 사실이다. 그러나 이 점에 대해서는 여전히 더 많은 연구가 필요하다. 전 지구화에서 법의 중요성을 인식하는 일은 법사회학이라는 전문 분야의 상대적 인기와 수용 정도에 의존하므로 법의 전 지구화에 관한 추가 연구와 이를 사회학 및 다른 사회과학에서의 전 지구화 담론과 명시적으로 연결하려는 노력이 이러한 시너지적 기여를 증진하는 데 기여할 것이다.

# 13

# 결론:
# 법사회학의 비전들

이 책의 주요 목적은 법사회학의 이론적·실질적 기여를 검토하고 논의함으로써 이 학문 분야를 독자적이고 가치 있는 학문적 시도로 제시하는 것이다. 따라서 이 책은 법사회학의 이론적·실질적 연구 성과를 그 자체를 넘어 평가하기보다 해당 분야 전체에 대한 기여라는 차원에서 조망하는 데 목적을 둔다. 물론 우리 연구는 법사회학의 역사와 체계를 검토하면서 분석적 틀을 제공한 이론적 지향을 전제로 했다. 그러나 사용된 모델은 다양한 관점을 드러내도록 명시적으로 구상되었다. 이론과 연구 주제를 다루는 과정에서 이 책은 불가피하게 선택적이지만 동시에 법사회학을 대표하고 발전시켰던 모범적 기여에 초점을 맞춘다.

법사회학의 역사적·지적 전개 과정에서 일관된 중심 주제와 쟁점들을 확인하면서 결론을 맺는 것이 유익할 것이다. 법사회학의 성과와 난제를 식별하는 일은 이 전문 분야가 가까운 미래에 어디에 위치할 수 있고 또 어디로 나아가야 하는지를 이해하는 데 길잡이가 된다. 법사회학을 법 연구의 더 넓은 장 안에 위치시킬 때 몇 가지 분석적 관심사가 확인된다. 즉, 법에 대한 사회학적 접근과 법 개념, 이론과 연구에서 사용되는 학문적 기준, 법사회학 기여들 사이의 통일성과 다양성 정도, 그리고 법 연구에서 학제간 연구 가능성 등이 그러하다. 이들 분석적 쟁점을 광범위한 제도적 맥락에 배치하려면 먼저 각국 문화 속에서 전개된 법사회학의 발전에 주목할 필요가 있다. 이 책은 주로 서구 법사회학의 발전, 특히 유럽적 뿌리에서 확장된 미국과 기타 영어권 지역에서의 전개를 다루었다. 그러나 많은 나라들의 법사회학이 유럽적 기반 위에 세워졌음에도 이 전문 분야의 국가별 전개는 분명히 저마다 독자적이다.

## 법사회학의 문화들

세계 각지에서의 법사회학 발전과 현황을 검토하면 국가별 전개 과정에서 최소 두 가지 중심 주제가 관찰된다.[1] 첫째, 여러 나라에서 법사회학은 ('도덕적 기업가'라 할 수 있는)특정 카리스마적 학자들의 활동에 힘입어 사회학적 전문 분야로 제도화될 수 있었다. 이 점에서 법사회학이 독일에서 강하게 발전했다는 사실은 놀랍지 않다. 독일은 베버와 짐멜, 퇴니스, 에를리히, 가

---

1 학문 작업의 전 지구화를 보여 주듯, 법사회학에 관한 출판물은 여러 나라에서 풍부하게 축적되어 있다. 폴란드 Fuszara(1990), Kojder & Kwasniewski(1985), Kurczewski(2001), Podgórecki(1999), 독일 Machura(2001a, 2001b), Rasehorn(2001), Rueschemeyer(1970), 이탈리아 Baronti & Pitch(1978), Ferrari & Ronfani(2001), Pitch(1983), Treves(1981), 프랑스 Arnaud(1981), Noreau & Arnaud(1998), 불가리아 Naoumova(1990), 핀란드 Uusitalo(1989), 스칸디나비아 Blegvad(1966), Hyden(1986), Mathiesen(1990), 네덜란드 Hoekema(1985), 벨기에 Van Houtte(1990), 브라질 Justo & Singer(2001), 한국 Yang(1989, 2001), 일본 Upham(1989), 중국 Wei-Dong(1989), 영국 Campbell & Wiles(1976), Cotterrell(1990), Travers(2001), 그리고 미국 Baumgartner(2001) 등이 있다. 또한 Rehbinder(1975), Treviño(2001), Ferrari(1990), Treves & van Loon(1968), Van Houtte & van Loon(1993)의 연구도 참조.

이거 같은 중요한 고전 학자들의 나라기 때문이다. 나치즘의 부상으로 독일 사회학의 정상적인 발전은 중단되었지만 제2차 세계대전 이후 독일의 법사회학은 지적 결실의 길을 이어 갈 수 있었고, 이는 니클라스 루만과 위르겐 하버마스를 비롯한 오늘날 세계 사회학의 거장들과 다수의 법사회학자들의 연구를 배양하는 토대가 되었다.

법사회학 발전의 두 번째 중요한 특징은 이 전문 분야가 전적으로 사회학 내부에서 독립적으로 전개된 것이 아니라 법학으로부터도 함께 성장해 왔다는 점이다. 이러한 특수한 역사로 법사회학은 오늘날까지도 학문적 전문 분야로서 위상을 확립하는 데 어려움을 겪는다. 예컨대 독일에서는 법사회학이 에를리히의 견해처럼 법 정책에 기여해야 하는지, 아니면 베버로부터 이어지는 학문적 작업으로 주로 자리매김해야 하는지를 두고 논쟁이 있다. 마찬가지로 미국에서는 홈스에서 파운드, 르웰린으로 이어지는 발전에 기대어 법사회학을 법 연구 내부로 흡수하려는 오늘날의 법 이론 조류가 존재한다. 이에 맞서 미국의 법사회학은 법 이론적 끌림에 저항하면서, 독립된 학문 활동으로서 자신의 위상을 확립하고 자리매김하고자 노력해 왔다. 법과 법사회학 사이의 긴장은 조직 차원에서도 드러난다. 예컨대 미국 사회학자들의 모임으로 1964년에 창립된 법과 사회학회**Law and Society Association**는 역사적 전개 속에서 점차 사회(학)적-법·법학 연구자들의 중심 거점이 되었고, 그 과정에서 뚜렷한 '사회학적' 초점의 상당 부분을 상실했다. 그 결과가 본격적으로 확인된 것은 1992년에 미국사회학회**ASA** 내에 '법사회학' 분과가 신설되었을 때였다.

많은 나라들에서 법사회학의 전개는 카리스마적 지도력과 제도적 조직이라는 이중의 영향 속에서 확인된다. 폴란드의 법사회학은 페트라지츠키의 추종자인 포드고레츠키**Adam Podgórecki**의 노고로 특히 크게 발전했다. 포드고레츠키는 국내뿐 아니라 국제적으로도 법사회학을 제도화하는 데 중요한 역할을 했다. 그는 1962년 폴란드 법사회학 분과를 설립했고, 같은 해에반^William Evan과 함께 국제사회학협회^ISA 내 법사회학연구위원회를 공동 창립했다. 이 연구위원회의 초대 회장은 이탈리아의 트레베스^Renato Treves였는데, 이탈리아 역시 법사회학의 풍부한 전통을 지니고 있다. 이탈리아의 법철학자 안질로티^Dionisio Anzilotti는 이미 1892년에 '법사회학'이라는 용어를 명시적으로 처음 사용했다. 파시즘 시대 이후 정상적인 사회학 활동이 회복되면서, 이탈리아 법사회학은 법으로부터 자신을 비교적 잘 구분해 낼 수 있었고, 그 증거로 1974년에는 전문 학술지 *Sociologia del diritto*가 창간되었다.

다른 나라들에서도 걸출한 사회학자들의 영향으로 법사회학이 비슷한 행운의 발전을 이루었다. 프랑스의 법사회학은 몽테스키외와 뒤르켐에서 시작해 구르비치^Gurvitch, 레비브륄^Lévy-Bruhl을 거쳐 카르보니에^Jean Carbonnier, 앙드레-장 아르노^André-Jean Arnaud 등 근대 학자들에 이르는 발전 경로를 지니며, 부르디외와 데리다 같은 오늘날 프랑스 사회사상의 거장들과도 나란히 놓였다. 뒤르켐의 압도적인 존재에도 프랑스 법사회학은 '법률사회학^juridical sociology, sociologie juridique'과 '법사회학^sociology of law, sociologie du droit'이라는 이중적 명칭이 보여 주듯, 법과 사회학 사이에 끼어 있는 모습을 보인다.

다른 나라들에서는 법사회학이 학문적 활동으로 조직되는 데 있어 덜 성공적이었다. 예컨대 브라질에서는 사회학적으로 지향된 법 연구가 법 영역에서 수행되며, 이 경우 사회학자들이 수행하는 법 연구와 나란히 서지만 큰 어려움을 겪는다. 마찬가지로 벨기에와 핀란드 같은 일부 유럽 국가들에서는 법사회학이 제도적으로, 그리고 그 결과 지적으로도 흔히 로스쿨 내 법 연구의 일부로 자리 잡는다. 영국에서는 법사회학이 다학제적 분야이자 정책 지향적 활동으로 이해되는 사회(학)적-법 연구와 공존한다. 영국 학계에서의 법사회학은 일반 사회학 내에서는 상대적으로 주변적이어서, 영국의 뛰어난 법사회학자들 가운데 몇몇은 오히려 미국의 법사회학계에서 더 편안함을 느끼는 아이러니한 결과로 드러난다. 그러나 미국 내에서도 이 전문 분야의 위상이 동료 학자들 사이에서 항상 명백히 인정받는 것은 아니다. 더 넓게는 세계 각국의 법사회학자들이 자국 학계의 다른 전문 분야 사회학자들보다 서로 간에 더 잘 아는 경우가 많다.

일부 나라들의 법사회학은 오랜 역사를 가졌음에도 세계적으로는 덜 알려져 있다. 예컨대 일본에서는 이미 1948년에 일본법사회학회가 결성되었다. 특정 국가 문화의 주변화는 더 넓은 문화·정치·경제적 요인과 관련이 있다. 언어 장벽 또한 관련 연구의 확산을 가로막을 수 있다. 더구나 세계의 사건에서 주변적 위치를 점하거나 개방적 민주 사회로의 이행에 큰 어려움을 겪은 국가들은 사회학적 사상의 수출자라기보다는 수입자인 경향이 있다. 그러나 아이러니하게도 이러한 상대적 주변성은 세계 각지의 많은 중요한 기여들에 잘 뿌리내린 법사회학을 산출할 수도 있다.


## 법사회학의 경계

법사회학을 규정하는 가장 뚜렷한 특징은 법을 학문적 범주로 다루는 특정한 방식이다. 법사회학이 언제나 사회학의 일부라는 생각은 놀랍지 않다. 그러나 법 연구가 법 자체의 특수한 성격과 밀접하게 연결되어 있다는 사실로 인해 이는 단순한 문제가 아니다. 법은 언제나 자기 자신에 대한 연구를 포함하고, 스스로의 관찰을 독점하려는 특징적인 노력은 일반적으로 성공해 왔다. 외부 관찰에 대한 이러한 법의 완강한 저항은 이미 베버가 인식한 바였고, 그로 하여금 법 연구에서 내부적·외부적·도덕적 접근을 구분하게 했다. 법 자체의 특정한 특수성이 아니었다면, 이러한 구분은 불필요했을 수 있다.

역사적으로도 사회과학은 제도적·지적 측면에서 정책과 규범성을 연구의 영역 안에 두는 학문적 전통에서 발전해 왔다. 그 결과, 법 연구 일반의 역사와 특히 법사회학의 발전에서 베버의 개념화로부터 배워야 했던 필수 교훈은 매우 더디게 수용되었다. 유럽에서 법사회학 연구는 특정한 법학적 뿌리로부터 스스로를 해방시켜야 했을 뿐 아니라, 법을 연구의 적절한 대상으로서 심리적 현실이 아닌 사회적 실재로 명확히 경계 지어야 했다. 미국에서 법사회학은 아이러니하게도 법학의 발전과 대립하는 위치에 놓이게 되었는데, 그 발전은 법사회학으로부터 통찰을 빌려 왔음에도 이를 법 연구라는 맥락 속에 두고 그 목적에 종속시켰기 때문이다. 법사회학이 학문적 위상을 차지하기 위해서는 사회학적 법 연구 분야 내부가 아니라 학문 전체로서의 사회학 내부로부터 독립 발전이 필요했다. 그렇게 함으로써 비로소 법사회학은 사회학 고전들의 관련된 기여를 다시 회수하고 더욱 발전시킬 수 있다. 오직 그 이후에야 법사회학자들은 베버적 약속을 실현하고, 법사회학을 위한 학문적 틈새를 만들고 그 프로그램을 학문적 기준 위에서 정립할 수 있다.

법사회학의 기본적 노력은 법이 스스로 주장하는 이념들의 한계를 드러내는 데 있다. 이는 법 연구에서 사회학 이전의 규범적 토대로 되돌아가거나 법 연구의 도구적 목적에 굴복하는 것을 의미하지 않는다. 법사회학을 규범적·법학적 평가와 구별하는 지점은 법의 사회적 실재에 대한 다양한 이해가 이론적으로 뒷받침되고 방법론적으로 지도된 연구 결과에 기초한다는 데 있다. 이 점에서 법사회학이 독자적이고 다채로운 분야로 발전하여 수많은 이론적 관점과 방법론적 지향을 포괄하게 된 것은 법사회학이 학문적 전문 분야로서 지적 성숙에 도달했음을 보여 줄 뿐 아니라, 사회(학)적-법 연구 영역 및 사회학 내 다른 전문 분야들에 비해 강력한 학문적 토대를 제공한다. 따라서 법사회학 사상의 통일성과 다양성은 사회학 고전들의 지속적 중요성과 그들이 불러온 이론적 다원주의(갈등과 합의 관점, 거시 사회학적·미시 이론적 변주, 객체주의적·규범적 지향)를 드러낸다. 법사회학의 이론적 풍부함은 경제·정치·사회 통합·문화와 법의 관계 문제, 사회 통제와 법의 전 지구적 차원 등 다양한 연구 영역에서의 연구 확산과도 잘 맞아 떨어진다. 이들 전문 분야 내에서도 법사회학은 고전적·근대적 사상에 뿌리 둔 오늘날 많은 새로운 이론적 관점들의 발전을 목격해 왔다.

법사회학과 법학 사이의 어려운 관계는 많은 국가의 문화에서 경험되는 바고, 이는 법 연구에서 다른 사회과학적 기여에 비해 사회학의 위치와 역할, 그리고 관련하여 학제 간 연구의 모색과도 연결된다. 이 점에서 이 책이 얻을 수 있는 가장 중요한 교훈은 법사회학이 학문 내부의 다른 전문 분야들뿐 아니라 법을 연구하는 다른 사회과학적 관점들 사이에서도 독창적이고 가치 있는 무언가를 제공한다는 사실이다. 그러나 동시에 이러한 지향이 그것이 법학 내부에서 나오건 다른 사회·행태 과학에서 나오건 비사회학적 법 연구 접근들을 부정하는 진술을 뜻하는 것은 아니다. 따라서 이 책이 학제 간 연구에 반대하는 입장을 내포한다고도 이해되어서는 안 된다. 베버의 관점에서 법 연구는 서로의 목적에 존재하는 뚜렷한 차이에 비추어 법에 관한 사회·행태 과학 전체와 구분될 수 있다. 그러나 법의 효율성을 유지하기보다는 법에 대한 분석에 지향된 관점을 공유하기에 사회과학과 행동과학은 단지 접근 방식과 초점의 대상 및 연관되는 법의 차원과 관련해서만 서로 다를 뿐이다. 이러한 관점에서 학제 간 연구는 언제나 학문성의 경계와 토대의 강화를 의미한다. 그런 한에서 나는 이 책이 법사회학의 학제적 윤곽을 명확히 하고, 그에 따라 그 가치를 밝혀냄으로써 다양하게 명시화되는 법 분석에서 진정으로 학제 간 접근을 구축하는 데 기여할 수 있기를 희망한다.

# 찾아 보기

## ㅅ

# ㅎ

하간 248, 249
하버마스 28, 33, 193, 207, 214-220, 222, 223, 229, 230, 254-258, 278, 283
한국전쟁 164
할리데이 316, 323
합리적·법적 지배 71
합리적 선택 이론 32, 161, 184-186
합리적 통제 이전 185
합리적 행위자 195, 196, 264
합리적 행위자 모델 196
합리주의 경제 이론 198
해체주의 245, 254, 258, 260-268, 270, 272
행동주의사회학 183, 184
헌트 16, 165, 168, 169
헤겔 50, 256
헤이건 326, 327
헨리 42, 46, 265
현상학 181
혐오 범죄 305
형벌의 적정성 45
형벌 진화 이론 102
형식적 몰개성 72
형식적 합리화 70, 74-78, 80-82
호르크하이머 163, 215
호먼스 184
홉스 31, 136-138, 143, 147, 156
화폐와 권력 216
화학적 거세 301
환원 범죄 265
환자의 자기결정 275
회복적 법 87, 94, 95, 100, 101, 104, 106
회복적 정의 300
효율적 적응 198

# A

active rational love 116
affirmative action 272

against the law 181
Alexis de Tocqueville 30
Alfred Schutz 181
alternative dispute resolution, ADR 227
American Bar Association, ABA 241
American Sociological Association 24
Ancient Law 47
Année Sociologique 88
Anthony Carty 262
Antonio Gramsci 125, 163, 167
aporia 261
Arnold Rose 166
Assaf Likhovski 83
Auguste Comte 88, 140
Austin Turk 160
autopoiesis 219

# B

Baron de Montesquieu 30
barrister 241
before the law 181
Between Facts and Norms 218, 220
Boaventura de Sousa Santos 265
breaching experiments 182
Bridges 248, 308
Bruce Arrigo 272
Bruce Carruthers 321
Bryant Garth 324

# C

Carroll Seron 267
causality 276
Cesare Beccaria 30
cheerful robot 259
Christopher Uggen 224
circumcision 319
cognitive schemas 318
collective consciousness 92

Rechtslehre 126
Rechtsschöpfung 74
Rechtswissenschaft 126
Regulating the Poor 290
repressive law 87
responsive law 173
restitutive law 87
restorative justice 300
Richard Abel 28, 239, 244
Richard Cloward 290
Richard Posner 186
Richard Schwartz 16, 100
Robert Ellickson 186
Robert Marsh 79
Robert Merton 37, 100
Robert Sampson 290
Roger Cotterrell 94, 104
Roland Robertson 321
Ronen Shamir 81
Roscoe Pound 31, 135, 138
Ross Matsueda 290

## S

Sally Ewing 82
self-governance 289
Seymour Lipset 222
Sheleff 102, 103
singularity 261
Skinner 184
Slobodan Milosevic 327
Social and Cultural Dynamics 122, 123
Social Control 138, 141
social Darwinism 55
socio-legal 23, 24, 33, 156, 262
sociological jurisprudence 22, 31, 135, 138,
    156, 169
sociological legal science 130
solicitor 241
state law 119

Stephan Fuchs 263
Steven Spitzer 102
Steven Ward 263
structural functionalism 32
Stuart Henry 265
sui generis 89, 131
surveillance society 301
Susan Silbey 180
symbolic cartography 266
symbolic interactionism 178

## T

Taft–Hartley 203
Talcott Parsons 29, 32, 136
Terence Halliday 16, 316, 321
Termination of Life on Request and Assisted
    Suicide Act 276
The Morality of Law 154
Theodor Adorno 163
Theodor Geiger 31, 112, 128
theoretical science of law 126
theory of social coordination 118
the reflective natue of law 104
the rehabilitative ideal 308
the rule of law 173
the slippery-slope 276
The Sociological Imagination 259
The Structure of Social Action 148, 149
The Theory of Communicative Action 216
Tom Bottomore 163
triple alliance 295
Turner 79, 84, 86
typological sociology 121

## U

undecidabilty 261
undercover police work 297
Upendra Baxi 101

urgency 261

## V

vacuous universals 263
vagrancy laws 165
value-freedom 67

## W

We-유형 121
We-유형의 사회성 121
Wertbeziehung 68
Wertfreiheit 67, 68
WHO 319
William Chambliss 160
William Evan 152
William Graham Sumner 30, 142
William James 145
William Staples 16, 301, 302
with the law 181
world polity 318
world systems theory 317
WTC 폭탄 테러 225

## Y

Yves Dezalay 324

## 기타

9·11 225, 226, 332